U0736968

当代旅游学规划教程

旅游开发与规划

王 娟 闻 飞 /主 编

方敦礼 /副主编

合肥工业大学出版社

前　言

　　旅游开发与规划源于旅游实践。科幻作家威廉·吉布森（William Gibson）有一句名言："未来已经来临，只是尚未流行"。未来的 20 年乃至 35 年，将是中国旅游业发展更快更好的黄金期。国际发展规律显示，一个国家或地区人均 GDP 超过 5000 美元，旅游进入大众化日常性普遍消费阶段。2015 年，中国人均 GDP 超过 7000 美元，正处于旅游消费需求爆发式增长时期。随着世界范围内经济和技术的迅猛发展，旅游消费升级，中国旅游发展迎来产业化、大众化、散客化时代。同时，旅游是综合性产业，是拉动经济发展的重要动力。旅游是传播文明、交流文化、增进友谊的桥梁，是人民生活水平提高的一个重要指标。旅游业的辐射和带动作用得到空前发展，"旅游+"成为新的发展动力。旅游业具有日益增长的拉动力、整合力和提升力，在拓展自身发展空间的同时，与相关行业和领域融合发展，催生新业态，优化提升相关行业和领域价值。

　　在旅游业迅速发展的过程中，由于旅游业本身所具有的环境依赖性、脆弱性、开放性等特点，不可避免地出现了一些经济、社会文化、环境的负面影响。旅游规划是实现旅游业有效管理和健康发展的纲领性手段。旅游业要想得到切实的发展，必须要做到规划先行。有目标、有方向、有步骤地执行，才能使旅游业有序发展，才能不断地满足市场的需求。

　　我们生活在一个快速变化的时代，在旅游导向的新型城镇化战略指导下，越来越多的景区从静态观光旅游向互动体验旅游升级发展，越来越多的旅游目的地从单一孤立的景点旅游向连点成片的全域旅游目的地转变，时尚创意的思想融入旅游开发与规划之中，使得旅游目的地的传统文化与时尚业态的融合共生，探索出各具特色的旅游发展模式。实践的发展推进了旅游开发与规划理论的总结，充实和丰富了旅游管理及其相关专业的教学内容。

　　本书汇集了本人在应用型本科院校进行旅游开发与规划相关课程教学的一

些思考；也是安徽省教育厅教学研究重点项目：依托网络教学平台的混合式课程教学模式研究与实践（2015jyxm343），安徽省教育厅人文社会科学项目：热点旅游城市旅游国际化水平时空动态测度及提升策略研究——以黄山市为例（SK2013B490），以及安徽省旅游局青年专家项目：智慧旅游背景下智能化旅游公共服务体系建设研究——以皖南国际文化旅游示范区为例（AHLYZJ201415）、非物质文化遗产旅游开发模式与风险应对机制研究——以黄山市为例（AHLYZJ201615）、安徽省旅游局旅游规划大师工作室项目（AHLYYC2016901）的结项成果。

2014 年，本人开始进行"旅游开发与规划"应用型课程开发工作，2015年，在教研项目的成果的基础上，进一步开展了"旅游开发与规划"教材建设。本教材的建设，致力引入旅游开发与规划实践和理论的新成果，体现前瞻性、系统性和创新性。但囿于写作团队的眼界、学识和能力，不足之处，还请各位专家和广大读者指正。

本书是集体智慧的结晶，王娟（黄山学院）负责全书框架的设计和统稿，并完成第一、二、四章和第三章第八节，闻飞（黄山学院）负责第三章（除第八节），方敦礼（黄山学院）负责第五章。首先，感谢本书参考文献的作者以及未及时列入参考文献的引文作者，他们的前期研究为本书的写作提供了思想的源泉和有益的启发。其次，感谢从多方面激发本书写作灵感的领导、老师和同事们，他们包括安徽师范大学国土资源与旅游学院黄成林教授，黄山学院汪枫书记、胡善风副校长和胡家俊副校长，以及黄山学院旅游学院的毕民智书记、朱国兴院长和各位同事。再次，感谢参与资料整理工作的黄山学院2015届毕业生樊玲玲、2014届毕业生沙腾海和徐志念，参与校对工作的黄山学院2017届毕业生孙瑞阳，他们给予书稿撰写工作以很大的帮助。另外，感谢参与课程改革实践的黄山学院旅游学院旅游管理专业2011至2014级的同学们，他们的实践需求为本书的写作提供了依据。最后，还要感谢合肥工业大学出版社的朱移山博士以及相关工作人员的大力支持。

王 娟

2017 年 12 月 27 日

目　　录

第一章 导 论

第一节 什么是旅游规划

旅游规划是规划的一种类型，要弄清旅游规划的定义，首先要理解规划的定义。

一、"规划"的定义

古代汉语中，"规"的原意指圆规，为画圆形的工具。据《诗·小雅·沔水序》记载，郑玄笺说："规者，正圆之器也。"《韩非子·饰邪》："悬衡而知平，设规而知圆。"《吕氏春秋·分职》："巧匠为宫室，为圆必以规，为方必以矩。"引申为"有法度也"（《说文解字》）、"以法正人"（《康熙字典》）。古代汉语中的"划"是指名词"锥刀"（《说文解字》），或是动词"用刀划破物"（《康熙字典》）。

"规划"一词，是指："①比较全面的长远的发展计划；②计划安排。"（《汉语大词典》）元白朴《墙头马上》第二折："待月帘微簌，迎风户半开，你看这场风月规划。"民国诗人续范亭《参观造纸厂农场》诗："通衢四达汽路长，规划市场集商贾。"

在英语中，对应于规划或者计划的词汇主要有 plan，programme，project，blueprint，layout 等。其中最常用的是 plan，意指"提前安排某种措施"。《朗文大辞典》上对规划的解释是："规划是制定或实施计划的过程，尤其是为一个社会或经济单元（企业、社区等）确立目标、政策与程序的过程。"广义上讲，规划是为实现某种目标而组织未来的过程，这个过程具有连续性、增值性与可变性的特征（邹统钎，1999）。现在，"规划"一词广泛应用于社会、经济、文化活动中，如区域规划、城市规划、乡村规划、经济规划、教育规划、社会发展规划等。

二、"旅游规划"的定义

目前，旅游规划尚无明确公认的定义。

澳大利亚旅游学者墨菲（Murphy，1985）认为旅游规划是："预测与调节系统内的变化，以促进有序的开发，从而扩大开发过程的社会经济与环境效益。"

美国著名的旅游规划学家、哈佛大学景观设计学的第一位博士冈恩（Gunn）在他的著作《旅游规划》中曾指出："规划是对未来的预测，处理可预见的事件。"（《旅游规划》第二版，1988）旅游规划的首要目标是满足游客的需要，"是经过一系列选择，决定合适的未来行动的过程。"（《旅游规划》第三版，1993）冈恩（Gunn）还指出："旅游规划应涵盖所有旅行方式，应能预计和创造更好的未来。"（《旅游规划》第四版，2002）

国内学者吴人韦（1999）认为旅游规划是为实现既定的旅游发展目标而预先谋划的行动布置，也是不断地将人类价值付诸行动的实践过程。

孙文昌（1999）认为旅游规划是以旅游市场变化和发展为出发点，以旅游项目设计为重点，按照国民经济发展要求和当地旅游业发展基础，对旅游消费六大要素发展及相关行业进行科学安排和部署的一种行为。

黄羊山（1999）指出旅游规划是区域旅游发展的纲领和蓝图，是关于旅游发展的一项部门规划。

吴必虎（2001）认为旅游规划是指对未来某个地区旅游发展方向、产品开发、宣传促销及环境保护等一系列重要事项的总体安排，它对该地旅游业的发展具有宏观指导和动态调控作用，其实质就是根据市场环境的变化情况和可持续发展的时代要求，对与区域旅游业发展有关的人力、财力、物力进行优化配置，具体包括对旅游投资的正确引导、对旅游要素的合理调整以及相关部门的分工协作等。

陆林（2005）认为旅游规划是为了促进和保障旅游业可持续发展，对旅游相关要素进行全面系统谋划的一种新兴的、多学科融合的应用型技术。

马勇（2005）认为旅游规划是在旅游系统发展现状调查评价的基础上，结合社会、经济和文化的发展趋势以及旅游系统的发展规律，以优化总体布局、完善功能结构以及推进旅游系统与社会和谐发展为目的的战略设计和实施的动态过程。

马洪元（2009）认为，旅游规划是指在一系列调查、分析与评价的基础上制定旅游发展的目标体系，以及为实现该目标体系而对旅游系统所做的战略部署与具体安排，从而实现区域或旅游景区（点）旅游发展的经济、社会、环境的协调发展和综合效益。

上述有关旅游规划的概念阐释虽然侧重点有所差异，但其主导思想都是为了解决或预防旅游业发展中出现的不利于旅游业发展的问题，促进旅游业向合理方向发展，并与其他相关产业协调共生，达到自然旅游资源、社会文化旅游资源、公共投资、技术与人力资源、信息与宣传设施、服务设施、基础设施等旅游产业要素及相关社会经济资源的优化配置。

总之，旅游规划是为了促进和保障旅游业可持续发展，对一定区域内旅游业的发展方向、产品开发、空间布局、设施配置、宣传促销及环境保护等一系列重要事项，进行总体安排、宏观指导和动态调控的一种新兴的、多学科融合的应用型技术。

其实质就是根据市场环境的变化情况和永续发展的时代要求，对与区域旅游业发展有关的资源，如土地、人力、资金、景观等进行优化配置。具体包括对旅游投资的正确引导；对旅游经济要素的合理配置；对影响公共利益、公共安全的主要空间资源进行有效的控制；推进相关部门的分工协作等。

第二节　旅游规划的必要性

从世界范围来看，20 世纪 50 年代以来，全球旅游业快速发展，旅游人数和旅游收入快速增长，旅游产业占全球 GDP 的比例、旅游从业人数占全球就业人数的比例不断增长。

在中国，改革开放以来，中国旅游业呈高速发展态势。为顺应旅游发展的大潮，全国各地都在大力开发旅游资源，但随之也产生了一系列问题。宏观上，旅游业的环境依赖性、脆弱性、开放性等特点可能导致生态环境被破坏、经济波动、社会风气恶化等问题；中观上，旅游开发不当可能会引起区域性水源枯竭、森林地区病虫害肆虐、区域经济畸形发展和服务质量下降等；微观上，旅游资源的不可移动性、旅游者出游的季节性等特点可能导致旅游旺季安全隐患、交通瓶颈、供水不足等现象增加。部分旅游者素质不高可能导致垃圾遍地、乱刻乱画等破坏现象加重，旅游地原有景观处于消失边缘等问题。

一、旅游的增长

现代旅游业始于 19 世纪 40 年代，工业革命使人类出行方式发生了革命性的变化。

（一）世界旅游业的发展

20 世纪 50 年代，世界旅游业开始具有一定的规模；20 世纪 60 年代，旅游业加快了发展速度，一跃成为世界上最重要的经济活动之一。从 20 世纪 50 年代至 21 世纪，全球国际旅游人次的增长呈现持续递增趋势。根据世界旅游组织预测，国际旅游人次 2020 年将达 14 亿，2030 年达到 18 亿。

（二）中国旅游业过去 35 年的回顾和未来的展望

旅游业对我国经济社会发展全局具有重要战略意义。旅游是传播文明、交流文化、增进友谊的桥梁，是人民生活水平提高的一个重要指标。旅游业是综合性产业，是拉动经济发展的重要动力。旅游是修身养性之道，中华民族自古崇尚"读万卷书、行万里路"。

1. 过去 35 年（1978—2014），我国旅游业从无到有、从小到大，实现了从短缺型旅游发展中国家向初步小康型旅游大国的历史性跨越。

这主要体现在以下五个方面：

——旅游已经从少数人的奢侈品，发展成为大众化、经常性消费的生活方式。国内旅游从 1984 年的约 2 亿人次增长到 2014 年的 36 亿人次，增长了 17 倍。入境游客从 1978 年的 180.92 万人次增长到 2014 年的 1.28 亿人次，增长了近 71 倍。

——旅游业已经从外事接待型的事业，发展成为全民广泛参与就业、创业的民生产业。

——旅游业已发展成为综合性的现代产业，旅游业对相关产业贡献大幅提升。

——旅游市场已从以入境游为主，发展到入出境旅游并重、国际化大交流深入、旅游外交功能凸显的新阶段。改革开放之初，我国以接待入境旅游者为主，国内旅游仅有小规模的差旅和公务活动，不存在有规模的出境旅游。经过35年的快速发展，我国形成了国内旅游、入境旅游、出境旅游三大市场鼎立的格局。

——旅游业发展由点到面、由局部到整体，形成了各地、各部门全面推进的大格局。几乎所有的省区市都将旅游业作为战略性支柱产业，85%以上的市地州盟、80%以上的市县区将旅游业定位为支柱产业。

1978年改革开放以后，中国现代旅游业进入真正的发展时期。1979年，邓小平指出："旅游事业大有文章可做，要突出地搞，加快地搞。"按照这一重要指示，中国旅游业很快实现了从"外事接待型"向"创汇型"转变的重大突破。

此后，旅游业在国民经济中的地位不断提升。1986年，国务院将旅游业第一次纳入国民经济和社会发展计划；1992年，中央进一步明确旅游业是第三产业中的重点产业；《国民经济和社会发展"九五"计划和2010年远景目标纲要》中将旅游业列为第三产业积极发展序列第一位；1998年和1999年，中央将旅游业列为国民经济新的增长点之一，进一步明确和提高了旅游业的产业地位（匡林，2000）。

2005年国家《"十一五"规划纲要》将旅游业定性为面向消费者的消费性服务业，并强调要"大力发展旅游业"；2006年中央经济工作会议和2007年国务院政府工作报告都强调"积极培育新的消费热点，扩大文化、健身、旅游等服务性消费"。2005年8月国家旅游局提出"全面发展国内旅游"的旅游业发展战略，表明政府对国民旅游消费的关注。

2009年12月，国务院发布《关于加快发展旅游业的意见》（国发〔2009〕41号），指出"旅游业是战略性产业，资源消耗低，带动系数大，就业机会多，综合效益好"，"把旅游业培育成国民经济的战略性支柱产业和人民群众更加满意的现代服务业"。

2014年8月，国务院《关于促进旅游业改革发展的若干意见》（国发〔2014〕31号），指出"要深入贯彻实施《中华人民共和国旅游法》""切实落实职工带薪休假制度""各级旅游行政管理及相关部门要充分发挥职能优势，加强协调配合，促进旅游业健康可持续发展"。在国家大力支持旅游业发展的政策指引下，中国旅游业的增势更为明显。

2. 未来我国将由大到强、由快到好，实现从初步小康型旅游大国到全面小康型旅游大国，再到初步富裕型旅游强国的新跨越。

越是高收入的国家，旅游需求弹性越小，在 1.3～1.9 之间。当经济发展到一定水平以后，旅游需求将会成为人们的基本需求。中国经济正朝着高水平方向稳健发展，可以预期，中国旅游业的进一步发展是必然趋势。

2014 年，国务院《关于促进旅游业改革发展的若干意见》（国发〔2014〕31 号）指出，到 2020 年，中国境内旅游总消费额将达到 5.5 万亿元，城乡居民年人均出游将达到 4.5 次，旅游业增加值占国内生产总值的比重将超过 5%。

2015 年，国家旅游局局长李金早在《2015 年全国旅游工作会议工作报告》中进一步明确，到 2020 年，中国将从初步小康型旅游大国迈向全面小康型旅游大国，年人均出游次数达 5 次以上，达到中等发达国家水平，我国旅游业在规模、质量、效益上都达到世界旅游大国水平。

到 2050 年，我国将成为初步富裕型国家，将实现从全面小康型旅游大国到初步富裕型旅游强国的新跨越，年人均出游将达 10 次以上，我国旅游发展质量、水平、效益、综合竞争力、旅游文明程度等将达到世界发达国家前列，全面实现旅游现代化、国际化、信息化和品质化。我国将形成一批世界级旅游城市、世界级旅游企业、世界级旅游目的地，还有世界级旅游景区、世界级旅游院校、世界级旅游专家及世界旅游品牌。

（三）中国旅游业正在成为经济发展新常态下的新增长点

在新常态下，旅游业是稳增长的重要引擎，是调结构的重要突破口，是惠民生的重要抓手，是生态文明建设的重要支撑，是繁荣文化的重要载体，是对外交往的重要桥梁，在国民经济和社会发展中的重要战略地位更加凸显。

旅游业正在成为新常态下新的增长点，与传统增长点及其他新增长点相比，旅游业这个新增长点究竟新在哪里？概括起来主要有九个"新"：

1. 旅游业是资源消耗低、环境友好型、生态共享型的新增长点。

2. 旅游业是消费潜力大、消费层次多、持续能力强的新增长点。

3. 旅游业是兼具消费、投资、出口"三驾马车"功能的新增长点。

4. 旅游业是就业容量大、层次多样、类型丰富、方式灵活、前景广阔的新增长点。

5. 旅游业是带动全方位开放、推进国际化发展的新增长点。

6. 旅游业是增强国民幸福感、提升国民健康水平、促进社会和谐的新增长点。

　　7. 旅游业是优化区域布局、统筹城乡发展、促进新型城镇化的新增长点。

　　8. 旅游业是促进脱贫致富、实现共同小康的新增长点。

　　9. 旅游业是新的经济社会组织方式，是有助于提高全社会资源配置效率的新增长点。

（四）旅游业是形成国家和地区综合实力的重要标志性产业

　　长期以来，有一种说法很流行，即"旅游是软实力"。这是由旅游的文化特性决定的。但是，旅游不仅是软实力，更是一种硬实力，这是由旅游业的经济属性和产业功能决定的。旅游业已成为综合性大产业，旅游业关联度大、涉及面宽、拉动力强，对稳增长、调结构、惠民生意义重大。无论是对 GDP 的贡献，对消费、投资、出口的贡献，还是对相关重点行业的贡献、对就业的贡献等，都充分体现了旅游业是一个国家和地区的硬实力。

　　对改革开放 35 年来旅游业发展的回顾，已经十分明显地看出旅游作为硬实力，作为部分国家、地区和城市发展的重心和经济增长的驱动力，对国民经济社会发展形成的综合贡献。根据 WTTC 发布的数据，2013 年世界旅游业占GDP 的比重已经达到 9.5%，对就业的贡献超过 10%。在地方，旅游作为硬实力的地位也日益凸显，例如，西藏旅游业占 GDP 比重已经超过 20%。从这个意义上讲，旅游当然是硬实力。

　　因此，简单地说旅游是软实力或硬实力都不准确。

　　那么，旅游究竟是什么力呢？旅游业是"软硬兼备、融合度高、覆盖面广、拉动力强的综合性实力"，是拉动就业、改善民生、形成国家和地区综合实力的重要标志性产业；是国民精神文化享受、文明素质提升的重要行业；是促进人的全面发展进步的重要事业。

二、旅游不合理开发导致负面影响

　　一方面，旅游业发展前景广阔，中国旅游业正在成为经济发展新常态下的新增长点；另一方面，一些地区旅游业在迅猛发展的同时，由于缺乏旅游规划的指导，出现了不合理的开发，产生了一系列的负面问题。

（一）建筑污染

　　风景区内旅馆、餐厅和娱乐等接待游客的各种设施常以不同的建筑形态出现，其建筑特点往往不能与自然美有机地融为一体，这就产生了建筑污染。这种问题是由建筑风格、体量、色彩与环境不协调造成的。例如，黄果树瀑布下游 7 千米处的天星景区，其内修了一个体量过大、黄色琉璃瓦屋顶茶室，与景区似一个天然喀斯特盆景公园的特色很不协调，破坏了自然美。

湖南省武陵源风景区附近不断新建饭店和商业网点，致使景区"城市化""人工化""商业化"现象越来越突出，环境污染日益严重。1998 年 9 月，联合国教科文组织官员在武陵源进行遗产监测时，对这种现象提出了尖锐批评，认为"在峡谷入口区天子山这样的山顶上，其城市化对自然界正在产生深度尚不清楚的影响"；"将道路和旅馆糟糕地定位于河边，给河床狭窄的地方造成安全隐患"；"武陵源现在是一个旅游设施泛滥的世界遗产景区，大部分景区现在像是一个城市郊区的植物园或公园"。

（二）带状发展和蔓延

海滨风景区，特别是那些缺乏规划控制的地方，其基础设施往往沿海岸线蔓延，以图方便地利用海滩，如北戴河周边海滨，海景酒店、公寓和度假村沿海滨密集分布。在内地，带状发展也会沿着山谷和风景路线出现，如九寨沟的沟口地区，沿着交通线密集分布着大量旅游基础设施。

（三）过度商业化

随着游客的大量涌入，一些民风淳朴的历史城镇面向游客的店铺数量急剧增多，大大超过面向古镇居民的店铺，过度商业化导致古镇灵韵不再。

以周庄为例，2006 年，0.47 平方千米的核心区集中了 300 多家饭店、100 多家旅馆、300 多家商店、200 多条船和 600 多辆三轮车。仅周庄一条街 10 米的地段，就有 3~5 家卖万三蹄膀的店铺，河街两岸布满了熟食店、丝绸店、饭店和古玩店等。旅游者进入古镇区，扑面而来的就是浓浓的商业气息，其次才是水乡的风貌，水乡古镇正在失去其原有的风貌特色，商业经营正在大行其道。再如丽江大研古城 2000 年接待游客 258 万人次，沿街的商铺林立，商业活动以旅游为导向，这造成历史城镇的旅游商业化。对云南丽江和江苏周庄的旅游商业化进行动态的分析表明，在缺乏外来预见性的干预下，历史城镇的旅游商业化将不可避免，这一问题影响了古镇旅游的进一步发展。值得欣喜的是，这些古镇在意识到这一问题之后，采取了一系列措施，把商业化控制在合理的范围内，保持了古镇的特色。

2014 年，云南香格里拉景区独克宗古城大火事件，也与古城过度商业化有关。"独克宗"古城按照佛经中的香巴拉理想国建成，"独克"在藏语里意思为白色，象征月亮，"宗"为城堡，"独克宗"意为"月光城"。古城坐落于云南省迪庆藏族自治州云南香格里拉县建塘镇，建城距今1300多年，是滇藏茶马古道的枢纽及滇、川、藏物资中转、文化、经济交流中心。该古城是目前中国保存最好、最大的藏民群居性建筑，备受游客青睐。

一场突如其来的大火，几乎将具有1300多年历史的独克宗古城毁于一旦。2014年1月11日凌晨1时27分，位于云南迪庆藏族自治州州府香格里拉县的独克宗古城发生大火，过火面积约1平方千米，整个独克宗古城的面积是1.5平方千米，2/3的古城都被烧毁。古迹被烧毁，其蕴含的文化也化为灰烬，令人痛惜。经初步统计，独克宗古城仓房、金龙、北门三个社区受灾，总受灾户数335户，其中烧毁房屋242栋，因建立防火隔离带拆除43栋，拆除房屋屋顶50栋；除造成房屋、商铺、基础设施等受灾外，此次火灾还造成古城内部分文物、唐卡及其他佛教文化艺术品被烧毁，具体受灾损失无法估计。人们在惋惜这样一座集区域民族风情、传统文化、特色建筑于一体的历史名城毁于一旦的同时，也在纷纷质疑一把火何以烧掉半座城。城内通道狭窄，大型消防车无法进入受灾核心区是主要原因。

传统古城有许多基于公共安全的"学问"，现如今，在商业利益的驱使下，都被忽视了。举例来说，独克宗古城早前并非都是鳞次栉比的房子，建筑之间有空间，包括防火通道、堆肥料的地方、专门堆柴火的地方，甚至还有菜地等，这在防火、防盗上起到了很大的缓冲作用。再比如，以前独克宗古城临街的建筑都是一层，建筑之间形成的"层叠式结构"有利于救火。再者，传统村规民约对建筑"私搭乱建"的惩处是真正的"一刀切"——每年秋冬季节，"有司"会用一把特制的"大刀"，把建筑"超规突出"的部分砍掉，没有例外。随着旅游业的发展，房屋越建越多，密度越来越大，防火空间越来越少。在发展商业的背景下，村规民约不再起作用。

"古城的'半壁江山'没了，但文物损失不太大，这是不幸中的万幸。"从事文物保护工作近20年，从小在独克宗古城里长大的云南迪庆藏族自治州文物管理所所长李钢说。

据云南省文物局报告，在这次大火中，国保单位清末建筑中心镇公堂没有受毁；处于过火区的省保单位清中早期建筑藏式民居阿布老屋，因采取了应急措施，老屋构件未被焚毁。两处州保单位铸记商铺在大火中被烧毁，另一处金龙街古建筑群保护完好。李钢强调："无论如何，独克宗大火应该让重建工作和其他古城的保护者警醒——古城新建新用，必须充分尊重和借鉴传统智慧！"

（四）环境污染

每到旅游旺季，很多风景区的基础设施不能满足游客需要，超负荷的结果是造成混乱、污染以及游客和员工健康受损。北海银滩是我国唯一建在少数民族自治区的国家级旅游度假区，位于北海市南部海滨，距北海市区 8 千米，由西区、东区和海域沙滩区组成。近年来，由于银滩免费对游人开放，游客不断增加，洁白的沙滩被破坏得相当严重，并伴有很多垃圾，脚踩上去也不是细软的感觉，取而代之的是遭受污染后变黑、硬化的"沙块"。"前几年来时，就是冲着这里洁白、细腻的沙滩来的，可现在这独特之处也被破坏如此，银滩已不复昔日美景。"一位外地游人慨叹着。

2002 年，海南省三亚市为修建三亚湾滨海大道并将三亚湾建成新的旅游度假基地，对原有的基岩、沙岸、珊瑚礁、红树林、野菠萝、海草等海岸生态进行大规模清除。这些行为导致了三亚湾海岸侵蚀加剧，海岸线后退明显。2002 年以来，三亚湾海岸线每年以平均 1～2 米的速度向近岸推移。三亚湾海坡段海岸 20 世纪 50 年代修筑的碉堡，之前距离最高潮位线有 4～5 米，有些碉堡如今已轰然倒塌，被海水淹没。

（五）同质竞争

以主题公园为例，20 世纪 80 年代末期，当《西游记》电影、电视剧火热播放的时候，仅 1987 年到 1992 年，根据《西游记》设计的主题公园就达 30 多处，而且每处都是惊人地相似，简单模拟，缺乏特色。

在 20 世纪 90 年代的 10 年里，全国共建成各种规模和类型的主题公园 3000 多个，到现在 70% 明亏、暗亏或倒闭，20% 维持经营运作，只有 10% 赢利。因缺乏专业水准的策划而造成的低水平重复建设，让全国至少有 1000 多个亿的不良资产躺在主题公园的"病房"里。

其中广州是"重灾区"，"热闹登场、黯然落幕"成为中国第一代主题乐园的写照。东方乐园销声匿迹，世界大观两度流拍后悄然停业，苏州"福禄贝尔"倒闭，广州番禺飞龙世界关门，上海环球乐园、广州东方乐园、杭州未来世界相继停业。

主题公园的大量重复建设，给国家的财力、人力及土地资源造成了极大的浪费。有很多主题公园在项目定位的时候就没有做好市场调查，对项目前景过于乐观，高估了市场的承受力。在投资方面也是一掷千金，导致后期过高的运营成本。当经营遇到困难，就不愿意承担损失并改进创新，而选择撤资，关门大吉。这些都是没有充分做好市场的功课而盲目投资所致。

以古镇旅游为例，周庄、乌镇、同里、角直、西塘、南浔并称为江南六大古镇。从地理空间来看，六镇同属有江南之称的苏南浙北，大部分人对于它们的形象感知都是相互替代的，当人们选择旅游目的地时，很容易用已知目的地的形象来替代未知目的地，产生同等级旅游地之间的替代选择；由于周庄、同里开发较早，知名度较高，对于相对来说知名度较低的角直、南浔等，很容易产生接近替代。从认知要素来看，六镇往往都被称为水乡古镇，受到吴文化和"天人合一"的传统思想的熏陶，"小桥、流水、人家"是它们给人们的普遍印象，因此普遍存在"共性大、个性小"的特点，这种特点决定了目前水乡旅游仍以观光旅游为主，而且游客的重游率不高。因此，当各个古镇在同一区域同时进行旅游开发时，大尺度的旅游者往往只选择知名度高的，而放弃知名度小的，从而加剧了同质竞争。

三、旅游规划的必要性

科学的旅游规划，是旅游可持续发展的基础性指南。要想将这些负面影响降到最低，迫切需要旅游规划来指导。高水平的、科学而合理的旅游规划，能够明确旅游的发展方向，准确预测未来的旅游需求量，科学布局旅游设施，科学计算旅游目的地游客容量，合理安排旅游供给的诸要素，从而有效地避免旅游发展的盲目与无序状态，实现旅游发展目标与社会、经济、生态目标的协调与统一。

以浙江乌镇为例，其在西栅景区（第二期）开发中，经过合理的规划和有效的落实，很好地避免了过度商业化的问题，更因其在"历史遗产保护与再利用"方面的成功而入选 2010 年上海世博会城市最佳实践区（UBPA）案例馆，其合理的发展模式也被联合国称为"天人合一"的"乌镇模式"。可以说，乌镇以全新开发模式实现了古镇旅游的提升和转型，为中国古镇可持续发展提供了一种可供借鉴的样板。

为了减少旅游大规模发展而产生的负面效应，旅游规划过程应考虑旅游发展的适宜性，使得单一的增长政策服从于旅游开发容量的限制，包括社会容量、环境容量和经济容量。

　　旅游的环境影响与目的地的旅游规划和管理直接相关，环境保护应当是旅游规划中不可缺少的一部分。在规划过程中，旅游发展形式的选择要最大限度地适应环境的需要，旅游地应通过循序渐进的旅游发展模式以确保对环境变化的监测和调整，并通过降低旅游季节性以缓解旅游高峰期出现的环境问题（WTO，1994）。

　　有意识地将发展旅游业作为社会文化保护的一种手段，能够极大地降低旅游业发展对社会文化的负面影响。WTO（1994）指出目的地应促使本地居民参与旅游规划和发展过程并影响决策，保持旅游业的发展形势与当地社会环境相一致，并进行选择性的市场营销，将尊重地方社会风俗和文化传统的游客作为主要的市场目标。

第三节　旅游规划设计机构概况

一、旅游规划设计机构的基本内涵和概念

　　因为从事旅游规划设计的机构既包括政府的事业单位，也包括国有、集体所有企业以及私营企业等，因此在本书的语境中使用"机构"这个术语来统称从事该行业的所有组织。旅游规划设计机构是指从事旅游规划设计业务的企、事业单位，其业务主要是编制各级旅游发展规划，包括全国旅游发展规划、区域旅游发展规划、地方各级旅游发展规划；编制各类旅游专项规划，包括旅游景区规划、景观设计、活动策划、营销策划、资源开发方案等；提供与旅游规划设计相关的其他服务，包括旅游项目策划、旅游活动策划、旅游市场营销、旅游项目咨询服务等。

　　旅游规划设计机构作为旅游行业中的一支新兴力量，经过多年的发展，已经成为中国旅游队伍中专业化水平最高、综合知识能力最强的行业之一，为促进我国旅游资源的科学开发、区域旅游的整合规划、旅游产业的持续健康发展发挥了重要作用。截至 2015 年 3 月，全国甲级旅游规划设计资质单位 100 家、乙级旅游规划设计资质单位 269 家，还有很多丙级旅游规划设计资质单位和未定级单位。旅游规划设计从业人员约 2 万人，年产值约 30 亿元，其中包括其他非旅游规划设计资质单位参与的旅游相关项目和相关从业人员。

二、我国旅游规划设计机构的发展历程

(一) 萌芽阶段 (1982—1990)

中国旅游业萌生于新中国的外交工作。中国的旅游规划设计机构是与中国旅游业同步发展的，因此旅游规划设计机构的发展历程必须结合我国旅游业的发展进行梳理。

1964 年，中国旅行游览事业管理局成立。1982 年，"中国旅行游览事业管理局"更名为"国家旅游局"，我国旅游业才从外事接待工作中分离出来，逐渐发展成为一个独立的经济产业。这一时期，国家建设规划部门开始对城市、景区加以规划，出现了各类风景旅游城市规划、旅游风景名胜区规划等；林业部门开始对森林旅游资源进行森林公园的规划与开发。这一时期我国旅游规划工作定性为资源导向型，基本沿着资源导向思路，以资源性质决定旅游活动类型，然后进行规划。这种规划的模式是卖方市场条件下旅游规划工作的基本特征。科研机构、高校地理学方面的学者逐渐投入到旅游规划专项研究和实践中。比较有代表性的有郭来喜等 1985 年完成的"华北海滨风景区昌黎段开发研究"，郭康等 1985 年完成的"奉皇岛市老岭旅游资源的开发战略"，杨冠雄等 1986 年完成的"厦门旅游总体规划"，北京大学陈传康等 1986 年完成的"陆丰县的海滨旅游资源开发层次结构"以及 1987 年完成的"丹霞山风景名胜的旅游开发规划"等，这些工作均对以后的旅游规划产生了深远的影响。这一时期的规划主要挖掘自然和人文旅游资源，满足更多游客的游览需求，旅游规划设计的重点是进行旅游资源的开发，因此旅游资源分类、评价和开发利用成为旅游规划设计的主体内容。

1982—1990 年，旅游规划设计及其机构有以下特点：一是旅游规划设计项目总量较少，以旅游资源开发项目为主；二是还未形成专门的旅游规划设计机构，城市规划、林业规划单位以及少数高校、科研单位（如北京大学、中科院地理所）是旅游规划设计的主力；三是旅游学科特征不明显，多数旅游专项规划由地理、经济学科的专家完成。

(二) 起步发展阶段 (1991—1999)

进入 20 世纪 90 年代以后，我国旅游业顺利完成了发展阶段的转换，实现了更高层次上的发展，在经济结构调整的过程中，显示出了朝阳产业的特征。

1998 年召开的中央经济工作会议，将我国旅游业作为国民经济新的增长点，从而大力扶持了我国旅游业的发展，将旅游产业地位提高到一个新的高度。在全国旅游资源的开发工作上，最具代表性的是国家旅游局直接投资或部分投资，进行了西安、桂林、苏州、杭州、广州、北京、上海等几个重点旅游地区的系列建设，同时在国家层面上编制了"八五""九五"旅游产业发展规划，很好地指导了各地旅游业的发展。

在此期间，部分省、市也开始编制旅游发展总体规划。旅游"黄金周"的出现进一步扩大了旅游市场需求，传统景区、人造旅游吸引物、主题公园、旅游度假区、城市旅游目的地的建设如火如荼，相应地促进了旅游规划在全国大规模地进行。如中国科学院地理研究所完成了江西省、青海省、宁夏回族自治区、北海市、南宁市等省区市旅游规划；中山大学完成了广东省、湖北省、桂林市、苏州市、珠海市、东莞市等省市旅游规划及西部旅游投资规划（西南片）；北京第二外国语学院完成广西壮族自治区等旅游规划；北京大学完成北京市、济南市等旅游规划。这一时期的旅游规划进入了以市场需求为导向的产业化规划阶段。旅游规划编制的重点从只重视旅游资源开发转向了旅游资源开发与旅游市场并重，并开始将旅游业作为一个产业部门加以培育和系统化地规划。

这一时期，旅游规划设计机构的显著特征体现在以下几个方面：一是旅游规划设计机构依然以科研机构、高校为主，同时也出现了专门从事旅游规划设计的单位和机构；二是旅游规划设计机构对传统旅游规划开始反思，更加注重在旅游规划设计之中结合旅游业的自身发展特点，运用旅游学理论解决旅游问题；三是开始在政府主导型规划设计项目以外寻求突破的探索。

（三）规范发展阶段（2000—2008）

2000 年，全国旅游外汇收入达到 162 多亿美元，从 1978 年世界排名第 41 位跃升到第 7 位；到 2008 年，全国旅游外汇收入达到 408.43 美元，世界排名上升至第 5 位。国内旅游业快速发展，呈现出"大产业、大旅游、大市场"的格局。这一时期，除了国家旅游局高度重视旅游产业发展规划的编制外（如完成了《中国旅游业发展"十五"规划和 2015 年、2020 年远景目标纲要》《中国旅游产业"十一五"规划》以及丝绸之路、香格里拉、东部地区、中部地区等重点区域旅游规划的编制等），各地方政府也开始逐渐重视编制地方旅游总体规划、旅游产业规划、策划、市场营销、发展战略研究以及旅游景区的各项规划、策划、设计等。以 2000 年 10 月颁布的《旅游发展规划管理办法》为标志，国家旅游局于 2000 年 11 月 22 日出台了《旅游规划设计单位资质等级认定暂行办法》；2005 年 8 月 5 日，国家旅游局发布《旅游规划设计单位资质认定管理办法》，同时废止《旅游规划设计单位资质认定暂行办法》。《旅游规划通则》（GB/T 18971—2003），2003 年 2 月 24 日发布。这些与旅游规划相关的部门规章和国家标准，促进中国旅游规划开始走上规范化、标准化的轨道，旅游规划设计机构也进入了快速发展期。

这一时期，旅游规划设计机构的显著特征体现在以下几个方面：一是全国性、地方性旅游规划，旅游目的地以及旅游景区规划设计的需求激增，旅游规划设计机构生产规模快速扩大；二是旅游规划设计机构的队伍不断壮大，规划设计人员构成也趋于丰富，不仅局限于以旅游规划"起家"的机构，建设设计院（公司）、城市规划院、景观规划也开始进入旅游规划领域，丰富了旅游规划设计的内涵和外延；三是外国专家或企业参与规划设计编制；四是以政府主导型规划设计项目为主，企业主导型的旅游规划设计项目逐步增多；五是借助行业管理，旅游规划的规范趋向明显。

（四）多元发展新阶段（2008 年至今）

2008 年以来，以奥运会、世博会为契机，中国旅游业继续保持了持续、平稳、较快发展，消费热点不断增加、宣传推广持续加强、新兴业态快速涌现、企业经营整体向好、旅游市场平稳较快增长。

国际金融危机之后，随着中国经济的转型升级，尤其是 2009 年国务院 41 号文件，将旅游业确定为战略性支柱产业，更使得旅游规划设计迎来了发展的黄金期。2014 年国务院 31 号文件，进一步明确了促进旅游业改革发展的意见，指出加快旅游业发展，是适应人民群众消费升级和产业结构调整的必然要求。

经过多年的发展，旅游规划已经从第一代的资源规划和第二代的空间规划，发展到了第三代的建设规划，即旅游规划更加强调主体功能分区、产业布局，更加注重产品建设。各级政府都将旅游规划设计作为发展旅游产业的重要抓手，旅游规划水平已经成为衡量一个地区或部门经济决策能力和产业领导水平的重要标志。同时，除了政府主导型的旅游规划设计项目不断增加外，受宏观经济形势和企业产业结构调整的影响，各类企业纷纷进入旅游行业，企业主导型的旅游规划设计项目数量激增。

这一时期，旅游规划设计机构的特点体现在以下两个方面：

一是旅游规划设计机构队伍构成越来越复杂，城市规划、建筑设计、景观设计、文化传播、景区经营、地产开发等多个行业的企业都纷纷进军旅游规划设计行业，旅游规划设计机构竞争加剧。

二是旅游规划设计机构的业务更加多元，除传统规划设计外，拓展了规划设计的上下游产业链，发展了如景区质量等级提升、景区托管、景观建筑设计、旅游网络营销、旅游电子商务、智慧旅游、旅游企业形象设计、旅游商品设计、酒店经营与管理等相关业务。

三、旅游规划设计机构的分类

从旅游规划设计机构的分类来看，以单位性质为划分依据可将我国从事旅游规划设计的单位分为事业单位、企业及其他三种类型。根据对目前全国甲、乙级旅游规划设计资质单位的研究和分析，事业单位在数量上约占旅游规划设计机构总量的11.7%，企业约占87.3%，其他约占1%。该处的数量比例是以国家旅游局批准的甲、乙级旅游规划设计资质单位数量和类型为基础进行分析的，由于甲、乙级旅游规划设计资质单位是我国从事旅游规划设计的主体，因此通过分析其类型比例可以大体说明总体情况。

（一）事业单位

事业单位是相对于企业单位而言的，一般指以满足社会文化、教育、科学、卫生等方面需要，不以营利为直接或主要目的，以提供各种社会服务为直接目的的社会组织。在我国从事旅游规划设计的事业单位主要包括各类科研机构和高校。

1. 科研机构

从构成来看，旅游规划设计的科研机构既有旅游管理部门专门成立的旅游研究机构，也有与旅游规划设计相关的其他各类科研单位。其中，旅游管理部门专门成立的旅游研究机构，如中国旅游研究院、江苏省旅游局发展咨询中心、江西省旅游规划研究院、广东省旅游发展研究中心、广西旅游规划设计院、云南省旅游规划研究院、陕西省旅游设计院等一般为各级旅游局（委）直属的专业研究机构，按照国家事业单位分类属于公益二类，主要职能是开展对影响旅游业发展的理论、政策和重点、难点问题的研究，除此之外也参与旅游发展规划设计项目的实际操作。这类机构作为各级政府的旅游智囊团，较为熟悉政府旅游行业管理的政策和要求，并拥有良好的专业人才队伍，因此有较好的旅游规划设计平台。但由于单位的公益目标和"收支两条线"的管理体制属于公益二类的事业单位，根据国家确定的公益目标，自主开展相关业务活动，并依法取得服务收入，其服务价格执行政府定价或政府指导价。在完成规定任务的基础上，可依法开展相关的经营活动。服务收入和经营收入属于政府非税收入的按规定纳入财政管理。而此类事业单位的各项支出，必须通过编制系统完善的部门预算，按预算定额和进度，由国库集中支付。"收支两条线"导致这类机构参与旅游规划设计项目的数量不多，员工工作的积极性也不高。

其他从事旅游规划设计的科研机构主要是来自于各类相关科研机构，一般属于各类、各级与旅游相关行业系统的科研生产经营服务型的事业单位，包括综合类科研单位，如中国社会科学院；地理系统的科研单位，如中国科学院地理科学与资源研究所、河北省科学院地理科学研究所、河南省科学院地理研究所；林业类的科研单位，如甘肃省林业调查规划院、浙江省林业调查规划设计院、江西省林业调查规划研究院、陕西省林业勘察设计院、广西林业勘测设计院、国家林业局昆明勘察设计院；还有其他类型的勘察设计院，如新疆生产建设兵团勘测规划设计研究院。这些机构除了完成本行业的相关业务，也积极参与旅游规划设计项目的工作。由于自身职能的原因，这类机构易于开拓本行业内与旅游相关的规划设计项目市场，但由于专业分工、主要职能、体制机制等方面的影响，旅游规划设计的专业性有待提高。

2. 高校

高校单位从事旅游规划设计，一方面可以为学生提供丰富的课外实践活动，提高学校旅游教学质量，另一方面也能够对旅游科研提供项目机会和科研经费支持。因此，高校单位从事旅游规划设计，对于发挥高校科研人才优势，实现旅游学科的产、学、研一体化具有重要的意义。随着旅游科学的综合性进一步增强，高校中城市规划、经济学、历史学、社会学等各方面的专家也陆续参与到旅游规划中来，形成了综合性强的高等院校组建的跨系、跨学科的旅游规划研究机构。目前，从事旅游规划设计的高校有以学校为主体进行旅游规划设计项目运作的，即以高校为运营主体或法人。这种类型所有的旅游规划设计项目费用都必须进入学校账户，所有收益只能作为项目科研成本，利润不得分红。值得注意的是，有部分单位名称含有高校，工作人员也主要为高校老师，但其单位性质是企业，因此将这部分机构归入企业部分讨论，如暨南大学、河北师范大学、福建师范大学、中华女子学院。也有以学校某个学院为主体进行项目运作的，如华南师范大学地理科学学院、安徽师范大学旅游发展与规划研究中心、华中师范大学旅游规划与景观设计研究院、中国地质大学旅游发展研究院、徐州师范大学旅游研究所等。

高校从事旅游规划设计的优势是旅游规划人才丰富，且生产成本较低。高校旅游规划设计的编制团队多为在校教师和学生，加上可以以较低价格或者免费使用高校自身的办公场所、办公设备等，因此其生产成本较低。缺点主要是受到体制、机制的限制，参与旅游规划设计业务积极性不高，同时目前高校承担的旅游规划设计工作多为"师傅带徒弟"式的工作方式，以学校专家领军，组织有关教师和学生共同完成项目，这其中不乏不负责任的老师，将大部分工作交由在校学生完成，导致工作质量大为下降。工作人员缺乏经验导致项目专业性不高，创新性和可操作性不强等问题也愈发严重。

（二）企业

1. 企业类型

（1）专业类企业

从事旅游规划设计的专业机构主要是指以旅游规划设计为主营业务的企业，这些企业包括北京全景视域旅游景观设计有限公司、北京达沃斯巅峰旅游规划设计院有限公司、北京大地风景旅游规划设计院有限公司、北京开思九州旅游发展研究中心等。旅游规划设计的专业类企业一般拥有优质的旅游专业人才队伍和丰富的项目经验，同时也有较为丰富的与旅游规划设计相关的上下游产业链资源，如景观设计、项目招商、市场营销、景区管理等方面，有利于实现规划设计项目的落地。

（2）其他类企业

从事旅游规划设计的其他类企业主要是指以非旅游规划设计业务为主业，旅游规划设计业务为副业的企业，包括从事建筑设计、景观设计、城市规划的规划设计院。这类企业比较侧重于具体的物质（形体）规划，风景区和度假区规划大部分是由规划设计院完成的。如中国城市规划设计研究院完成了大量的风景区和度假区规划，其他如北京清华城市规划设计研究院、上海同济城市规划设计研究院也都完成了大量风景区和度假区规划。

主营业务为勘察规划、投资咨询等业务的企业，如北京市建筑设计研究院、中国城市规划设计研究院、北京清华城市规划设计研究院、上海同济城市规划设计研究院、云南省城乡规划设计研究院等都在从事旅游规划设计方面的业务。这类企业主营业务与旅游规划设计项目有交叉，因此多从本行业特点出发从事旅游规划设计业务。

2. 企业性质

从旅游规划设计企业的性质来看，主要有国有企业、私有企业和混合所有制企业三类：

（1）国有企业和国有控股企业

从事旅游规划设计的国有企业一般是各地从事城市规划和建筑设计的国有性质或国有控股的规划设计院，如北京市建筑设计研究院、中国城市规划设计研究院、北京清华城市规划设计研究院等。值得注意的是，从事旅游规划设计的企业中还存在部分挂高等院校牌子但其实质是国有或国有控股企业的机构，如国有控股的中山大学旅游发展与规划研究中心。

（2）私有企业

从事旅游规划设计的私有企业包括各类规划设计公司，如北京土人城市规划设计有限公司、北京达沃斯巅峰旅游规划设计院有限公司等；还有挂高校牌子的规划设计企业如浙江大学亚欧旅游规划设计研究院、浙江大学风景旅游规划设计有限公司、浙江工商大学旅游规划设计院有限公司等。

（3）其他混合所有制企业

混合所有制企业是指由公有资本（国有资本和集体资本）与非公有制资本（民营资本和外国资本）共同参股组建而成的新型企业形式。从事旅游规划设计的其他混合所有制企业，指除了国有控股外的所有混合所有制企业。一般是各地从事城市规划和建筑设计的规划设计院和部分高校的规划设计机构，如武汉大学旅游规划设计研究院、中国地质大学旅游发展研究院、华中师范大学旅游规划与景观设计研究院等。

（三）其他机构

除高校、科研单位以及企业从事旅游规划设计外，在我国包括世界旅游组织、国际咨询公司等一些组织也在积极从事旅游规划设计或咨询业务，如近年我国与世界旅游组织正在开展旅游规划培训和规划研制方面的合作，到目前为止，世界旅游组织在中国编制或协助编制完成了四川、山东、云南、海南、贵州五省的旅游总体规划。

第四节　旅游规划的从业要求

旅游规划是兼具理性思考与艺术灵感的创作，是融科学性、前瞻性、可操作性、创新性于一体的工作，是对未来发展蓝图的勾勒。

一、旅游规划是科学与艺术的统一

九百六十万平方千米的浩瀚土地，上下五千年的岁月累积，在中国广阔的土地上，有多少美景和文化，正在无人知晓的偏僻角落，暗自绽放无与伦比的美丽光芒；有多少地域和空间，正在茫然不前的发展进程中，等待旅游去激发潜力与活力。

旅游规划正是这样一个引领者与推动者——源于山水、根植文化、导入产业、集聚消费、引领区域发展和城镇化的新方向，带动产业经济的升级。旅游规划具有自身的特殊性，其核心是围绕着满足旅游者多样化旅游需求，对各种潜在资源进行规划和设计，最终打造不同凡响的差异化旅游体验。

旅游规划是一门科学，内涵丰富，博大精深，作为一项复杂的系统工程，不仅涉及从顶层设计到项目落地的整个过程，也涉及旅游发展前沿理念的全面融入，在生态保护的前提下合理利用资源，需要科学的理论与技术作为专业化的支撑，这是一个理性思辨的过程。

旅游规划也是一门艺术，灵动不失质朴，美好不失底蕴，不仅需要有发现美的眼光、捕捉美的技术，也需要与时俱进、创新创意，深挖文化底蕴，传承和弘扬地方特色，需要用艺术的眼光与手法满足旅游者不同层面、多元化的旅游需求与体验，是一个感性注入的过程。

因此，旅游规划是科学与艺术的统一，是理性与感性的交融，是文化与生态的协调，是创新与创意的集合。

（一）旅游规划要讲科学

科学、技术与旅游规划交融一体。科学关注反映自然、社会、思维等客观规律的知识，技术是将科学的理论、思想进行落实的手段，旅游规划致力于将科学的理念和逻辑的思维与技术融合，以达到最好的规划效果。

如何将科学和技术注入新时期的旅游规划中，实现理性、完美的规划过程？为此需要考虑以下因素：

1. 科学的理论支撑

旅游业涉及多行业、多专业，这决定了旅游规划也是一门综合性、融合性非常强的学科，不仅要基于旅游学、经济学、管理学、地理学、历史学、社会学、空间学等各个学科的基础科学理论，也要融汇文化、景观、建筑、园林和金融等多门关联的产业理论。

2. 科学的理念引领

好的旅游规划要有前沿合理的理念引领，要高起点、大视野、新思维、强落地，全城全域旅游化、多样资源旅游化、各行各业旅游化、区域营销旅游化、天人合一化、产业集群化、开发创意化、项目落地化、场景体验化、旅游民生化等是比较具有典型性和指导性的规划理念。

3. 科学的流程推进

旅游规划要遵循旅游的基本规律，要对市场、资源及旅游系统的其他要素进行科学细致的分析，并按照一定的程序或程式来进行，一般按照策划、可行性研究、概念性规划、总体规划、控制性详细规划和修建性详细规划、景观设计、建筑设计、营销推广和招商引资、景区运营管理、信息化建设等流程进行，每个流程当中还会有各自科学的技术流程和路线。新时期旅游规划不断创新，这要求我们转变思维，摒弃"教科书"式的规划传统老套路，实践"操作手册"式规划的新思维。

4. 科学的体系保障

旅游规划是一个系统性工程，是以不同类型科学的内容体作为保障，如运营体系、基础设施体系、营销体系、要素体系、支撑体系，重证据、重推理、重逻辑、重科技。

（二）旅游规划要有艺术

艺术、通感与旅游规划交融一体。艺术关注灵性与捕捉质朴的元素，通感在于将所有的感官要素融会贯通，以致将艺术的审美与生活的情趣贯穿其间，以达至丰盈的瑰奇。如何将艺术的包容与通感的玄妙灌注到旅游规划之中呢？

1. 艺术的眼光发现美

有人曾问一位日本的景观设计师，为什么你设计的景观与当地的环境可以那么自然地融合呢？他的回答是："我在这里看日出日落，朝晖夕阴，看人们劳动作息，捕捉光与影的和谐旋律，看水中的倒影与飘浮的落叶。几个月下来，我创作的景观自然就与当地环境融为一体了。"这种敬业精神和天法自然让人击节赞叹。

旅游规划要随时随处有发现美的眼睛，一粒沙里看世界，半片花瓣说人情，重视细节，很多看似平凡琐碎的细节，可能蕴含着妙曼的艺术感悟与审美逸趣，画家会因为墙上斑驳的机理效果而产生创作的灵感，找到光与影的和谐，会因为河水里五色斑斓的鹅卵石而萌发创作的动机。国际建筑大师扎哈在设计国家大剧院内饰墙的时候，就是把一枚石子扔进水里，然后说："我要的就是这个感觉的形态表达。"

2. 艺术的素养绘就美

做旅游规划要有艺术的敏锐和独到的眼光，以及孩子般的好奇心与审美情趣，要有较高的文艺素养，可以将视觉、听觉、味觉、触觉、嗅觉的审美体验综合融贯，最终形成心觉。做旅游规划要有文化的素养，要用文化的主题贯穿、文化的内涵挖掘、文化的色彩烘托，以文化感染规划，以文化创意规划，以文化使规划有魂。做旅游规划要有创新的素养，将创新融入旅游规划的艺术创造过程，让旅游形象更鲜活，让旅游产品更灵动，让旅游市场更活跃。

3. 艺术的手法创造美

旅游规划以人为本，以满足人的精神和文化需求为目标，注重人的生命质量、生活质量的提高，要通过艺术的手法渲染科学的规划，让消费者的消费融入情景设计中，以服务为舞台，产品为道具，环境为布景，使游客在亲近自然、欣赏山水、接触社会、感受人文、体验风情、享受休闲、美食购物的旅游过程与服务过程中体验到身心愉悦。创新创意是旅游规划的关键，要运用创新创意将同质化的资源通过异质化的创意，错位地开发，焕发新活力，标新立异，"无中生有"，出奇制胜，在大同的世界中创造大不同，给旅游者不一样的艺术感受和体验。

二、旅游规划师的从业要求

中国旅游规划创新的关键是人才，中国旅游业呼唤一流的规划师和策划师。真正能适应未来发展的旅游规划师，应该是多门学科的集大成者，而不是单纯的"设计大师"，是"创新型"综合人才。

旅游规划师应具备以下一些基本要求：素质全面，知识渊博，善于交流，有崇高责任感，审美观良好，富有激情、科学精神与人文精神。

在此基础上，要做好一部旅游规划，规划人员还要充当好背景研究和未来预测的科学家、平衡多方利益主体的政治家、富于激情与创意的艺术家等多重角色。

（一）扎实的旅游理论功底

旅游规划人员应该能够完整理解规划资源对象的形成过程、历史及其价值，而且掌握必要的规划方法和技术。这就要求规划人员必须接受旅游资源和旅游开发关联学科的专门训练，同时也要求规划人员对旅游活动过程有完整的理解。也就是说，要求规划人员至少有两门以上与旅游相关的专业知识和技能。

任何一门新兴学科的产生，都需要其他相关的较为成熟的学科理论和技术手段来推动。对旅游规划具有指导作用的可持续发展理论、旅游系统理论、旅游经济学理论、旅游社会学理论、旅游生态学理论、旅游心理学理论等已形成相对完善的旅游规划理论体系。

旅游规划人员要全面掌握这些学科理论和技术手段，并结合旅游地的特点，将理论与实践相结合，才能编制出具有长远性、科学性、适用性的旅游规划。

（二）创新创意的意识

旅游规划体系的主要内容，是为旅游主体创造一个"产业运营—产品系列—景观品质—活动内容—空间条件—时间序列—信息引导—市场营销"的有机整体，从而为旅游者提供舒适满意、优质、优价的旅游经历。

旅游规划是一项高难度的工作，它必须包括策划和科学研究两部分。没有策划，科学就没有灵气；不讲科学，策划就成了空想。因此，要想从事旅游规划工作，首先要有广博的知识面。在广博知识的基础上，要建立网络型、发散式、创新性的立体思维，要有创新精神，多出创意和点子，旅游业是点子产业，没有高明的创意也难以搞好旅游规划。

旅游规划的编制过程，就是创新的过程，建立在"知己（资源调查）知彼（市场调查）"、富有创造性的策划创意的基础上。旅游发展30年，地方政府、景区经营单位、旅游投资商对旅游规划的要求已经发生了深刻的变化。在旅游规划工作中，规划编制单位经常听到甲方在各种场合提出规划编制的要求："我们要的是创意，传统的那套资源、市场、空间、产品、营销、保障的模板式的规划我们自己都能写。"魏小安也说过："我们现在的旅游规划在一定意义上走到头了。"甚至有人认为:"现代旅游规划,若无创意,可以说一文不值!"创意创新是现代旅游规划的唯一出路。所谓创意其实就是独辟蹊径解决问题。

一般谈到旅游规划中的创意往往就以为是形象定位、宣传口号或者景观设计几个方面的创意,这些方面需要创意,但旅游创意远远不止这些,甚至主要的还不是这些,旅游规划需要系统创意。"系统创意"是指以旅游者体验为导向,从旅游者"五官六觉"全方位体验入手,对旅游全产业链进行创意,包括从项目主题文化、具体系列项目群到景观、节事活动等规划的各个环节进行创意和突破,贯穿了旅游规划几乎所有的核心章节,并决定或影响了项目的定位。

创新需要具备很多要素,如创新环境的营造、个人知识程度、合作精神等,然而其关键仍取决于人的创新精神与创新能力。旅游规划师要有较强的学习能力与适应能力。

(三)善于综合协调的专家

规划师还要是"善于综合协调的专家"。一个理想的规划师应能够把这种综合的技能专门用于发现公众利益而非个人或小集团利益、整体利益而非局部或小范围利益。

在规划实践中,最难的既不是科学问题,也不是技术问题,而是规划区内首长的方案与规划专家团队的方案不一致时,专家团队是违心"尊重"首长的方案,还是"据理力争"坚持科学的方案。如何处理这一问题是在中国做旅游规划最重要的"艺术"。

中山大学教授保继刚在主持西部某市旅游规划时,碰到这样一件事。当地的瀑布十分有名,其中一条山沟,瀑布、森林和翠竹组合完美,空间尺度宜游,被魏小安先生评为"没有败笔的景区"。但当地市委书记执意要修一条公路进去,理由是游客走进去、走出来太累,要为游客着想,并从国家发展与改革委员会申请到了1000多万元的旅游国债作为修路资金。我们规划团队进入现场考察时,拟修道路的施工图都已经完成,资金已到位,就等招标施工。主管市长和旅游局局长都认为这个方案破坏景观,但又不敢提出反对意见。规划专家组经实地的详细考察后也认为修路对景观破坏太大,但如何说服市委书记,成为决定规划成败的关键。考察结束后,规划专家组要求召开全市四套班子会议来汇报规划思路。其中,在谈及拟修道路时,规划专家组从景区特点、游客调查结果以及类似景区在修路之后景观被破坏（例如，市场调查表明，走进去、走出来并不影响游客的旅游体验和满意度；还能有部分本地居民扛滑竿，解决就业问题）等方面论证不需要修建这条道路，然后给出了另外一个修路的方案，将这一景区与另一个景区连通，方便游客。与会地方领导基本都同意这一新的规划方案。最后，市委书记总结发言时说，教授提出的方案有道理，市里要重新论证。通过这样的沟通，原拟定修建的道路取消了。

保继刚教授将处理这种情况的经验总结为：遇到类似的事情时，架一个梯子，将领导扶下来。在绝大多数情况下，当地领导大多不会刚愎自用、固执己见，关键是有效沟通。"架一个梯子，将领导扶下来"，正是旅游规划师综合协调者角色的体现。

旅游规划是科学与艺术的统一，意味着新时期的旅游规划人员要具备科学的头脑、艺术的心灵、文化的内涵和哲学的逻辑，要以"八千里路云和月"的气魄与理想，以双脚丈量土地，以创意裁剪风景，以心灵感悟人生，以激情规划空间，为旅游而创意，为文化而呼吸，为生态而守望，为旅游规划开辟更为广阔的天地。

第二章　旅游开发与规划概念体系

第一节　旅游开发

一、旅游开发的概念

旅游开发是一项复杂的系统工程，一方面，包括宏观的旅游发展规划和开发规划的战略研究、政策制定；另一方面，又包括发展规划和开发规划的实施建设。旅游开发在概念上有广义和狭义之分，可分为旅游资源开发和旅游地开发。

狭义的旅游开发，主要是指旅游资源开发，是人们为了发掘、改善和提高旅游资源的吸引力而致力从事的开拓和建设活动。旅游资源开发的内容包括：旅游景点建设、旅游区交通基础设施建设、旅游接待、服务设施建设和旅游市场的开拓等，即把旅游资源加工发展成具有旅游功能的吸引物或旅游环境的技术经济活动。旅游资源开发一般多以形成一定的旅游景物（或景点）为直接目标，规模和涉及面相对较小，常体现为一种企业行为，即通过旅游投资和建设，形成某个景点或景区。

在外国旅游文献中，旅游开发常常习惯用 Tourism Development 来表示，而在中国，人们常用"旅游资源开发"来表述旅游开发工作。从狭义的旅游开发来讲，不论是英文中的旅游开发，还是中国人所指的旅游资源开发，所涉及的实际工作内容是基本相同的。

广义的旅游开发，指的是旅游地的综合开发、系统开发，即区域旅游业的发展，是指根据当地条件，运用适当的资金和技术手段，通过科学的调查、评价、规划、建设、经营等，使未被利用的资源得到利用，已被利用的资源在深度和广度上得到加强，并对旅游资源、旅游市场、旅游产品、旅游人才等进行综合研究，确定发展方向，搞好相应的配套设施，创造更好的效益，使旅游业在区域内得以建立、完善、发展和提高的过程。

广义的旅游开发是一项综合性开发，也是有一定空间范围的旅游开发。旅游开发是发展旅游的基础，它是从自然、经济、社会、交通和区位条件出发，对旅游空间进行综合性的开发，包括资源、市场、产品、人才等一系列的开发和旅游设施的建设。其涉及整个旅游地各有关部门的合作和协调，往往由旅游地政府主持，从区域旅游产业发展到景点建设、基础设施的配套及布局、物资供应、资金筹集等方面进行统一的战略性规划和战术性规划及管理。特别是大范围的旅游开发，常常是一种政府行为。

二、旅游开发与旅游规划的关系

有观点认为：开发包括规划，开发本身也是规划，称为开发规划；开发和规划也是设计，规划是一种计划。其实，开发在概念上与规划明显不同。

所谓开发，包括双重含义：一是开采或利用资源；二是使人或事物从潜力不明、不曾实现或未完全实现的状况变成外显的部分或完全现实的状态。简要地说，开发包括物质性开采利用（如自然资源）和非物质性开发（如市场、人力、文化内涵等）。开发又往往与建设密不可分。所以，"开发"概念与"规划"概念既有联系又有明显区别，把两者混同起来是概念错误。规划往往与设计密不可分，比较具体全面，是对特定资源开发利用的综合计划和项目设计。开发则常常与策划、建设连在一起，开发既包括战略、战术层面的开发策划，也包括规划执行层面的开发建设，开发策划指导具体的规划设计，开发建设又实际执行规划设计。

总体上讲，两者是包含关系。旅游开发包括了旅游规划，旅游规划是旅游开发中的一个重要环节。

一个完整的旅游开发过程，包括提出旅游开发设想、旅游项目可行性研究、旅游策划、旅游总体规划、旅游控制性详细规划、旅游修建性详细规划、绘制旅游施工图、旅游设施建设、旅游市场营销推广、旅游人力资源开发、产生旅游效益等具体环节。其中，旅游总体规划、旅游控制性详细规划、旅游修建性详细规划属于旅游规划工作。

三、旅游开发的基本内容

从狭义角度上讲，旅游开发基本内容包括重点旅游景点的建设，旅游地的交通安排，旅游设施的建设，旅游市场的开拓。

（一）重点旅游景点的建设

旅游资源在旅游业中必须要经过开发才能被利用，旅游景点和景区就是旅游开发中的一个重要组成部分。旅游景点和景区建设包括两个类型：旅游景区景点的初次建设；旅游景区景点的深入开发建设和改造等。但是，这里说的建设是广义上的概念，不一定指的是新景点的兴建和传统景点的改建，它应该还包括对旅游资源的保护等方面的内容。

（二）旅游地的交通安排

旅游活动具备异地性的特征，旅游者往往要经过漫长的旅途才能来到旅游地。因此，如何合理地安排旅游地的外部和内部交通是旅游开发中的又一个重要内容。这里的交通安排包括交通线路的设计、旅游交通设施的配套、交通工具的选择等方面。现代旅游中旅游者对舒适度和效率的要求越来越高，往往要求旅途所用的时间尽量短而且舒适，旅游的过程相对长而且参与性强。在对旅游交通进行规划时要充分考虑旅游者的这些要求。

（三）旅游设施的建设

成功的旅游开发需要对旅游所需的旅游设施进行统筹规划和建设，完善旅游地的旅游环境。旅游设施包括的内容范围很广，涉及旅游的食、住、行、游、购、娱等方面。这些设施不仅会促进当地旅游的发展，还对当地社会的发展和人们生活质量的改善有极大的帮助。

（四）旅游市场的开拓

旅游开发要取得预期的经济、社会和环境效益，就应该注重旅游市场的需求和变化。只有尽力满足旅游市场的需求，自身的利益才能得到满足。因此，旅游开发应该依据本地旅游资源的特色和优势确定其开发的目标市场，进行有针对性的开发和市场营销，努力扩大客源和开拓旅游市场。

四、旅游开发的原则

旅游开发与规划所具有的系统性和综合性特征，要求在进行旅游开发与规划时必须遵循一些科学性原则，这些原则主要有以下几种：

（一）市场导向原则

市场导向原则是指在进行旅游开发与规划前要进行市场调查与市场预测，准确掌握旅游市场需求和供应及其变化规律，结合旅游资源特色，确定开发的主题、方向、规模和层次。该原则要求了解和掌握旅游市场的供需状况，包括需求的内容、满足的程度，旅游产品的供需发展趋势，潜在的需求状况，整个市场的规模、结构和支付能力以及新企业进入市场预测等，然后根据这些因素进行旅游规划开发的筹措工作。

由于市场需求处于动态变化之中，这使旅游规划开发不仅要满足客源市场现实的需求，还应把握市场的各种形成要素，认清现实的基本需求，了解长期的发展方向，预测潜在需求的变化趋势，从而用一种动态、连续、长期的发展战略进行旅游开发与规划，并使这项工作富有前瞻性和应变性。

（二）突出特色原则

旅游活动通常要求旅游吸引物及其周围环境要具有独特性，特别是与客源市场所处的环境具有很大的差异性，此种差异性越大则吸引力就越大。

突出特色原则，要求在旅游规划开发中把挖掘当地特有的旅游资源作为出发点，尽可能突出旅游资源的特色，从战略上认识所拥有资源的优势，并通过开发措施强化其独特性，从而形成强大的吸引力和完整独特的旅游形象。如九寨沟-黄龙景区就是因为发现了对全国乃至全球游客都具有强大吸引力的世界独一无二的钙华地貌水景资源，从而造就了一个世界级的世界自然遗产旅游地。

突出特色原则要求在规划开发中坚持突出自然资源与人文资源双重特色，增强地方色彩。特定区域的民族风情和文化是旅游资源规划开发取之不尽的源泉。在开发过程中，要突出当地民族的建筑风格、艺术样式、文化品位、民俗风情等要素的特色，从而形成独具魅力的旅游吸引物。如九寨沟-黄龙景区之所以对全球游客具有强大吸引力，不仅仅是因为它的五彩水景，还有它那浓郁的藏、羌民族风情和文化。

（三）综合效益原则

综合效益原则是在旅游开发与规划中要坚持经济效益、社会效益和环境效益相统一的原则。通过旅游资源规划开发，潜在的旅游资源能变成旅游产品的重要组成部分，从而产生直接的经济效益，并有助于调整区域产业结构，带动相关部门、行业的发展，有力地促进区域经济的协调发展。同时，通过发展旅游业能够扩大就业，还可以促进国际、地区间和民族间的经济技术合作和文化交流，产生良好的社会效益。科学合理地开发利用旅游资源，更可以使自然资源和人文资源得到必要保护，从而产生良好的环境效益。旅游规划就是寻求使旅游业的三大效益能够达到最优的必由之路。

（四）可持续发展原则

旅游开发与规划不是孤立的短期行为，而是一种长期的综合发展战略。可持续发展原则要求旅游资源规划与开发必须做到开发与保护并举。对于那些不会破坏旅游资源和环境的项目，要以开发利用为主，大力开发建设；对于稀缺的、不可再生的旅游资源，则应以保护为主，在不破坏资源的前提下，实施科学的有限开发战略。同时，由于可持续发展原则涉及经济可持续发展、社会可持续发展和生态可持续发展三个方面，因此旅游开发必须讲究经济效益，追求社会公平，关注生态平衡，实现三者的有机结合。

可持续发展原则要求旅游开发与规划必须兼顾局部利益和全局利益，眼前利益和长远利益；合理安排资源开发的序次，不可一蹴而就，而应分期分批展开；不断开发新资源，设计新项目，保持旅游资源的吸引力经久不衰，实现旅游资源的永续利用。

1. 特色性原则

开发利用旅游资源的实质就是要寻找、发掘和利用旅游资源的特色。经过开发的旅游资源，不仅要保持其原有的特色，同时，还应使其原有的特色更加鲜明和有所创新和发展，绝对要避免在开发后，旅游资源原有的特色遭到破坏。

2. 共生性原则

就是说这一旅游项目与另一旅游项目之间是共生的。旅游资源的共生性，是指自然资源与自然资源之间、自然资源与文化资源之间、文化资源与文化资源之间的共生性现象，共兴共荣，共同发展。

3. 网络化原则

旅游业是一个扩大化了的网络，是自然网络。实际上，如果某地有独特性的旅游亮点，游客还是会千里迢迢去游览，会千方百计解决道路不畅、住宿饮食不便等问题即使人为阻止也很难完全控制。

五、旅游开发的步骤

旅游开发与规划的战略策划是一项复杂的系统工程，一般来说，有以下几个步骤：

（一）旅游资源的调查与研究

这是旅游开发与规划的基础工作，其目的是了解该地区旅游资源的类型、数量、规模、布局情况和开发利用现状，该地区交通、水、电等基础设施现状，还有与旅游相关的配套服务设施情况，如住宿、通信、娱乐、购物等。通过评估，了解该地区旅游资源的优势、劣势和潜力所在。

（二）旅游开发与规划条件分析

某地是否有旅游开发价值，能否成为旅游区，要根据旅游地调查的情况加以分析和评估。一般需要对以下六个基本条件进行分析：

1. 自然条件

指土地条件和气候条件。土地条件主要考虑的是承载能力，即容量。这个容量有一个临界点，超过这个临界点，就会出现饱和状态，造成环境退化，游客享受程度降低。气候条件主要考虑的是季节性以及当地气候变化对旅游者感觉舒适程度的影响。

2. 可进入性条件

进入游览地的难易程度是评价旅游资源开发条件中，除自然客观条件之外的第一个必要条件。它是指从客源产生地到游览地全过程的进入难易程度。进入性的问题，包括交通工具和交通基础设施（如机场、道路等）两个主要方面，它涉及国民经济的整体计划。

3. 客源市场条件

对该地区目前在国内外旅游市场的地位和占有率状况，以及潜在旅游市场的地位和占有率状况进行评价，可确定接待能力以及市场开拓方向和占有率。

4. 基础设施条件

指当地的水电、排污、景区内道路等基础设施。基础设施是旅游资源开发的前提，要加以重视。

5. 服务设施条件

这主要是指与旅游景点相配套的住宿、餐饮、通信、购物、娱乐等服务设施的评估。该条件与当地社会经济发展状况密切相关。

6. 投资条件

包括资金来源，投入产出效益，旅游开发给当地社会经济带来的影响等。

（三）制定旅游规划

根据旅游资源调查研究和开发旅游的各种条件，确定该区旅游开发的总体战略，然后根据开发战略先后编制一系列旅游规划，主要包括：旅游开发总体规划、旅游发展总体规划、旅游景区总体规划、旅游景区控制性详细规划、旅游景区修建性详细规划、专项旅游规划等。

（四）具体实施计划

各种旅游规划一经专家评审和政府批准，就可以进入实施规划的开发建设阶段。该阶段包括以下内容：

（1）制定好实施开发的具体计划——旅游景区修建详细规划；

（2）进行项目具体工程设计，绘制出施工图纸；

（3）组织项目资金，进行财务预算；

（4）进行工程招标及施工。

六、具体开发流程

（一）投资决策

投资决策过程中，最重要的是对景区资源及开发价值进行整体评价。投资商在与景区所有者即政府签订合同前，可以聘请旅游专家，通过初步的资源、市场、交通、环境、政策评估之后，提交一份《旅游项目投资可行性研究报告》或《旅游项目投资价值评价报告》，以作为决策依据。

（二）合同签订

旅游景区开发，一般涉及风景名胜区、自然保护区、重点文物保护单位、森林公园、地质公园甚至世界自然与文化遗产。对于这些资源，或多或少都会存在一些不适应市场经济发展要求的、非产业化的法律法规，对旅游投资商十分不利。旅游特许经营权是投资商必须合法控制的核心，其中包括门票收益权、景区开发与招商权、核心土地购买权等几个方面。如何签订合同，并要求政府负责配套设施建设（特别是交通、水电等），是需要丰富经验和高超技术的。另外，合同签订的同时，须划定红线，确定项目的开发用地和建设用地。

（三）组织管理架构

合同签订后，运营方（即原来的投资方，合同签订后，投资方就转变为了运营方）应立即着手组建开发管理团队，并建立开发运作的管理构架与管理制度。管理构架应包括前期工作部、建设管理部、开业运营部三方面。前期工作部，主要负责项目开工建设前的准备工作，包括委托旅游规划设计公司进行市场调研、产品策划及规划设计；编撰文件向政府相关部门报批、面向社会招商等。建设管理部，以项目经理为首，负责建设准备工作和工程施工期间的管理工作，保证工程按设计要求和合同要求完成。开业运营部，负责景区开业营销策划，办理开业手续，落实景区运营必备的人、财、物，提高景区的经济收益和社会影响力。

（四）旅游策划

产品策划（项目设计）及项目运作策划不同于旅游规划，主要用来解决主题定位、市场定位、游憩方式设计、收入模式、营销模式、运作模式、盈利估算、投资分期等问题。必须聘请专业的旅游项目开发咨询顾问公司，提供《旅游项目总体策划报告》及《旅游项目开发运作计划》。为了与国债申请、政府资金申请、银行融资、战略投资人及子项目投资人招商引资等方面的工作全面配合，应编制《旅游项目建设可行性研究报告》。

（五）旅游规划

产品策划完成后，或与此同步进行，应该聘请专业机构，编制《旅游总体发展规划》。在此基础上，编制《旅游控制性详细规划》，部分需马上动工的区域，需编制《旅游修建性详细规划》。新建项目要先进行旅游规划、确定规划条件，到规划主管部门办理建设用地规划许可证后，方可委托专业机构进行景观与建筑设计。

（六）建筑设计

在旅游规划编制完成，建设用地规划许可证办理后，要委托专业的规划设计单位进行旅游景区的景观及部分建筑设计。主要包括景区大门、游客服务中心、停车场、休闲及景观节点、景观小品等。设计的基本程序为勘察—规划—设计方案—初步设计—施工图设计。

（七）政府审批事项办理推进

通过政府的各项审批非常重要。其中，发改委立项，可行性研究报告审批，规划评审，市级、省级、国家级重点扶持项目立项与申请，国债项目、农业项目、旅游项目等特殊扶持申请；规划委批准；土地规划审批；建设土地的招、拍、挂与征用；合同中政府承诺的落实；施工图的审查；建设准备与报建批复等，十分繁杂。

（八）资金运作与招商引资

项目建设资金不能全部靠企业自有资金，应积极进行融资和招商引资，用少量种子资金启动项目，利用项目融入建设资金。

（九）建设准备与工程建设

以项目经理为首协调各方，监督、控制工程进度与质量，保证工程按设计要求和合同要求完成。旅游项目中主要有景区内基础设施建设、景观建设、接待设施建设、游乐项目建设四个方面。项目工程结束后，项目法人要组织验收工作。

（十）开业运作

项目完成工程建设，与开业运行，还有较大的差距，开业需要人财物齐备，并且还要有切实可行的营销方案。景区开业需全面配置大量的服务人员，包括导游（讲解员）、技术维护、环卫人员、保安、营销人员等，需建立完整的旅游标识系统、旅游卫生系统（厕所、垃圾箱、排污等）、旅游安全保障系统、游览服务系统、游客接待服务系统等。以上大多属于软件建设，必须通过规则、流程、培训等管理工作，才能运行到位。一炮打响，是开业营销的重要目标，其中建立专业的营销队伍，用以理清渠道、展开品牌推广、开展活动促销等是基础。旅游景点一般在开业后的 1～3 个月可正式进入运营阶段。正式开业营运一年以上的旅游景区（点），可以向当地旅游主管部门申请景区等级评定。

七、旅游开发理念

（一）在产业链联动中寻找解决方案

旅游开发需要在食、住、行、游、购、娱等旅游产业链，甚至是跨旅游产业链中实现联动发展，以景区为例，一方面可以使景区摆脱对门票经济的依赖；另一方面，还可以构建更加完善的产品体系，满足游客越来越个性化的需求，提升景区旅游综合经济效益。

（二）用实证的科学手段，深度研究细分市场

对市场的了解程度决定了旅游项目或是旅游产品的科学程度。规划设计前期，应通过实证的科学手段，深入研究市场特征，尤其是诸如老年人、自驾游等细分市场，为后期的产品及游憩方式设计提供翔实有效的参考数据。

（三）以人为本，设计游憩活动

旅游的消费主体是游客，因此无论是旅游线路的设计、游乐项目的设计，还是游憩及购物设施的布置，都要以人为本，符合游客的旅游习惯。

（四）追求独创奇异，形成独特卖点

市场竞争的加剧、游客旅游需求的不断提升，促使旅游区不能保持平庸，而是要在市场及资源的基础上，尽可能地发挥创意，形成区别于其他旅游区的独特卖点。

（五）深度挖掘地脉、文脉和人脉，设计情境化、体验化产品

一个旅游景点最不能被复制的除了资源外，就是当地经过长期发展遗存下来的地脉、文脉和人脉，这也构成了游客被吸引的深层次原因。因此，进行产品设计时，需要深度挖掘当地的地脉、文脉和人脉，并且用情境化、体验化的设计手法表达出来，让游客可以真真切切地感受到、体验到。

（六）运用科技手段，创新旅游营销

随着科学技术的发展及产业之间的融合，一些新兴的旅游营销模式不断涌现。微博、微电影、四格漫画、定制营销等各种风靡的营销手段，都可以拿来为景区服务。各景区应顺应时代潮流，创新营销模式，最大化实现旅游景区的价值。

（七）以投资商和银行为导向，包装产品，实现融资

绝大多数景区的资源归国家所有，但若只靠政府，无论是在初期开发还是后期运营方面都存在着不可回避的短板。在我们看来，政府在保留资源国有及对整个景区监督的权利基础上，将经营权开放，甚至依靠资本市场的力量来推动景区的开发建设，无疑是最快、最有效的方式。

八、旅游开发主体

旅游开发的主体可分为：一是完全以企业为主体进行开发；二是政府与企业进行垄断性开发；三是完全由政府为主体开发，如城区中的古村落的改造、水体的保护等。重要的旅游资源应选择后两种开发主体。

九、旅游开发要领

旅游规划开发涵盖面宽，涉及内容广，几乎包罗万象，可谓庞杂的系统工程，未究其理确难下手。但只要在实践中深入琢磨和体悟，便能捕捉到一些具

有规律性的要领。如在实际工作中灵活运用，则能够做到游刃有余、得心应手。

（一）创意制造新奇

生命细胞科学证明，人的智慧共有五个层次：第一是博闻强记；第二是融会贯通；第三是悟和选择；第四是多维重组；第五是最高智慧，就是创新创意。通过新思维提出与众不同、前所未有的新论点、新作品或新设想。

求新、求异、求奇、求特是旅游行为的基本特性，旅游规划开发就特别需要凭借创意的火花来点燃。好的创意可以画龙点睛，化平凡为经典，化腐朽为神奇。如西安的梦回大唐、丽江的纳西古乐、龙虎山的悬棺表演、明月山的嫦娥奔月等，均为巧妙创意。有人说，有好创意的石头比珍珠卖得好，这在旅游中的例证比比皆是。

（二）策划整合资源

创意常常是朦胧的光点、引爆的火花；而策划则是清晰的思路、完整的轮廓。策划将奇妙的创意予以展开和延伸，化为人们可认知、可把握、可操作的方案。在技术路线上，策划是沿着创意的思路方向，按照系统论和控制论的基本框架和程序，将各相关资源和因素进行全面梳理、甄别和研究，使其系统化、合理化。

（三）定位主导项目

在旅游开发建设中，把握方向，明确目标。只有这样，才能保证旅游开发建设达到规划的预期目的。

（四）系统支撑架构

旅游规划开发的对象，大到一个城市、区域，小到一个景区、景点，都是由各相关要素构成的规模不等的系统。

"食住行游购娱"六大要素，这是从旅游消费运行的角度来归纳的旅游基本要素；而从旅游产业运行的角度来看，除以上六大要素外，还应有资源、投资、开发、产品、品牌、市场、营销、人才、技术、管理、信息、体制、机制、政策、法规等十多个要素。因此，实施旅游规划建设，框架要完整，结构要合理，体系要系统，要素要齐备。只有在完整的系统架构的稳固支撑下，才能相互协同、齐头并进；否则，便会相互掣肘、寸步难行。

（五）文化深化内涵

文化是旅游的灵魂，深化文化内涵可以使名山胜水更富灵气，更加声名远播。奇山怪石、胜水名泉当然可以赏心悦目，若加上文化点缀则有更生动、深刻的寄寓，使人获得丰富知识，产生美妙联想，提高观赏层次和感受品位。

（六）艺术提升魅力

艺术源于生活但高于生活，具有强烈的吸引力、感染力、冲击力、穿透力、振奋力，如果说文化是旅游的灵中之魂，那么艺术则是旅游的魂中之魄，是晶莹剔透的精髓窍核。游客意识观念往往不尽一致，但对艺术作品却常常能产生共鸣，这就是艺术的超物价值、脱俗功能和大众魅力所在。历史不可重演，情景可以再现。艺术是再现历史动人故事和典型情景的最佳手段。中国演艺旅游开发应运而生，西安的《唐乐宫》《梦回大唐》，华清池的《长恨歌》，桂林的《印象刘三姐》，九寨沟的《高原红》，武夷山的《大红袍》，形成当地旅游的亮点、兴奋点，均使游客既赏心悦目，又深受震撼。

（七）科学拓展空间

由于科学的应用，才出现了太空遨游、海底世界旅游，才有今日的旅游信息海量化、预警及时化、会展现代化、演艺实景化、游乐科幻化、服务智能化、管理精细化、运营高效化。

所谓智慧旅游，就是在旅游规划建设、经营运作和管理服务过程中实行科学性技能与人性化情感的有机结合。有人说，美国旅游就是科技加金钱，这不无道理。因为他们的历史文化虽不长，但拥有先进的科技和雄厚的资金，开发旅游产品多以幻想未来为题材、先进科技为手段，将游客引入一种稀奇怪诞、扑朔迷离的境地。

（八）技术夯实品质

旅游开发建设最终还是一种技术活，奇妙精美的创意策划和设计，必须有相应的实施技术做保障，才能切合意图、体现初衷、铸造精品。这里所说的技术主要是指具有技术水平的旅游开发建设管理人才队伍和技工人员队伍。

旅游寻求的是差异、享受的是品质，旅游开发建设必须严格按照标准执行，杜绝粗制滥造、以次充好。不然，再好的创意策划和设计到头来制造的也都是次品，甚至是废品。

（九）以客为本塑造环境

一切旅游景区景点及服务设施都主要是为各方游客而建的，一切旅游产品都主要是供游客使用和消费的，一切旅游开发建设、经营管理和服务都要以游客为中心而展开。这是旅游行业核心价值观的根本取向，也是旅游开发建设成败与否的关键所在。因此，旅游规划开发要特别强调切实树立"一切为了游客，为了一切游客，为了游客一切"的理念。要按照"游客为本、至诚服务"的宗旨，以当地特有的自然和人文资源作凭借，以面向游客的需求和愉悦为准尺，努力塑造浓厚的旅游目的地的人本氛围，切实营造出游客喜闻乐见、热切向往的典型环境。

（十）体验增强回味

体验旅游是以游客非常经历为重点内容的旅游，是让游客全身心地投入和感受的深度旅游，是最具特质内涵、最受市场欢迎的品质旅游。体验旅游能使人津津乐道、乐此不疲。缺乏体验的走马观花、浮光掠影、浅尝辄止式旅游，则平淡无奇、索然无趣、感受肤浅、难有回味。

因此，旅游深度开发应切实根据旅游消费市场的需求，注重在设计各种不同特色的体验旅游产品上狠下功夫，令游客体验叠加，留下永恒记忆，心中念念不忘，有机会还会再来。

第二节　旅游规划

一、旅游规划的具体内容

（一）旅游规划的基本模式

区域（省、市、县）旅游发展规划的主要内容和工作步骤，可以用"1231 旅游规划模式"来表达，就是"确定一个发展目标、进行两个基本分析、做好三个发展板块设计、构建一个支持系统"（吴必虎，1999 年）。很显然，"1231 工程模式"中，作为规划的核心问题就是"三个发展板块方案的设定"，也是区域旅游规划要付诸实施的主要操作内容。

1. 确定目标体系

综上所述，区域旅游规划的目标包括总体目标和分目标两个部分，总体目标及分目标则分别就旅游活动的市场、经济、社会和环境影响提出需要实现的蓝图。

区域旅游规划的编制，作用在于指导、规范今后相当长一段时间内，政府对旅游事业发展的宏观管理和科学决策，以实现规划时段和规划期末的具体目标。这一目标的确定，将决定旅游业的产业地位和发展速度，是整个规划都要围绕和展开的核心中的核心，是旅游发展的纲领性指标体系。

2. 市场与资源分析

在确定了发展的目标之后，应该就怎样实现这些目标提出操作性的方案和行动计划。

首先应该对旅游市场和旅游资源进行仔细的调查研究，这是一项十分必要的基础工作。

无论是市场还是资源，其调查分析都分为表层分析和里层分析两个层面。对于市场研究来说，其表层的内容就是对客源市场的过去、现在和未来态势进行分析、预测；里层的内容就是确立目的地的旅游形象，并向潜在的游客市场进行有效的市场营销，使潜在市场转变为真实的客源市场。

对于资源研究来说，其表层的内容就是对各类旅游资源现状进行调查、评价；里层的内容就是对旅游资源的进一步开发和利用进行综合功能配置，构架空间网络，布局重点开发地段（表2-1）。

表2-1　旅游市场和旅游资源的表层和里层分析内容

层次要素	表层内容	里层内容
市场分析	需求方：国际、国内，本地客源市场的数量和特征的历史回顾、现状分析和未来预测	定调子：区域旅游形象设计与传播、旅游目的地的营销与宣传
资源分析	供给方：根据某种分类方案和评价指标，对区域旅游资源进行调查和评价，特别是资源转化为产品的适宜评价	定盘子：旅游资源开发的空间布局规划、重点资源开发与保护地段的选择、旅游线路设计

3. 以产品为中心的方案设计

在市场与资源分析的基础上，接下来要做的工作就是要提出今后旅游发展的各种规划方案或政策措施。

这主要包括三个板块的内容，第一板块为前位板块，是指直接吸引旅游者前来参与旅游活动的旅游吸引物，即狭义的旅游产品和开发项目；第二板块为中间板块，是指为前来的旅游者提供各种旅游服务，包括交通、住宿、餐饮、娱乐、购物等旅游相关行业、设施和服务；第三板块为后位板块，是指旅游区内外的物质环境和社会环境。

以上三个板块层层紧扣、相互依存，构成了区域旅游发展的主要支撑（表2-2）。

表2-2　区域旅游规划方案的前位、中间与后位板块

规划任务　　与游客关系　目的地内涵　规划内容	前位板块　　　　吸引物及项目	中间板块　　　　相关行业与服务	后位板块　　　　环境
空间安排	☆	☆	☆
时间安排	☆	☆	
政府投资	☆		☆

4. 支持系统与规划实施

上述三个板块的规划方案能否得到有效的实施，有赖于规划的管理和支持保障措施的落实。规划方案及政策的施行，将会对规划区域的社会、经济、环境等各方面带来影响，采取何种政策和措施控制这些影响，也是需要加以监督和管理的问题。在规划文本中，需考虑如何从政府管理角度对上述旅游发展规划方案及其影响进行有效管理，提供相应的政策保障。这些支持系统的内容包括政府管理与政策法规、土地供给、资金保障、人力资源等内容。

（二）旅游规划的编制程序

一般地，所有类型的旅游规划都需经过从立题准备到实施监测这样一个完整过程。

根据国外的经验，该过程可以具体分为研究准备、确定开发目标和目的、规划区现状特征的调查、调查资料的分析与综合、提出政策与规划方案、规划实施措施以及规划管理和监测等七个阶段（世界旅游组织，中译本，2004；Inskeep，1991），而《旅游规划通则》通过结合中国国情和规划实践，对上述技术线路进行了调整，将旅游规划的编制程序分为任务确定阶段、前期准备阶段、规划编制阶段和征求意见阶段四个阶段。以下从中国的旅游规划的实践出发，对旅游规划编制程序中的一些关键步骤加以较详细的说明：

1. 规划立题

区域和目的地旅游规划一般由政府主持，经论证通过后的规划文本具有政府法令性质。因此其立题除了通常的预可行性研究外，还必须经过政府部门的组织实施和审核手续。一般地，国家旅游局组织编制全国旅游规划、跨区域的旅游规划与国家确定的重点旅游城市、旅游线路、旅游区、旅游项目的规划，县以上旅游行政主管部门组织编制当地的旅游规划。

立题之前应该进行预可行性研究，即必须对准备规划的对象地区是否可以进行旅游开发进行潜力评价。只有当初步预计的产出大于投入时，才有立项进行规划的必要。

旅游潜力的评价建立在预可行性研究的基础上。一般地，全国或省区一级的预可行性研究内容包括：目前已具备的旅游资源条件；区域旅游市场的潜力；开发旅游产生的可能的经济、环境和社会成本与效益。

规划组织工作中除了经费问题外，最重要的工作就是选择规划专业机构来承担具体的研究和编制工作。一般地，我们采用三足鼎立式的组织结构，第一是规划编制领导小组，由政府主管官员和相关部门首长、少部分专家组当任，其职责主要是在规划编制过程中及时表达政府的意见，并从宏观上整体把握规划的方向性问题。第二是专家咨询小组，聘请一定层次水平的规划相关专业人士，其职责是对规划中出现的问题进行专业咨询，提出修订意见，帮助课题组解决一些仅凭课题组不易解决的问题，特别是帮助指导解决一些特殊领域的专业问题。第三是规划的技术小组，它是规划的核心队伍。规划技术小组的组成根据规划对象的不同又有所不同。一般地，国家或省区规划小组的专业结构由核心组和外围组组成。其中核心组的专业人员由旅游开发规划师、旅游市场专家、旅游经济学家、旅游交通等基础设施规划师等人员构成；外围组由旅游生态学家或环境规划师、旅游社会学家或人类学家、旅游人力资源规划和培训专家、旅游组织专家、旅游法律专家、旅馆和旅游设施专家等专业人员构成。

2. 规划任务书（Terms of Reference，TOR）

在规划任务交给研究小组之前，规划委托部门（甲方）应事先草拟出一份规划任务书（Terms of Reference，TOR）；以使研究小组较深入地了解委托单位的具体要求。但目前这种规划提示也可以由规划小组自行提出，交委托单位修改，共同商定后使用。TOR 是执行规划任务时所遵循的指导思想和对规划检查验收的重要依据。规划任务书做得越具体，研究小组对规划的要求领会越深，最后得到的规划文本就越能体现委托方的意图。实际上，TOR 的起草本身就是一项细致的专业工作，它应由政府主管部门或投资者中具有规划专业知识的人员提出，较为准确地设计出规划所希望达到的目的和所需要的最终内容和形式。它一般包括总体开发目标、特别要求、专项目标及其成果和对应行动方案等内容（Inskeep，1991）。

湖北省在编制 2000 年以后 20 年间的省级规划时，就采取聘请专家专门起草规划大纲，然后向全社会招标成立规划研究小组的办法，做了一次有益的尝试。

3. 规划原则与依据

一般的旅游规划文本中都会涉及规划的原则、依据，它们虽然不是研制人员本身的创新成分，却是规划制定过程中需要加以遵循和执行的。一些规划原则几乎适合于所有区域的规划，如可持续发展原则、美学原则、系统原则、社区参与原则等。但也有一些原则具有针对性，如钱育渝（1998）曾撰文强调了风景资源开发规划中的美学原则。

世界旅游组织（1997）认为，以下规划原则或宗旨已经得到人们较广泛的认同：

作为某一区域的经济不可或缺的一部分，旅游规划应与其他经济及社会文化发展规划协调一致，因为旅游发展与各方面都存在密切联系。上海市在研讨当地文化发展战略时，涉及的博物馆、公共图书馆、大众传播媒介与新闻业、美术馆、文化娱乐设施、群众文化馆、录像事业、体育场馆、园林绿化、城市建筑风格等发展规划，都与旅游规划紧密相关（中共上海市委宣传部研究室，1987）。

旅游发展规划需要统筹安排，同时各项计划应落实到具体问题上。规划须与当地的实体规划协调统一。

应在制定旅游业的实体规划之前，对该地区的自然及文化环境的保护加以悉心研究，研究的结论对规划编制应有参考甚至制约作用。

功能分区是旅游实体规划的重要手段，这种区划不能依据行政区，而主要依靠地理及生态区域的特性。马宁（1998）对宝鸡市秦岭北坡生态旅游可持续旅游发展的分区研究，就是一类依据生态分区实施不同管理措施的前期工作。

短期计划必须以中长期规划为指导方针，保持与中长期规划的协调一致。旅游发展不仅是一项经济活动，而且也是社会活动，规划编制不能仅仅考虑经济因素，要意识到旅游在户外教育、文化及艺术学习、人际交流、增进友谊与合作等方面的重要性。由于每周和每日的闲暇时间不断增加，旅游规划也就需要更多地注意扩展及延伸到近郊的游憩区域及娱乐设施。

国家法规、条令、文件、决议，各级政府的发展规划、各旅游相关专业规划的规范，分别对区域旅游规划有强制性或参照性依据作用。

（三）旅游规划的基本原则

旅游规划是对已经进行科学评价过的各类旅游资源做出的全面系统的安排。其目的是为了更加合理有效地开发利用旅游资源，使得潜在的旅游资源优势转化为可为旅游业利用的现实旅游景观和产品。开展旅游规划必须重点考虑两个方面的问题：一方面是旅游者的需求；另一方面是旅游资源本身的特点及其所处环境条件。规划要确保旅游资源开发后能实现经济、社会、生态环境三个效益的统一。旅游规划应该遵循以下原则：

1. 形象原则

开发必须创造出鲜明的形象，这是旅游规划的基本要求。旅游形象要有自己的特色、鲜明的主题、无穷的魅力，才能吸引众多的旅游者，增强旅游目的地的吸引力和竞争力。忌讳抄袭模仿，没有特色。

2. 市场原则

有源源不断的客源，旅游目的地才能长久不衰。旅游客源市场受许多因素的制约，如游人的动机和需求，旅游资源的吸引力，旅游资源的种类、地理位置、社会经济环境的变化等，因此在开发时必须适应旅游市场的变动。

3. 美学原则

在做旅游规划时要尽量体现旅游资源的美学特征，任何建筑物或服务的形式都必须与相应的自然环境和旅游气氛融为一体，体现自然与人工美的和谐统一，体现旅游资源的时空结构特色，合理发挥旅游资源的神韵美。

4. 效益原则

旅游规划的目的是充分挖掘旅游者的潜在价值，追求社会、经济和生态环境三大方面的效益。经济效益是指旅游规划要选准突破口，尽快回收投资，获得利润。在取得经济效益的同时，还要注意社会效益，更加应该注意生态环境的保护和建设，从而使旅游区真正实现可持续发展。

5. 保护原则

任何旅游资源从某种意义上说都是不可替代的，都具有唯一性，旅游规划应该坚持"保护第一"的原则。某些自然景观如山岩、溶洞、古木，往往位于高山深谷、人烟稀少的脆弱生态带，一旦遭到破坏便不能再生，即使付出巨大的代价予以恢复，其意义也大不相同。因此，在旅游规划中应划出相应的保护区域、类别和等级，切实采取有效的措施使旅游资源的保护工作落到实处。

（四）旅游规划的具体内容

旅游规划是规划的一种，是在区域旅游发展条件的基础上，对该区域未来的旅游发展进行的一种设想和构想，并针对不同情景对旅游区各项要素所做的统筹部署和具体安排。它是旅游业发展的纲领和蓝图，是促进旅游业健康发展的重要条件。

制订旅游规划的重要目的，是在科学认识区域旅游资源的前提下，提出旅游景区的开发思路，合理安排建设项目，在发展旅游业的同时，协调处理好旅游开发与经济发展的关系。高水准的旅游规划能使旅游发展的方向和目标更加明确，旅游资源得以优化配置和合理开发利用，旅游竞争力得到提升。旅游规划可以有效地引导和控制旅游发展，避免旅游投资风险，遏制急功近利的行为，保障旅游业的可持续发展。

解决旅游规划活动所面临的问题就构成了旅游规划的研究内容。旅游规划的内容主要包括两大方面：一是旅游规划的基本内容；二是旅游规划的主要内容。

1. 旅游规划的基本内容

旅游规划编制的基础性内容可以概括地认为是关于旅游开发的基础条件分析，分为内部条件和外部条件两种。内部条件主要是旅游区自身的资源条件，外部条件主要是指旅游区所在区域的旅游开发政策、上位规划对该旅游区的指导性要求、旅游区所属行政区划的政府的开发取向以及旅游发展前景分析等。

2. 旅游规划的主要内容

由于旅游区的类型丰富多样，其规划的具体内容也会随着旅游区的类型不同而不同。但是一般来说，其编制的主要内容应该包括以下方面：

（1）旅游规划的范围和总体布局

旅游规划范围包括规划区的占地面积和边界等。规划范围的大小多由委托方提出，必要时受托方可以与委托方协商，提出合理的规划范围。旅游区的总体布局包括旅游区的规划结构、用地布局，对旅游区进行适当的功能分区。并对各个分区进行项目策划。其中，规划结构是为了把众多的规划对象组织在科学的结构关系之中，以进行合理的规划与配置。

（2）旅游规划的依据和原则

规划依据包括中央及地方制定的各种有关的法律、政策、决定，特别是与该地区旅游开发规划有关的政策。规划者应充分考虑中央和地方政府的有关要求，最后确定规划原则，一般有环保原则、特色原则、协调原则、效益原则等。

（3）当地的自然社会状况

自然状况包括当地的自然条件、环境质量、自然灾害、气候、植被等；社会状况包括历史变革、民族成分、社会经济、民风民俗等。在规划中应对最主要的特征部分加以详细的阐述，甚至在某些方面提供非常具体的材料，例如社会状况，最基本的要素是历史情况、民族情况、经济发展状况，还必须有各个民族具体的人口数目、人均消费水平等资料，特别是民风民俗比较独特的地区，应对生活习俗、历史变革等加以必要的介绍。

（4）区域旅游竞争合作状况

区域旅游竞争与合作的状况，对区域旅游实现可持续发展有着非常重要的作用。旅游地为实现自己旅游业的发展，在开发规划时应考虑本地区正在兴建或已经建成的项目经营状况，包括基础设施的档次、规模、安全性、便捷性、服务水平的高低等，以便于开展区域旅游竞争与合作，发挥各自的优势，实现优势互补、优势叠加，以增强区域旅游的吸引力和竞争力，增强区域旅游发展优势。

（5）旅游资源状况和评价

分析评估旅游资源的种类、数量和分布等，从而确定当地旅游资源的优势以及发展方向、开发顺序，这也是旅游开发规划的基础。如果当地的旅游资源开发有一定的基础设施，通常是从旅游资源开发的角度进行评价；若没有一定的基础设施，通常是从旅游资源自身特色的角度进行评价，否则评价的结果将出现差错。

（6）旅游客源市场分析和选择

客源市场的分析应在上述旅游发展规划中确定的区域客源市场基础上，针对本旅游区自身的特点，运用科学的方法和手段对客源市场进行分析，包括客源市场的范围、客源地、客源规模、结构和消费水平以及旅游资源的特点、旅游项目创意和对旅游业竞争态势的分析，做出评价，提出建议。在此基础上进行目标市场的选择，以针对目标市场进行旅游开发。

（7）旅游区主题形象塑造

旅游区主题形象可由视觉形象和语言形象来集中反映。旅游区主题形象的确定可参考上述旅游发展规划中已确定的区域总体旅游形象，根据旅游地自身的特点，确定旅游区的独特主题形象。由于不同的细分客源市场有不同的需求，因此旅游区的宣传形象不唯一。

（8）旅游项目创意

根据本地旅游资源状况、客源市场预测、旅游业竞争态势、规划原则和规划目标，明确旅游规划方向，突出地区旅游特色，避免重复建设。对能够充分发挥资源优势的旅游项目进行重点规划创意，使得旅游项目集观赏性、参与性、娱乐性于一体，提高其文化品位。

（9）旅游产品规划

旅游区总体规划中的旅游产品往往仅指旅游景观（吸引物），它有时可以粗略地等同于通俗意义上的旅游景区（点），以及一部分非具象的人文景观。旅游产品规划应根据旅游区的资源特点，结合客源市场需求，向旅游客源市场提供符合其消费需求的产品。可以从供给的角度整合吸引物、服务、交通、信息、促销等要素，对旅游点、服务设施、节事、节庆及活动实施统筹考虑，提出旅游区的旅游产品系列。

（10）旅游环境保护

环境保护是当今世界发展的主题。投资任何项目，生产任何产品，只有和环境保护联系起来才有持久的生命力。旅游开发规划时注意环境保护，不仅可以保护当地的旅游资源，提高其价值、品位及吸引力，而且可以实现旅游业的可持续发展。

（11）旅游基础设施规划

旅游地的基础设施，如食、住、行和商品供应、供电、邮电通信、医疗卫生等，要同旅游业的发展相配套。另外，旅游地的建筑在式样上也应独具特色，布局合理，防止旅游区建设出现城市化的倾向。

（12）旅游交通规划

交通规划包括对外交通系统和区内交通系统。对外交通系统规划一般依靠原有的交通条件，故不是规划的重点，但是应保证游客在景区能够"进得来，散得开，出得去"。区内交通系统规划包括游览线路布局和交通方式。景区的游览线路应尽量避免平直或垂直路线，要充分利用小山、河流等景物，使得道路适当弯曲，让游客产生移步换景的感觉。交通方式要力争多样化，并互相配合，步行道、登山道、索道、缆车、游船、自行车等方式均可采用，让游客有尽可能大的选择余地。此外，在保证安全畅通时也应该和保护环境相协调，旅游线路既要绿化也要美化。

（13）绿化规划

绿化规划应该做好以下几点：一是选用的植物品种应突出地方特色；二是植物品种应注意季节的搭配，适当增加常绿树种；三是植物品种要兼顾观赏性以及花卉和果品的供应。

（14）服务项目规划

服务项目包括服务种类、服务方式。服务种类应当丰富多样，具有地方民族特色；服务方式要唯我独有，给游客留下深刻的印象。

（15）旅游效益分析

旅游规划效益分析包括社会效益、经济效益和生态环境效益分析，其中最重要的是经济效益的分析，即旅游资源开发的投入产出分析。

（16）旅游规划图件

旅游规划图件一般包括地理区位及客源市场分析图、土地利用现状图或旅游资源分布图、旅游景点分布图、综合规划图、交通规划图、绿化规划图、景观效果图等。

二、旅游规划的层次和类型

（一）国外旅游规划的层次和类型

1. 世界旅游组织（WTO）的分类

早在 1997 年，世界旅游组织就按照不同的分类标准对旅游规划进行了分类，分别从地域范围、规划时期、组织结构等三方面进行了规划类型的分类，主要有以下三个标准：

按照地域范围划分，旅游规划可分为地方性规划（规划图纸比例为 1：

1000 或 1:5000)、区域及区域间规划(1:100000)、全国规划和国际规划。国际性区域是指跨国的区域旅游规划,如中国云南省与邻近的缅甸、老挝、泰国、柬埔寨、越南六国联结起来的澜沧江—湄公河流域的统一的旅游观光区和旅游产业发展的规划研究,就是一类属于国际性的旅游规划。

按照规划时期划分,旅游规划可分为短期规划(1~2 年)、中期规划(3~6 年)和长期规划(10~25 年)。

按照组织结构划分,旅游规划可分为部门规划、项目规划和综合规划。

2. 爱德华·因斯科普(Edward Inskeep)的分类

美籍专家爱德华·因斯科普根据旅游规划的空间范围大小,提出旅游规划的类型可以包括国际旅游规划、国家旅游规划、区域旅游规划、度假区旅游规划等。

(1)国际旅游规划

国际旅游规划的范围最大,其焦点集中在全球的旅游政策,包括可持续旅游发展、全球性的生态环境保护、国际交通服务、多国的旅游线路、旅游产品开发以及国际旅游合作等。

(2)国家旅游规划

国家旅游规划往往局限于一个国家的领土范围内,相对于国际规划来说,比较容易协调。其内容主要包括国家的旅游政策、产业发展战略与产业结构、旅游产品设计与开发、交通服务以及旅游市场营销等。

(3)区域旅游规划

区域旅游规划是一个国家内部的一个地区的规划,具体包括跨省经济区旅游规划、省级及省级以下区域的旅游规划。其主要内容包括区域性的旅游政策、产业结构、交通服务以及旅游产品的设计、开发、营销等。

(4)度假区旅游规划

度假区旅游规划即旅游开发区规划,是以度假区、旅游城镇、都市游憩带等为对象的具体的规划类型。这种规划范围小,但是针对性强。这种规划的成功实施,可以带来直接的经济效益。

3. 克莱尔·A. 冈恩(Clare A. Gunn)的分类

学者冈恩曾指出:"规划作为对未来的预测,处理可预见的事件,是唯一能使旅游业获得好处的方法。"他从旅游规划的范围角度出发,把旅游规划的类型划分为区域(Region)规划、目的地(Destination)规划和场址(Site)

规划三类。他认为完整的规划过程应当是涵盖 RDS 这三种尺度的规划，而规划利益相关者如旅游规划者、领导者、开发者和当地居民等面临的最大挑战，就是整个规划遵循的统一目标。

4. C. 米歇尔·霍尔（C. Michael Hall）的分类

霍尔认为，旅游规划可以通过各种形式来表现（如开发、基础设施建设、人力资源、营销），也可通过不同组织表现出来（不同的政府和产业组织），或表现为不同的空间模式（国际级的、全国的、省区的、地方的、部门的）。

（二）我国旅游规划的层次和分类

旅游业在 20 多年的发展历程中，为中国旅游规划事业提供了良好的实践机会。近年来，我国学者也纷纷为旅游规划的科学划分献计献策，进行大量的文献研究和实践总结，据此，不同学者对规划的类型提出了不同的分类方法，为旅游规划的研究及科学划分做出了巨大的贡献。

1. 吴必虎：二维分类法

北京大学吴必虎教授根据近年来笔者和合作者们的规划实践和理论探讨，从空间（范围大小和产品功能）和时间（旅游业成熟程度）结合的角度，将所有旅游规划归纳为时空二维体系（表 2 - 3）。从空间的维度来看，可以分为区域性的旅游规划和社区性的旅游规划两种情况，即区域旅游规划（Regional Tourism Planning）和社区旅游规划（Community Tourism Planning）两种基本类型，二者在空间范围、土地利用布局、旅游产品功能及支持系统构建等方面有明显的不同。从时间维度来看，无论是区域规划还是社区规划，根据旅游发展阶段的不同，又都分为初期的开发规划和成熟期的管理规划两种情况。

表 2 - 3　旅游规划的时空二维分类

空间纬 时间纬	区域旅游规划	社区旅游规划
发展初期	区域旅游发展（开发）规划	旅游区（点）开发规划
发展后期	区域旅游管理规划	旅游区（点）管理规划

（1）区域旅游规划

所谓区域旅游规划，是指在全国、省、市、县等不同行政范围内编制旅游事业发展的总体规划。有时规划区域可能跨越若干行政区域，或者比一个县的范围更小些，其任务包括：研究确定旅游业在区域的国民经济中的地位、作用，提出旅游业发展目标，核定旅游业的发展模式、要素结构和空间布局，安排旅游业发展速度，为旅游业健康发展提供有效支持系统。从空间来看，在规划范围内，旅游吸引物、设施或服务仅仅在规划区域内的空间或土地利用上占有一定份额，而不是全部或大多数份额，也就是说，旅游功能在空间上是不连续的。在功能上，规划区域内的土地只有一部分为旅游功能，其他土地则为非旅游业用地。

在当前形势下，这种发展规划往往强调旅游经济的发展规则，而对其社会效应、环境效应、户外教育、文化交流、游客与社区关系等非经济因素的重视还不够，所以区域旅游发展规划实际上就是以旅游经济产业为主、十分重视旅游开发项目、客源市场营销的规划。一般地，规划内容包括在资源与市场分析基础上，一方面对空间结构加以控制；另一方面对区域内的旅游产品和线路、项目和服务等加以引导和政策控制。

区域旅游规划按照详细程度和当地旅游业的成熟程度可以进一步划分为各种形态。由各级政府计划部门和旅游部门单独或联合编制的"五年计划"往往以简洁、扼要的篇幅提出当地旅游发展的目标、指标、要素计划和政策支持诸项内容，具有战略指导意义，属于区域旅游发展战略规划（Strategy Planning of Regional Tourism Development）的范畴，如《中国旅游业发展"十三五"规划》。这类战略规划一般不强调编制过程中的分析、研究和详细方案设计，而偏重于宏观指导思想的制定。

区域旅游规划中更为常见的类型是所谓的区域旅游发展（开发）总体规划（Master Planning of Regional Tourism Development）。由于这类总体规划设计的内容比较复杂，技术上有较强的专业要求，规划实现也长，一般为 10 ~ 20 年，因此单独由旅游行政管理部门或政府发展计划部来完成是比较困难的，通常必须委托专业机构来完成。

如果从地方旅游业成长的阶段来看，那些旅游业已经发展得比较成熟的地区的规划，具体开发项目数量较少、开发的程度也较弱，更具有提高管理质量的目标，这类区域旅游规划可以称为区域旅游活动管理总体规划（General Management Planning of Regional Tourism Activity）。区域旅游管理规划的侧重点从资源开发、产品经营转移到资源利用管理与服务质量管理上来。管理规划一般针对已经开发的旅游区，这些地区游客数量集中，甚至达到超饱和状态，土地利用紧张，环境质量有所下降。这种局面不仅给旅游区的自然资源和文化资源带来一定程度的破坏，也使旅游者出游质量逐渐减低。这个时候对管理规划的要求应运而生。由于管理规划主要针对已开发地段，因此规划的重点也就集中考虑这些局部区域的资源管理和游客管理问题。

（2）旅游区开发规划

与区域旅游规划相比，社区性的旅游规划一般以上述区域性发展规划为基础，对旅游开发项目和设施建设进行安排设计，是旅游发展规划的进一步落实与细化，与旅游产品的具体形式和旅游区功能有具体的联系。从空间和功能两个角度观察，用地面积较小，且土地利用上以旅游功能为主要功能指向，其他非旅游用地占较小比例。一般规划年限较短，在 5 年或 5 年以下，属于一种近期规划。

对于社区规划，我们从目的地产品性质和景观类型角度、国家有关管理部门的从属关系以及它们的接待、服务功能来看，又可分为旅游城市规划、风景名胜区规划、森林公园规划、旅游度假区规划等。这些不同类型的目的地规划，往往与该行业的专业机构有较强的联系，带有一定行业保护色彩，如建设部门和城市规划设计部门往往负责旅游城市、风景名胜区、历史文化名城保护等的总体规划，林业规划设计部门往往承担森林公园的规划。在这些具体的空间范围内，土地利用和资源开发的主要方向就是资源保护前提下的游客体验功能，他们是实实在在的旅游目的地。这类目的地地区的规划，属于较详细的规划领域，与高层次的跨国的、国家级、省市级旅游发展规划相比，这类规划具有较强的物质规划属性，从而与传统的风景园林规划、城市规划之间有更多的联系。

旅游区开发规划，可进一步从规划的层次和详细程度上划分为土地利用总体规划、设施场地规划、设施设计以及某些专题研究等。专题研究内容很多，根据需要可以包括经济影响分析、社会文化和环境影响评价、市场营销分析和推进计划、与总体规划相互独立的开发行动等。有时因旅游目的地类型的不同，专题研究的内容也会不同，如结合总体规划或单独进行的康体疗养、山地旅游、青年旅游的研究等。专题研究中还经常遇到特定地区对已有旅游产品加以改进的规划。

2. 按照旅游发展的阶段划分

学者郭康等（1993）根据旅游发展阶段将旅游规划划分为三种类型：开

发性旅游规划、发展性旅游规划和调整型旅游规划。

（1）开发性旅游规划

这种类型的旅游规划主要是针对那些还没有开发旅游资源的旅游地，是旅游发展初期的规划。开发性旅游规划所要解决的问题是如何开发旅游资源，涉及内容广泛，投资大，因此考虑问题较全面。

（2）发展性旅游规划

是旅游发展过程中所进行的规划，主要是就如何提高旅游发展的经济、社会、环境效益提出建设性的意见，所要解决的问题是旅游发展的战略、发展的速度、发展的协调和发展的保障等。

（3）调整型旅游规划

属于旅游发展后期的规划，是在旅游发展具有一定规模和基础的条件下所进行的旅游规划。此类型规划主要是对过去的旅游规划进行调整和扩大，以适应新的旅游发展的需要。

3.《旅游规划通则》分类

按照 2003 年 5 月 1 日开始实施的《旅游规划通则》（中华人民共和国国家标准 GB/T 18971—2003），旅游规划可以分为旅游发展规划（Tourism Development Plan）和旅游区规划（Tourism Area Plan），这也是目前规划行业的主流分类方式。

（1）旅游发展规划

旅游发展规划是根据旅游业的历史、现状和市场要素的变化所制定的目标体系，还有为实现目标体系，在特定的发展条件下对旅游发展的要素所做的安排。

旅游发展规划按规划的范围和政府管理层次分为全国旅游业发展规划、区域旅游业发展规划和地方旅游业发展规划。地方旅游业发展规划又可以分为省级旅游业发展规划、地市级旅游业发展规划和县级旅游业发展规划等。

旅游发展规划按规划期限可分为近期发展规划（3~5 年）、中期发展规划（5~10 年）和远期发展规划（10~20 年）。

（2）旅游区规划

旅游区规划按规划内容的详略程度可以分为总体规划、控制性详细规划和修建性详细规划。总体规划到控制性详细规划然后到修建性详细规划，是由宏观到微观、由浅到深、由粗到细、由抽象到具体、由概念到表象的过程。

① 旅游区总体规划

总体规划是关于旅游发展的纲领性规划，是对旅游六要素建设时空组合的战略性部署。总体规划规定了旅游发展总的原则性问题，旅游区总体规划的直接作用是为详细规划和旅游建设工程设计提供依据。旅游区在开发、建设之前，原则上应当编制总体规划。小型旅游区可直接编制控制性详细规划。

旅游区总体规划的期限一般为 10~20 年，同时可根据需要对旅游区的远景发展做出轮廓性的规划安排。对于旅游区近期的发展布局和主要建设项目，亦应做出近期规划，期限一般为 3~5 年。

旅游区总体规划的任务是分析旅游区客源市场，确定旅游区的主题形象，划定旅游区的用地范围及空间布局，安排旅游区基础设施建设内容，提出开发措施。

② 控制性详细规划

控制性详细规划是总体规划的深化和具体化，也是近期规划的具体化，在旅游区总体规划的指导下，为了近期建设的需要，可编制旅游区控制性详细规划。

旅游区控制性详细规划的任务是以总体规划为依据，详细规定区内建设用地的各项控制指标和其他规划管理要求，为区内一切旅游开发建设活动提供指导。

③ 修建性详细规划

在现行旅游规划体系中，旅游区修建性详细规划是旅游区规划体系中最具体、最细致的一个层次，是联系旅游区总体规划和施工图设计的重要环节，也是整个旅游区规划体系中对规划深度和具体内容较难把握的一个规划阶段。对于旅游区当前要建设的地段，应编制修建性详细规划。旅游区修建性详细规划的任务是：在总体规划或控制性详细规划的基础上，进一步深化和细化，用以指导各项建筑和工程设施的设计和施工。当前修建性详细规划以城市空间规划设计为重点，完善土地的开发和利用，协调包括建筑、道路、绿化、工程管线等建筑和各工程设施之间的关系，编制各专业的单项规划设计，列出主要技术经济指标，估算工程量、总造价，分析投资效益。

旅游规划编制体系如图 2-1 所示。

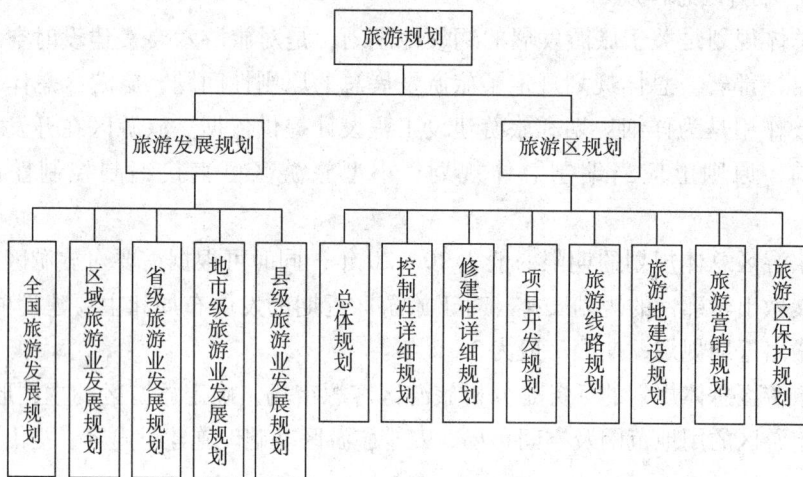

图 2 - 1　旅游规划编制体系

（三）旅游规划的基本层次

旅游规划的基本层次可以从以下几个方面来进行划分。

1. 从空间范围角度划分

（1）国际旅游规划

国际旅游规划是由两个国家或两个洲以上共同协作制定的旅游发展规划。此类规划的目的在于联合进行市场营销和宣传促销，强化地区旅游整体形象，更加深入地开拓市场，协调旅游业发展。国际旅游规划往往是由一些国际旅游组织和国家之间联合进行的。

（2）国家级旅游规划

由国家旅游主管部门制定，是国家社会经济发展总体规划的有机组成部分，对国家旅游业的发展起宏观调控作用。国家旅游规划在强调国际旅游和国内旅游的基础上，着重于旅游接待人数和旅游收入的多少，旅游增长速度以及旅游基础设施的建设、宣传促销、旅游政策等内容。这一层次的旅游规划应是全国各级规划的指导，并制定相应的政策。

（3）省级旅游规划

指省、自治区和直辖市旅游发展规划，是在省级旅游主管部门的组织下编制的。省级旅游规划是根据国家旅游规划和本地区实际情况而制定的，不仅具有地方特点，还与国家旅游发展相衔接，是国家旅游规划的延伸，其主要内容包括旅游资源的开发和保护、重点旅游地的建设、旅游市场开拓与促销、宾馆饭店建设、交通及基础设施建设、旅游商品开发、旅游人才培养、旅游文化建设、旅游发展的保障与政策等。

（4）地县级旅游规划

该规划是在省级旅游规划指导下进行的，对一个地区（市）或一个县（市）的旅游发展做出构想。地县级旅游规划是从本地旅游资源和旅游市场的特色出发，结合社会经济发展水平，确定旅游地的建设和有关旅游设施的配套等内容，往往把规划的重点放在主要旅游地和旅游项目的开发与建设上，规划内容较详细。

（5）目的地旅游规划

这一层次的规划类型最为丰富多样，它是在上一级旅游规划的指导下编制的，内容具体详细。根据旅游目的地的资源特色，进行旅游发展规划、项目规划和用地规划。

（6）景区景点旅游规划

指旅游区域内景区和景点的用地规划、设施布局、建筑及景观设计等，其规划内容可以直接用来指导具体的建设，是内容最详细的一个规划层次，考虑问题的角度也比较少。

2. 从时间角度划分

（1）远期旅游规划

远期旅游规划一般在10年以上，是具有战略性、预见性和纲领性特点的旅游规划，不确定的因素较多，对中短期旅游规划起指导作用。

（2）中期旅游规划

一般为5～10年，是比远期旅游规划内容具体、详细的旅游规划，其主要任务是解决旅游发展的一些重大问题，如发展战略、发展速度、旅游布局、长远目标。制定中期旅游规划的主要依据是国家经济发展长期计划中对旅游经济提出的任务和要求、旅游供求状况及国际国内旅游市场发展趋势等。

（3）近期旅游规划

近期旅游规划一般考虑的时间为3～5年，是旅游规划的基本形式，是中期旅游规划的具体化。近期旅游规划的不确定因素较少，可以比较准确地衡量规划期各种因素的变动和影响，它需要对中远期旅游规划的各项任务给予具体的数量表现，并对实现规划目标的各项措施做出具体的安排，从而为编制短期旅游规划提供依据。

（4）短期旅游规划

一般指年度计划，是实现近期旅游规划目标的具体执行计划。它需要具体规定本年度的具体任务和实施方案，考虑的因素比较少，是内容详细、准确、具体的旅游规划。（图2-2）

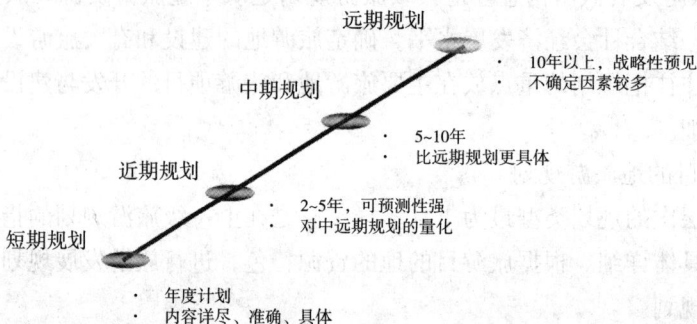

图2-2　旅游规划的时间分类

3. 从规划的属性上划分

（1）区域旅游规划

区域旅游规划侧重于旅游的发展，属中长期规划。区域旅游规划是指在特定区域内，对未来一段时期内（一般为5～20年）旅游业的发展做出科学安排和总体部署，并根据发展的实际情况适时进行调整，寻求社会效益、经济效益和环境效益最优化的过程。

（2）旅游目的地规划

旅游目的地规划简称旅游地规划，又称旅游社区规划、社区级的旅游规划，兼顾发展与建设，属于近中期旅游规划。目的地旅游规划根据国家旅游政策和规划框架制定，侧重旅游产品、旅游功能的规划，也包括对旅游目的地开发项目和设施建设的规划。

（3）景点旅游规划

景区（点）的旅游规划侧重旅游景区（点）的设计与建设的规划，属于近短期规划。景点旅游资源分布集中，规划与设计相结合。（表2-4）

表2-4 旅游规划的分类

标准	空间标准	时间标准	属性标准
分类	国际旅游规划 国家级旅游规划 省级旅游规划 地县级旅游规划 目的地旅游规划 景区景点旅游规划	远期旅游规划 中期旅游规划 近期旅游规划 短期旅游规划	区域旅游规划 旅游目的地规划 景点旅游规划

三、旅游规划的回顾和展望

规划是对未来各种活动方案的选择（张广瑞，1993）。旅游规划的目的在于对未来发展进行预测、协调并选择为达到一定的目标而采用的手段。规划活动历史悠久，但旅游规划的历史却并不很长。旅游规划最早起源于20世纪30年代中期的英国、法国和爱尔兰等国。最初旅游规划只是为一些旅游项目或设施做一些起码的市场评估和场地设计，例如，为饭店和旅馆选址等。从严格意义上讲，这还称不上旅游规划。20世纪50年代，当政府意识到旅游既会带来可观的经济效益，又会带来不良影响时，一些国家、地区的规划中才开始涉及旅游。其中，最早具有较完整的旅游规划形态是1959年的夏威夷规划（State Plan of Hawaii），被看作是现代旅游规划的先驱，旅游规划第一次成为区域规划的一个重要组成部分。20世纪60年代中期到70年代初的几年里，世界旅游业发展迅速，旅游开发的需求也逐步加大，与此同时，旅游规划在欧洲得到进一步发展。1963年，联合国国际旅游大会强调了旅游规划的重大意义。20世纪60年代末，法国、英国相继出现了正式的旅游规划。随后，马来西亚、中国台湾、斐济、波利尼西亚、加拿大、澳大利亚、美国及加勒比海地区均兴起了旅游规划。

（一）国际旅游规划发展回顾

纵观世界上旅游活动的产生和发展，可以看出旅游者的可自由支配收入、闲暇时间以及其他一些因素，如旅游者的身体健康状况、旅游目的地的交通情况、旅游目的地的旅游环境等构成旅游活动的出现的客观条件。自工业革命以来，尤其是在第二次世界大战后，西方各国均致力于本国经济力量的恢复和发展，许多战时的军用技术转化为民用技术，因而国家的生产力水平提高了，国民经济也获得较快的发展。经济的发展提高了西方国家居民的收入水平和可自由支配收入，同时生产力水平的巨大进步也提高了生产效率，从而使得人们的闲暇时间增多。战后这些因素的出现对西方国家旅游业的迅速发展和普及起到巨大的推动作用，旅游业的发展同时又促进了旅游规划的发展。旅游规划的先驱被一致认为是 1959 年美国夏威夷州规划（State Plan of Hawaii），此后，国际上旅游规划的发展大致经历以下五个阶段：

1. 初始阶段（20 世纪 30 年代—50 年代末）

20 世纪 30 年代中期，英国、法国、爱尔兰等国开始了最初的旅游规划。当时这些旅游规划实际上只是为一些旅游项目或旅游接待设施做一些基础性的市场评估和场地的设计，算不上是严格意义上的旅游规划。

到 1959 年，美国夏威夷州规划（State Plan of Hawaii）的制定，标志着真正的旅游规划出现，夏威夷州的规划中，旅游规划第一次成为区域规划中的一个重要组成部分。这个时期，旅游经济学、闲暇与休憩学、旅游地理学等主要理论在规划中被运用，旅游规划者对旅游活动的研究重点也较多地集中在经济性方面。在旅游规划的研究领域，主要的代表人物是加拿大地理学家罗奥艾·沃尔夫。

2. 扩展阶段（20 世纪 60 年代—70 年代初）

20 世纪 60 年代，法国、英国相继出现了正式的旅游规划。1963 年，联合国大会强调了旅游规划的重大意义。随后，马来西亚、中国台湾、斐济、波利尼亚、加拿大、澳大利亚、美国及加勒比海地区均兴起了制订旅游规划的热潮。20 世纪 60 年代中期—70 年代初，世界旅游业发展迅速，旅游开发的需求也逐步加大。旅游规划在欧洲进一步发展，并逐渐发展到北美的加拿大，然后进一步向亚洲和非洲国家扩展。这一时期旅游规划着眼于旅游资源的开发、利用和旅游区的开发以及对旧旅游区的改造。学术界在这一时期也针对旅游规划的问题进行了研讨。

3. 过渡阶段（20 世纪 70 年代—80 年代）

70 年代后期，旅游业的继续发展使旅游规划研究得到进一步加强，一个显著特点就是开始出现比较系统的旅游规划著作。1977 年，世界旅游组织（WTO）对有关旅游开发规划的调查表明，43 个成员国中有 37 个国家有了国家级的旅游总体规划。随后，世界旅游组织（WTO）出版了两个旅游开发文件，即《综合规划》（Integrated Planning）和《旅游开发规划明细录》（Inventory of Tourism Development Plans）。《综合规划》是为发展中国家提供的一本技术指导手册，

《旅游开发规划明细录》则汇集了对 118 个国家和地区旅游管理机构和旅游规划的调查。1979 年，WTO 实施了全球范围内的旅游规划调查，共调查案例 1655 个（184 个地区规划、384 个区域规划、180 个国家规划、266 个区域间规划、42 个部门规划、599 个景点规划），并形成了第一份全球在制定旅游开发方面的经验报告。报告指出，只有 55.5% 的规划和方案被实施，规划的制定和实施之间存在脱节；制定旅游规划与使用的各种方法之间的差别很大；规划对成本收益方面考虑得多，而社会因素涉及得少；地区级规划要比区域级、国家级、世界级更有效和普遍。20 世纪 70 年代后，旅游业发展推动旅游规划研究深入，一个显著特点就是开始出现比较系统的旅游规划著作。作为成型阶段的标志，美国旅游专家冈恩（Gunn）于 1979 年出版了他早期旅游规划思想体系的总结著作《旅游规划》。

4. 快速发展阶段（20 世纪 80 年代—90 年代）

旅游规划的研究经过 60 年代的酝酿和 70 年代的初步探讨，到 80 年代人们对旅游规划本身的认识则更为深刻了。20 世纪 80 年代是旅游规划学的大发展时期，大量的研究使规划理论思想和方法得到进一步充实，研究方面也日趋多样化。

Gunn 于 1988 年出版了《旅游规划》第二版，Murphy 于 1985 年出版了《旅游：社区方法》，倡导从社区的角度去开发和规划旅游，Murphy 的社区方法和投入产出分析被广泛应用于规划中，定量研究得到迅速发展。Getz 于 1986 年发表《理论与实践相结合的旅游规划模型》。Douglas Pearce 于 1989 年出版了《旅游开发》（*Tourism Development*）。Smith Stephen L. J. 在 *Tourism Analysis：A Handbook* 一书中以简明实用的方式给旅游规划人员、研究人员、咨询人员和决策者介绍了 36 种较重要的数量方法，对每种方法的用途与其他研究手段的关系以及可能出现的疏漏作了较好的阐述。

他们在论著里深入地揭示了旅游规划的内涵，并在学术界基本上达成共识，即认为旅游规划是一门综合性极强的交叉学科，任何其他学科的规划，包括城市规划和建筑规划不能替代它。他山之石可以攻玉，这一时期提出了系列指导旅游规划的理论，其中著名的是门槛理论和旅游地生命周期理论。旅游地生命周期理论最早是由旅游营销专家 Plog 提出。

另外世界旅游组织（WTO）出版了多项旅游规划方面的出版物，如《国家和区域旅游总体规划的建立与实施方法》等，显示出了世界旅游组织对规划指导性和操作性的重视。80 年代末，随着娱乐休闲度假旅游呈上升势态，休闲、娱乐和度假规划的研究受到重视。其中 Clare·A. Gunn 的《度假景观旅游区设计》是比较成熟的度假地设计指导手册。

5. 深入发展阶段（20 世纪 90 年代至今）

20 世纪 90 年代以来，美国著名旅游规划学家 Edward Inskeep 为旅游规划的标准程序框架建立做出了巨大贡献。其两本代表作《旅游规划：一种集成的和可持续的方法》和《国家和地区旅游规划》，是面向旅游规划师操作的理论和技术指导著作。同期世界旅游组织也出版了《可持续旅游开发：地方规划师指南》及《旅游度假区的综合模式》等。这些著作的出现标志着旅游规划内容、方法和程序日渐成熟。这一时期，除了对旅游规划操作本身给予重视和加强研究外，还对规划实施监控和管理给予了很大的重视。由 J. G. Nelson、R. Butler、G. Wall 主编的论文集《旅游和可持续发展：监控、规划、管理》着重于旅游规划贯彻和实施过程方面的研究。亚太旅游协会（PATA）高级副总裁 Roger Griffin 先生提出了"创造市场营销与旅游规划的统一"，这一观点是在辩证理解旅游规划与市场营销关系的基础上提出来的。这反映了 20 世纪 90 年代以来旅游规划对市场要素的重视。

同一时期，生态旅游规划理念渗透到各种旅游规划之中，逐渐发展成为旅游规划的主流和方向。如 R. K. Dowling（澳大利亚，1992）提出的"环境兼容的旅游规划"、Elizabeth Boo（美国，1992）出版的《生态旅游走向繁荣：开发和管理规划》以及世界旅游组织出版的《旅游业可持续发展：地方旅游规划指南》等最有影响的旅游规划专著，或专门论述生态旅游规划，或体现了生态旅游规划的思想。另外，国外学术界对旅游开发所产生的各种旅游效应也十分关注，从社会学、人类学方面研究旅游发展问题的学者也越来越多。1995年 4 月 27 日—28 日，联合国教科文组织、环境计划署和世界旅游组织在西班牙加那利群岛兰沙罗特岛共同召开了由 75 个国家和地区 600 余名代表出席的"可持续旅游发展世界会议"，会议通过了《可持续旅游发展宪章》和《可持续旅游发展行动计划》，确立了可持续发展的思想方法在旅游资源保护、开发和规划中的地位，并明确规定了旅游规划中要执行的行动。

（二）国内旅游规划发展回顾

1. 初步萌芽阶段（1978—1985）

我国旅游规划工作与中国旅游业的发展是同步的。1979 年邓小平到黄山旅游时提出，要有一个规划。1979 年 9 月，国务院在北戴河召开全国旅游工作会议，讨论了《关于 1980 年至 1985 年旅游事业发展规划》，只列了关于国际旅游人数和旅游创汇的经济指标。1983 年，郭来喜在全国保护长城工作会议上提出了"保护长城，研究长城"的口号，首倡国内外集资修复长城的代表区段，发展旅游业。70 年代末开始成立旅游局，同时在建设部门出现了风景旅游城市规划、风景名胜区规划，林业部门出现了森林公园规划等，可被看作是中国旅游规划的资源导向阶段。1985 年底国务院常务会议把旅游业纳入国民经济和社会发展计划中，确定了旅游业在国民经济中的地位。

1964 年，中国国家旅游局的前身"中国旅行游览事业管理局"成立。此后，国家建设规划部门开始对城市、景区加以规划，出现了风景旅游城市规划，旅游风景名胜区的规划等；林业部门也开始对其下辖的森林旅游资源进行森林公园的规划和开发。这些早期编制的规划，不是由专业的旅游规划专家来完成，而是由城市规划及建筑设计规划者来编制。严格来说，此时所编制的所谓旅游开发规划，属于城市建设规划的范畴。

2. 探索研究阶段（1986—1996）

我国的旅游地理学者开始对旅游资源及其开发规划进行系统研究，以中国科学院地理科学研究所组建旅游地理科学组为标志。将地理学科的区域性、综合性和实践性与旅游开发与规划结合起来。

80 年代末到 90 年代初期，人造旅游吸引物和主题公园在全国大量涌现。90 年代中期，我国旅游度假区的建设如火如荼，促进了旅游规划在全国大规模地进行。这一时期的旅游规划进入了以市场需求为导向的产业化规划阶段。旅游规划的内容开始注重对旅游客源市场的分析，并开始将旅游业作为一个产业部门加以系统化规划。1993 年中国科学院地理科学研究所和国家旅游局合作，制定了《中国旅游资源普查规范（试行稿)》，为编制长期旅游规划提供科学依据。

3. 重新整合阶段（1997—1999）

1997—1999 年是我国旅游规划编制的低潮期。由于此前我国经济发展的泡沫现象已有显现，加之亚洲金融风暴的波及，旅游业除了游客与收入"滞胀"外，还有人造旅游吸引物、主题公园、度假区建设失误的负效应。

4. 科学发展的新阶段（2000 年至今）

2000 年起，这个阶段的旅游规划实践开始了六个方面的更替演进：一是旅游规划最大的变化是从业性质的转型，即从第二阶段兼职性质的"旅游规划发烧友"演变为第三阶段职业化的"旅游规划执业者"；二是旅游规划编制者从高等院校和科研院所的学者演变为在工商管理部门注册的独立法人单位；三是旅游规划的编制运作从学者们的个体行为演变为法人单位的集体行为；四是旅游规划项目从业主直接委托编制者演变为通过招投标形式委托；五是旅游规划内容从学者们的自圆其说演变为政策性的规范界定；六是旅游规划成果评审从同行们的会审形式演变为大众参与的程序化操作。总体上讲，这些演变更替是积极的和有益的。

旅游业的快速发展引发了对旅游业发展进行规划的需求，全国出现了争相编制旅游发展规划的热潮。参与编制的人员由单一的旅游学专家扩充到经济学、社会学、生态学、人类学、心理学等学科。一些新兴的理论和科技被引入了旅游规划的编制之中。旅游规划开始注重与国际接轨，有的省份在编制旅游规划时聘请国外著名的规划公司。

（三）未来旅游规划的发展趋势展望

1. 全球化趋势

随着经济全球化的发展，国家之间的界限正日渐模糊，不同文化背景的人们之间的交流也日趋频繁，特别是中国加入了世界贸易组织，与世界上其他国家的交往越来越多。在这样的环境下，旅游规划也必然呈现出全球化的趋势，即在旅游市场的定位、旅游项目的设计、旅游教育和培训等方面开始与国际接轨。国内的旅游规划学者和专家也要培养更加强烈和全面的竞争意识，在国际上与旅游规划工作者开展广泛的合作和交流。

2. 市场化趋势

旅游规划要以市场为服务的对象，这是在市场经济条件下人们的一切活动都必须遵循的准则，从前那种靠政府进行规划的方式将一去不复返。旅游规划的编制将进一步市场化，规划编制方和委托方要通过公平竞争的方式，公平、公正、公开地走到一起。我国一些地区的旅游规划编制的招标程序市场化程度比较高。

3. 产业化趋势

旅游业作为一个高速发展的新型产业已经为世人所瞩目。实践证明，旅游业的发展要力求从高起点进行定位，实行适度超前的发展战略。与此相适应，就要求旅游规划应站在一个比较高的层次上来审视旅游规划区的发展问题。只有站在产业的高度，才能真正做到规划的科学性、合理性和可操作性的完美结合。

4. 生态化趋势

旅游业一度被人们称为"无烟工业"，但并不表示对周边环境完全不产生影响，而只是影响较小。随着世界范围内生态环境的不断恶化，人们对可持续发展的认识越来越深入，旅游规划作为指导当地进行旅游开发和发展的纲领性文件更要体现生态化的设计理念。近年来，旅游地的规划和开发已经开始重视旅游目的地生态环境（空气、地表水、噪音情况）、污染控制和管理、环保设施建设等方面的内容。保证旅游地在开展旅游活动的同时，注重生态平衡，努力使旅游者的活动及当地居民的生产和生活活动与旅游环境融为一体，以实现"保护—利用—增值—保护"的良性循环。

5. 战略化趋势

旅游规划的编制关系到旅游区未来的发展方向，是地区经济发展中的一个重要文件，因此要立足于战略的高度，协调好旅游规划区长远利益与眼前利益的关系，注重长期内旅游区产业竞争力的培养与提升。总体来说，旅游规划的编制应当以特色为战略灵魂、以质量为战略根本、以效益为战略目标、以产业为战略水准，在宏观层面上重视政府主导战略、产品开发战略、形象建设战略、产业融资战略、市场开拓战略、科技支撑战略的综合运用。

6. 创新化趋势

当今世界变化万千，旅游规划的编制同样也要受制于不断变化的环境，如政治环境、文化环境和经济环境等。未来旅游规划的编制要求编制者注重对旅游规划内容和方法的创新性思考。创新性是核心竞争力的一个核心指标，只有不断地在旅游规划的内容上和所使用的技术上进行突破，所编制的规划成果才能具备较强的生命力和竞争力。

7. 多元化趋势

旅游规划的多元化趋势是旅游规划的科学性特征所决定的，其多元化趋势表现在旅游规划编制组成员、旅游规划的技术方法和手段的多元化上。旅游规划所涉及的内容的综合性决定了编制组成员的多样化，如果仅仅靠一个方面的专家是无法完成一项系统化的规划研究的。旅游活动的社会性又决定了新兴的科学技术必须被不断地引入到旅游活动中来，所以旅游规划中所使用的技术方法和手段也随着时间的延续呈现多元化趋势。

8. 系统化趋势

旅游规划不是一项独立的工作，它与旅游开发地的经济发展的各方面有着千丝万缕的联系，如旅游规划专家组与本地旅游业界和学术界的关系、旅游区各利益相关者之间的关系等。任何一个方面的关系处理不当都不利于旅游规划的制定，所以旅游规划今后要以系统化的观点进行编制，规划编制的每个过程和各个部分之间要进行有机的协调和控制，共同完成一个特定的目标。

四、旅游规划的成果形式

经过规划人员编制的旅游规划，其最终的成果形式分为规划文件和规划图件两大部分。规划文件包括规划文本、规划说明书和基础资料汇编三个部分。

（一）规划文件

1. 规划文本

规划文本是具有提纲性质的高度精练概括，是一种规定性语言的条款，是对规划成果的一种简洁明了的说明，主要提供给政府决策者审阅。由于一般情况下政府决策者不可能阅读篇幅冗长的文字，在规划文本中仅仅给出研究的结论和最终数据，一般不进行解释和背景介绍，通俗地说，规划文本是"不讲道理"的地方。在课题评审和提交有关机构讨论规划方案时，这种简洁的文本是非常必要的，它是对旅游规划的目标、战略、规划内容所提出的规定性文件。

2. 规划说明书

规划说明书，是对规划文本的具体解释，详细地罗列了作为规划结论的背景和支持材料的引文及统计数据分析，必要情况下还包括深入的专题研究内容，即说明书是"讲道理"的地方。在必要时，一些专题研究和辅助材料也可以作为支持数据附于说明书之内或之后。适合于专业管理部门和其他研究人员了解使用。

3. 基础资料汇编

基础资料汇编，收入在规划编制过程中汇集整理的基础资料、技术数据、调查统计资料、计算过程、专题研究报告等。

（二）规划图件

规划图件一般已经打印装订在文本中，但为了在汇报时方便解说以及课题完成后委托方的日常使用，成果形式还应包括若干幅挂图，其中最为必要的两幅图件是：资源现状分析图和旅游发展总体规划（空间结构规划）图。

根据《旅游规划通则》的规范要求，我国的旅游规划编制工作可分两大层次：旅游发展规划与旅游区规划。其中旅游区规划又划分为总体规划、控制性详细规划与修建性详细规划三个层次。正因如此，旅游规划图件的层次也应相应地按此划分，层次的划分体现了规划编制工作从宏观到微观、从抽象到具体、由面到点的递进关系。而就规划图件的编制而言，因制图区由大范围向小范围过渡，图件编制应该遵循制图的比例尺由小变大、制图元素的概括程度由高变低、制图内容由简而繁的原则。

五、旅游规划的相关概念

（一）与国民经济和社会发展规划的关系

国民经济和社会发展规划，是通过研究该地区的战略目标、发展模式、主要比例关系、发展速度、发展水平、发展阶段及相关的各种关系，制定相关的方针、政策。它对各级各类规划具有指令性作用，同时也是制定各类规划的依据。

1. 联系

（1）指导思想

旅游规划作为国民经济和社会发展规划体系的一个子系统，其指导思想也必须与国民经济和社会发展的指导方针、指导思想相一致，并且必须服务并服从于这一总的指导方针、指导思想。但国民经济和社会发展的指导思想只是规划的总纲，具有一般的指导意义，它不可能也不应当取代具体的旅游规划的指导思想。

（2）总发展方向和目标

虽然两者在发展方向、目标上都有各自的要求和特色，但两者都是通过人口、资源、环境与社会经济的相互协调促进社会经济的可持续发展，不断满足人们（包括后代人）对生活质量的需求，这个总的发展方向和目标是共同的。

（3）性质

首先，两者都具有战略性，其规划期限一般都在10年以上或更长，都是从长远着眼，具有超前性，注重对一些战略性、全局性的问题进行规划和部署。

其次，两者都具有综合性，两者在制定规划方面都不是从某一部门、某一方面的局部利益出发，而是从人口、经济、社会、资源、环境的相互协调发展等方面全面综合地考虑，统筹规划。

最后，旅游规划是国民经济和社会发展中长期规划体系中的重要组成部分，是一个子系统，又是中长期规划的基础性工作和重要的依据。

2. 区别

（1）出发点和基础不同

旅游规划侧重资源对社会经济发展的支持能力研究，而中长期社会经济规划的基础更全面，除考虑资源外，还考虑影响社会经济的其他因素，更多地综合考虑人力、物力、财力等因素。

（2）基本职能不同

旅游规划的基本职能是协调各相关利益主体的冲突，以求达到旅游发展的总体最佳效果；而中长期社会经济发展规划的基本职能是综合平衡，重点考虑人、财、物的平衡。

（3）基本特性不同

旅游规划着眼旅游资源规划项目的空间布局，具有明显的地域性特点。而中长期社会经济规划虽然也考虑地域特点，但侧重点是行业、部门规划及其相互协调发展和综合平衡。

（4）规划目标、任务不同

旅游规划的目标体系侧重对旅游资源的综合开发利用，以满足不同规划期旅游发展对资源、环境的需求，因而旅游规划的主要任务是协调资源、环境的需求和供给能力与旅游发展的关系；而中长期社会经济发展目标则主要包括社会经济发展目标以及环境目标，内容比较全面，但侧重点是社会经济全面发展。

（5）内容体系不同

由于旅游规划目标、任务与中长期社会经济发展规划不同，所以在内容体系方向也有很大差别。旅游规划侧重中观、微观层次，不仅要研究目标、预测、战略，还要以其他技术手段揭示旅游资源保护、旅游产品的整合与营销、容量可承受性等方面的问题。而国民经济与社会发展规划则侧重宏观的指导和计划，很少有技术方面的具体措施。

（二）与城市规划的关系

城市规划是在城市特定空间内的实体性控制与建设规划，对城市发展进行宏观调控，可使城市在纷繁复杂的关系中系统地、合理地发展，以期达到最大的经济效益、社会效益和环境效益。国家有专门的《城市规划法》，其编制应当依据国民经济和社会发展规划以及当地的自然环境、资源条件、历史情况、现状特点等统筹兼顾，综合部署。

1. 联系

旅游规划是城市规划的组成部分，旅游系统是城市系统的一个子系统。城市规划将旅游规划作为城市总体规划不可缺少的专项规划，与城市土地利用规划、道路交通规划、市政公用设施规划、园林绿地系统规划、环境保护规划等综合协调。旅游规划与城市总体规划应同步进行，城市总体规划在确定城市性质、规模、发展方向等关键问题时要把旅游发展作为一个重要方面来考虑，同时由于旅游规划可在一定程度上弥补城市规划的不足，所以城市规划必须考虑旅游规划的要求，在城市规划中体现旅游的适应性。旅游规划作为城市规划的专项规划，既不能脱离城市各个子系统的规划而独立存在，也不应放弃与城市总体规划的融合，编制过程中旅游规划由专门单位、人员进行，并以城市规划为指导。

除了城市规划外，与旅游规划密切联系的还有城市游憩规划和城市景观规划。现代城市的发展，使得为城市居民闲暇生活服务的游憩设施常为外来旅游者所使用，而为旅游者服务的城市旅游设施和城市旅游吸引物又常为城市居民所共享，所以很难界定旅游规划与城市游憩规划的准确界限。旅游规划与城市游憩规划是两个互有交叉的领域。

城市景观规划是以城市环境为规划对象，按功能和美学的原则将建筑物、街道、市政设施、各公共服务设施等加以组织。一般城市的景观规划主要是为城市形象和居民的居住环境服务，但城市景观却是城市旅游的一项重要吸引因素，成为现代人文景观旅游资源。因而旅游规划必然会对城市景观建设提出要求，从而导致两种规划的相互交叉。

2. 区别

城市规划的对象是整个城市，它主要考虑的是城市内部发展，体现的是城市居民的利益和要求；而旅游规划是为旅游者服务的，体现旅游者对城市的要求。所以旅游规划关注的是城市的外向性。

城市规划的成果是建设和管理城市的基本依据，是保证城市土地合理开发利用从而正常经营的前提，是实现城市经济发展目标的综合性手段，因而城市规划具有实施的权威性。旅游规划作为一个城市特定经济部门内的发展规划，旅游业的部门性、依托性和关联性特征决定了旅游规划在实施过程中的局限性。因而旅游规划必须依赖作为指导和控制城市发展的城市规划的支持，来确定旅游的性质和发展目标，保证旅游用地开发的合理性，协调旅游发展与城市其他方面发展的关系。

城市游憩规划是对市民闲暇生活的规划，以市民户外生活空间为对象，以人为中心，以闲暇资源的科学开发利用、优化生活结构、提高城市空间的生活价值为目标。旅游规划主要为来城市旅游的游客服务，其规划的主要目标是通过提高旅游吸引力和舒适度，吸引尽可能多的外来游客，以推动城市经济的发展；而城市游憩规划则是为城市居民生活服务。

城市景观规划属于城市规划中的一个专项规划，它与旅游规划的交叉关系因城市规划的旅游适应程度而有差别。所以旅游规划与城市景观规划之间存在着动态交叉关系，交叉的领域因城市规划的旅游适应程度而有差别。

（三）与区域规划的关系

区域规划是特定地域的综合性规划，它主要源自于对人口和工业集中地区的综合性规划，并不断发展、扩大而形成的。

1. 联系

旅游规划与同级区域规划的关系，如同其他专项规划与区域规划的关系一样，是对区域规划的充实和深化。旅游规划一方面借助区域规划在水利、农林、交通、城镇布局方面所创造的条件，另一方面通过区域旅游资源利用的论证与综合安排，为区域规划的制定提供基础依据。旅游规划一般以中心城市为依托，在区域背景下合理布局旅游点和旅游路线，形成旅游网络。

2. 区别

我国旅游规划起步于"成为社会经济发展规划的一个组成部分"，但另一方面，也来自于作为区域规划组成部分的与旅游有关的空间规划。因此，旅游规划从某种程度上来说，只是区域规划中的一个行业规划，其对象与内容侧重点不同。

（四）与风景名胜区规划的关系

1. 联系

风景名胜是一种旅游资源，风景名胜区规划要把旅游规划作为其重要内容，在保护风景名胜资源的基础上编制旅游规划，很多旅游地的环境规划设计任务需要风景园林师来承担。游憩是风景名胜区的功能之一，除此之外还有生态、历史文化、生物多样性和基因库等的保护、传承和培育功能，游憩旅游规划是风景园林规划中的专项规划，居于重要地位。

2. 区别

由于旅游资源的广泛性和旅游的综合性，旅游规划内容要比风景名胜规划内容广泛得多，旅游规划设计提供的旅游产品，必须满足旅游市场需要，要求能创造出"新、奇、特"和主动参与、游憩活动多样的旅游产品；而风景名胜规划注重景点的美观度和优美环境的创造，以及自然和文化多样性的保护、传承和培育。

（五）与环境保护规划的关系

自从 20 世纪 70 年代以来，旅游所引起的环境问题日益显现出来，旅游发展与环境保护的协调受到高度重视。

1. 联系

所谓环境保护规划，就是从现实状况出发，遵守自然界的存在规律，通过人们的主观努力，协调发展经济与环境之间的关系，以达到根据客观实际所规划的理想环境目标。环境保护规划和旅游规划都是国民经济和社会发展规划的有机组成部分，是旅游发展和环境问题的相关对策在时间上、空间上的各自具体安排。发展旅游是当地发展经济的手段之一，应在环境规划目标指导下进行旅游开发。

2. 区别

环境保护规划的管理者在规划期内，对所要规划的环境系统要素和结构进行有目的、有计划组织和安排，是一种带有指令性的环境保护方案，具有法律效力，如《中华人民共和国环境保护法》对有关环境保护规划作了较为明确的规定；而旅游规划是对当地旅游发展提出的建议，有关政府及部门审议通过后，可作为一种指令性方案实施。

（六）与其他相关相划的关系

旅游规划与土地利用规划、交通规划、森林公园规划、生态规划等其他各类规划存在着相互指导、相互依赖、相互作用的关系，既相互交叉又各有区别。旅游规划应从综合角度，协调各类规划的关系，并随着外界环境的变化而不断地自我调整，从而促进旅游系统的整合，促进发展与建设两大力量的整合，促进各种规划之间的衔接，促进多学科的融合，促进区域旅游竞争力的提高，实现旅游可持续发展。

第三章 旅游总体规划的技术体系

旅游总体规划是对一定区域内各项旅游要素的统筹部署和具体安排。按照 2003 年 5 月 1 日开始实施的《旅游规划通则》（中华人民共和国国家标准 GB/T 18971—2003），旅游总体规划包括旅游发展规划和旅游区总体规划。

旅游发展规划是根据旅游业的历史、现状和市场要素的变化所制定的目标体系，以及为实现目标体系在特定的发展条件下对旅游发展的要素所做的安排。旅游发展规划的主要任务是明确旅游业在国民经济和社会发展中的地位与作用，提出旅游业发展目标，优化旅游业发展的要素结构与空间布局，安排旅游业发展优先项目，促进旅游业持续、健康、稳定发展。旅游发展规划包括近期发展规划（3～5 年）、中期发展规划（5～10 年）或远期发展规划（10～20 年）。

旅游发展规划按规划的范围和政府管理层次分为全国旅游业发展规划、区域旅游业发展规划和地方旅游业发展规划。地方旅游业发展规划又可分为省级旅游业发展规划、地市级旅游业发展规划和县级旅游业发展规划等。

旅游区总体规划是指为了保护、开发、利用和经营管理旅游区，使其发挥多种功能和作用而进行的各项旅游要素的统筹部署和具体安排。旅游区总体规划的任务，是分析旅游区客源市场，确定旅游区的主题形象，划定旅游区的用地范围及空间布局，安排旅游区基础设施建设内容，提出开发措施。

旅游区总体规划的期限一般为 10 至 20 年，同时可根据需要对旅游区的远景发展做出轮廓性的规划安排。对于旅游区近期的发展布局和主要建设项目，亦应做出近期规划，期限一般为 3 至 5 年。旅游区在开发、建设之前，原则上应当编制总体规划。小型旅游区可直接编制控制性详细规划。

本章围绕旅游总体规划，详细分析旅游总体规划的主要技术内容。

第一节 旅游资源分析

如前所述，旅游资源分析是旅游总体规划的基础性工作之一。其重要性不言而喻。旅游资源是旅游业发展的前提，是旅游业的基础。现代旅游对旅游资源的认识已有了很大发展，凡是能对旅游者产生吸引力的一切自然、人文和社会的事物与现象皆可称为旅游资源。经济价值是旅游资源价值重要组成部分，即可进行旅游策划开发价值。价值的评定与资源的质量、开发条件和市场潜力三大因素有关。

一、概念解析

（一）旅游资源的定义

1. 凡能激发旅游者的旅游动机，为旅游业所利用，并由此产生经济效益与社会效益的因素和条件即称为旅游资源。

2. 凡是能为人们提供旅游欣赏、知识乐趣、度假休闲、娱乐休息、探险猎奇、考察研究以及人民友好往来和消磨时间的客体和劳务，都可称为旅游资源。

3. 旅游资源是指对旅游者具有吸引力的自然存在和历史文化遗产，以及直接用于旅游目的的人工创造物的综合。

4. 凡是能够造就对旅游者具有吸引力环境的自然事物、文化事物、社会事物或其他任何客观事物，都构成旅游资源。

5. 自然界和人类社会凡能对旅游者产生吸引力，可以为旅游业开发利用，并可产生经济效益、社会效益和环境效益的各种事物现象和因素，均称为旅游资源（国家旅游局 2003 年颁布《旅游规划通则》）。

6. 旅游资源是指对旅游者具有吸引力的自然存在和历史文化遗产，以及直接用于旅游目的的人工创造物（保继刚，1993）。

7. 凡是足以构成吸引旅游者的自然和社会因素，即旅游者的旅游对象或目的物都是旅游资源（邓观利，1983）。

8. 从现代旅游业来看，凡是能激发旅游者旅游动机，为旅游业所利用，并由此产生经济价值的因素和条件即旅游资源（邢道隆，谈谈旅游资源）。

9. 凡能激发旅游者的旅游动机，为旅游业所利用，并由此产生经济效益与社会效益的现象和事物均称为旅游资源。

10. 对旅游资源的定义比较确切和规范的是："所谓旅游资源是指：自然界和人类社会，凡能对旅游者有吸引力、能激发旅游者的旅游动机，具备一定旅游功能和价值，可以为旅游业开发利用，并能产生经济效益、社会效益和环境效益的事物和因素"。[国家旅游局和中国科学院地理研究所《中国旅游资源分类、调查与评价》（GB/T 18972—2003）]

西方国家将旅游资源称作旅游吸引物，与中国不同的是，它不仅包括旅游地的旅游资源，而且还包括接待设施和优良的服务因素，甚至还包括舒适快捷的交通条件。

2. 旅游资源概念解析

（1）旅游资源理论的核心是吸引力

正因为旅游资源的核心要素对旅游者有吸引力，为旅游者所感兴趣，因而才构成了该地的旅游资源。但是，该吸引力的真正发挥，与围绕该核心要素所形成的环境有密切的关系。

（2）存在形式

有的旅游资源是有形的物质资源，如山川、河流，也有无形的非物质资源，如神话传说。更多的旅游资源则是有形的物质资源和无形的非物质资源的结合体，如长城与孟姜女哭长城、故宫与历朝王朝的故事、泰山与历代皇帝封禅的故事、杭州的雷峰塔与许仙和白娘子的故事等。

（3）发展变化

旅游资源并不是一成不变的，它本身是带有发展性质的概念。表现在某些事物在其存在之初并没有被作为旅游资源，但随着旅游者需求的变化，它成了具有吸引力的旅游资源；反之亦然。

二、资源特性

（一）旅游资源的多样性

旅游资源多种多样，既有自然形成的，又有历史遗留下来的和当代新建的，它与旅游目的的多样性有着十分密切的联系。

（二）旅游资源的垄断性，即不可转移性

人们常说旅游业为"无形贸易""风景出口"，实际上就是凭借着这些千

姿百态的自然和社会文化资源把旅游者从世界上每个角落吸引到旅游地来的。旅游资源不同于其他各种资源，它有极强的垄断性。正如世界建筑史上最伟大的奇观之一的万里长城，是在别的国家看不到的，正像许多游客讲的那样，"到了中国，没有去北京，等于没有去中国，到了北京，不去游长城，等于没有到北京"。

（三）旅游资源的季节性

除了会议、商务等形式的旅游以外，观光旅游受季节的制约最大。这特别表现在海滨城市，每到夏季，前来避暑的游客蜂拥而至，以至于出现了超饱和现象，吃、住、行、游、购、娱等都出现了问题，以致有人发出"花钱买罪受"的怨叹。而到了10月份至次年5月份，这些旅游胜地的游客就寥寥无几。因此，旅游的季节性造成旅游业的淡旺季。旺季越长，旅游业的收入就越大；反之亦然。

（四）旅游资源的民族性

中国历史悠久，幅员辽阔，民族众多。各民族地理位置、自然环境、历史背景、经济状况不同，所以他们的生活方式、服饰装束、风土人情、住宅建筑、风味小吃等也不同，带有浓郁的民族色彩。民居建筑旅游资源具有强烈的地域性和民族性，如内蒙古草原的蒙古包、傣族的吊脚楼、北方的四合院等。民俗节庆旅游资源更是民族色彩浓郁，如傣族的泼水节、藏族的浴佛节、侗族的花炮节、彝族的火把节、壮族的歌圩等。在这些盛大的民族节日和盛会里，各族人民身着艳丽的服装，载歌载舞，兴高采烈，气氛非常热烈。这些盛会对来自世界各地的旅游者来讲，有着非常大的吸引力。

从以上几个特性来看，旅游资源犹如一面镜子，它以独特的方式反映一个国家的历史、文化、艺术、物质和文明水平。通过它们不仅可以看到昨天，还可以展望未来，增强民族的自信心和自豪感。

三、旅游资源分类

（一）旅游资源分类的国家标准

依据旅游资源的性状，即现存状况、形态、特性、特征，将旅游资源划分为8个主类、31个亚类、155个基本类型。每个层次的旅游资源类型有相应的汉语拼音代号。

表 3-1　旅游资源分类表

主类	亚类	基本类型
A 地文景观	AA 综合自然旅游地	AAA 山丘型旅游地　AAB 谷地型旅游地　AAC 沙砾石地型旅游地　AAD 滩地型旅游地　AAE 奇异自然现象　AAF 自然标志地　AAG 垂直自然地带
	AB 沉积与构造	ABA 断层景观 ABB 褶曲景观 ABC 节理景观 ABD 地层剖面 ABE 钙华与泉华 ABF 矿点矿脉与矿石积聚地 ABG 生物化石点
	AC 地质地貌过程形迹	ACA 凸峰 ACB 独峰 ACC 峰丛 ACD 石（土）林 ACE 奇特与象形山石 ACF 岩壁与岩缝 ACG 峡谷段落 ACH 沟壑地 ACI 丹霞 ACJ 雅丹 ACK 堆石洞 ACL 岩石洞与岩穴 ACM 沙丘地 ACN 岸滩
	AD 自然变动遗迹	ADA 重力堆积体 ADB 泥石流堆积 ADC 地震遗迹 ADD 陷落地 ADE 火山与熔岩 ADF 冰川堆积体 ADG 冰川侵蚀遗迹
	AE 岛礁	AEA 岛区　AEB 岩礁
B 水域风光	BA 河段	BAA 观光游憩河段 BAB 暗河河段 BAC 古河道段落
	BB 天然湖泊与池沼	BBA 观光游憩湖区 BBB 沼泽与湿地 BBC 潭池
	BC 瀑布	BCA 悬瀑　BCB 跌水
	BD 泉	BDA 冷泉　BDB 地热与温泉
	BE 河口与海面	BEA 观光游憩海域 BEB 涌潮现象 BEC 击浪现象
	BF 冰雪地	BFA 冰川观光地　BFB 常年积雪地
C 生物景观	CA 树木	CAA 林地　CAB 丛树　CAC 独树
	CB 草原与草地	CBA 草地　CBB 疏林草地
	CC 花卉地	CCA 草场花卉地　CCB 林间花卉地
	CD 野生动物栖息地	CDA 水生动物栖息地 CDB 陆地动物栖息地 CDC 鸟类栖息地 CDE 蝶类栖息地
D 天象与气候景观	DA 光现象	DAA 日月星辰观察地 DAB 光环现象观察地 DAC 海市蜃楼现象多发地
	DB 天气与气候现象	DBA 云雾多发区 DBB 避暑气候地 DBC 避寒气候地 DBD 极端与特殊气候显示地 DBE 物候景观

（续表）

主类	亚类	基本类型
E 遗址遗迹	EA 史前人类活动场所	EAA 人类活动遗址 EAB 文化层 EAC 文物散落地 EAD 原始聚落
	EB 社会经济文化活动遗址遗迹	EBA 历史事件发生地 EBB 军事遗址与古战场 EBC 废弃寺庙 EBD 废弃生产地 EBE 交通遗迹 EBF 废城与聚落遗迹 EBG 长城遗迹 EBH 烽燧
F 建筑与设施	FA 综合人文旅游地	FAA 教学科研实验场所 FAB 康体游乐休闲度假地 FAC 宗教与祭祀活动场所 FAD 园林游憩区域 FAE 文化活动场所 FAF 建设工程与生产地 FAG 社会与商贸活动场所 FAH 动物与植物展示地 FAI 军事观光地 FAJ 边境口岸 FAK 景物观赏点
	FB 单体活动场馆	FBA 聚会接待厅堂（室）FBB 祭拜场馆 FBC 展示演示场馆 FBD 体育健身馆场 FBE 歌舞游乐场馆
	FC 景观建筑与附属型建筑	FCA 佛塔 FCB 塔形建筑物 FCC 楼阁 FCD 石窟 FCE 长城段落 FCF 城（堡）FCG 摩崖字画 FCH 碑碣（林）FCI 广场 FCJ 人工洞穴 FCK 建筑小品
	FD 居住地与社区	FDA 传统与乡土建筑 FDB 特色街巷 FDC 特色社区 FDD 名人故居与历史纪念建筑 FDE 书院 FDF 会馆 FDG 特色店铺 FDH 特色市场
	FE 归葬地	FEA 陵区陵园 FEB 墓（群）FEC 悬棺
	FF 交通建筑	FFA 桥 FFB 车站 FFC 港口渡口与码头 FFD 航空港 FFE 栈道
	FG 水工建筑	FGA 水库观光游憩区段 FGB 水井 FGC 运河与渠道段落 FGD 堤坝段落 FGE 灌区 FGF 提水设施
G 旅游商品	GA 地方旅游商品	GAA 菜品饮食 GAB 农林畜产品与制品 GAC 水产品与制品 GAD 中草药材及制品 GAE 传统手工产品与工艺品 GAF 日用工业品 GAG 其他物品

（续表）

主类	亚类	基本类型
H 人文活动	HA 人事记录	HAA 人物 HAB 事件
	HB 艺术	HBA 文艺团体 HBB 文学艺术作品
	HC 民间习俗	HCA 地方风俗与民间礼仪 HCB 民间节庆 HCC 民间演艺 HCD 民间健身活动与赛事 HCE 宗教活动 HCF 庙会与民间集会 HCG 饮食习俗 HGH 特色服饰
	HD 现代节庆	HDA 旅游节 HDB 文化节 HDC 商贸农事节 HDD 体育节
数 量 统 计		
8 主类	31 亚类	155 基本类型

注：如果发现本分类没有包括的基本类型时，使用者可自行增加。增加的基本类型可归入相应亚类，置于最后，最多可增加 2 个。编号方式为：增加第 1 个基本类型时，该亚类 2 位汉语拼音字母+Z；增加第 2 个基本类型时，该亚类 2 位汉语拼音字母+Y。

引自国家旅游局和中国科学院地理研究所《中国旅游资源分类、调查与评价》（GBT 18972—2003）。

（二）根据旅游资源的基本属性分类

按照旅游资源的属性对其进行分类是目前较为流行的一种分类方法。根据这种分类方法，人们一般将旅游资源分为自然旅游资源和人文旅游资源两类（也有学者主张将人文旅游资源进一步细分，从而出现包括社会旅游资源的"三分法"）。

自然风景旅游资源包括高山、峡谷、森林、火山、江河、湖泊、海滩、温泉、野生动植物、气候等。人文景观旅游资源包括历史文化古迹、古建筑、民族风情、现代建设新成就、饮食、购物、文化艺术和体育娱乐等。

1. 自然旅游资源

所谓自然旅游资源是指依照自然发展规律天然形成的旅游资源，是可供人类旅游享用的自然景观与自然环境。自然旅游资源的形成有一定的地学条件，从宏观的角度来看，它是地球表层所有自然要素之间相互联系、相互制约以及有规律运动的结果。根据 2003 年发布《旅游资源分类、调查与评价》（GB/T 18972—2003），自然旅游资源分为地文景观、水域风光、生物景观和天象与气候景观等四个主类，其中又以前两类数量最多、分布范围最广。

2. 人文旅游资源

所谓人文旅游资源是指在人类历史发展和社会进程中，由人类社会行为促使形成的具有人类社会文化属性的各种人与事物。其形成和分布不仅受历史、民族和意识形态等因素的制约，而且还受自然环境的深刻影响。根据 2003 年发布《旅游资源分类、调查与评价》（GB/T 18972—2003），人文旅游资源分为遗址遗迹、建筑与设施、旅游商品、人文活动等四个主类。

（三）根据旅游资源的管理级别分类

1. 世界级旅游资源

主要包括经联合国教科文组织批准分别被列入《世界遗产名录》的自然遗产、文化遗产、自然与文化双遗产和文化景观，列入联合国"人与生物圈"保护区网络的自然保护区，列入联合国教科文组织批准的世界地质公园。它们具有全球性的艺术观赏、历史文化以及科学研究价值，是世界上品位和知名度最高的旅游资源。截至 2015 年 12 月，我国先后有 47 处世界遗产，有 24 处自然保护区被列入联合国"人与生物圈"保护区网络，有 12 家地质公园被评为世界地质公园。

2. 国家级旅游资源

主要包括国务院审定、国家住房与城乡建设部评定的国家重点风景名胜区、国家历史文化名城和国家重点文物保护单位，由国家林业局批准建立的国家级自然保护区和国家森林公园。此外，国家旅游局分别在 1985 年和 1991 年以游客投票和专家打分相结合的形式组织评选的"中国十大风景名胜"和"中国旅游胜地 40 佳"，以及 1997 年确定的中国旅游王牌景点 35 处，中国优秀旅游城市等，也应该视为国家级旅游资源。

3. 省级旅游资源

主要包括为数众多的省级风景名胜区、省级历史文化名城、省级历史文化名镇和省级文物保护单位，以及省级自然保护区、省级森林公园。它们具有较为重要的艺术欣赏、历史文化和科学研究价值以及浓郁的地方特色，在省内外均有较大的影响。

4. 市（县）级旅游资源

主要包括市（县）级风景名胜区和市（县）级文物保护单位。它们具有一定的艺术欣赏、历史文化和科学研究的价值，是邻近地区或本地游客主要的游览对象。

（四）根据专题旅游项目分类

将旅游资源分为历史考察专题旅游资源、寻根祭祖专题旅游资源、科学考察专题旅游资源、文化交流专题旅游资源、体育娱乐专题旅游资源等。

（五）根据旅游资源的利用限度和生成价值分类

将旅游资源分为可再生旅游资源、不可再生旅游资源等。

1. 可再生旅游资源

可再生旅游资源是指那些在使用过程中出现耗损过大或遭受毁坏的情况时，可通过适当途径进行人工再造的旅游资源。在旅游目的地中，可再生旅游资源通常是指那些没有重要历史价值或重大文化意义的当代人造旅游景点。这类人造旅游景点之所以被视为可再生旅游资源，是因为人们可在任何时间、任何地点加以仿造或重建。主题公园便属此类中的典型。

2. 不可再生旅游资源

不可再生旅游资源通常是指那些在漫长的历史过程中形成，保留至今并被用作旅游资源的自然遗存和文化遗存。这类资源一旦使用过度或管理不善而遭到破坏，其损失将无法挽回。纵然设法采取人工措施进行补救，也无法通过重新再造使其真正复原，这些遗产性旅游资源本身固有的成因特点和历史文化意义使其不可任意仿制。

5. 按性质分类

可将旅游资源分类为：观赏型旅游资源，运动型旅游资源，休（疗）养型旅游资源，娱乐型旅游资源和特殊型旅游资源。

6. 其他分类方式

（1）按传统旅游资源观分类，旅游资源包括自然景观资源、人文景观资源、民俗风情资源、传统饮食资源、文化资源、工艺品资源以及都市和田园风光资源等。

（2）按现代旅游产业资源观分类，旅游资源包括观光型旅游资源，度假型旅游资源，生态旅游资源和滑雪、登山、探险、狩猎等特种旅游资源，还有美食、医疗保健等专项旅游资源。

四、旅游资源调查

旅游资源调查是指按照旅游资源分类标准，对旅游资源单体所进行的研究和记录。调查组成员应具备与该调查区旅游环境、旅游资源、旅游开发有关的专业知识，一般应吸收旅游、环境保护、地学、生物学、建筑园林、历史文化、旅游管理等方面的专业人员参与。

旅游资源调查的基本内容是对旅游资源进行评价和制订开发规划方案的依据和基础。分两个阶段进行：

（一）室内准备

对目标区域内的旅游资源有一个大体的了解和总体的印象。

本区和邻区有关旅游资源的文献、报告和图表等资料，加以整理，作为野外调查的实证和参考。

背景资料：国土资源调查报告、水文气象资料、各种统计资料；卫片、航片和各种现有的较大比例尺地形图；文史资料、地方志、地名志和前人游记；当地群众提供的资料等。

（二）野外考察

验证前人的结论，并进一步详查前人未发现的景点和景物。野外调查有三种方式：

1. 路线考察：沿着交通线考察，重点是开辟新的旅游景点。

2. 区域普查：重点是对区域内旅游资源的种类、数量、质量、地区分布和差异、利用现状等进行全面调查，并对同类旅游资源进行分析、比较和评价，为景区划分、游览线路设计、人文构景打好基础，从而为区域旅游业的发展提供背景资料。为了确保资料的全面性和准确性，在现场勘测时，可使用现代技术手段——遥感技术等，来获取和验证资料。

3. 重点考察：主要是对重点景区进行周详的实地勘察，包括旅游资源、自然环境、社会经济、现有基础、工程技术和环境保护等内容。

旅游资源的调查还需要对资源本身进行调查：对所处环境的调查、临近旅游资源产生的积极或消极的影响。

五、旅游资源评价

（一）旅游资源的评价因子

一般来说，旅游资源的评价围绕质量因子、环境因子、市场因子、社会经济因子来展开。

（二）旅游资源评价的类型和方法

1. 旅游资源评价的类型

（1）单项评价

旅游资源是由多个要素组成的，每一个要素都是旅游资源组成的重要部分，但对于某一旅游活动来说，都会有一个或几个因素对旅游活动的质量起到决定性的作用。如气候的适宜性评价对户外旅游活动的影响，美国学者特吉旺设计了舒适指数和风效指数，根据大多数人的生理感受对当地气候进行评估。

用月平均最高气温和月平均最小相对湿度、月平均最低气温和月平均最大相对湿度，查舒适指数图确定舒适指数等级。用月平均最高气温、月平均最低气温和月平均风速三个指标查风效指数图，得出风效指数等级。

（2）综合评价

旅游资源综合评价是指对旅游资源的整体价值进行评价。旅游资源综合评价系统中的评估因子大都有权重值，评估的结果多是数量化的指数值，在综合指数评估中，以单项资源分析评价为基础。

2. 旅游资源评价方法

旅游资源的评价方法分为定性和定量两种评价方法。其中，定性评价方法主要有：

（1）一般体验评价法

一般体验评价是评价者根据自己的亲身体验对一个或一个以上的旅游资源就其整体质量进行定性评估。通常是旅游者在问卷上回答有关旅游资源的优劣顺序，或统计报刊、旅游书籍、旅行指南上出现的频率，或邀请各方面的专家讨论评议，从而确定一国或地区最出色的旅游资源。这种评价多是由传媒机构或传媒管理机构发起。从 1985 年《中国旅游报》发起的"中国十大名胜"、1995 年国家旅游局主持的"中国旅游胜地四十佳"到中国魅力城市、旅游者最向往的十大旅游目的地等的评选，就是运用的这种方法。这种方法常局限于少数知名度较高的旅游资源，无法用于一般类型或尚未开发的旅游资源。

（2）美感质量评价法

旅游资源美感质量评价一般是基于对旅游者或专家体验的深入分析，建立规范化的评价模型，评价的结果多具有可比性尺度或数量值。其中对自然风景质量的视觉美评价已经较为成熟，目前较为公认的有四大学派，即专家学派、心理物理学派、心理学派以及现象学派。

（3）"三三六"评价法

"三三六"评价法由北京师范大学卢云亭先生提出，该方法通过评估旅游资源的三大价值（历史文化价值、艺术欣赏价值和科学考察价值）、三大效益（经济效益、社会效益、环境效益）以及六大条件（景区的地理位置和交通条件、景物或景类的地域组合条件、景区旅游容量条件、施工难易条件、投资能力条件、旅游客源市场条件），达到评价旅游资源的目的。

（4）资源及环境综合评价法

上海社会科学院的黄辉实从旅游资源本身和资源所处环境两个方面对旅游资源进行定性评价。对旅游资源本身的评价，采用美、古、名、特、奇、用等六个标准进行衡量；对旅游资源所处环境的评价，采用季节、污染、联系、可进入性、基础结构、社会经济环境、旅游市场等七个标准进行评价。

旅游资源的定量评价方法主要有层次分析法、价值工程法、指数评价法等。

六、旅游资源的破坏与保护

（一）旅游资源遭受破坏的原因

伴随着中国改革开放和经济快速发展，中国旅游业得到持续快速发展，旅游业已成为中国的重要产业。由于旅游资源保护立法的滞后、管理体制的弊端，伴随着迅速增长的旅游需求，在经济中心论的思想指导下，很多地方出现了严重的生态破坏和环境污染，破坏了旅游业赖以存在的自然资源基础，对生物多样性和传统文化的保护产生了巨大的冲击。旅游资源破坏的原因主要有：

1. 自然灾害：地质灾害，如地震、火山、水火灾害等；气象灾害，如风蚀、水蚀、日照等；生物灾害，如鸟类、白蚁等。

2. 人为因素：战争破坏，如圆明园；游客不良行为带来的破坏；经济建设不当造成的破坏；等等。

（二）旅游资源的保护

改革开放以来，中国已颁布、实施的旅游市场法律法规有40多个。在旅游资源方面，中国并没有专门的旅游资源保护法，与旅游资源保护有关的法律法规主要散见于国务院的行政法规和林业、文化、环境保护、城市规划、矿产、水利等部门的部门规章中。

1. 旅游资源保护的内容

旅游资源是旅游业发展的先决条件，旅游环境是以旅游资源为主体的自然、经济、社会诸条件的综合。处理好旅游资源与环境的关系，合理地开发与保护，是旅游业可持续发展的保证。因此，将保护内容分为旅游资源和旅游环境两部分。

（1）旅游资源

指具有旅游开发价值的景点、景物，主要包括文物、古迹、建筑、碑刻及革命文物等人文旅游资源，以及山峰、象形石、水体和树木等自然旅游资源。

（2）旅游环境

指影响文物保护、游客旅游行为的周围环境，主要包括气候、水体、地形、林木及社会文化环境等。

2. 旅游资源的保护应注意以下方面

（1）突出民族特色和地方特色

首先是民族特色，寓民族共性于地方个性之中。历史悠久是我国的民族共性，各地旅游资源的特点是其地方个性，例如风景如画的漓江和雄伟壮观的万里长城都有它们各自的个性。开发旅游资源必须使其具有独特的观赏价值。

（2）古老文明、现代文明和自然风景协调发展

开发旅游资源，进行旅游设施的建设，要注意不破坏自然景观，不破坏原来环境的格调。例如建爬山缆车时不应破坏原山景色的秀丽和雄伟；高层的现代化建筑应避免建在古色古香的民族风格建筑物旁边。更要注意保护历史文物古迹，不能因建设现代文明而毁掉了古老文明。

（3）旅游资源开发要与自然环境相适应，着重环境保护和生态平衡

旅游业不会产生工业"三废"，但旅游业同样会产生污染。现代旅游业中，宾馆饭店排放的生活污水是不容忽视的污染源，餐厅酒楼产生的废气和噪声成了居民的投诉热点，海滨旅游区的无度开发会破坏水生生物的生态平衡。这些都是旅游业发展给环境造成的危害，必须制定法规和措施保护环境，例如泰国芭提雅海滨度假地规定，40个床位以上的旅馆要有污水处理设施，以保证海湾水域的卫生；土耳其禁止在沙滩上插太阳伞以防埋在沙里的海龟蛋受损，禁止在沙滩上开汽车及用强烈照明灯以免吓跑大海龟等。

（4）注意兼顾经济效益、生态效益和社会效益

开发旅游资源要以尽量小的投资开发更多的项目，令其更有吸引力，以收到更大的经济效益。但一定要防止只顾经济效益而滥加开发，以致发生破坏自然环境的情况。

第二节　旅游市场分析

一、概念

旅游市场通常是指旅游需求市场或旅游客源市场，即某一特定旅游产品的经常购买者和潜在购买者。从经济学角度讲，它是旅游产品供求双方交换关系的总和；从地理学角度讲，它是旅游市场旅游经济活动的中心。旅游市场属一般商品市场范畴，具有商品市场的基本特征，包括旅游供给的场所（即旅游地）和旅游消费者（即游客），以及旅游经营者与消费者间的经济关系。旅游市场与一般商品市场的区别在于它所出售的不是具体的物质产品，而是以劳务为特征的包价路线。同时，旅游供给与消费过程同步进行，具有很强的季节性。

旅游市场是旅游需求市场和旅游供给市场的总和，反映着国家之间、国家与旅游经营者之间、旅游经营者之间、旅游经营者与旅游者之间错综复杂的经济关系。旅游市场的形成和发展是这些关系协调发展的必然产物。

（一）旅游市场形成的条件分析

1. 旅游资源

旅游资源是旅游市场形成的首要条件。凡是世界著名风景名胜和历史遗址所在地区，必定会形成发达的旅游市场，比如，世界四大古都埃及开罗、希腊雅典、意大利罗马、中国西安，世界音乐之都奥地利维也纳，世界花园国家瑞士等都形成了重要的国际旅游市场。

2. 经济发展水平和前景

旅游市场形成与经济兴衰是同步的。首先，旅游客源市场分布格局与国家经济发展水平和国民人均收入水平是相一致的，并且这种客源市场结构具有一定的稳定性。经济的发展是旅游市场形成的主要条件，凡是经济发达和经济看好的国家和地区都是发展最好和最快的旅游市场。第二次世界大战以后，欧美

地区是世界上经济发展最快的地区，从而也使这些国家一直是国际旅游市场的主体，既是世界最大的旅游客源市场，又是世界最大的旅游供给市场，并一直保持着世界旅游强国的地位。其次，随着世界经济格局的变化，世界旅游市场的分布也会发生一定的改变。比如，近些年来，东亚、太平洋地区的旅游市场崛起，就与欧美发达国家的经济波动及东亚、太平洋地区的经济充满活力息息相关。最后，旅游供给市场的综合经济实力是建设旅游市场和旅游环境的物质基础。

3. 人文地缘关系

许多地域接壤、相互毗邻的国家或者地区之间都有着不可阻隔的政治、经济、历史、文化、通婚等密切交往，形成比较大规模的、长期稳定的人员旅行往来。其中比较典型的是欧洲国家间、欧美之间、欧洲与前殖民地国家间、英联邦国家间，以及中国的华侨、海外华人以及港澳台同胞。他们中每年都有大量探亲观光、寻根祭祖、旧地重游的人员流动，占有关各国每年入境旅游者总数的60%以上，形成世界人数最多的国际旅游客源市场。

4. 市场开发水平

旅游供给市场从形成到成熟，必须经过适应需求、引导需求、刺激需求和创造需求不同层次的实践过程。许多国家在很短的时间内就在竞争激烈的世界旅游市场成为旅游强国，靠的就是不断提高旅游服务质量，加速更新和开发旅游产品，增加旅游产品的销售渠道，增加旅游产品促销力度，提供并创造能够满足旅游者各种需求的旅游服务产品，使自己的国家迅速形成具有竞争力的旅游市场，并跻身于世界旅游强国的行列，比如新加坡、泰国、澳大利亚等。

5. 政府发挥的积极作用

政府的旅游政策也是影响旅游市场形成的一个重要因素。积极的旅游政策将鼓励旅游经营者采取各种措施满足旅游市场的需求，简化旅游者的出入境手续，促进旅游市场的发育和形成；相反，则会抑制客源的增长。同时，政府通过对旅游市场的宏观调控和宣传促销，维护稳定的政治环境，提高国民素质，重视旅游人才培养，推进旅游设施建设，促进科学技术成果在旅游市场建设中的运用等方面发挥作用，直接影响旅游市场的形成和发展。

6. 旅游市场信息

长期以来，企业经营者将注意力集中在资金、原料、设备和人力方面。到今天，人们已意识到第五项资源——信息，也是至关重要的。旅游市场的激烈竞争，使企业及时、准确地掌握市场信息及其变化趋势已成为决定旅游企业生存和发展的关键。借助旅游市场调研和市场预测的方法和手段，企业能有效汇集旅游消费动向、竞争市场反馈等市场信息，并通过先进的信息处理技术，预测未来一段时期内的需求变化趋势，从而为旅游企业计划目标的确定和旅游市场营销决策提供客观科学的依据。

二、分类

对任何一个国家、地区或旅游企业来说，旅游市场的占有率直接关系到旅游经营的效益，故在开发建设旅游区及旅游经营过程中，旅游市场的调查、划分、开拓、预测十分重要。

根据旅游经营需要，旅游市场有多种分类方法，如按旅游活动类型划分的旅游客源市场分类；按地域范围分为国际和国内旅游市场；按旅游者的年龄和性别特征分为老、中、青、儿童和妇女旅游市场；还可按旅游者的社会地位、文化程度和经济支付能力划分。

按旅游活动类型分为观光、度假、会议、购物、体育、探险和科学考察旅游市场；按旅游接待量和地区分布划分为一级市场、二级市场和机会市场。通过旅游市场的研究可确定旅游需求的现状和变化趋势，包括估计国际、国内旅游市场发展的总趋势，供需状况和竞争形势，并据此确定该地区的目标市场，进行市场规划；研究影响市场的各种因素，使旅游经营适应不断变化的市场，达到吸引旅游者的目的。

三、旅游市场调研

旅游市场调研即运用科学的方法和手段，有目的地针对旅游市场需求的数量、结构特征等信息以及变化趋势所进行的调查与研究。

该定义充分表明旅游市场的调研必须采用科学的方法和手段，包括资料收集方法、资料整理方法和分析方法的科学性和实践的有效性，以确保调研结果的客观性和可靠性。同时也应充分认识到旅游市场调研的目的性。任何调研本身不是目的，而都是围绕一定的调研目的设计进行的。

旅游市场调研的内容十分广泛而丰富，但由于调研目的不同，调研内容也会不同。一般来说，旅游市场调研的基本内容为：

（一）旅游市场环境因素调研

旅游市场环境因素包括，旅游企业的外部环境因素和内部环境因素。

1. 外部环境因素

任何企业都应充分认识外部环境因素的变化给企业带来的机遇和威胁，应随时监测这些变化并与之相适应是非常重要的。

影响旅游市场的外部因素很多，包括宏观的经济、政治、法律、社会文化、技术、人口、自然环境等方面的宏观因素，另外还有消费者市场、产业市场、竞争者状况等。

外部环境因素的变化总是蕴含着某种需要和趋势。趋势是有一定势头和生命力的方向或事件的顺序，它能预见，并可持续较长的时间，能揭示未来，辨别趋势即能发现机会。因此，旅游市场调研人员充分重视外部环境的变化，从中辨别一种趋势，确定可能的结果并决定公司的市场机会是一项很关键的技能。外部环境因素的变化还将影响旅游企业的内部环境。

2. 内部环境因素

除了对外部因素研究之外，旅游市场调研还必须研究旅游地或企业自身与市场需求的发展是否相协调的问题，包括自己的营销策略、营销手段或营销组合是否能有效开拓市场，如自己的旅游产品、价格、分销渠道以及促销方面是否存在问题。还有是对自己营销活动的管理评估，在营销计划、组织实施以及控制方面能否适应市场变化。

（二）旅游市场调研的内容差异

旅游市场调研主体不同也会造成调研内容的差异。旅游市场调研的主体包括区域性的营销主体和企业性的营销主体。区域性营销主体是指地区旅游局、旅游景区等。

营销主体的差异会导致调研内容的差异。例如，地区旅游局的市场调研内容主要是对整个地区的国内客源及国际客源的住宿、价格、购物、服务质量等方面的问题，旅游企业方面的问题，区域旅游地之间的竞争问题进行调查。这种调查内容丰富而全面，调查范围是旅游企业的调查不能比拟的。旅游企业的营销调查则针对性较强，内容集中，范围较小，主要是对企业自身状况和目的进行产品质量、价格、企业形象、企业服务等方面的调查。

有效的市场调查分为五个步骤：确定问题和调查目标—制定调查计划—收集信息—分析信息—报告结果。

1. 明确问题和调查目标

明确问题和调查目标是市场调研的重要前提。正如人们所说，良好的开端等于成功的一半。

正式调查行动之前，必需弄清楚为什么调查，调查什么问题，解决什么问题，然后确立调查目标、调查对象、调查内容及调查方法。

并不是所有的调查主体或调查人员一开始就明白调查目标。这是因为每一个问题都存在多方面的事情需要研究。所以，调查人员必须明确问题的范围，并确定具体的调查目标，否则，会盲目行事，或者得到许多无效的信息，而且耗费大量的时间和费用。在确定问题和目标时，对问题和目标的陈述不宜太宽或太窄，否则不适宜目标细化。

2. 制定调研计划

制定调研计划的目的是使调查工作能够有秩序、有计划地进行，以保证调查目的的实现。这里包括：调查方案设计、组织机构设置、时间安排、费用预算等。

调查方案内容包括调查目的要求、调查对象、调查内容、调查地点和调查范围、调查提纲、调查时间、资料来源、调查方法、调查手段、抽样方案，以及提交报告的形式。资料收集应确定是收集第二手资料，还是第一手资料，还是两者兼顾。

机构的设置包括调研活动负责部门或人员的选择与配置，调研活动的主体的选择是利用外部市场调研机构还是由本单位进行调研。调研活动的人员选择和配置是市场调研活动成败的关键。计划方案的制定，整个调研活动的进行，都取决于市场调研组织的决策者和管理者，以及调研人员的素质。所以调查人员必须具备善于沟通的能力，敏锐的观察与感受能力，以及丰富的想象力、创造力、应变能力，而且调研人员还应具备基本的统计学、市场学、经济学、会计财务知识。

选择外部市场调研机构，首先由调研活动负责人或部门，对外部调研机构进行选择，选择的标准如下：

（1）调研机构能否对调研问题进行符合目标的理解和解释。

（2）调研人员的构成，其中包括其资历、经验以及任务分工。

（3）调研方法是否有效、是否具有创造性。

（4）过去类似的调查经验、调查事项以及调查成果。

调研时间及调研费用是否与本单位要求相符合。时间安排包括调研活动的起始时间，活动次数安排以及报告成果的最终完成和交接时间。费用预算包括调研活动费用的预算与计划。

3. 收集信息

调查计划确定之后，即开始系统地收集资料和信息。对于市场调研活动来说，收集信息通常是耗时最长，花费最大而且是最容易出差错的过程。整个调研活动的效果与准确性、误差大小均直接与这个过程有关。这个阶段的主要任务是系统地收集各种资料，包括一手资料与二手资料，有的调研仅需要二手资料，或一手资料，但对大多数调研活动来说两者都是需要的。

(1) 二手资料

调查人员开始调查时总是先收集二手资料。二手资料又称文案资料，它是指为其他目的已收集到的信息。通过二手资料可以从中判断分析调研问题是否能部分或全部解决，若能解决，则无须再去收集成本很高的一手资料。二手资料的主要来源包括：

① 内部来源。包括公司盈亏表、资产负债表、销售资料、销售预测报告，库存记录以及以前所做的报告。

② 政府出版物。包括政府的公开调查统计报告、年鉴、研究报告。

③ 期刊和书籍。各种有关的书刊，特别是与开展业务关系密切的书刊。

④ 商业性资料。有关市场调查公司等提供的调查资料。

获取二手资料的优点是收集成本低，而且可以立即使用。但二手资料中可能没有调研人员所需资料，或资料已明显过时、不准确、不完整或不可靠。这时就必须去收集更切题、更准确的第一手资料。

(2) 一手资料

一手资料，又称原始资料或实地调查资料，是调查者为实现当前特定的调查目的专门收集的原始信息资料，所以大多数的市场调研项目都要求收集一手资料。常规的方法是先与某些人单独或成组交谈，以了解大致的想法，接着确定正式的调查方法，然后进行实地调查。

一手资料的主要来源是旅游者，其次是中间商和旅游企业内部资料信息。收集一手资料的调查方法有四种：观察、专题讨论、问卷调查和实验。这是我们进行市场调研的一般方法。一手资料的特点是有目的性，时效大，特别适宜分析那些变动频繁的、敏感性的要素，但耗费时间长和金钱多。

在收集资料的过程中，会出现多方面的困难，可能会找不到被调查者，或者被调查者拒绝合作，或者回答带有偏见或不诚实的情况，这会使资料收集工作进展并不顺利。如果市场调查人员发现调查计划或调查有问题时，应尽快反馈信息，并立即进行调整。一切调研活动都依靠调研者的耐心、毅力和百折不挠的精神。

4. 分析信息

资料收集完成后，旅游市场调研人员应对资料进行整理、分析，从资料中提取与目标相关的信息。

信息分析主要有两种方法。一是统计分析方法，常用的是计算综合指标（绝对数、相对数以及平均数）、时间数列分析、指数分析、相关和回归分析、因素分析等。二是模型分析法，模型是专门设计出来表达现实中真实的系统或过程的一组相互联系的变量及其关系。分析模型主要包括描述性模型和决策性模型。

描述性模型中常用的是马尔可夫过程模型和排队模型。马尔可夫过程模型可用来分析预测未来市场份额变化的程度和速度；排队模型用来预计顾客的消费决策与等候的关系。

决策性模型中常见的是最优化模型和启发式模型两种。最优化模型一般通过微分学、线性规划、统计决策理论以及博弈理论来辨别不同决策方案的价值，力求从中进行最优选择。启发式模型则应用启发性原则，排除部分决策方案，以缩短找寻合理方案所需的时间。·

5. 报告结果

市场调研人员对市场调查活动中面临的问题进行调研后，将调研的结果写成调研报告进行书面陈述。所以调研活动的最终结果的体现是调研报告。

在调研报告的编写过程中，应注意以使用者的需求为导向。调研报告主要应把与使用者关键决策的相关调查结果充分体现出来，以减少决策中的不可确定性，而不是用资料对管理人员施加限制。表达方式（文字说明、资料、数学表达式）也应适应使用者的素质。

调研报告的编写力求观点正确、材料典型、中心明确、重点突出、结构合理。它一般包括以下的内容：

（1）前言。即说明本次市场调研应回答的问题、调研目标、调研方法、调研对象、调研时间、调研地点以及调研人员的情况。

（2）正文。调研报告的主体，应包括对调研问题的研究结果及其分析，解释及其回答。

（3）结尾。可以提出建议，总结全文，指出本次活动的不足，以及对决策的作用。

（4）附录。包括附表、附图等补充内容。

（三）旅游市场调研的方式

旅游市场的调研因调查目的、调查主体不同，而选择不同的调查对象，可以是全面调查，也可以是非全面调查。一般来说，由于调查时间、调查经费的限制，非全面调查中的抽样调查是旅游市场调研采用的主要方式。

1. 抽样调查方案

一个抽样调查方案主要包括三方面的内容：

（1）抽样单位

即向什么人调查，也即确定目标总体。每次调研，依据调查主体、调查目的的不同，均应选择不同的目标总体。一旦确定了目标总体，就应确定抽样范围，从而使目标总体中的所有样本被抽中的机会是均等的或已知的。

（2）样本规模

即确定调查多少人。一般来说，大规模样本比小规模样本的结果更可靠。但并非必须进行目标总体的全部调查才能获取准确结果。如果抽样方法正确，不到总体 1% 的样本，也可以提供较高的可靠性。

（3）抽样方法

即确定如何选择答卷人。为了得到代表性的样本，应采用概率抽样。只有依据概率原则抽取样本，才能使调查样本总体中每一个个体都有相等的被抽取的机会。而且调研人员可以依据统计技术测量并控制误差。抽样方法因此分为：概率抽样（随机抽样）和非概率抽样（非随机抽样）。概率抽样就是从调查目标总体中完全按概率原则抽取样本的方法。运用概率抽样方法时，调查样本总体中每一个个体被选出的机会完全相等。这种抽样法可以完全排除调研人员的主观判断的个人选择。而且可以计算抽样误差的置信度。因此，要想得到有代表性的样本和令人相信的结论，必须采用概率抽样。在概率抽样成本过高或时间过长时，市场调查可采用非概率抽样。在旅游市场调查中，非概率抽样常常是非常有用的，尽管无法衡量抽样误差。

2. 常用抽样方法

（1）简单随机抽样

方法有两种：抽签法和随机数表法。随机数表就是把 0 ~ 9 这 10 个数字随机排列起来的表格，其中的数字可以任意上下左右阅读。使用时闭上眼睛把笔放在表上，从笔尖所指的数字开始，每隔三行向任何方向读起，即可得到样本号码。

（2）系统抽样法

系统抽样法又称等距抽样法。首先将调查总体按一定的标志排列，然后根据一定的抽样距离从总体中抽取样本。抽样距离是由总体总数除以样本数得到的。如果第一个样本是随机抽取的，则本次系统是随机的。如果第一个样本是主观选择的，则这次系统是非概率的。

四、旅游市场预测

旅游市场预测是在旅游市场调查获取的各种一手资料和二手资料与信息的基础上，运用科学方法，根据旅游企业的需要，对旅游市场未来一段时间内的发展趋势做出分析和判断。旅游企业市场预测的内容很多，但市场需求预测是市场预测的核心内容。市场需求预测也是旅游市场价格预测、旅游效益预测的基础。

由于市场变化的多因素特征，只有在没有竞争或竞争很稳定（完全垄断）的情况下市场预测才比较容易。

（一）步骤

一个旅游企业的市场预测有三个步骤：

1. 宏观环境预测

一个企业生存发展的关键在于，它能否使自己的战略适应不断变化的环境。这就需要企业的管理部门充分把握未来经济的变化趋势。假若公司管理预测失误，而竞争对手预测正确，企业必将丧失在行业中的地位，遭受重大损失。因此，这也是越来越多的企业注重进行宏观环境预测的原因。

宏观环境预测主要要求说明通货膨胀、失业、利率、消费开支、企业投资、行政开支、净出口额及其他重要因素对市场环境影响的长期趋势。

2. 行业销售预测

通过对宏观环境的预测，再应用并结合其他指标进行行业销售预测。

3. 企业销售预测

通过假定自己在行业中的市场份额，从而得到自己的销售预测。

（二）方法

旅游市场预测的方法多种多样，归纳起来可分为定性预测和定量预测两大类。

1. 定性预测方法

定性预测，也称经验判断预测或主观资料预测。它是指凭借旅游市场预测人的经验、知识和综合分析能力，通过有关资料的分析推断，对预测对象的未来发展趋势进行性质和程度上的估计、判断和推测的一种预测方法。定性预测相对而言简便易行，对资料的精确度要求不高，在旅游市场调查中使用普遍，但预测结果受预测者个人水平影响较大。

（1）购买者意图调查法

通过对旅游者的意图进行调查，从而进行预测。如果购买者已经有了清楚的意图，将要付诸实施，若意图可以向调查人描述，则这种调查就特别有价值。

另外，这种调查中还可以询问消费者，目前与未来的个人经济状况以及对经济形势的展望，获取多方面的信息。在发达国家，有专业市场调查公司定期测量与消费者相关的指标，并发布报告。

一般来说，在购买者人数较少，访问成本不高，购买者意图明确的条件下，这种调查作为市场预测的价值很高。

（2）企业内部人员集体预测法

在无法对旅游者进行调查时，可采用这种方法。该方法就是通过旅游企业内部有经验的管理人员和销售业务人员，凭他们的经验和智能，进行分析思考、综合判断、共同讨论，对市场未来发展变化趋势做出估计的一种预测方法。这种方法比较常用，成本也比较低。但要注意内部人员有时会有意低估需求，以便使公司降低定额。

（3）专家意见法

专家包括经销商、分销商、供货商、市场营销顾问、协会管理人员等。这些专家作为旁观者，判断和预测具有相对独立性。公司可以邀请一组专家进行预测，然后通过交换意见，形成集体判断（集体讨论法）。也可以请专家提出各自的判断，再由分析专家综合成统一的判断（个人判断综合法）。具有代表性的是德尔菲法，即请专家提出各自的判断，由公司整理修改，然后重复进行多次判断，以便专家能针对同一事件不断提炼自己的假设和判断，从而获得较好的预测结果。

2. 定量预测方法

定量预测，也称为统计预测，它是以大量的历史购买行为的记录为基础，运用统计方法和数学模型，近似地揭示预测对象的数量变化程度及其结构关系，对旅游市场的未来变化趋势做出数量测算结果的一种预测方法。这种方法避免了个人主观性对预测结果的影响，但由于事物演变的多因素性和众多影响因素的非量化特征，以及模型技术水平的限制，定量预测方法的使用受到限制，预测效果也受到影响。这里介绍两种主要的定量预测方法。

（1）时间序列分析法

顾名思义，时间序列是通过不同的时间记录的一系列观测值，如年度旅游人次、年度旅游收入、季度旅游人次、每周旅游收入、每日营业收入等，分析这些序列值变化的性质，由此获得的信息可以详细地反映有关变量的变化特征，有助于对变量的阐释，把一些有意义的规律从看似随机的变化中提取出来，进而我们可以预测时间序列的未来值。

许多企业都是依据以前的销售进行预测，并将以前的销售分解为四个成分：

① 长期趋势（用 T 表示）。是指人口、资本构成、技术等的发展趋势。可以将以前的销售情况拟合成直线或曲线。

② 周期变化（用 C 表示）。是指销售的波浪形变化。许多销售会受到周期性宏观经济活动有规律的影响。这对中期预测非常有用。

③ 季节因素（用 S 表示）。是指一年中销售变化的固定模式。季节可以广泛描述成以小时、星期、月和季为单位的循环往复的销售模式。它可作为短期销售预测的基准。

④ 不规则（随机）变化（用 R 表示）。包括罢工、洪水、动乱、火灾、战乱或其他变故。由于这种成分是无法预计的，应将其从以前的资料中剔除，以便能确定正常的销售变化规律。

通过以上分析可以看出，运用时间数列值进行分析预测时，每个历史时期的实际值都包含以上四个方面的资料，而每个预测值也都应反映长期趋势、季节变动和循环变化的影响。在对其中任何一方面进行预测时，应考虑并剔除其他因素的影响。也可将以上四个方面重新组合起来对销售进行预测。具体来说，时间序列分析的预测模型主要有趋势外推预测法。

依据旅游市场的变化存在着过去、现在和未来之间的内在联系，通过对有关预测对象的历史资料的抽象和现状的分析，找出其发展变化的规律性，并假定这个规律会延续到未来，利用已知的规律对预测对象未来状况做出预测，这种方法称为趋势外推预测法，主要有直线趋势模型和变动趋势模型。

直线趋势模型。当趋势可近似地描述为一条直线时，即如果历史数值逐期增长量大致相同，那么就可以利用历史资料配合直线，建立模型进行外推预测。直线方程为：

$$y_t = a + bx$$

式中：y_t 为预测值；a 为截距；b 为每过一段时间 y_t 的变化量；x 为间隔期。

（2）回归模型预测法

回归模型预测法是通过对影响市场需求的，具有相关的变量建立回归模型的方法进行预测，因而克服了时间数列的不足。

回归模型分析法主要是将具有相互联系的现象，根据大量的观察找出关系形态，用一种数量统计方法选择合适的数学模型近似地表达变量的平均变化关系。这种数学模型称为回归方程。

回归分析具体包括相关系数的确立以及回归方程的设计。

回归模型主要有一元回归（简单回归）模型和多元回归模型。一元回归模型只涉及两个具有显著相关的变量。如果两个变量之间存在着确定的线性相关形态，即被称为一元线性回归，这是我们常涉及的回归模型。对非线性回归，我们在此考虑很少。多元回归模型则存在一个因变量和多个相关解释自变量之间的关系。由于旅游市场的实际状况受多因素的制约，多元回归模型成为宏观预测的重要模型，应用十分广泛。

运用回归模型进行预测的程序是：首先利用相关图判定变量之间的相关类型，确定采用何种回归模型，然后计算相关系数，判定变量之间的相关程度。如果显著相关，则配合回归线建立拟合模型进行预测。在必要时，最后应予以检验误差分析，如方差分析。

五、旅游市场细分与目标市场选择

旅游市场包括各种不同类型的消费群体。没有被细分的市场必将导致一种旅游产品或服务指向整个市场。所以旅游营销者必须确定哪个旅游细分市场能提供实现销售目标的最佳机会。进行市场细分目标的前提假设是：不同的细分市场存在着不同的需求、不同档次的当前消费和潜在消费，以及不同层次的产品意识，他们通过不同的渠道获取信息。

市场细分是指将市场分为具有不同需要、特征或行为，因而需要不同产品或营销组合的不同购买群体的过程。每个市场都有细分市场，但并非所有进行市场细分的方法都相同。

细分市场是指对既定的市场营销活动会做出类似反应的消费者。

从旅游者的需求特征看，由于旅游者的性别、年龄、收入、兴趣、价值观念等因素的不同，旅游需求的差异很大。即使在同一类型市场中，旅游吸引物属性相似，或旅游者对旅游过程中需要的服务基本相同，亦会在档次、规格、出游时间、消费水平、消费结构等多方面形成差异。因此，如果不对旅游企业或旅游地进行具体情况的分析，笼统地向旅游消费者推销相同品质、品种的旅游产品，必然会造成产品供求关系的失衡。

在不同类型的旅游细分市场中，吸引因素不同，旅游者需求的设施和服务也不同。例如，会议旅游的主要吸引物是会议，它要求宾馆必备会议厅和其他会议设施设备。在这种情况下旅游消费者总体消费水平较高，会议期间或会后常伴有观光、参观等旅游活动。而探险旅游大大不同于会议旅游，探险旅游者以探险为吸引对象，对食宿的要求较低。

从旅游产品的供给者看，任何旅游企业或旅游地不可能面向所有国内、国外旅游者，并满足他们各种各样的需求，也不可能有适应不同旅游需求的各种旅游设施。

因此，有必要将旅游市场细分。旅游营销者处在竞争激烈的现代旅游市场中，必须占领一定的旅游市场份额，善于分析研究潜在的旅游消费需求，寻找机会市场，并在市场细分的基础上选择能够获利最大的旅游目标市场，采取一系列配套营销策略，从而获得最大盈利。

许多权威人士用不同的指标划分和分析旅游市场，所有这些评价指标概括起来可分为四个主要类型：地理特征、人口特征、心理特征和行为特征，即旅游市场的细分方法为：地理细分、人口细分、心理细分、行为细分。

（一）地理细分

地理细分是指旅游市场按照旅游者来源地的不同进行划分，它可以是不同的区域范围，如国家、地区、省、市、县甚至可以是一个地段。这种细分是较传统的细分方法，但至今仍普遍应用。由于旅游者的需求和偏好会因其居住地的不同而出现地区差异。

地理细分对用地理特征的基本研究确立旅游地的一、二甚至三级市场和选择促销区域十分有利。

1. 区域变量

它是市场细分最基本的变量，又可分为洲别、国别、地区等。例如，国际市场，世界旅游组织（WTO）将世界旅游市场划分为6大旅游区域：东亚及太平洋旅游市场、南亚旅游市场、中东旅游市场、欧洲旅游市场、美洲旅游市场和非洲旅游市场。其中欧洲旅游市场和美洲旅游市场是最繁荣的两大旅游市场；东亚及太平洋地区旅游市场是发展最迅速的旅游市场。

按客源国和接待国之间的距离，可分为远程市场和近程市场。远程市场旅游者出游时间长、消费高，游客多为经济较富裕、休假时间较充裕的中上层人士。远程旅游能给旅游地带来较高的旅游收入，同时因交通工具的现代化，旅游时空距离相对缩短，从而更加刺激其发展趋向。近程旅游是指各旅游客源国和目的国之间较短距离的旅游活动，也可以是相邻国家间的旅游活动。与远程旅游相比，近程旅游出游时间短、花费少，已成为世界上最为活跃的旅游市场。

按旅游者的国别，可分为国内旅游市场和国外旅游市场。前者指国内旅游者在自己的国家从事旅游消费的活动，后者指接待国外旅游者到本国进行旅游的活动。国内旅游市场与国外市场关系密切，国内旅游市场是国外旅游市场的基础，国外旅游市场是国内旅游市场的延伸，彼此之间是相互关联、相互制约的统一体。

在研究按地理因素细分旅游市场时，旅游企业也经常用旅游者的国际流向划分旅游市场。他们把国际旅游市场细分为一级市场、二级市场和机会市场。一级市场（也叫第一市场或主要市场），是指一个目的地国接待的旅游者人数在接待总人数中，占比例最大的两三个国家或地区的旅游市场。在通常情况下，一级市场可占目的地国接待总人数的40%～60%。企业在制订市场经营计划时，不论是产品政策还是价格政策或其他经营职能，都应优先考虑一级市场的市场需求和消费特点；二级市场（也叫第二市场），即在目的地国接待总人数中占相当比例的旅游市场，一般也可以包括三四个国家。二级市场的特点是有较大的市场潜力，只是由于外部环境和企业内部营销组合不力，市场对旅游地国的情况不十分了解，或购买动机尚未形成，因此潜在需求还没有完全转变为现实需求，需要花大力气去开发。机会市场（也叫边缘市场），是指一个旅游地国计划开拓的市场。其特征是该市场的出国人数与日俱增，但前往本目的地的人数很少，有待于进一步开发。机会市场通过目的地的有效经营，可能成为将来的二级市场甚至一级市场。当然必须通过认真调研，确认其有潜力，否则可以放弃。

2. 城镇规模和人口密度变量

不同国家人口密度可能悬殊，同一个国家的不同地区人口分布亦不均匀。人口多、密度大、空间小的地区外出旅游的可能性大。由于城市生活水平较高、经济状况较好、获取信息较容易、交通发达等原因，城镇外出旅游者人数较农村多。尤其是目前城镇环境污染较严重，更多的人利用节假日出游来调节身心已经成为时尚。

3. 气候变量

地形地貌和气候是构成自然旅游资源的重要因素，其中气候因素往往更具吸引力。寒冷地带的国家与地区的旅游者常把寻找阳光、温暖和湿润空气作为主要旅游目的，生长在湿热气候条件下的人则对冰雪风光更感兴趣。

（二）人口细分

人口细分是指根据各种变量，如年龄、性别、家庭人口、家庭生命周期、收入、职业、教育、宗教、种族、国籍等细分旅游市场。人口细分是市场细分中最流行的方法。它为营销决策者提供了一种对旅游者非常直接有效的分类方法，在旅游业中具有较高的使用价值。由于旅游者的愿望、偏好和习惯的变化与人口变量高度相关，人口变量往往比别的变量更易定义和测量，人口变量在测定所期望的目标市场中影响着促销媒体的选择，人口变量成为最常用的变量。

1. 年龄变量

由于不同年龄阶段的旅游者对旅游产品的刺激反应不同，对其需求程度和消费方式也不同。例如，老年旅游市场，年长者收入水平较高、空闲时间较多、出游停留时间较长，并且随着世界人口平均年龄增长趋势和我国老龄化程度的加快，其市场日益扩大，成为旅游营销者关注的一个重点。又如，中年旅游市场，这一年龄段人数最多，是国内外各类旅游市场消费的主力。青年旅游市场，青年人精力旺盛，喜欢刺激、冒险等项目，市场潜力很大，但受收入水平的限制，旅游营销者从青年旅游市场获得的经济效益较低。

所以，根据旅游者年龄结构特征，按照不同年龄旅游者对旅游内容、旅游价格、旅游时间、旅游方式等的不同需求，进一步细分市场是非常必要的。

2. 性别变量

根据男性旅游者和女性旅游者在旅游项目和服务需求的不同，来划分细分市场。随着社会的发展，女性的地位和收入水平不断提高，旅游需求也越来越多，她们是家庭旅游的主要决策人。与男性相比她们更注重安全，并且常采取结伴旅游方式，更喜好购物，对价格很敏感等。女性旅游市场是旅游市场的重要客源目标，尤其是女青年旅游市场成为旅游营销中倍受重视的部分。

3. 家庭结构和家庭生命周期变量

家庭人口少出游次数会增多，没有小孩的家庭活动可能性更大。年轻家庭、中年家庭和老年家庭对旅游需求差异较大。

4. 收入、职业、受教育程度等变量

一般来说，收入水平较高的旅游者出游的距离较远，旅游时间较长，消费也较高。职业不同，选择出游的方式和花费的时间也不同。受教育程度高者对旅游的需求层次也高。

（三）心理细分

心理细分是指按社会阶层、生活方式或个性特征等把消费者分成不同群体。这种细分如与地理细分和人口细分相对照，能提供更深刻的信息去理解旅游者的行为。心理特征在帮助断定市场及应该采取何种策略时很有效，它对旅游营销规划初始阶段寻找为什么旅游者会选择特定的旅游项目起积极作用。与人口和地理变量一起，心理变量可以为一个特定的旅游目标市场制定目标策略提供依据。

1. 社会阶层变量

每一个社会阶层的成员都有类似的价值观念、兴趣和行为准则。不同的消费阶层对旅游活动的需求有较大差异。他们选择的旅游产品和服务的种类不同，消费方式不同、消费水准也不同。营销者要根据不同阶层的消费心理提供服务。

2. 生活方式变量

生活方式对旅游消费者购买产品会产生影响。生活方式是人们在所处的环境中逐渐形成的，它集中表现在旅游者的活动、兴趣观念等方面。将生活方式相似的旅游者作为一个群体，有助于有针对性地满足消费者的需求。

（四）行为细分

行为细分是指按购买者对产品的了解程度、态度、使用及反应，把旅游消费者划分成不同群体。旅游购买行为包括消费者的购买动机、购买状态、购买频率，以及对产品及品牌的信赖程度，对服务的满意度，对广告的敏感度等。

1. 购买目的

动机不同，购买目的也不同，由此引发的旅游消费群体可分为：观光旅游市场、会议旅游市场、度假旅游市场、奖励旅游市场、探亲访友旅游市场、体育旅游市场和文化旅游市场等。

根据旅游目的细分旅游市场是广泛使用的一种方法。其可以分为以下五种：

① 度假旅游市场。这个市场约占国际旅游市场的20%，其消费者经济水平不同，可以是豪华旅游，也可以是大众化的。旅游者中相当数量是年轻人。这个细分市场的旅游者以环境为旅行动机，以休养生息为主要目的，停留时间长，老顾客（重复旅游的顾客）占比例较大。

② 观光旅游市场。其特点是寻求和了解异国（地）风貌、文化、风俗、习惯，以增长见识。

③ 会议、商务旅游市场。国际旅游市场趋势表明，会议、商务旅游市场每年以10%～20%的速度增长，亚太地区尤为显著，这个旅游市场的消费水平较高，对旅游地的设备设施和服务能力有较高的要求。

④ 奖励旅游市场。奖励旅游多是公司、企业、协会对职工的奖励方式，因此，客源集中，组织联络过程较为简单。旅游者在旅游地的日消费高于一般旅游者。开展奖励旅游可以调节淡旺季给旅游地带来的困难。在生活方面，奖励旅游一般要求一流饭店，最好的饮食，有特色的参观、游览项目。

⑤ 探亲访友市场。这一市场以探亲、访友、寻根为主要目的。对我国来说，这一细分市场主要是由港澳台同胞和华侨四类人组成。他们对旅游设施、服务水平的关心不如前几类市场，其中一部分人甚至不使用住宿和餐饮服务，一般停留时间较长，且对旅游价格、一般商品价格比较敏感。

2. 购买时机

购买时机包括三种情况：有购买想法、实行了购买行动及使用买到的产品。购买时机细分能使旅游企业促进销售，例如，按时间可划分为旺季、平季和淡季，寒暑假、节假日等不同的细分市场。

3. 购买方式

购买方式是旅游者购买产品过程中的组织形式和通过的渠道。例如，团体旅游市场、散客旅游市场等。具体形式也越来越多样化，有独自游、结伴游、家庭游、小组游、驾车游、徒步游、自助游、包车游等。

4. 寻找利益

它是按旅游消费者在产品和服务中得到的不同利益划分的。旅游市场学认为，要结合旅游者对消费某种产品和服务所追求的利益来细分市场，更有助于确定企业的经营方向。地位追求者在购买旅游产品时考虑其能否提高自己的声望；时髦人物参加旅游是为了顺应潮流、赶时髦；思想保守者则偏爱信任大型的、有名望的企业及其提供的产品；理性强的人则追求经济、价值等方面的利益，他们讲究效用，关心是否合算；不随俗者特别关心自我形象；享乐主义者主要考虑感官上的利益。企业根据消费者所追求的利益细分市场，采取适应现有细分市场需求的营销策略，比创造一个新的细分市场更有效，因为同一细分市场上的需求，在不同的情况下有时差异很大。例如，高级管理人员在参加重要会议或洽谈业务时所需要的设备设施和服务，与其作为家庭度假旅游一员时所需要的截然不同，企业对这种追求不同利益的同一细分市场中的顾客，便要采取不同的经营对策。

5. 购买数量和频度

主要是按旅游者对旅游产品的购买量多寡或是否经常购买来划分。例如，较少购买旅游者、多次购买旅游者和经常购买旅游者等。

旅游市场细分的方法很多，但并非所有方法都有效。要使旅游细分市场充分发挥作用，必须具备四个条件：可衡量性、可获得性、可收益性和可行动性。

① 可衡量性是指细分旅游市场的规模、购买力和特征是可以被衡量的。如果某些细分变量难以统计和衡量，则应避开这些因素。

② 可获得性是指能有效地进入和满足旅游细分市场。例如，某一旅游产品的购买者或享用者多为回家较晚、社交活动较多的单身男人和女人，那么因为他们居住的不确定性所以很难接触到他们，这种变量是较难获得的，须避免。

③ 可收益性是指旅游细分市场足够大并且有利可图。这样的旅游细分市

场值得专门制定营销计划以求得更大的利益。

④ 可行动性是指设计出的方案能够有效地吸引和满足旅游细分市场。

旅游营销者需要有效地利用上述条件，合理有效地划分旅游细分市场。

六、目标市场选择

（一）旅游目标市场选择

旅游目标市场是指旅游企业决定进入的，具有共同需要或特征的购买者的集合。旅游营销者必须把满足旅游者的需求放在首位，但是旅游者的需求是千差万别的，旅游企业无法满足旅游者全部需求，而只能满足市场中部分旅游者的需求。营销者只有根据自身技术力量、物资条件以及管理能力，通过特定的产品和服务来满足特定的旅游消费者群体。

旅游目标市场的选择是营销规划中的主要组成部分。一旦市场细分被确定，各个旅游细分市场的特征被总结出来，接下来就是选择旅游目标市场。旅游目标市场的选择是一项复杂的工作，它应考虑到销售潜力、竞争条件、成本核算、服务能力等诸多因素。旅游目标市场的选择是指估计每个旅游细分市场的吸引程度，并选择进入一个或若干个旅游细分市场的过程。

（二）评估细分目标市场

旅游经营者或企业确定旅游市场目标是在旅游细分市场的基础上进行的。要选择有利的旅游目标市场，必须对各种不同的旅游细分市场进行评估。在评估旅游细分市场时，还须考虑旅游细分市场的规模和增长程度、旅游细分市场结构的吸引力、旅游企业的目标源等因素。

1. 旅游细分市场的规模和增长程度因素

旅游企业首先要收集、分析各类旅游细分市场的现行旅游产品销售状况、增长率和预期利润，并从中选择适当规模增长特征的旅游细分市场作为目标市场。对实力雄厚的旅游企业来说，销售额大、增长率和利润额高的细分市场最具吸引力。但中小旅游企业由于缺乏必要的技术、资金以及其他必需的资源，竞争最激烈的和增长最快的旅游细分市场的力量相对薄弱。因此对中小旅游企业来说，应当选择那些较小和较逊色的旅游细分市场，这类细分市场对他们更加有利。

2. 旅游细分市场结构的吸引力因素

如果旅游细分市场已经具备了理想的规模和增长率，但在利润方面的吸引力较弱，那么，影响旅游细分市场结构长期吸引力的因素就会显得更重要。这些保持长期吸引力的结构因素包括：旅游企业竞争者的多寡、旅游消费者相对购买力的强弱、旅游替代产品对细分市场价格的限制程度和获取利润的程度、控制价格或降低服务标准或减少产品数量对该细分市场的吸引力大小的影响等。

3. 旅游企业的目标和资源因素

在某个旅游细分市场既具备合适的规模和增长速度，又具备结构性吸引力的情况下，如何将旅游企业的目标和资源与旅游细分市场情况相结合，是需要进一步考虑的问题。例如，该具有较大吸引力的旅游细分市场是否符合某旅游企业的中长期目标；从保护环境、社会发展的总体看选择该细分市场是否明智；选择经济实力适度的群体作为目标市场进行恰当的旅游产品及市场营销战略等。即使上述条件均符合旅游企业的目标，那么旅游企业还应看自己是否具有占领该细分市场的条件。这些条件是指技能和资源状况。旅游企业必须具备一定的竞争能力才能赢得占领市场的机会，从而进入该市场。同时旅游企业必须有超过竞争者的技能和资源才能在该细分市场上取胜。

七、旅游市场发展趋势

（一）旅游市场需求呈不断扩大趋势

随着国民收入的增加和人民生活水平的提高，越来越多的中国人加入到旅游活动中来。国内旅游蓬勃发展，势头喜人；出境旅游已发展起来，并取得一定成效；入境旅游在竞争激烈的条件下也出现了稳中有升的势头。目前，旅游消费群体正在形成并不断扩大，构成了一个庞大的旅游需求和消费市场。

（二）规范旅游市场秩序的进程加快

随着社会主义市场经济的建立和完善，旅游市场体系也在逐步完善，全国各地旅游行业和管理部门，针对旅游市场中某些不合理不规范的行为，正加大力度进行整治，切实加强规范化管理。

（三）市场需求呈现多样化多层次性

中国幅员辽阔、山川秀丽，自 20 世纪 80 年代以来，许多地区就已经着手开发各类旅游资源和旅游产品，中国旅游资源和旅游产品不断丰富。同时，旅游产品的替代效应又极强，对旅游者来说，就增加了许多的可选择性。特别是由于旅游者的社会经历、经济收入、个人兴趣爱好、受教育程度、职业、性别等不一样，旅游者表现出不同的市场需求，这种市场需求随着旅游者要求的变化而变化，并呈现出多样化和多层次性。

（四）旅游市场的东西部差异在日益缩小

过去，由于历史、地理、自然、交通、政策等诸多方面因素的影响，中国旅游市场在发达程度方面存在着较大的差异性，沿海优于内地，东部优于西部，国内外旅游者感兴趣的主要是那些早已名闻天下的旅游景区和景点。随着科学技术在旅游业中的运用，信息传递加快使人们想进一步了解那些曾经不为人知而又富有新奇感的新景点，交通运输现代化缩短了空间和时间的距离，观念的变化使越来越多的旅游者去寻找从未开垦的神秘世界。与此同时，内地、西部那些不发达地区对旅游业的重视、对旅游投入的加大又使其与发达地区在硬件方面的差距不断缩小。这样，旅游市场的差异在逐渐缩小。

（五）旅游市场竞争呈现多角化

过去，中国旅游市场的竞争基本是同行业中企业之间的竞争，由于当时饭店、旅行社数量和服务项目供不应求，这种竞争在一定程度上还带有垄断竞争的性质。然而，随着旅游业在各地的兴起，各类旅游饭店拔地而起，旅行社如雨后春笋般出现，使得竞争加剧。而目前的竞争又表现为多方位和多角化竞争，不仅有来自行业内部的竞争、还有各行各业办旅游所带来的竞争、来自潜在竞争者的竞争，替代产品的竞争等多个方面。这是中国旅游市场呈现出的一个新情况，这表明今后市场竞争将日益复杂化、多角化，要求企业从长期性和战略性来考虑企业营销战略。

第三节　旅游发展战略

一、制定旅游发展战略的理论基础

确定规划区域的旅游发展战略可以这样考虑：以旅游资源为基础，认真研究一个地区的区位条件和区域经济发展背景，从而拟定这个区域的旅游发展战略。

（一）旅游资源决定了区域旅游的吸引向性和旅游活动的行为层次

旅游资源，就是能够使旅游者发生兴趣，并且能吸引他们前来旅游，从而

获得经济效益的各种自然和人文要素的集合。凡是可以引发旅游者兴趣的各类
事件，都属于旅游资源。旅游资源价值的高低和旅游资源的性质，决定了一个
区域的吸引向性和旅游活动行为层次。

　　旅游资源的吸引向性一般分为三重结构，即：国际海外向性，全国向性，
本地向性。国际海外向性指的是对外国旅游者或华侨、港澳台同胞产生较强吸
引力，其客源市场主要在海外和中国港澳台地区；全国向性是指对本国人民产
生较强吸引力，其客源市场主要在国内本地区之外的其他地区；本地向性指只
对本地居民产生较强吸引力，其客源市场主要在本地区。这三重结构常常是互
相重叠的，如云南石林吸引的游客既有海外游客，也有全国各地游客和本地游
客。有的地区旅游资源则只具有某一方面的吸引向性，如黔东南以苗族、侗族
等少数民族风情为主体的人文旅游资源，其吸引向性主要是国际海外向性，吸
引的游客主要是海外游客，而它基本又具备全国向性。旅游资源的吸引向性主
要是由旅游资源的质量和性质决定的。旅游资源的级别越高，其吸引向性结构
越多，吸引力和吸引范围就越大。并且，这种吸引力是随着距离的增加而递
减的。

　　旅游活动行为层次一方面由旅游资源的价值高低和性质决定；另一方面还
依赖于人的价值观念和经济发展水平。旅游活动行为可以分为三个层次。第一
层次是观光旅游，也可以说是景观旅游。景观包括自然景观和人文景观。通过
观光旅游，能够陶冶情操，增加人文和自然知识，给旅游者以美的享受。第二
层次是娱乐旅游。娱乐与旅游有不同之处，旅游不一定是娱乐，而娱乐也不一
定是旅游，但二者也有相互重叠的部分。有些旅游活动虽然有一定的观光基
础，但实际上是以娱乐为主。如到野外去游泳、划船、钓鱼、打猎、滑雪等，
都属于娱乐旅游。娱乐旅游可以提高和丰富旅游活动的内容，属于旅游行为的
提高层次。第三层次是专业旅游，如休养疗养、出席会议、宗教朝拜、考察调
查等，不同的旅游行为层次可以并存。正确地确定旅游活动行为层次，有助于
我们正确地制定旅游发展战略，把旅游资源、接待服务设施、游客市场、旅游
经济和管理等方面联系起来，统筹规划，以促进旅游业的发展。

　　（二）区位条件决定了区域的可进入性和门槛游客量

　　区位条件主要是指一个区域是否接近中心城市、交通干线和人口稠密区。
这一点往往就决定了一个区域的可进入性和门槛人口。在区域旅游发展战略研
究中，可进入性非常重要。旅游业之所以具有"成本低、投资少、见效快"

的特点，是以可进入性好为前提的。旅游业相对于其他产业部门来说毕竟是一个较小的和脆弱的产业，专门为旅游区的开发大量投资于交通运输，在我国现阶段的经济发展背景下还未现实。因此，可进入性的好坏常常规定了一个区域旅游区开发的可能性。

门槛游客量是指一个旅游区最低的旅游人数保存量。旅游业的发展受到旅游国（地）和客源国（地）的政治、外交、经济、文化和社会等多重因素的影响。在靠近旅游区一定范围区域内的游客是比较稳定的，这个稳定的游客量就是门槛游客量。正确地把握门槛游客量可以有助于各地区在制定区域经济发展战略中合理安排开发规模。

（三）区域经济背景部分决定了投资能力和开发规模

区域经济背景的发达程度，直接影响到投资能力、开发规模和方向。区域经济发达，旅游资源也丰富的地区，投资能力自然较强，开发规模会较大。区域经济不发达，需要大力引进外资，否则开发规模就不会太大。在当今旅游投资拉动的新常态下，如果旅游资源不丰富，区域经济发达，也可以大量投资人造旅游资源，从而发展旅游业。

区域经济发达与否，还影响到区域内劳动力素质的高低，影响到区域承受由于旅游开发而带来的社会意识形态和通货膨胀等变化的能力。一般而言，区域经济发达，对旅游业带来的各种影响的承受力要大一些，区域经济欠发达的地方，承受力要小一些，这也制约着开发规模和开发程度。

当然，开发规模除了考虑投资能力和承受力外，还要考虑边际成本和边际收益。从理论上讲，当旅游业投入的边际成本等于边际收益时，开发规模就是最适当的规模。

二、科学制定旅游发展战略的重要意义

认真探讨区域旅游发展战略的理论，科学制定区域旅游发展战略，其意义是非常重大的。

（一）促进全国完整的旅游地域系统的形成

我国幅员辽阔，在960万平方千米的土地上，从南到北、从东到西，旅游资源极为丰富，但是，又极为分散，布局不均匀。由于历史的和自然的原因，形成了"热点"人满为患，"温点"客源不足，"冷点"尚待开发的现状，满足不了不同层次的旅游者的需要。旅游资源有一个重要的特征，即互补性。旅

游资源是在不同的自然条件和人类社会的发展进程中逐渐形成的，区域之间不同的旅游资源可以相互补充。就全国范围来讲，从最佳经济和社会效益出发，做出合理布局的规划，发展区域旅游，有助于国家对资源开发进行宏观调节，充分利用旅游资源，使全国形成点、线、面有机组合的相互补充的若干旅游区，形成完整的旅游地域系统，使客流量分布趋向合理和平衡，摆脱旅游者单一的流向对各地旅游业发展的制约；缩小和缓和旅游业的地区差异和淡旺季差异，保证旅游业持续、稳定地发展。

（二）推动区域经济的发展

区域旅游的发展，固然要受本地区的经济、社会等发展条件的制约。但是，同本地区经济、社会发展水平相比，区域旅游的发展，可以适当超前。根据不同地区的资源价值、区位条件和区域经济背景，制定正确的区域旅游发展战略，充分发展旅游，可以有力地推动本地区经济的发展。

区域旅游的发展，可以推动本地区其他第三产业和一、二产业的发展，繁荣区域经济，促进商品生产的发展。旅游业的发展，有利于促进产业结构的调整。旅游业有一个显著的特点，就是把游客从外地吸引到目的地吃、住、行、玩、购、娱等，这样，必然要刺激目的地的旅馆、饮食、商业、交通运输、邮电等第三产业的发展。不仅如此，还可以带动目的地甚至全国的汽车制造、钢铁、机械、油漆、橡胶、农业等一、二产业的发展。同时，对目的地的劳动就业人数及国民收入的增加都将起到积极的作用。

三、旅游发展战略的内容

旅游规划区域应针对本地的具体情况，特别是旅游业存在的劣势与不足，提出契合旅游区发展的旅游发展战略。一般来说，旅游发展战略包括以下方面：

（一）政府主导战略

根据旅游业自身的特点，在以市场为主配置资源的基础上，在市（县）、省以及更大区域的旅游地发展中，需要充分发挥政府的主导作用，以争取旅游业的大发展。

政府在旅游业的主导作用首先表现在政府行为是推动旅游地发展的先决条件。旅游业是一个重要的经济产业，各级政府都将其纳入经济发展的整体计划之中，给予高度重视和支持。旅游业涉及的范围相当广泛，政治、经济、文化等无所不包。一个旅游地在旅游市场上以何种形象出现，以及这种形象的建设和确立，并非是某一部门或旅游企业力所能及的，而都需要政府的参与和决策。这表明，政府需要在旅游业中发挥重要的主导作用。

在旅游地的开发和营销过程中，政府的主导作用是通过组织和协调功能来完成的。在旅游地的开发过程中，将会涉及土地资源利用、环境保护、基础设施建设、旅游设施建设、功能区域划分、资金筹措、人力资源供给、法律纠纷等一系列不可避免的问题，而旅游业所涉及的范围之广以及旅游业构成的综合性，使得各有关方面之间不存在自动的协调，因此，这些问题的有效解决只有靠政府强有力地组织和协调。此外，政府在旅游地的营销中也发挥着重要的作用，政府代表团的出访宣传、旅游地政府组织的旅游大篷车、新闻发布会以及政府领导人的宣传讲话等都能有效地提升旅游地的形象。

政府在旅游业的主导作用还表现在其不可替代的宏观管理职能方面。旅游业的依托性很强，旅游业和旅游产品具有综合性和复杂性，这得使一个区域的旅游政策目标不可能仅靠旅游企业（特别是私营部门）的自身行为来实现；另外，旅游业的经济结构多元化，客观上也要求有一个具有内在协调性的政策体系。这一体系能保证旅游业发展的顺畅运行。因此只有作为旅游业的管理者和发展政策的制定者，即政府，才能保证其各项政策之间不相互矛盾。还有，在保护消费者利益以及防止不公平竞争等方面，政府有责任对旅游业加以管理和制约。为了社会安定，政府有必要规范社会行为，如果放任自流、不加管制，诸如赌博和色情活动等不良现象便会泛滥并危害社会健康。为保护环境和实现旅游业的可持续发展，政府必须建立健全相关法律制度并提供有效的保护措施。从现实的经验教训中人们越来越清醒地认识到，如果缺少了政府宏观管理者职能的发挥，就无法实现旅游的可持续发展。

政府主导并非是指政府包办，旅游产品的融资、建设、经营要走市场化道路。政府的功能主要体现在两个方面：一是通过法规和政策手段对内加强服务和协调，增强竞争力；二是通过加大宣传促销力度，对外树立主打产品及旅游区域的形象工程。

（二）错位发展战略

旅游区域要做强自身的旅游业，必须从地区经济发展中脱颖而出，战略部署必须从自身的资源特色出发。所谓错位发展，是指重点发展有别于周边地区已开发成功的旅游产品，走自己的道路，与周边地区形成互补共济的战略局面。

（三）跨越发展战略

旅游地的发展建设在兼顾常规性观光旅游产品的同时，应注重开发建设高档高层次的休闲度假会议类旅游产品，实现产品类型的跨越式发展。

随着人们生活水平的提高，高质量的旅游形式正在逐步取代传统的观光旅游，人们经过长途跋涉后更愿意待在一个安静舒适、温馨愉悦的休闲胜地。因此，旅游发展战略应有跨越式的思维，在旅游服务设施方面，可根据旅游区域的产品特色与客源市场的对象，适量地建设一些相对高档的接待设施，提高旅游发展的高端接待能力。

（四）整合发展战略

从形成全域旅游发展总体优势出发，强化发展"大旅游"，需要以整体为动力，对旅游产业和旅游生产力的布局进行整合。

产业整合方面，从旅游外部着手，形成工业、农业、交通、商贸、科技、文化和教育发展与旅游业发展的良性互动，使旅游区域成为旅游用品、设备的生产和研发基地。

生产力布局整合方面，从区域全局着手，形成各旅游分区和旅游地乡镇既有分工、又有合作的层次分明的区域旅游地体系，使旅游地的吸引力不断得到提升和巩固。

第四节　旅游发展目标

旅游发展目标，是指旅游规划编制者在充分分析地方文脉和市场环境的基础上，依据国家发展旅游经济的指导思想，按照旅游规划区域开发、发展的现实和未来的需要，所提出来的在未来一定时期（即规划期）内将要努力完成的一系列基本任务。任何发展规划，不论其涉及的领域、内容有怎样的不同，都是围绕着发展目标的具体内容和要求来进行编制的。

旅游规划的主要作用就在于它能够指导和规范一定时期内，政府对旅游事业发展的宏观管理和科学决策，以实现规划时段和规划期末的具体目标。因此，在旅游规划过程中，确定旅游发展的目标是十分重要的（《世界旅游组织》，中译本，2004）。这一目标的确定，将决定旅游业的产业地位和发展速度，是整个规划围绕的核心，是旅游发展的纲领性指标体系。确定发展目标的过程还包括了相应的旅游发展政策形成的步骤。

一、确立旅游发展目标的原则

制定正确的旅游发展目标是成功地编制旅游规划的前提条件和重要保证。

制定旅游发展目标，必须将国家或地区发展旅游经济的指导思想、要求和愿望与本国国情、本地区的地方文脉及旅游发展市场环境结合起来，必须将主观能动性与旅游经济发展的客观规律性结合起来，并遵循以下原则。

（一）实际性原则

旅游发展目标既不能定得明显偏低，也不能定得明显偏高。明显偏低的旅游发展目标缺乏实际意义，它可能会使旅游开发与经营者认为这一目标易于实现而不愿付出更多的努力，最终可能会阻碍旅游规划区域在规划期内的发展步伐；明显偏高的旅游发展目标也缺乏实际意义，它可能会使旅游开发与经营者认为这一目标是可望而不可即的事情，而失去努力的信心，最终也可能会阻碍旅游规划区域在规划期内的发展步伐。因此，旅游规划编制者应努力将旅游发展目标制定得比较适中，尽量接近旅游发展实际，只有这样旅游发展目标制定才有实际意义。

（二）全面性原则

旅游开发与经营活动是一个动态的、综合集成的复杂系统，这就决定了任何一项区域旅游规划所提出的发展目标都不可能是单方面的，而应该是综合的、全面的，能够概括地反映旅游规划区域在未来一定时期（即规划期）内的发展水平、发展方向和发展过程的多目标体系。因此，一般来说，制定旅游发展目标应遵循全面性原则，既要科学地制定旅游发展总目标，又要科学地制定各类旅游发展分目标；既要科学地制定旅游发展经济目标，又要科学地制定旅游发展社会目标及旅游发展环境目标；既要科学地制定旅游发展定量目标，又要科学地制定旅游发展定性目标，以形成一个完整的旅游发展目标体系。

（三）一致性原则

旅游规划编制者在制定旅游发展目标时，要在总目标与分目标之间、分目标与分目标之间在时间、内容等方面保持高度一致。如近期旅游发展目标、中期旅游发展目标和远期旅游发展目标在时间上应前后衔接，在内容上应相互联系。此外，旅游规划编制者在制定旅游发展目标过程中，有时还要尽量使定量目标与定性目标保持一致。如若将旅游业发展方向定位为当地的支柱产业，则旅游收入在 GDP 中所占的百分比就要定得相对高一些。否则，定量目标与定性目标就会显得不一致。

（四）刚性与弹性相结合的原则

在制定旅游发展目标时，应遵循刚性与弹性相结合的原则。一般来说，对于近期旅游发展目标应制定得细一些、刚性强一些；对于中期旅游发展目标和远期旅游发展目标应制定得粗一些、弹性强一些。其原因有二：

一是远期旅游发展规划具有战略性、预见性和纲领性；中期旅游发展规划是联结远期旅游发展规划和近期旅游发展规划的纽带，负有把长远的战略任务具体化和指导近期旅游发展的使命；近期旅游发展规划是较具体的行动计划或行动方案，是实现中期旅游发展规划和远期旅游发展规划的保证。

二是中期旅游发展规划和远期旅游发展规划期限较长，许多因素难以预测，所以将中期旅游发展目标和远期旅游发展目标制定得粗一些、弹性强一些，便于在中、远期的执行过程中，根据客观条件的改变而适当地加以修正，从而保证旅游发展最终战略目标的实现。而近期旅游发展规划期限较短、许多因素较容易预测，所以将近期旅游发展目标制定得细一些、刚性强一些，便于在近期内具体地实施旅游规划。

（五）定量与定性相结合的原则

旅游发展目标的定量性必须体现在整个旅游发展目标体系之中。如果旅游发展目标体系中只有一些较模糊的定性指标，而没有明确的数量指标，或者虽有某一项或几项数量指标，但数量指标不全面，就很难为具体的旅游发展战略规划编制提供较为详细的参考点，也很难为未来旅游发展战略规划的执行提供对照检查的依据。

旅游规划编制者在制定旅游发展目标时，应重视旅游发展目标的定量性，但也绝对不可忽视旅游发展目标的定性性。因为旅游发展目标体系中的有些内容（如旅游规划区域居民思想观念转变目标，旅游规划区域乡土文化保护目标等）是不可能加以量化的，而且也没有必要加以量化。

二、旅游发展目标体系

《世界旅游组织》（中译本，2004）指出，旅游发展目标不仅要能够同时协调经济、环境和社会文化因素，还应反映和强化国家或区域的总体发展目标。可见，旅游规划的目标体系包括总体目标和分目标两个部分，总体目标提出规划期末规划地区希望实现的综合地位，分目标则分别就旅游活动的经济、社会和环境影响提出需要实现的蓝图。通过旅游发展目标的实现，促进规划区经济、社会和生态的全面可持续发展。Baker（1990）提出了规划目标树（objective tree）的概念，认为在旅游规划总体目标之下，还应进一步确立各种分目标或指标。

制定旅游发展目标的基础是对现实情况的分析，即情景分析。规划中的情景分析包括宏观背景分析、旅游产业分析、政策背景分析以及SWOT分析等，这一系列详细的分析过程是旅游发展目标形成和旅游规划制定的立足点。

确定旅游发展目标和指标，就是针对上述总体形势，从构建旅游产业体系的目标出发，观察目前旅游业对区域经济的贡献率，预测规划期内旅游产业的经济地位，以及旅游业对某些行业的重要性和联动效应；估计旅游业的收入乘数效应和就业乘数效应。

规划中预测预设的具体指标一般包括：旅游业在整个地区经济中的地位，包括旅游业收益占（相当于）GDP的百分比；在此总体目标之下，细分为各类子目标。上述预测将对政府的旅游管理政策产生重要影响。这些目标的确定不仅严肃而且难度较大，需要谨慎地预测和客观地分析，不能仅凭主观意志或个人经验判断，或者仅从上级指令性的目标来推算，总体目标的确定应该具有科学依据和理性基础。具体目标体系包括：

（一）总体目标

旅游发展总目标是旅游规划区域在未来一定时期（即规划期）内发展的总水平和总方向，是旅游规划编制的总参考点。提出规划期末旅游业在整个地区经济中的综合地位，包括产业地位、旅游业收益占GDP的百分比等。

（二）子目标

1. 按照旅游发展目标的内容分类

按照旅游发展目标的内容，分别就旅游规划区域的经济、社会和环境影响提出需要实现的蓝图，可将旅游发展目标分为经济目标、社会目标及环境目标等几大类。其中，每一类还可按照旅游发展目标的内容类别，进一步分为许多次一级的类型。

（1）经济目标

描述性：经济效益持续提高。

计量性：①旅游经济发展速度目标。如：规划期旅游接待人次增长速度；规划期旅游收入增长速度；规划期旅游设施综合接待能力增长速度等。

② 旅游经济发展规模目标。如：规划期末的旅游总收入；规划期末的旅游总人次；规划期末的旅游人均消费额；规划期末的旅游饭店接待人次；规划期末的平均客房出租率；规划期末的旅游就业人数等。

③ 旅游经济效益目标。如：规划期旅游业的平均利润率；规划期旅游业的收益投入比（即规划期旅游业总收入/规划期旅游业总投入）等。

④ 旅游经济地位目标。如：规划期末旅游经济在本地国民经济中的地位（即在规划期末旅游收入占 GDP 的百分比、占第三产业产值的百分比）；规划期内旅游产业的发展属性（即在规划期内，旅游产业是成为本地的经济增长点还是成为本地的支柱产业，旅游产业是成为本地的重点产业还是成为本地的主导产业）等。

（2）社会目标

描述性：社会与行业整合，共兴共荣。

计量性：①社会就业目标。如：规划期旅游直接就业人数增长速度；规划期旅游间接就业人数增长速度；规划期末旅游就业规模；规划期末旅游就业人数占当地劳动就业总人数的百分比等。

② 社会开放目标。如：规划期末当地居民思想观念将要达到的高度；规划期末当地居民生活方式将要达到的水准等。

③ 社会文化目标。如：规划期末当地乡土文化保护将要达到的水准；规划期末当地居民文化素质将要达到的高度等。还包括旅游投诉率、社会犯罪率、游旅比、交通时耗、内部交通时耗、问询、购票排队及车站等候时间等，不包括游览车（如游览马车、观光缆车、游船、有观光解说的机动车等）旅行时间。

（3）环境目标

描述性：保护旅游资源。

计量性：

环境率＝旅游地环境（大气、水体、噪声）质量之积/国家环境标准之积

森林覆盖率＝旅游地森林面积/旅游地总面积×100%

2. 按照旅游发展目标的内容分类

按照旅游发展目标的时间，可进一步细分为阶段性分目标。

　　一般情况下，旅游规划期划分为近期、中期和远期三个发展阶段，旅游发展总目标分解到三个发展阶段，形成近期旅游发展目标、中期旅游发展目标和远期旅游发展目标等三个旅游发展分目标。

　　北京市 2000—2010 年的发展规划提出的总体目标是：到规划期末（2010年），将北京建设成为具有首都风貌的国内首个旅游中心城市和具有东方特色的一流国际旅游城市。分目标包括：提高旅游业对首都经济的贡献率，使其成为首都经济的支柱产业；发挥旅游产业的重要社会功能，创造更多就业机会，提高公民生活质量与自身素质、促进社会文明与城市国际化；本着对旅游资源开发、利用、保护相结合的原则，重视旅游发展的生态效益，保护古都风貌与历史文化资源，改善首都生态环境，促进自然资源的保护。

　　西安市 2005—2020 年的旅游发展总体规划将目标体系分解为六个基本目标和十项发展指标。其中，基本目标为：遗产旅游国际典范城市（西方罗马、东方西安）；中国入境旅游首位城市之一、全国出境游西部门户城市；中部最佳历史文化旅游城市；旅游促进遗产（含非物质文化遗产）和历史文化名城保护模范城市；全国散客旅游最方便城市；全国旅游教育培训中心城市。发展指标为：接待入境旅游者 200 万人次，全国排名前五名；接待国内旅游者4000 万人次，全国排名前十名；旅游总收入 1000 亿元人民币，相当于全市GDP 的 17.6%；旅游业直接就业人数达 20 万人；每年为社会培训、输出旅游专业人才 1 万人次；以遗产旅游为主题的多元化产品体系基本形成，成为中国传统文化修学旅行的最大目的地；完善的、多语种的、符合国际标准的旅游解说与服务体系建设完成；旅游发展体制顺畅、社会与环境效应符合可持续发展要求；旅游业经营者乐意投资的热土，旅游产业投资回报率高；旅游业成为国民经济的重要支柱产业，旅游业成为改善当地人民生活质量的重要手段。

第五节　旅游空间布局

一、空间结构的基本理论

　　如何按照旅游者的市场需求，结合旅游资源的分布特点，有效组织合理的空间结构和旅游线路，是旅游开发与规划过程中需要加以解决的重要问题之一。

由于旅游空间结构很大程度上依托旅游资源加以构建，构建过程中紧密结合旅游市场，并以旅游产品的开发和组织为中心，因此学者们将旅游空间结构研究称为资源的深层研究，以有别于一般的旅游资源调查和评价之类的表层研究。指导旅游空间布局的空间结构基本理论包括：

（一）区位理论

区位理论（The Location Theory）最早源于古典经济学，是关于人类活动的空间分布及空间组织优化的理论。区位理论在地理学家和经济学家的共同努力下取得了巨大的发展，在实践中也发挥了重要作用。

自 1826 年，杜能创立"农业区位论"以来，区位理论迅速发展，经历了古典区位论、近代区位论和现代区位论三大发展阶段。

古典区位论主要指杜能（1826）的农业区位论和韦伯（A. Weber，1909）的工业区位论，这两种理论的共同特点都是立足于单一的企业或工厂，着眼于成本、运费最省，追求单项的区位决策；模型所反映的是静止的、局部的均衡属于成本指向型研究。

近代区位论主要有费特尔（Frank A. Fetter）的贸易区边界区位理论、俄林（Bertil Ohlin）的一般区位论（1933）、克里斯塔勒的中心地理论（1933）、赖利（W. Reilly）的市场区分界点理论（1929，1931）、廖什（Loshch）的市场区位论（1940）等。近代区位论立足城市或地区，着眼于市场的扩大与优化，追求宏观静态平衡发展，属于市场指向型研究。

现代区位论始于第二次世界大战以后，与古典、近代区位论相比，其研究内容、对象、方法等方面存在较大差异，空间性、区域性、系统性是现代区位理论研究的主要特征，强调对系统进行连续而非间断的研究，系统地考虑活动之间的联系，认为人类活动具有较大的随机性，应以概率论的观点观察发展变化，强调合理地利用有限的资源和空间，开发落后地区，促进区域动态平衡发展。现代区位论认为政策、规划与行动三者间具有互动关系。区域空间结构理论、区域经济增长理论、区域发展阶段理论等成为现代区位论的基础。

旅游区位是指旅游景区（点）与其客源地相互作用中的相关位置、通达性及相对意义，可以划分为客源区位、资源区位、交通区位和认知区位。由于旅游系统是开放的复杂巨系统，故传统的区位理论在旅游业中直接应用存在较大困难。那么，是否可以承袭已有的区位理论并予以发展和完善，建立适用于旅游规划的区位理论呢？回答是肯定的。从旅游规划实践上看，可用于旅游规划的区位理论包括：

1. 圈层结构理论

圈层结构理论最初由德国农业经济学家杜能提出，他于 1826 年在其名著《孤立国》中提出城市郊区的农业布局呈圈层分布，以城市为中心，分别为自由农作区、林业区、轮作农业区、谷草农作区、三圃农作区和畜牧业区。这种圈层空间结构模式被誉为"杜能环"。

1925 年美国城市地理学家、社会学教授伯吉斯（E. W. Burrgess）在研究城市用地功能布局后指出，城市自市中心由内向外按同心圆法则有序分布着 5 个功能区，分别是中心商业区、过渡性地区、工人阶级住宅区、中产阶层住宅区、高级或通勤人士住宅区，呈现出有序的圈层结构。

持圈层结构理论观点的学者一般认为，区域经济的发展应以城市为中心，以圈层状的空间分布为特点逐步向外发展。城市圈层可分为两个部分，即内圈层、中间圈层、外圈层。各圈层有各自的特征：内圈层即中心城区，人口和建筑密度都较高，地价较贵，以第三产业为主；中间圈层即中心城区向乡村的过渡地带，居民点密度低，建筑密度小，以第二产业为主，并积极发展城郊农业；外圈层即城市影响区，第一产业在经济中占绝对优势，是城市的水资源保护区、动力供应基地、假日休闲旅游地。圈层结构理论已被广泛地应用于不同类型、不同性质、不同层次的空间规划。

2. 中心地理论

中心地理论是由德国地理学家克里斯塔勒提出的。中心地理论，以其地域结构的严谨划分和市场的空间分析，将区位论推向宏观化研究，是进行旅游中心地分析的理论基础。

中心地理论的基本思想是：中心地存在于一定范围的区域之中，不同大小的服务区域（腹地）对应于不同规模的中心地；不同规模的中心地构成一个等级序列；中心地体系的具体空间排列服从于中心地的功能性质。

旅游中心地是指区域内凭借旅游资源、旅游设施与旅游服务，满足一定旅游市场需要的供给中心。根据中心吸引物服务范围的大小，可将其分为高级中心吸引物和低级中心吸引物。高级中心吸引物所在地称为高级中心地，反之称为低级中心地，高级中心地数量少、服务范围广，提供的旅游产品和服务种类较多、档次较高；而低级中心地数量较多、分布广、服务范围小，提供的旅游产品和服务种类也较少、档次较低。在二者之间还有中级中心地，其供应的吸引物和服务范围介于两者之间。旅游中心地的等级性表现在每个高级中心地都领属几个中级中心地和更多的低级中心地。

运用旅游中心地布局模式进行旅游空间规划布局时，应当明确旅游中心地包含的四层具体含义：

（1）旅游中心地是指旅游供给中心，即旅游需求释放中心，类似于旅游规划中所提及的"旅游集散地"概念。旅游中心地应以旅游区域内的中心城市（镇）为载体，如皖南旅游区的一级旅游中心地应是黄山市屯溪区，而非黄山风景区。这有利于研究旅游中心地对旅游区域旅游业竞争力的影响，黄山风景区、九寨沟风景区等地旅游业发展相对滞后的一个重要原因是其所依托的旅游中心地功能较差。

（2）旅游中心地具有空间等级结构，表现为高一级旅游中心地都领属几个次一级旅游中心地。随着旅游中心地的等级层次的变化，旅游区域也呈现等级结构的变化，旅游区域内城镇体系结构影响旅游中心地等级结构。旅游中心地的等级性要求旅游资源的开发应有时序性，小城镇往往是开发旅游资源的依托所在。

（3）高级旅游中心地的竞争力主要取决于其对外（区际）交通的便捷性（如航空港、火车站、港口码头、汽车站的建设等级、规模等）、旅游资源吸引力、旅游中心城市形象与旅游供给设施水平。而中、低级旅游中心地的竞争力大小主要取决于区域内高级中心地之间的交通网络联系、旅游资源信息交换强度、旅游线路设计等因子。

（4）旅游中心地的等级结构影响其间旅游流的等级结构。一般而言，高级中心地与区内中级中心地之间的旅游流流量大于区内高级中心地与低级中心地之间、中级中心地与低级中心地之间、各低级中心地之间的旅游流流量。这对研究旅游区域内旅游空间竞争有指导意义。

3. 距离衰减理论

该原理认为：如果地理现象之间是相互作用的，那么作用力随距离的增加而降低，其表现形式之一便是引力原理。模式的表达式源于牛顿万有引力公式，20 世纪 60 年代后期引入旅游研究，认为随着旅游地和客源地之间距离的增加，接待的游客量会减少。克朗蓬（Crampon L. J. ，1966）第一个清楚地证明引力模型在旅游研究中是有用的，他提出了适用于旅游的引力模型。

运输业的发展使得人们在短时间内可到达较远的地方，因而在旅游研究中运用距离衰减原理要根据实际情况，在距离客源地较近的区域，有时游客量反而不如距离较远的区域。这主要与旅游资源的品位、游客的心理需求及游客的经济条件有关。

距离衰减是空间相互作用下的普遍现象。旅游距离衰减现象主要体现在客源地居民出游距离衰减和目的地市场引力距离衰减两个方面。

（1）客源地居民出游衰减模型

客源地居民出游衰减是指某客源地居民的出游流量在距离该客源地的不同距离上具有不同的分布概率，距离越近，分布概率越大，距离越远，流量分布可能性越小的现象。

（2）目的地市场引力衰减模型

理论上讲，目的地的市场空间边界可以无穷大。但从经济学、市场学的角度而言，任何一个目的地的市场空间边界都是有限的。由于旅游资源禀赋、旅游设施以及旅游可进入性等因素的影响，目的地的引力随距离的增加而逐渐减弱。

从目的地角度研究引力的衰减模型，对目的地的客流预测与市场营销的意义重大。

区位理论可以应用于指导旅游开发建设中心的选址，以构建优化的区域空间布局结构；应用于合理确定旅游中心地规模，既注重旅游地在一定程度上集聚，充分享有规模效益，又要防止超过限度的过分集聚，破坏生态环境；应用于对经济、社会发展、空间利用等多因子相互作用机制的研究，揭示旅游业空间布局结构变迁的动因机制，为区域旅游布局的集中与分散、旅游增长与区域平衡发展等问题的合理解决提供决策依据。

（二）区域经济空间结构理论

区域经济空间结构是指在一定地域范围内经济要素的相对区位关系和分布形式，它是在长期发展过程中人类经济活动和区位选择的积累结果。例如中国的工业生产主要分布在东部沿海地区、长江流域地区、京广铁路沿线、陇海与兰新铁路沿线等四条轴线，从而形成"开"字形中国工业生产空间结构的基本形念。空间结构是否合理，对区域经济的增长和发展有着显著的促进或者制约作用。因而，区域经济空间结构便成为区域规划的一项重要内容。区域旅游空间结构研究是旅游规划研究的重要内容，为协调旅游区（点）之间关系，整合旅游资源提供了科学依据。

1. 增长极理论

增长极理论（Growth Pole Theory）最早由法国经济学家佩鲁（Perroux，1950）提出。其主要思想是：经济增长不是在每个区域都以相同的速度增加，在一定时期增长的势头往往集中于某主导经济部门和有创新能力的行业，而这些行业部门一般趋于向最佳区位聚集，通常是区域的大中城市。因此，这些大中城市往往成为区域经济发展的增长极，并通过扩散效应带动所影响地区的经济发展。

增长极理论从理论上给旅游业优先发展提供了依据和支持。旅游业作为旅游地的经济增长点，可以通过其聚集和扩散作用，将旅游业的关联带动作用扩展到一个更为广阔的地域空间。此外，区域旅游的发展可以遵循增长极理论的发展模式，以优先得到发展的地区来带动区域内其他地区的旅游发展，实现增长点的扩散作用，最终带来整个区域旅游的共同发展。在旅游空间结构中，由增长极理论延伸出的两种发展模式：点轴结构模式和网络结构模式，有效地指导了旅游地的空间布局。

2. 点-轴渐进扩散理论

点-轴渐进扩散理论是增长极理论的延伸，由中国著名经济地理学家陆大道院士于1984年首次提出。他认为"点"是各级中心地，对各级区域发展具有带动作用；"轴"是在一定方向上，联结若干不同级别的中心地而形成的相对密集的人口和产业带。由于轴线及其附近地区已经具有较强的经济实力且有较大发展潜力，又可称为"开发轴线"或"发展轴线"。点轴结构的形成经历了一个时间过程，从初期的较孤立的数个中心地，逐步发展成为具有一定空间网络结构的发展轴线。

点-轴渐进扩散理论认为空间扩散是由社会经济空间结构不均衡引起的，由于存在着"梯度"和"压力差"，会形成空间扩散，扩散的物质要素和非物质要素作用于附近区域，与区域生产力相结合，形成新的生产力，推动社会经济发展，最终导致区域空间结构均衡化。该理论认为社会经济客体在区域或空间的范畴总是处于相互作用之中，在国家或区域发展过程中，大部分社会经济要素在"点"上积聚，并由线状基础设施联系在一起而形成"轴"。这里的"点"是指各级居民点和中心城市，是人口和各种职能集中的地方，是区域重点发展的对象。"轴"指由交通、通信干线和能源通道连接起来的基础设施，对附近区域有很强的经济吸引力和凝聚力，而轴线上集中的社会经济设施通过物质流和信息流对附近区域有扩散作用。

这一理论可以指导旅游开发规划过程中的空间结构构建，特别是旅游资源和旅游线路比较显著呈带状分布的区域结构的模拟，一般在旅游开发处于起步阶段时采用。在旅游发展中，点轴空间结构理论中的点就是中心城镇或重点旅游区，轴就是它们之间的联结通道（即交通线）。点-轴开发模式可以充分发挥城市对区域旅游的辐射、带动作用，提高区域旅游的可达性，实现区域旅游的最佳发展。

在旅游规划布局时，应考虑开发一些旅游发展增长点，点与点之间要有一定的联结通道。在不断发展的过程中，使交通沿线一些次一级的城镇和旅游风景区、风景点也逐步发展起来，形成交通沿线的轴带发展，从而达到以点带线、以线带面的作用，带动整个地域的旅游发展。

汪德根等（2005）指出，在运用点轴模式规划旅游空间结构时，应首先确定旅游区重点发展点和发展轴，并利用重点发展轴将以"点"为中心的"面"（即各级旅游地系统）空间网络化，形成"点""轴""面"相结合的"板块旅游"空间结构体系。

总之，在旅游布局规划中，应注意对旅游发展增长极的培植，借此带动整个旅游地区的发展。在旅游发展布局中，往往将那些旅游资源价值高、区位条件好、社会经济发展水平较高的旅游风景区或中心城镇作为旅游增长极来培育，集中人力、物力、财力，给予一定的优惠政策，进行重点开发，并以此带动其他旅游风景区、旅游景点的发展，从而促进整个旅游地的旅游发展。

3. 网络结构理论

网络结构理论是点轴空间结构理论的进一步延伸。该理论认为，在经济发展到一定阶段后，一个地区形成了增长极（即各类中心城镇）和增长轴（即交通沿线），增长极和增长轴的影响范围不断扩大，在较大的区域内形成商品、资金、技术、信息、劳动力等生产要素的流动网及交通、通信网。网络开发模式构造的区域空间结构具备三大要素：节点、域面和网络。网络开发将强化网络已有点轴系统，提高区域各节点与域面之间生产要素交流的深度和广度，促进区域一体化发展。

　　根据网络结构模式建立的旅游系统空间结构是以旅游地和客源地为节点，以交通线路为连接的占据一定面积、处于扩散过程中的网络，即旅游系统的网络空间结构。

　　4. 核心-边缘理论

　　核心-边缘理论是解释经济空间结构演变模式的一种理论，由美国区域规划专家弗里德曼（Friedman，1966）在《区域发展政策》一书中提出。

　　弗里德曼认为，任何一个国家都是由核心区域和边缘区域组成的。核心区域由一个城市或城市集群及其周围地区所组成；边缘的界限由核心与外围的关系来确定。核心区域指城市集聚区具有工业发达、技术水平较高、资本集中、人口密集和经济增长速度较快等特征的区域；而边缘区域则是相对于核心区域来说，经济较为落后的区域。核心-边缘理论主要阐述了不平等发展关系、区域扩散、空间结构地位和共同发展四个基本问题。

　　在旅游规划，特别是区域规划中，运用核心-边缘理论有助于认识旅游地和旅游客源地之间的相互发展演变的动态规律，为旅游空间结构的变动提供理论指导，促进核心-边缘区域关系的变动和转型，达到促进区域旅游增长的规划目标。核心-边缘理论主要应用于旅游资源的区域整合、景区土地利用规划与都市旅游圈层构造、区域旅游联动发展等方面（汪宇明，2002）。

　　（二）地域分工理论

　　一般认为，地域分工理论由静态比较优势原理、动态比较优势原理和区域主导产业理论三部分组成。

　　1. 静态比较优势原理

　　每个区域的生产要素禀赋各不相同。若区域利用禀赋好，相对丰富的要素生产产品则容易处于有利地位；反之，相对稀缺的要素生产产品，则可能处于不利地位。因此，各地区应该多注重对前一类商品的生产，以发挥各自所拥有的禀赋优势。由此产生了地域分工和区际交易。同样，区域旅游布局中，旅游资源丰富的旅游地，应重点开发利用现有资源；旅游需求旺盛而资源不足的旅游地，则可适当建造人造景观。

　　2. 动态比较优势原理

　　动态比较优势原理认为：区域比较优势并不是一成不变的。有的产业从当前看虽然是幼小的，在市场竞争中没有比较优势，但如果它对区域国民经济的发展具有重大意义，就应加以扶持，经过一段时间的努力，达到增长曲线上的转折点后即可转化成具有比较优势的产业，在竞争中处于有利地位。

因此，在进行区域旅游空间布局时，可以选择那些旅游业所占比重暂时较小，但具备发展前景的城镇作为中心旅游地加以培育，使其逐步发展成为旅游中心。

3. 区域主导产业理论

在区域发展过程中，各个产业在区域产业体系中的地位、作用不同，其中有一个或几个产业居于主要地位，并构成区域的主导产业或主导产业群。现代区域经济的增长过程，实质是产业部门的发展过程；区域产业结构优化，就是正确选择区域的主导产业，合理确定其发展规模和速度，并以此为核心，协调区域主导产业和其他非主导产业的关系。既提高本区域与外区域在经济上的互补性，又提高区域内产业间的关联度。区域旅游空间布局涉及旅游产业结构的调整和优化。旅游地若选择旅游业作为其主导产业，则应优先重点发展，使其有效地增强带动区域经济发展的辐射力，配套发展关联产业，尽可能延长产业链，以提高产业素质。

（三）旅游发展理论

发展是指事物从低级到高级、由简单到复杂的运动过程。对发展规律的研究一直是社会科学的研究重点之一。旅游发展理论主要研究旅游内在运动规律，以及旅游发展对区域经济结构和社会文化结构等方面的影响。在有关旅游发展的理论中，我们认为旅游地生命周期理论和区域可持续发展理论最应值得关注。

1. 旅游地生命周期理论

旅游地生命周期理论是目前关于旅游地研究中比较成熟的理论。德国著名地理学家克里斯塔勒（W. Christaller）对地中海沿岸旅游乡村的演化过程进行研究后，将旅游乡村的生命周期分为三个阶段：发展阶段、增长阶段和衰落阶段。加拿大地理学家巴特勒（R. W. Butler, 1980）则系统地阐述了 S 形旅游地生命周期演化模型。巴特勒认为，旅游地的发展一般经历探查阶段、参与阶段、发展阶段、巩固阶段、停滞阶段、衰落或复苏阶段。

近年来，国内学者对旅游地生命周期理论开展讨论，有些学者还提出了完全不同的看法。我们倾向于赞同"旅游地生命周期理论在指导规划中有用"的观点，并认为，旅游地生命周期理论除了可用于分析旅游地演进过程之外，还可应用于旅游布局的空间扩散时机选择和辅助预测需求等方面。

（1）扩散时机选择

区域旅游规划可将旅游地划分为现状旅游地和远景旅游地，在评估旅游资源和分析市场的基础上，确定优先发展区域。优先发展区域选择在什么时机向次优（一般）发展区域进行扩散，一直是困扰旅游规划工作者的难题。时机选择不当将会影响整个旅游地的健康发展。我们认为，扩散时机应选在优先发展区域进入市场停滞阶段这个时期。

（2）辅助预测需求

预测旅游市场需求是合理安排旅游接待能力的基本依据，也是进行空间布局的基础。通常使用的市场需求预测模型主要有：趋势外推模型、结构模型、仿真模型和定性模型，其中尤以趋势外推模型最为常用。趋势外推模型的逻辑假定是：数据的历史趋势将在未来一定时间内持续下去。现实中，这一逻辑假定并不能经常得到满足。因此，加强对旅游地生命周期理论的研究有助于我们判定所选择数据指标的合理性，提高需求预测的可信度。

2. 区域可持续发展理论

可持续发展观念是人类与环境的关系发展到一定阶段产生的，并随着人们对这种关系认识的不断加深而发展。可持续发展（Sustainable Development）是既满足当代人需要又不危害后代人满足自身需要能力的发展，针对区域而言，就是使区域保持长期发展能力，协调好区域人口、资源、环境与发展之间的关系和行为。

旅游的可持续发展含义有两层：（1）旅游是社会可持续发展的一个子系统。任何违反客观条件的超前开发和忽视市场的滞后开发，都会阻碍区域旅游的可持续发展，旅游业在社会经济发展过程中应有相应的规模和阶段；（2）旅游资源开发的强度与可利用潜力是区域旅游发展的基本动力，严禁对旅游资源进行掠夺性开发，要开发新资源，为后人有效利用旅游资源创造更多的基础和条件。区域旅游开发必须吸收先进的开发理论、手段和管理方式，建立合理的空间地域结构。

我国大部分地区都希望通过发展旅游业实现促进区域经济增长、提高就业水平、改善居民生活质量等一系列目标，但由于有些地区旅游业空间布局不合理，反而带来了一连串的环境和社会问题，如过于集中布局所带来的土壤退化、植被减少、社会文化衰退等，已引起旅游地居民的反感和抵触。越来越多的旅游工作者已经认识到旅游资源并不是"可以无限利用的资源"，若没有合理的开发结构和空间布局结构做保证，并不断充实其文化内涵，旅游业也会出现衰退。

（四）产业集群理论

在古典区位论和传统区域经济理论的基础上，20世纪90年代初以来，一种新型的区域发展理论——产业集群理论成了国内外学界的研究热点。产业集群（Industrial Cluster）的概念首先由美国哈佛大学博士迈克尔·波特于20世纪90年代正式提出，用以定义在以某主导产业为核心的某一特定领域中，大量产业关联密切的企业和相关支撑机构在空间上集聚，并形成强劲、持续竞争优势的现象（Porter，1998）。

波特提出了著名的国家"钻石模型"（Porter，1990），并与集群结合在一起，用以评价产业的国际竞争力，他将集群形成的条件归纳为投入要素状况、需求状况、支持性产业和相关产业以及企业战略、结构与竞争四个基本因素以及机遇和政府两个辅助因素。

二、旅游发展空间布局

（一）空间布局的影响因素

旅游产业的空间布局受自然条件与旅游资源的禀赋、区位因素与集聚效益、经济发展水平、旅游开发与规划、旅游市场需求、旅游产业政策等因素的影响。这些因素共同作用于旅游产业，彼此关联、相互整合，形成旅游产业空间布局的动力机制。

1. 自然条件与旅游资源的禀赋

在旅游产业发展的最初阶段呈现出较强的资源依赖性，旅游资源的分布直接制约着旅游产业的布局。自然条件和自然资源的不可移动性，导致传统意义上的旅游产业的布局多围绕旅游资源展开。从大尺度范围来看，旅游资源往往集聚成区域内的一个点，导致依托旅游资源而形成的旅游产业集群在全国范围内呈现点网状的分布。在中小尺度范围内，旅游资源往往呈圈层态势分布，以旅游城市为例，市中心的核心层的旅游资源多为文物古迹、休闲娱乐设施和现代城市建筑景观；城郊接合部的中间层的旅游资源多为人造景点、主题公园、农家乐、渔家乐等；外围层的旅游资源多为自然风光、生态园区、民族风情等。受此影响，城市旅游产业的布局也呈现出圈层分布特征。

2. 区位因素与集聚效益

旅游产业的投入产出性质决定了其在生产经营活动中必须遵循经济学上的"成本-效益"原则，力求以最小的成本获得最大的经济效益。为了实现区位成本的最小化，旅游产业的空间布局多位于景色优美、客流量大的旅游区和旅游城市。这种布局一方面直接减少了旅游企业的运输成本和旅游者的运输费用，同时，在成本一定的情况下因游客的增多而导致的旅游收入的增加也间接地降低了旅游产业的成本投入。

不仅如此，众多旅游企业和部门在旅游城市、旅游区等优势区位的集聚常常形成旅游产业集群。产业集群的形成为旅游产业带来了巨大的集聚效益，主要表现在，旅游产业在旅游城市和旅游区内的集聚使得旅游产业可以降低交易成本；旅游产业内部各企业通过产品的互补来满足旅游者的多样化的需求，通过分工合作提高旅游产品的生产效率，通过共塑旅游企业形象吸引更多的旅游者获得互补性效益；通过产业内部各企业、部门之间的信息交流与合作，实现知识的创新和整体竞争力的提高。

3. 经济发展水平

旅游产业的发展需要大量的资金、技术、人才、信息等方面的投入，因此一个地区经济发展水平的高低直接决定着旅游产业的发展和空间布局。在旅游资源丰富的地区，尽管旅游资源的质量、品位、富集度都较高，但没有巨大的财力做支撑，只能是"养在深闺人未识"，难以开发成旅游产品。而在经济发达地区，即使没有旅游资源，同样也可以造出著名的人造景观，形成著名的旅游产品，如深圳的锦绣中华主题公园。随着经济和社会的发展，旅游产业的空间布局正在走出资源依托型产品的约束，而逐渐向资源脱离型产品的方向发展。目前，全球天然赋存的旅游资源的数量正在逐渐减少，而人造旅游景观则大有迅速增加之势，因此，经济发展水平在旅游产业布局中的作用将会进一步强化。经济发展水平对旅游产业布局的影响不仅表现在人造景观的增加，同时也大大促进了与旅游产业关系密切的交通邮政、金融保险、食品加工、信息通信等行业的发展，这些行业的发展反过来又为旅游产业的发展提供了强有力的物质与服务支撑，使旅游产业空间布局的范围不断扩大。

4. 旅游开发与规划

旅游开发与规划对旅游产业的空间布局具有重要的影响。旅游规划是对旅游产业的发展进行结构性筹划的过程，其宗旨在于实现旅游资源的优化配置与旅游系统的合理发展。旅游规划的内容包括以"旅游"为核心的规划和项目经营，以"景观"为核心的旅游景观环境形象创造以及以"生态"为核心的旅游环境生态保护。在资源富集地区，旅游规划依据旅游资源的类型和特色，通过旅游资源与区域的科学整合，或者形成山岳型景区、山水型景区、湖泊型景区、江河型景区；或者形成度假型景区、生态型景区、旅游城市、旅游城镇等，直接影响着旅游产业的空间布局。在缺少旅游资源但经济发展水平高、交通条件便利的地区，通过资源脱离型旅游产品的开发，如建造各种人造景观、主题公园、旅游设施及场所，可在该地区形成一定规模的旅游产业集群，从而在空间上左右着旅游产业的地域布局。

5. 旅游市场需求

旅游市场是旅游产业发展的前提和基础，又是旅游产业发展的动力源泉，从而大大地影响着旅游产业的空间布局。一般说来，旅游客源市场范围的大小直接决定着旅游产业规模的大小。因财力、时间、距离的影响，旅游者的出游半径不可能无限延伸，总是以居住地为中心，呈现出由近及远的特征。受此影响，近客源地的旅游资源往往会率先得到开发，使旅游产业的布局与旅游者的出游半径构成某种对应关系，这种对应关系在中小尺度范围内表现得尤为明显。吴必虎的研究结果表明，中国城市居民旅游和休闲出游市场，随距离增加而衰减；80%的出游市场集中在距城市 500 千米以内的范围内；由旅游中心城市出发的非本市居民的目的地选择范围主要集中在距城市 250 千米半径范围内。旅游市场范围的分布特征必然对旅游产业的空间布局产生深刻的甚至是决定性的影响。因此，在旅游规划中，必须将客源地市场纳入考虑的范围之内，以便对旅游地空间进行科学合理的布局，促进旅游产业的发展。

6. 旅游产业政策

一个国家的旅游产业政策不但影响着旅游产业的发展方向、要素配置、结构的调整与升级，也影响着旅游产业的空间布局。为了促进地区经济发展的平衡，国家常常对不发达地区和次发达地区以巨大的财政投入，扶持地方产业的发展。部分具有资源优势的欠发达地区的旅游产业由此获得率先发展的机会，一大批"旅游扶贫开发区"纷纷建立。同时在国家相关产业政策的鼓励下，我国也建立了众多的"生态旅游示范区""旅游度假区"等，从而影响了中国旅游产业的区域布局和分布。另外，国家为了提高旅游产业的国际国内竞争力，常常进行产业结构的宏观调控，促进产业结构的优化和升级，以促使旅游产业的规模不断扩大，特别是一大批颇具规模的旅游企业往往以城市为中心，在空间上实现了产业的集聚，带动着相关产业和地区经济的发展。

（二）空间布局原则

1. 突出特色原则

特色是旅游业的灵魂与生命，没有特色、发展趋同，旅游区便失去竞争力和生存基础。因此突出特色是旅游区空间布局的首要原则，必须通过旅游区的硬件开发和软件开发突出旅游区主体形象的独特之处，尤其是通过自然景观、建筑风格、园林设计、服务方式、节庆活动、居民生活方式和对游客的态度等来塑造与强化旅游区的形象。

2. 产品互补原则

在进行旅游区空间布局时，要根据旅游资源的特色、类型和规模划分若干个景观各异、产品互补的旅游区，既要避免形不成规模效应的孤立景点景区的分散开发，又要避免容易造成恶性竞争的产品近距离的雷同和重复。坚持产品互补原则既有利于区域旅游的有序开发和可持续发展，又能为后期的旅游线路的多样化设计提供便利。

3. 完整性原则

完整性原则体现在两个方面：一方面，在划分功能区时，尽量保持那些具有鲜明特征旅游资源的完整性，应避免自然环境和人文环境的人为割裂；另一方面，在旅游业刚起步或初步开发的地区，旅游市场发育不充分，旅游企业尚不能担任开发和经营主体，地方政府仍然起主导作用时，应考虑旅游区行政范围的完整性。

4. 保护旅游环境原则

旅游空间布局必然建立在对区内自然和人文环境的充分保护的基础上，要以经济效益为中心、社会效益为目的、环境效益为条件，保护与发展并举，杜绝破坏性建设和不适当的旅游开发，这样才能更好地促进旅游业的可持续发展。保护旅游环境具体包括两个方面：一是保护旅游区的自然环境，要保护旅游区的自然环境特色，减少人类对自然环境的有意或无意的破坏；二是保护旅游开发区的社会环境，尽量保证旅游区居民的生活方式不受游客的打扰和影响。

配合政府对旅游业的宏观管理，为地方发展旅游业规划合适的产品方向，优化空间组合，适应市场竞争。为实现区域协调发展的目标，旅游规划应对整个规划区域进行综合分析、合理评价、精心组织、科学布局，依据资源禀赋、客源市场、地理区位、旅游线路组织，以及与上一级区域规划、城市规划和社会经济发展战略规划协调一致，并适当地考虑其下各级区域已有的规划内容，对规划区域今后若干年内的总体空间结构进行全面的安排，构建全区域旅游开发重点区域、重点产品和客流模式。政府在进行旅游业宏观管理方面，通过对旅游发展空间结构的控制，可以有效地推进旅游业的持续发展。

（三）旅游发展的空间布局

1. 优先发展（地区）地段

根据一定的指标条件，确定某行政区范围内的重点发展的旅游区，是区域旅游规划工作中需要完成的任务之一。旅游区是指以旅游资源联系为基础，具有完整的管理机构、服务设施，能够独立开展旅游活动的区域；而重点旅游区是指以开展旅游活动为主要功能，旅游业在区域经济中占有重要地位的地区。识别一个地区是否能够成为重点旅游区的条件包括：具有较强吸引力和竞争力的旅游资源；便捷的区际交通网络；完备的服务设施；健全的组织管理机构；旅游业是区域经济中的支柱产业。

2. 区域和城市游客活动中心

区域和城市作为旅游地，需要建立起功能齐全、特征显著的接待中心地，有时亦可称为迎宾中心。在规划区内如何构建游客活动中心与主要吸引物之间的空间联系，对旅游业持续发展意义重大。Mieczkowski 提出了一个"旅游区内分散化集中"的空间模式，来帮助规划人员理解和布置旅游功能区。该模式的主要内容是指旅游者在若干游客活动心中（度假区、宾馆接待区）相对集中，以这些入住中心为基地，向四周的单个吸引物（旅游景区景点）或吸引物群进行一日游式的出游活动。这一模式也可理解为以某些靠近城市的游客导向性的旅游区为集中区域，旅游者逐渐向远离城市资源导向型的旅游区扩散。

3. 旅游边界地区

对于普通的第二产业和城市经济、区域经济发展布局来说，边界地区往往成为受到冷落的地区，甚至某些边界地区处于各自的行政区经济发展圈以外的真空地带。这是因为在地理区位作用下，各种层次的行政区域都不同程度地形成了以各自中心城市为极核的地域经济体系。而边界地区大都远离各自的经济、政治中心，受益于这些经济发达地区的机会相对较少。各行政区进行社会经济布局时，也大都因为边界地区的位置偏僻、投资成本效益比不经济而很少顾及。

但是边界地区却因为较少受到人类活动的强烈干扰，而得以保留了优美的自然风景、良好的植被覆盖率、天然的生态环境和浓郁的民族风情，一旦这些环境资源要素被视作旅游资源加以开发利用时，原来不利的工业或市场区位就转变为新式的优良的旅游发展区位，边界地区成为旅游开发的重点地区之一，形成了与都市旅游相提并论的生态旅游地。

（四）旅游空间布局的演化

根据旅游业发展水平，可将旅游空间布局发展阶段分为生成阶段、发展阶段和成熟阶段。依据 Dianne Dredge（1999）提出的目的地空间结构模型，三个阶段分别对应三种不同的旅游空间规划布局模式，即单节点、多节点及链状节点布局模式。

1. 生成阶段与单节点布局模式

单节点布局是旅游空间成长的第一阶段。在区域范围内，各旅游地的发展往往不同步，最先发展的旅游地利用资源丰富、区位条件优越、社会经济支撑力强等优势，成为早期的旅游中心，旅游者到达旅游区只能停留在这一节点，没有旅游内循环线。

2. 发展阶段与多节点布局模式

随着旅游业发展，一些有吸引力的旅游资源或深层次的历史文化资源得以开发，多节点并存的旅游区开始出现，形成多节点旅游空间规划布局模式。在这个模式中，有三类节点：首要节点、次要节点与末端节点。首要节点是旅游区核心吸引物聚集体，这是旅游者选择目的地的最基本吸引物，次要节点及边缘旅游区的末端节点均要依首要节点来设计和规划路线。次要节点不是推动旅游者来此旅游区观光游览的原始推动力，然而次要节点的吸引物聚集体是增加旅游地整体吸引力的重要因素。

3. 成熟阶段与链状节点空间布局模式

随着旅游持续发展，旅游节点越来越多，不同性质的旅游地开始出现，旅游区日益呈现出多极的空间增长格局，旅游体系从发展阶段发展到成熟阶段。旅游体系成熟的标志是形成结构合理、功能完备、稳定性好的旅游网络。

旅游者来此旅游可以选择其中多个旅游地，这种情况下，旅游区内各旅游地的旅游形象对引起旅游者的兴趣尤为重要。在旅游区空间成长的成熟阶段，旅游区旅游地内部的空间竞争与合作关系加强，旅游服务质量和管理水平日益提高。

（五）旅游空间布局的主要模式

旅游空间布局因地而异，变化多样，但综合起来主要有增长极布局模式、点-轴布局模式和圈层布局模式，其他的布局模式大多建立在这三种模式的基础上或是其变形。

1. 圈层布局模式

旅游圈层布局是指以旅游中心城市（镇）为核心，从区域整个的自然、经济、文化、交通和其他条件出发，合理配置中心旅游城市与周边旅游地的旅游资源和旅游服务优势，逐步形成"城市-区域"与"市场-资源"共轭性的空间结构综合体。

旅游圈层布局是旅游经济结构在地域空间上的特殊表现形式，具有相对完整的地域单元。旅游圈层布局构建初期、旅游空间结构呈离散态，然后是"点-轴"的聚集态，进而发展成"点轴结合、辐射全面"的扩散态。

旅游圈发展的最高层次是旅游中心极化、区域旅游发展平衡的成熟态空间结构。影响旅游圈层空间布局的因素主要有两个方面：

一是旅游供给因素，如旅游区域的连通性、旅游经济联系的紧密性、交通运输的便利性、资源组合的互补性、历史发展的相似性和行政区别的完整性等。

二是旅游需求因素，如旅游所需时间、交通费用、体力消耗等。一般需要圈层布局的旅游区域应具备以下条件：

① 具有规模大、辐射力强的增长极或中心旅游地，中心旅游地一般为旅游城市或大型旅游城镇；

② 中心旅游地位于区域中心或附近位置，其他旅游地在区域内大致均匀分布；

③ 中心旅游地要有吸引地带；

④ 旅游城镇体系基本形成，交通发达，旅游网络基本形成，旅游流体系完整并流动通畅。

1999 年颁布执行的《北京市旅游发展总体规划》，将北京市的旅游功能区划分为 3 个圈层，即中心城区旅游圈、近郊旅游圈和远郊旅游圈。

武汉市从区域的自然、经济、文化、交通和区位等综合条件出发，合理配置武汉周边地区的旅游资源，发挥接待服务优势，构筑都市中心区、边缘区、腹地区三团组合的都市旅游空间布局模型。

2. 增长极布局模式

旅游增长极是指旅游发展中首先出现的一些点或极，它们可以是城市的中心旅游区，也可以是高等级的旅游景区等。旅游区待开发的旅游景点可能很多，而旅游开发的人财物等资源又有限，不可能全面开发、齐头并进，必然要依托若干旅游中心，可通过增长极的极化作用，促进旅游发展，为旅游区的空间扩散做准备，由此带动全局。在增长极布局模式中，主要的旅游企业、接待服务设施均集中于旅游中心，该旅游中心即旅游者进出的集散地，又是旅游开发活动的依托基地。作为旅游增长极一般应具备以下条件：

① 具备一定的旅游资源、旅游基础设施、经济基础及相对客源地而言合适的区位；

② 产生聚集经济的能力。增长极不仅要聚集大量的旅游资源和相关的服务企业，而且要具有吸引大量投资、聚集资金和人才的能力，以进入自循环旅游可持续发展的阶段；

③ 良好的旅游开发硬环境和软环境。良好的旅游环境可以促进旅游增长极的发展。旅游开发初级阶段宜采用增长极布局模式，促成增长极的形成，并通过自身的发展和对区域内其他旅游地的辐射作用带动整个区域旅游的发展。陆林（1995）提出的皖南旅游区总体布局应采用以黄山为中心的"众星拱月"型旅游布局的构想，体现了增长极布局模式的思想。

3. 点-轴布局模式

旅游开发应沿着一定的方向进行，有意识地选择旅游交通线充当旅游开发的纽带和客流运行通道的生长轴，重点开发中心旅游地和位于生长轴附近的旅游地。旅游生长轴可能不止一条，需要对旅游生长轴进行分等定级。应集中力量开发较高等级的旅游地和旅游生长轴，随着旅游的发展和经济实力的增强，开发重点逐步转移到较低等级的旅游地和旅游生长轴。

在点-轴布局模式中，作为中心旅游地的点无疑居于主导地位，但生长轴对新增长极的形成和老增长极的兴衰也会产生重要影响。由于旅游者总是遵循一定的旅游线路进行旅游活动，所以点-轴开发理论对旅游空间规划格局具有较强的指导意义，有助于建设连接旅游中心的通道，有助于围绕主要旅游线路优先开发，形成旅游带。

圈层布局、增长极布局和点-轴布局是旅游空间布局的三种主要模式。但由于各地区经济基础、资源禀赋、市场区位等条件不同，旅游区不一定采用一种固定的布局模式，可能是某种布局模式的变形或两三种布局模式的整合应用。

（六）旅游空间布局的发展趋势

1. 宏观布局逐渐由资源禀赋地转向城市和经济发达地区

随着人们生活水平的提高和旅游经历的丰富，其旅游需求发生了新的变化，传统的大众型的观光型旅游将逐渐被娱乐性、参与性的旅游形式所代替。人们越来越重视旅游探索和旅游体验的质量，重视旅游活动的全身心的投入，要求改变过去那种被动的观光旅游，倡导积极主动的旅游参与。

旅游者旅游需求的上述变化，表明旨在满足旅游者观光需要的以资源禀赋为中心的旅游产业布局已经不能适应时代发展的需要。而城市和经济发达地区凭借雄厚的经济、技术实力，通过旅游资源的开发和景区的经营则能满足旅游者多样化的需求。特别是随着经济发展水平的提高，科学技术、工程技术的进步，各种新材料不断出现，城市将成为旅游产业发展的中心，以城市为核心的各种替代型、环保型、生态型人造旅游景观将会出现旺盛的发展势头。因此，未来旅游产业的空间布局将逐渐由过去的以资源禀赋为中心，转向以城市和发达地区为中心，旅游产业发展的资源依赖性将大大减轻。

2. 旅游产业的空间布局将进一步向客源市场靠近

未来各地区的经济发展水平和经济实力将会进一步增强，这为旅游产业的发展提供了强大的财政支持和物质保证。各地可以不依赖旅游资源，凭借巨大的资金支持，建造各种人造旅游区、景点，满足旅游者的需要。旅游发展的动力从资源驱动转向资本驱动。

虽然这种人造景观热于20世纪在我们国家曾经上演得轰轰烈烈，目前看来恐怕也只有深圳的"锦绣中华"微缩景观和"世界之窗"还算较为成功的例子，但认为这种人造景观已经过时，恐怕还为时过早。因为，从经济学的角度来看，企业或产业将其选址选在靠近市场的地方是商家经济活动的普遍规律之一，其最终目的在于扩大市场份额，增加收入，赚取更多的利润。没有需求就没有供给，旅游产业的发展，离不开旅游市场需求的强力支撑。随着经济的发展，在经济发达，但自然、人文旅游资源禀赋条件差的地区，各种人造景观、主题公园、民俗村、游乐场等建设还将不断地有新的举措，这必将导致旅游产业的空间布局进一步远离旅游资源而向客源市场靠近，旅游产业的资源导向型发展模式将逐渐让位于市场导向型的发展模式。

3. 旅游城市和旅游区的空间互动性将进一步增强

随着交通工具的进步，旅游区的可达性的改善，旅游城市和旅游区紧紧地联系在一起，城市与景区的空间互动性将进一步增强，旅游城市和旅游区必须实现竞争性合作才能共同发展。

就旅游城市而言，为了吸引大量的游客，除了自身要树立良好的城市旅游形象、加强城市旅游设施的建设、完善城市的旅游功能，吸收旅游景区的经验，将旅游城市建成一个优美的旅游地外，其重要的举措之一就是应与附近的旅游景区相结合，将旅游景区组合到旅游城市的旅游线路中来，通过旅游景区的独特的旅游资源和优美的旅游环境弥补旅游城市本身的不足。

就旅游区而言，城市不但是重要的旅游地，还是旅游者参观旅游景区的落脚点和中转站，旅游区只有和就近城市紧密结合在一起，才能吸引大量的客源，实现最佳的经济效益。为此，旅游区必须加强自身的建设，按照城市化的标准完善各种旅游设施和旅游功能，使旅游者在旅游中能有一种家的舒适、温馨、便利的感觉，按照人性化的标准提供细致、周到、满意的旅游服务。

4. 旅游产业空间布局的区域化趋势显著

旅游者旅游利益最大化的追求，旅游者旅游需求的多样化，使得他们总是希望花最少的费用和时间观赏最多的旅游景观。这对旅游产业的发展提出了新的挑战，旅游产业只有提供多种多样的组合性的、互补性的旅游产品，才能满足旅游者的需要。如果各旅游地孤立、分散地开发，不但存在着单个景区资源单调薄弱、产品结构单一等致命的弱点，也必然会导致各旅游地将各自主要精力放在客源的争夺上，形成恶劣的价格竞争。面对此种不利的局面，旅游产业要获得大的发展，必须实现竞争性合作。各旅游地要在承认矛盾和对立的前提下，着眼于发展的共同点，将局部的对立变成更大空间的共存，寻求矛盾双方的共存和共赢，共同构筑一个统一和谐的整体。这是旅游产业发展的必然。

因此，未来旅游产业空间布局的趋势是打破产业的部门框框，实现产业和区域的整合，通过产业布局的区域化，来进一步提高旅游产品的竞争力，实现旅游产业的集聚效益和规模效益，促进区域经济的发展。旅游产业空间布局的区域化，不但要使产业融入所在的区域，从区域中获得生存的营养和依托，更要实现区域和区域的合作，实现优势互补，协调互动。

5. 城市将成为未来旅游产业发展的核心

城市不但是旅游产业空间聚集的重要节点和核心，更是旅游产业发展的动力之所在。目前我国的国内旅游不但已经在旅游市场中占有重要的份额，而且有不断扩大之势。国内旅游市场的一大明显特征就是"农民进城、市民下乡"，在此背景下，城市将进一步成为未来旅游产业发展的核心。

作为旅游地，城市是地区经济的重要集聚地和对外联系的窗口，将充分发挥集聚功能，吸引来自国内外的资金、人才、技术、信息等要素和众多的旅游者，实现集聚效益和规模效益。

作为旅游客源地，城市市民是国内旅游的主体，对于国内旅游来说，城市旅游者的增多不但为旅游区域带来了直接的旅游收益，更为旅游区域带来了观念的更新和资金、技术等的投入，对于加快旅游区域的开发与建设，促进区域旅游的发展，实现城乡经济的整合互动、区域经济的协调发展等都具有重要的意义。

第六节　旅游产品规划

旅游规划国家标准《旅游规划通则（GB/T 18971—2003）》中提出："旅游规划编制要坚持以旅游市场为导向，以旅游资源为基础，以旅游产品为主体，经济、社会和环境效益可持续发展的指导方针。"可见旅游产品开发规划在旅游规划编制过程中有十分重要的地位。旅游产品规划质量的高低，决定着旅游规划能否适应市场需求，充分体现地方特色，突出资源优势，彰显区域旅游吸引力；决定着旅游规划能否塑造鲜明的市场形象，提升区域旅游核心竞争力。

旅游规划的核心问题是旅游产品。旅游规划的目的就是在正确的市场定位下，研究设计出有竞争力的"差异化"旅游产品，并在旅游地的发展过程中不断提升、组合和创新旅游产品。同时，旅游产品在旅游营销中也占有重要地位，因此旅游产品问题应该放到和旅游市场问题同等重要的战略地位来考虑。

一、旅游产品的内涵

在旅游规划工作中，旅游产品可区分为广义的旅游产品和狭义的旅游产品。

广义的旅游产品是由吸引物、设施和服务三类要素构成，其中吸引物使潜在旅游者产生出游动机；设施是指旅游者得以进入和满足基本生理需求、高层生理需求的交通等基础设施及食宿等旅游设施，它们通常是一些现代建筑物；服务则是旅游者在体验景观和身处设施场所中接收到的物质或精神上的奢侈享受，它们通常是非物质形态的、人为创造出来的。

狭义的旅游产品往往仅指旅游景观（吸引物），它有时可以粗略地等同于通俗意义上的旅游景区（点）。在旅游规划的编制中，一般列有专门章节阐述"旅游产品"规划，实际上所指的就是吸引物规划，而非广义的旅游产品规划。当我们宣称"旅游产品开发"为区域旅游规划的核心时，实际上暗示着将旅游景观（吸引物）开发规划视为旅游规划的中心问题。

二、旅游产品树

吴必虎等提出"旅游产品树"概念，用以表示旅游产品的动态分类。旅游产品树是一个开放的系统，不再纠结于具体旅游产品的准确分类，同时，当一个新的旅游产品出现时，可以很容易地在产品树上找到它的位置。旅游产品树的分类方式更加符合旅游产品发展的实际情况，是一种较科学的分类方法。

树干代表旅游产品；树根是形成旅游产品的各要素，包括吸引物、设施和服务等；而5个主枝代表旅游产品的五大类型：观光益智旅游产品、休闲娱乐度假旅游产品、商务会展节事旅游产品、专项（主题）旅游产品和特殊兴趣旅游产品；在5个主枝之上长出的细枝代表各种具体的旅游产品。树木的不断生长代表了旅游产品的动态变化，树枝生长的交叉错结代表了旅游产品分类中的不确定性和相互叠加或交叉。（图3-1）

五大类旅游产品的分类依据是旅游产品的内在属性和参与人数。其中，休闲娱乐度假旅游产品和商务会展节事旅游产品的分类基于产品的内在属性，但这两类产品都是针对大众市场、普适市场或小产阶级市场，参与人数均众多或增势显著。而专项旅游产品也可以概括为主题旅游产品，也是较多参与者的一种类型，但呈现出某些主题，市场细分表现出一些共同的专门特点，可以说是大众旅游与特殊兴趣旅游的过渡，不妨定义为一系列面向中众市场的产品。只有特殊兴趣旅游产品包括了较少的参与人数，针对小众市场的各种旅游产品，当然小众市场仅仅针对其参与者人数，并不一定意味着其产生的经济效益或社

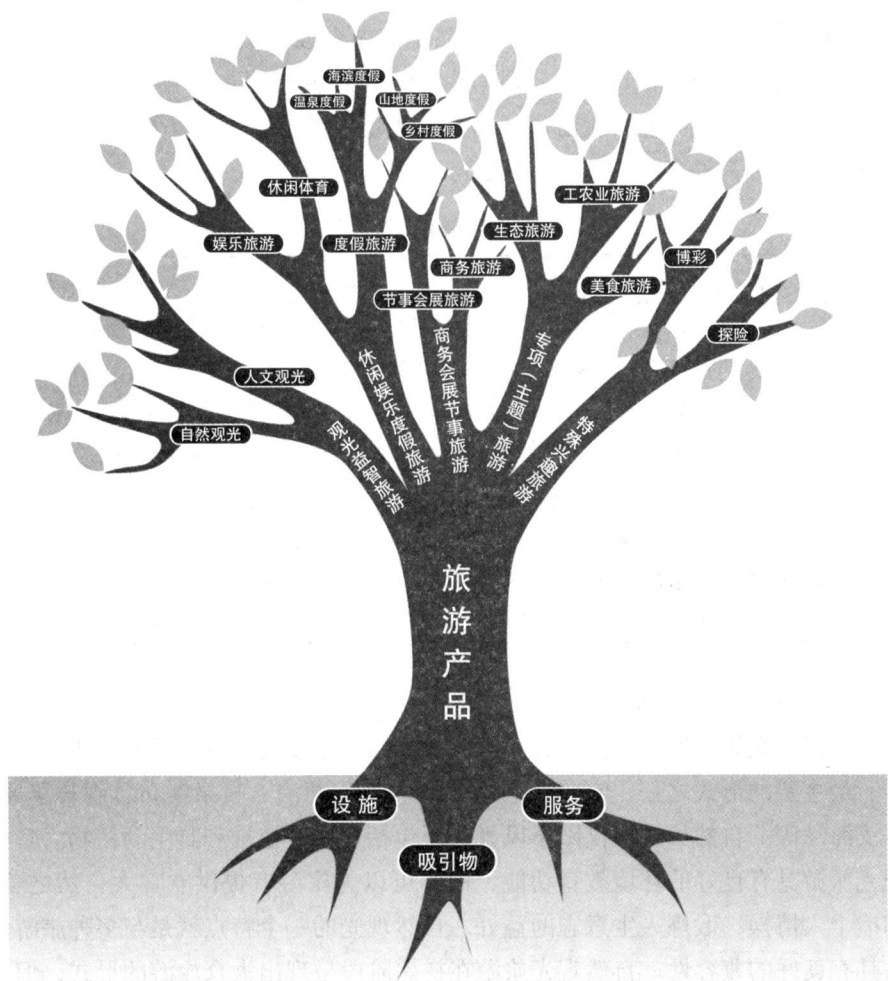

图 3 - 1　旅游产品树

会效益的狭隘性。某些情况下，小众的市场份额却能产生较高的投资回报。

（一）观光益智旅游产品

观光旅游是一种最为常见的旅游产品，是人类为了满足其好奇心并增加知识而产生的初级旅游产品。

园家标准《旅游服务基础术语》（GB/T 16766—1997）中将观光旅游定义

为以参观、欣赏自然景观和民俗风情为主要目的和游览内容的旅游消费活动
（国家旅游局等，1997）。观光旅游产品是旅游业发展的最初阶段产品，它的
发展与旅游资源禀赋密切相关，根据旅游资源类型的不同，可以将观光益智旅
游产品分为自然观光益智旅游产品和人文观光益智旅游产品两个大类，每个大
类下面又可分为许多具体产品。（表3-2）

表3-2　观光益智旅游产品类别

产品类别	具体产品
自然观光 益智旅游产品	地质地貌观光（国家公园旅游）、森林观光（森林公园旅游）、草原观光、沙漠观光、自然保护区（生态旅游）、湿地观光、河湖观光、瀑布观光、泉水观光、海洋旅游、冰川旅游、植物园旅游、动物园旅游（野生动物园旅游）、水族馆旅游、天象气象观光等
人文观光 益智旅游产品	文物古迹观光、遗产旅游（文化遗产旅游）、古民居古建筑观光、遗址观光、革命纪念地观光、民俗旅游、民族风情观光、宗教旅游、祭祖旅游、园林观光、城市观光（city tour）、电影旅游（文学影视旅游）、博物馆旅游、美术馆旅游、工业观光、农业观光等

1. 自然观光益智旅游

自然观光旅游产品，又称为自然旅游产品，是观光益智旅游产品中开发最
早、最主要的形式之一，它包括名山大川、峡谷湖泊、喷泉瀑布、森林草原、
海滨海岛等。自然景观不仅限于风景，还包括气候、植被和野生动植物。自然
观光旅游具有良好的环境教育功能，同时可以为旅游者提供欣赏大自然之美、
陶冶个人情操、锻炼人生意志的益处。自然观光的一个特点就是与多种旅游产
品具有良好的兼容性。自然观光旅游在初始阶段呈现出大众旅游的形式，但目
前在西方，越来越多的学者将自然旅游视作生态旅游的一种，因为二者都强调
自然区域的保护（France，1997：16）。只要有合适的实施方法，自然旅游可
以很好地同环境保护和乡村发展结合在一起，为当地提供规划和管理所需的经
验，帮助保护有价值的自然地区，通过旅游业获得的经济收益刺激地方的经济
发展。

（1）国家公园观光旅游

提到国家公园，人们往往首先会想到美国。世界上最早建立的国家公园是
1872年美国建立的黄石公园。美国国家公园系统可以分为三大类：第一大类

以保护自然环境和生态系统为主，包括国家公园、国家禁猎区和国家纪念保护区；第二大类主要以生态旅游资源为保护对象，包括国家游憩区、国家海滨和国家湖滨等；第三大类为文化历史遗址保护区，包括近十种保护区单位，主要有国家历史公园、国家战场遗址等（董波，1996）。为了解决保护国家自然公园的生态环境，同时满足不断增长的城市居民的户外游憩需求，除了一般的国家公园外，美国还在靠近城市的地区建立了一类新型的国家公园，即城市国家公园。

美国的城市国家公园既有国家公园的自然性，具有野游体验质量，又有较大容量。美国在全国性户外游憩资源调查的基础上，在大城市地区的边缘地带，1 小时车程能抵达的地区，选择生态环境好、野游质量较高的地段，设立"城市国家公园"或"国家游憩公园"，为城市居民提供舒适的开放游憩空间。这种公园的设立不仅解决了城市居民近距多频的出游需要，也缓解了国家自然公园的环境压力（谢凝高，1998：10）。

在中国，许多学者认为由建设部审定并报国务院批准公布的国家重点风景名胜区等同于国家公园。但实际上中国的风景名胜区并未能包括国际上流行的国家公园所指的全部内容，因此也有学者提出，中国的国家公园系统应包括七种类型：国家自然保护区、国家森林公园、国家地质公园、国家湿地公园、国家矿山公园、国家重点风景名胜区和国家水利风景区（李经龙等，2007）。

（2）自然保护区观光旅游

1994 我国国务院颁布的《中华人民共和国自然保护区条例》规定，自然保护区可以分为核心区、缓冲区以及实验区。其中核心区是自然保护区内保存完好的处于天然状态的生态系统以及珍稀濒危植物的集中分布地，除经允许的科研活动外，任何单位和个人禁止进入。核心区外围可以设置一定范围的缓冲区，只准进入从事科学研究观测活动。缓冲区外围为实验区，可以进入从事科学试验、教学实习、参观考察等活动。

（3）森林公园旅游

森林公园是指景观优美、自然景观和人文景观集中，具有一定的规模，可供人们游览、休息或进行科学及文化教育活动的森林空间（林业部，1994）。森林公园建立的目的是在保护和发展森林资源的前提下，进行旅游开发。森林公园旅游产品的开发具有强烈的秩序性，通过功能分区，能起到游客分流和旅游资源优化利用的作用。森林植物具有较明显的生态保健功能，通过森林浴和森林医院两种方式可将植物的保健功能开发为旅游产品。

2. 人文观光益智旅游

（1）遗产旅游

遗产是人类需要保存的事物，遗产旅游被视为文化旅游的核心内容。虽然遗产包括文化遗产和自然遗产两种基本类型，但作为旅游产品，人们似乎更倾向于用遗产旅游这一概念专指文化遗产旅游（同时用自然旅游或其他概念阐述自然遗产旅游）。

20世纪90年代以来，遗产成了流行的语言（Palmer，1999），同时也是旅游业中最重要和成长最快的产品。随着遗产业的兴起，遗产旅游作为其中主要的部门受到越来越多的重视（Cossons，1989），并出现了遗产管理的新概念。

在遗产旅游开发中，游客体验是遗产管理过程的核心，传统的管理仅注重遗产资源保护，忽略了人的重要性。基于此，Hall和McArthur（1993）提出了解说的两大主要功能：一是提升游客体验以促使游客形成对遗产保护的支持态度；二是教育规范游客行为。此外，解说还能够通过游客分流和进入限制缓解遗产地的游客压力。

在全球化的影响下，传统的地理边界变得模糊，社会复杂性增加，地方特性与地理区位之间的联系逐渐消失，旅游业面临着失去"存在的原真性"的危机。在此背景下，非物质文化遗产成为地方特性的源泉，在构建地方感和重树"旅游原真性"的过程中发挥着极其重要的作用。2003年联合国教科文组织通过了《保护非物质文化遗产公约》，提出"非物质文化遗产"的定义，即被各群体、团体，有时为个人视为其文化遗产的各种实践、表演、表现形式、知识和技能及其有关的工具、实物、工艺品和文化场所，其范围包括：口头传说和表述，表演艺术，社会风俗、礼仪、节庆，有关自然界和宇宙的知识和实践，传统的手工艺技能。

（2）文学和影视旅游产品

在文化旅游和遗产旅游类型的产品开发中，文学旅游受到旅游者的广泛偏好。文学旅游常常与作家和他们创作的辉煌巨著有关。在中国，旅游者会向往浙江绍兴的兰亭和发生在那里的王羲之的故事；向往江苏虎丘唐伯虎的故事，以及安徽滁州市醉翁亭和欧阳修的故事。在英国，世界各地的旅游者常以曾经拜访过莎士比亚的故乡而自豪。

与文学旅游密切相关的一种新型旅游产品，就是所谓的影视诱致旅游，中文不妨直接叫作影视旅游。近年来，越来越多的学者注意到影视作品对旅游业的促进，这种作用主要体现在促使游客产生旅游动机和帮助目的地树立鲜明积极的旅游形象并创建地标。Riley等（1992）认为促使旅游者到影视拍摄地旅游的三大动机为：逃避、朝圣和寻找未受污染的环境。影视旅游能够给目的地的旅游业带来可观的收益。Riley等（1998）认为影视旅游将吸引大量旅游团的到来，扩大社区节事，开发新景点，并产生大量纪念品和住宿收入。此外，影视旅游还可以扩大游客市场，使得游客更加多元化（Schofield，1996）；并解决目的地的旅游季节性问题，在任何季节都能够吸引游客的光临（Beeton，2005：29）。当然，影视旅游也有一定的负面作用，由于地方社区缺乏应对大量旅游者涌入的准备（Riley等，1998），导致了游客压力增大，交通堵塞和行人拥堵情况严重（Tooke等，1996）；影视旅游还会导致价格上涨和对居民与游客的剥削加剧；同时游客可能因为对现实中的目的地与影视作品中的目的地的感觉差异丧失满意度（Riley等，1998）。

（二）休闲娱乐度假旅游产品

随着社会进步和经济发展，人们收入水平的提高及带薪假期的延长，以及社会压力的增加和对释压需求的期待，越来越多的游客已不满足于在各个旅游点之间长途跋涉的传统观光益智旅游方式。同时，旅游经营者们也开始意识到开展多样化的旅游娱乐活动的重要性，他们发现仅仅提供游览、住宿服务已无法满足旅游者的需求，而应进一步提供旅游娱乐服务，增设满足游客不同爱好的活动中心和设施，开展各种消遣娱乐活动，并为提高游客的生活品质不断创新产品价值，以此创造一种度假引力。

关于度假旅游的概念，尚未形成统一的定义，这里界定的度假旅游是一种广义概念，既包括休闲旅游、娱乐旅游，也包括传统意义上的在一地滞留较长时间的纯度假活动。休闲产品不一定演变成度假产品，但度假产品都会包含一部分休闲设施和活动。娱乐活动和娱乐产品并非度假生活中所独有，而是广泛分布于人类社会的各个层面。较长时期以来，娱乐产品都是作为一般观光旅游产品的辅助产品，特别是在晚间生活之中提供给旅游者，但是现在娱乐产品不仅构成了度假生活的有机组成部分，有些地区或城市甚至将娱乐产品和娱乐产业单独作为该地区建设旅游经济的主要吸引物，是度假产品的核心组成部分。

当然，休闲与度假产品之间并没有绝对的划分标准，中国有时也将其合称为休闲度假旅游产品，其类别划分有多种说法。（表3-3）

表3-3　休闲娱乐度假旅游产品类型

类别	具体产品
娱乐旅游	主题公园
	演艺旅游产品
休闲旅游	休闲体育旅游产品
	赛事体育旅游产品
	高尔夫旅游产品
	野营旅游产品
	自驾车旅游产品
度假旅游	海滨度假
	温泉和医疗度假
	山地度假
	乡村度假

1. 休闲活动与运动休闲旅游

改革开放后，经济的迅速发展使人们的收入水平和闲暇时间都有了很大的增加，加之生活观念的转变，休闲开始成为一种普遍的社会经济现象并引起了人们的广泛关注。仅就时间上来理解，中国公民的休闲时间获得大幅度提升，全年休假日总数共有115天，已经接近世界上发达国家的水平，休闲正在逐步成为中国城镇居民重要的生活主题。

（1）休闲旅游概述

休闲经济是目前国内学界关注较多的研究领域之一。休闲产业是以旅游业、娱乐业、服务业、体育产业和文化产业为龙头的经济形态和产业系统，休闲产业对于满足人的享受和发展需要、实现生产力的再创造、提升国民生存质量、促进经济社会进步以及文化传承，都具有不可替代的作用（陶萍等，2006）：旅游业被视为休闲产业构成要素之一，二者之间存在密切联系。

出于休闲和旅游都发生在人们的闲暇时间，同时它们的动机极为相似

（Kabanoff，1982；Ryan，1991），因此两者必然出现一定的交叉，一些突出快乐、悠闲的旅游活动便成了休闲旅游。休闲旅游简言之就是以休闲为的旅游，指的是人们利用闲暇时间（包括常规法定休息日和休假）到常住地以外进行放松、体验、娱乐、健康和自我完善目的的行为和过程（黄燕玲等，2007）。休闲旅游与传统的观光旅游在旅游目的、旅游地和旅游形式方面都存在差别。（表3-4）

表3-4　休闲旅游与观光旅游产品的比较

产　品	休闲旅游	观光旅游
旅游目的 旅游地 旅游形式	娱乐消遣、恢复身心、发展自我 适宜人居、环境优美的旅游地城市中特色区域 日程安排松散、滞留时间长	视觉审美、开阔眼界、增长见识 传统风景名胜 长途旅行、行程紧凑

在国内，休闲旅游一般被认为是度假旅游的初级阶段，因此它与西方流行的度假旅游本质上并没有多少不同。一方面，休闲旅游的目的在于娱乐消遣、减轻和释放心理与心理上的疲劳与压力，从事的活动形式也就比较轻松活泼，对周边环境、服务设施和享乐水平要求都会比观光旅游高一些。另一方面，因为它属于度假旅游的起始阶段，对旅游设施、服务品质，都表现出较低的要求。虽然休闲旅游可以发生在不同的旅行距离之内，但多数情况下休闲旅游是指近距离的、高频率的出游行为，对于城市居民来说，休闲旅游意味着环城市或邻近地区的旅游方式。

（2）休闲体育旅游

户外运动与休闲活动从一开始就结下了不解之缘。由于体育和休闲之间存在的如此紧密的关系，一些体育院校开设的系科中，专门设立了休闲体育专业。随着休闲体育在旅游产品中占有的地位越来越重要，政府和官方机构对加强旅游与体育之间的联系方面越来越重视，承担着主要责任。二者的结合形成了具有重要地位的经济部门，有的研究者称其为体育经济学领域。体育与休闲的紧密结合，产生了体育旅游，并逐步发展成为一门重要产业。

体育旅游是以体育为基础，在有限的时间内外出旅游的活动，作为旅游基础的体育必须以规则、竞争、趣味为特征。从参与活动的方式来看，体育旅游分为体育参与旅游（主动）和参观体育旅游（被动）两类；从旅游者的动机看，可以分为严格的体育旅游者（以体育为主要动机）和一般的体育旅游者（以休闲娱乐为主要动机）（Gammon 和 Robinson，1997）。休闲体育旅游针对的是一般的体育旅游者。

不仅体育运动成了主要的休闲娱乐方式和旅游活动，举办比赛活动的场地也成了吸引游客的目的地。随着建筑技术的发展，体育馆项目的开发开始转变为融消遣娱乐、旅游和运动项目为一体的综合性场馆。在北美，新一代的大型圆顶运动场不仅为室外运动提供包括住宿、餐饮、会议和零售等综合性服务，还针对旅游者的休闲娱乐需求提供颇具吸引力的设施，这些大型露天体育场既具有购物中心的功能又是体育运动的场所（Bale，1994）。

（3）赛事体育旅游

赛事体育旅游是指受到各项体育赛事的吸引，观众前往比赛举办地进行观摩并参加各种节事活动的一种旅游产品。Green 和 Chalip（1998）研究发现，吸引大量的旅游者前往比赛场所的原因是观赛者相互认同的一种体育亚文化精神，即对特定运动项目的共同兴趣，而不是比赛场地本身。特别是奥运会的举办，吸引了众多的旅游者前往举办地，成为许多国家争办奥运会的动机之一。

奥运会给举办地带来的巨大经济效益受到了众多学者的关注。1976 年蒙特利尔奥运会产生的经济价值估计在 7700 万美元到 1.35 亿美元之间，旅游消费的乘数高达 1.6；1984 年洛杉矶奥运会所产生的经济价值总计有 4.17 亿美元；而 1996 年亚特兰大奥运会所产生的经济价值高达 6.45 亿美元。张立明等（2005）通过对历届奥运会的分析，总结了奥运前、奥运中和奥运后三个阶段的奥运旅游者的基本客源构成。

对于主办城市而言，举办特殊体育赛事除了具有拉动游客消费、振兴当地经济的作用外，还能够为举办城市提供许多新的设施并提升城市旅游形象（Hall，1997）。此外，赛事的积极影响还包括带动旅游支持系统的完善，促进旅游产品系列升级和辅助城市建设等。大型体育节事也会给举办地带来一定的消极影响，如由于忽视巨大的机会成本而对节事带来的经济贡献过分高估（Hall，2003），节事期间犯罪率明显上升（Barker，2003），对举办地居民生活质量的负面影响：交通拥挤、噪声、停车困难、环境破坏和交通事故增加。

Higham（1999）认为举办小型的体育节事不仅能够带给举办地积极影响，还能避免这些消极影响的产生。小型的体育节事包括：各种体育常规赛（如冰上曲棍球、篮球、足球、英式橄榄球）、预定日期的国际赛事、国内锦标赛、保龄球精英赛、残疾人比赛等。他提出这些小型节事可以利用现有设施，需要的投资较少，在一定程度上可解决旅游季节性问题，同时比起大型节事来更容易管理。

（4）自驾车旅游

随着私家车拥有率的提高以及小汽车租赁业务的开展，在节假日自己驾驶汽车外出休闲、度假的旅游者越来越多。自驾车旅游即"人们乘私家车或租赁车从原住地出发至目的地，旨在进行与旅游活动相关的旅行行为"（Prideaux等，2001）。在欧美发达国家，道路的可达性强，汽车旅馆等服务设施完备，汽车租赁系统网络化，私人小汽车的拥有量高，同行业间的协作能力强，政府相关政策法规完善，这些因素均推动了自驾车旅游的不断发展。许多学者都认为自驾车旅游与一般旅游的主要区别在于自驾车旅游一般结合了多个旅游地，而一般旅游仅仅有一个旅游地。

国外自驾车旅游发展较成功的模式是开发自驾车旅游"主题线路"。Hardy（2003）通过对澳大利亚自驾车主题线路的案例研究，提出开发成功的主题线路应注意以下几点核心内容：（1）主题线路上有良好的旅游吸引物，并注意对吸引物的保护，尤其是自然文化遗产；（2）提供自驾车旅游的支持信息，主题线路上要有恰当的旅游标识和足够的道路分支，以引导游客及时、安全、方便地进入旅游景点，还应向游客提供出发前或途中有用的信息，如网络、旅游手册、地图册、GPS系统服务等；（3）注意改善主题线路的路面状况，提高线路的交通安全性；（4）提升全程服务质量，包括行程前的咨询服务、途中的汽车修理、加油、生活零售服务以及目的地的接待服务；（5）提供良好的基础设施和干净清洁、方便舒适的服务设施；（6）注重宣传促销，界定目标市场并有针对性地进行广告营销。

（5）高尔夫旅游

高尔夫英文为Golf，由绿地（green）、氧气（oxygen）、阳光（light）、步行（foot）英文缩写组成，源于英格兰，14—15世纪流行于欧洲，19世纪传入美洲，20世纪普通盛行于澳洲、非洲、亚洲。据估计，目前世界上有超过2.5万个高尔夫球场，每年约有6000万高尔夫爱好者花费12000万美元进行该项运动（Asia Golf，2002）。通过全球媒体的宣传，高尔夫逐步确立了它在各种休闲运动中的优势地位（Bale，1994）。从一种"贵族运动"逐步走向大众化，受到越来越多旅游者的欢迎。高尔夫旅游的主要客源市场是北美、日本和英国，而西班牙、葡萄牙、巴哈马、迪拜、新加坡和泰国已成为著名的高尔夫旅游目的地（Palmer，2003）。

虽然高尔夫旅游对旅游地的季节性能够起到一定的缓解作用，但是更多对高尔夫球场建设的反对意见来自于它造成的负面环境影响，包括占用大量土地、破坏原有野生生态系统、大量消耗水资源、农药和化肥的使用导致土地对化学药品的依赖和附近地区的水土污染等（Palmer，2003）。

（6）野营旅游

野营旅游虽然是一种便宜的休闲度假方式，但它满足了旅游者接近大自然的欲望，因此未来将会受到越来越多客源市场的广泛欢迎。野营休闲方式在发达国家十分普遍，在欧洲，内露营地提供的床位空间远多于宾馆提供的床位，1991 年有营地 50 万个，平均每 2000 人使用一个；日本有营地 2200 个，平均每 55000 人使用一个；中国台湾地区 1993 年有营地 l16 个，平均每 17 万人使用一个（国家旅游局，1999：507）。休闲营地从最初的帐篷、简易床、睡袋和小型炊具，提供简单的加油、加水、停车场等服务，发展为融车辆维修、设备租赁、提供保险、餐饮住宿、休闲度假以及户外活动等功能为一体的综合营地，营地的规模也越来越大（陆军，2007）。

野营地的建设条件，要求交通便利，既利用下线交通道路，又要与其有一定的距离，以保持营地的幽静环境；营地选址应注意地势比较平坦、开阔，15度以下的缓坡必须占营地总面积 50% 以上，有一定面积的平地，营地面积在 10 平方千米以上；营地应有较好的森林环境，气候宜人，空气清新；营区附近还需有足够的饮用水源（伍德，1999：85）。用于野营的场地需要满足以下条件：便捷的入口、良好的排水、平缓的坡度、很好的朝向，营地之间最好有树木和绿篱笆隔开。房车营地对基础设施的要求更高，需要建有出入口道路和停车场，并要求有水电供给和排污设施。房车停靠点和帐篷营地有时可以布局在同一营地，但两者在空间上应相对隔离开（鲍德-博拉和劳森，2004：32-33）。

吴楚材（1997）指出，野营作为一种户外休闲活动，在中国更适合于气候温暖的南方和拥有 20 万人口以上的大、小城市。野营地一般建在城郊距城100 千米范围之内，车行距离 2 小时之内。野营地主要为城镇居民的节假日和双休日提供休闲、度假、康健、娱乐服务。

2. 娱乐旅游产品

娱乐活动是旅游活动中不可或缺的一个重要组成部分。作为休闲产业的主要服务形式，娱乐活动表现为多种类型，且其主导形式在同国家和地区、不同历史时期具有不同变化（张捷等，1998）。随着大众观光旅游逐渐向休闲度假旅游、专项（主题）旅游的过渡、"娱"作为传统的观光旅游"六要素"中弹性最大的要素，将占有越来越重要的地位，成为旅游消费支出的主要部分之一，不仅形成了众多娱乐企业，而且作为组成要素广泛渗透在景区、酒店、餐饮等旅游部门中。

对于一般的景区来说，小型常规娱乐是长期性提供给游客的娱乐设施及活动，其形式可以分为三大类若干小类；而大型主题娱乐则是景区经过精心组织策划，可以作为专门吸引物加以开发的项目。此外，旅游过程中的娱乐氛围越来越受到旅游者的重视，娱乐氛围的营造成为旅游规划管理的重要内容（陈南江，1997）。

（1）主题公园

以迪士尼乐园为代表的主题公园（theme park）是"成人童话世界"的典型代表，是一种独具特色的娱乐产品。主题公园是工业社会和后工业社会为适应人们心理需求、弥补自然资源或历史遗产在区位上与客源市场的不一致，而人工建设而成的。通过不断更新游客体验，主题公园对游客的吸引力将持续增长。

主题公园的前身是欧洲古代和中世纪节庆聚会场所的娱乐公园（amusement park），即以缆车、竞技、美食为特征的娱乐场所，有的还有表演；美国国家娱乐公园历史协会认为主题公园是指"乘骑设施、吸引物、表演和建筑围绕一个或一组主题而建的娱乐公园"（NAPHA，2008），即主题公园是娱乐公园的主题化。国内学者也对主题公园的定义作了探讨，如保继刚（1997）认为主题公园是具有特定的主题，由人创造而成的舞台化的休闲娱乐活动中心；董观志（2000）认为主题公园是为了满足旅游者多样化休闲娱乐需求和选择而建造的一种具有创意性游园线索和策划性活动方式的现代旅游地形态。

世界上最早的主题公园可以追溯到 1952 年荷兰的马都拉丹"模型城"——小人国，城内汇集了荷兰 120 多座著名的建筑和名胜古迹；而最为成功的主题公园则非迪士尼乐园莫属了。

中国主题公园的建设始于 20 世纪 70—80 年代，香港的海洋公园于 70 年代建成；80 年代末，深圳锦绣中华的成功迅速掀起了国内主题公园建设的高潮。中国主题公园的发展可分为三个阶段：早期是以移植和模仿为主的单一主题公园；90 年代中期，主题公园开始挖掘地方文化，并注重休闲娱乐与教育功能；进入 21 世纪，主题公园开始从单一主题结构向多元主题结构及综合化发展，同时兴起了新型的以高科技农业为依托的主题公园（李存生，2007）。

（2）演艺旅游

旅游演艺在我国源远流长，古已有之，并非新生事物，只是在演出功能和观赏对象上与今日的旅游演艺有所差异。历史上，旅游演艺的雏形为古代帝王在行宫、别苑中的歌舞享乐。之后，民间旅游景点的演艺逐渐兴起，例如明清秦淮河边歌女的绵绵缠歌、宋元东京城瓦肆勾栏的戏曲杂技、钱塘江上的弄潮表演等。

据记载，唐宋时期，神庙已成为乡村的娱乐场所之一，时常用于举办一些民间的戏剧演出；元明时期，宴厅、船舫、名邸中都兴起了戏剧表演，明代中叶，为富家人娱乐需要而专门置办的戏剧表演开始兴起，当时的戏剧表演主要分为文人雅士的清赏和乡村百姓的聚观。随后，明代逐渐形成在酒馆里演戏的情形。

旅游演艺的初创期出现在中国的近现代时期，它以一种新的形式展现在国内外重大节庆、会议、展览等活动中。例如，1873 年中国参展方在奥地利维也纳世博会上的盛大演出，1926 年美国费城世博会设立的民俗及社会日中的中国节庆表演，梅兰芳赴日本和欧美地区的演出等。

除此之外，上海与北京也成为中国不同区域文化艺术的集聚地和中外文化艺术的交会点，形成南北最有影响的两个演出"大码头"，引来不少海内外游客的观摩。尤其在 1917 年前后的上海出现了大批向游客提供旅游演艺活动的游乐场所，例如新世界游乐场、"大世界"游乐场、楼外楼游乐场、先施游乐场等。其演出内容以戏剧、魔术、杂技、歌舞、电影等为主，其中"大世界"声名尤为卓著，曾有"不到大世界，枉来大上海"之说。

20 世纪 80 年代开始，紧跟着改革开放的步伐，中国旅游业也迎来了新的历史时期。为了丰富旅游体验，创新旅游观赏模式，增加文化魅力，各大旅游景区内如火如荼地开展各类文娱演出活动，尤其是一些主题公园内的旅游演艺活动，受到了游客们的热烈欢迎，也翻开了国内旅游演艺成长繁荣的新篇章。

20 世纪 90 年代深圳锦绣中华民俗文化村的《世界之窗》《欧洲之夜》表演是中国现代旅游演艺全面扬帆起航的标志。从 20 世纪 90 年代末开始，国内不少知名主题公园，为了丰富游客游览活动、延长游客逗留时间，相继在园内创排设计了一系列贴合主题的旅游演艺节目，并获得了预期的收效，引来游客们的一致好评。无锡影视城于1993年在景区内先后推出《皇帝上朝》《贵妃册封》《三英战吕布》《刘备招亲》《火烧赤壁》《义取高唐州》等旅游演艺节目，由于产品主题鲜明、内容丰富、形式多样，在国内一炮而红。

深圳的世界之窗，除了呈现给游客世界各地名胜古迹、自然风光外，还在主题公园内的各个广场、大小景点安排各类节庆民俗表演、广场歌舞表演等旅游演艺活动，生动地将完善的静态观赏性景点和不断丰富的动态性旅游活动相结合，给游客带来非同一般的视听体验。

之后，国内各景点为了改变传统"白天看庙，晚上睡觉"的旅游模式，优化旅游市场资源浪费的格局，开始试探性地开发旅游演艺产品。例如，陕西省凭借雄厚的文化旅游资源，精心打造了《唐长安乐舞》等一批旅游演艺产品，主要演出场地选择在一些大型国有剧院，一时间受到了海内外团体游客的追捧，成为我国最早的演绎型文化遗产的旅游演艺产品。同一时期在北京推出的《北京之夜》也成为游客夜游北京的首选。这一系列的尝试为旅游演艺市场的进一步开拓做出了积极的探索和贡献。

随着旅游演艺产品在国内旅游市场的几次尝试并屡创奇功后，其演出形式和演出场地也在不断创新。不少宴饮场所也试探性地推出一些美食宴舞、茗茶戏曲等形式的旅游演艺节目。以西安唐乐宫的《仿唐乐舞》、丽江玉龙吉鑫园文化饮食城的吉鑫宴舞《木府古宴秀》等为发端。《仿唐乐舞》借助精彩的舞台表演及声、光、电、舞美等舞台艺术手段展现唐代宫廷歌舞的韵味，还让游客体验到了当地的美食文化，使之既饱眼福又饱口福，成为游客喜闻乐见的旅游体验形式。不仅如此，北京老舍茶馆的评书、成都老顺兴茶馆的小型川剧演出等，也都为游客提供了一个体味民俗、感受地方文化的极好机会。

进入21世纪以来，尤其在《印象·刘三姐》大获成功后，国内一些大型景区对实景旅游演艺跃跃欲试，争相效仿，使我国旅游演艺在步入21世纪后得到迅猛发展。

桂林的《印象·刘三姐》作为世界级山水实景演出，开创了中国山水实景演出的先河。这是一个以中国著名山水旅游胜地——广西桂林山水和民间传说刘三姐为背景，以政府投入为主、多元参与合作，由张艺谋等人为主导创排，历时三年半制作完成的。整场演出以方圆2千米的漓江水域，12座山峰为背景，集漓江山水风情、广西少数民族文化及中国精英艺术家的创作于一体。《印象·刘三姐》不仅将桂林的自然美、民俗美和艺术美表现得淋漓尽致，而且在不到一年的时间内就获得了近3000万元的门票收入，并吸纳附近600多名农民就业，拉动当地 GDP 增长了两个百分点。好的旅游演艺产品的市场穿透力和社会经济效益可见一斑。《印象·刘三姐》作为国内新兴旅游演艺市场的开山之炮，一鸣惊人，它带来的强大市场吸引力和竞争力，促使一些具备条件的旅游胜地也纷纷加入打造实景旅游演艺产品的行列。自那时起，全国旅游界、演艺界，不断掀起一波又一波的"印象"演艺系列产品的观赏热潮。国内许多省份深入挖掘当地文化资源，创造出一张张展现当地文化底蕴的"城市名片"。几乎大部分旅游地都推出了与其地域文化背景相关的旅游演艺产品，如云南、广西的民族歌舞艺术，云南的山水实景演出，浙江的主题性巡演等体现了旅游演艺在国内的迅速发展。

我国悠久而丰富的历史文化和民族文化资源，如传统音乐、舞蹈、戏剧、杂技、马戏、武术等文化艺术，通过设计理念、编排、组合的创新，并且在演艺表演中融入高科技元素，旅游演艺焕发出蓬勃生机，引发市场的热烈反响，展现出十分美好的发展前景。

国内的旅游演艺产品从原本单一的演出形态，发展成原生态歌舞表演、梦幻多媒体表演、民俗风情歌舞、大型实景演出等，越来越多夺人眼球、令人耳目一新的旅游演艺产品呈现在旅游者眼前。例如，目前世界上唯一的都市山水演出——《印象·西湖》，呈现给游客一座世界顶级的都市山水剧场，独具匠心的隐藏式舞台，配以绚丽的舞美效果，使演出分外生动自然，让游客置身唯美的西湖美景中欣赏一场浓缩杭州千年文化的艺术盛宴，颇具震撼效果。又如，上海的《时空之旅》是海派特色旅游演艺的经典之作，演出中不仅可以听到民乐与电声音乐交相响起，还能看到中国传统杂技和国外极限竞技的交相辉映。精彩丰富的表演形式为观众带来了新颖奇特的艺术享受，充分展现了海派文化博采众长、多元交叉的优势。

旅游演艺在丰富景区及旅游地的文化内涵、提升旅游地形象以及促进地方经济发展方面所起的作用，使其越来越为各地政府、企业和旅游研究者所重视。为了深入推进文化与旅游的结合发展，2010 年文化部、国家旅游局联合评选出《国家文化旅游重点项目名录——旅游演出类》第一批名录，《西湖之夜》《印象·刘三姐》《宋城千古情》《东北二人转》《禅宗少林·音乐大典》

《魅力湘西》《徽韵》等 35 个文化旅游演出项目上榜。

3. 度假旅游产品

度假旅游也是休闲活动的一种方式，是利用假期在一地相对较少流动地进行休养和娱乐的旅游方式。从时间角度来看，度假主要对应的是中闲和大闲，但现在的度假旅游产品实际上针对的是周末游市场（魏小安，2005：14）。

度假游客的需求呈现出多元化、时尚化和舒适性等特点，使得休闲度假的活动方式既丰富又多变。朱卓仁（1992：146–190）认为度假区主要的消遣活动包括高尔夫球、网球、滑雪、船艇运动、游泳等。《英国旅游调查》指出，英国的度假旅游地包括四大类：海滨、大城市、小城镇和乡村；在度假中最受欢迎的活动包括：散步、爬山、越野比赛、走访遗址地（如城堡、纪念性建筑、教堂等）、游泳（转引自史密斯，2004）。

（1）度假旅游概述

度假旅游始于公元 1 世纪初，开始是作为少数统治者消磨闲暇时间的一种需要。如在欧洲，最早是为了满足执政官需要而建立公共浴室和相应的旅店配套设施。直到 18 世纪，休闲度假也只是少数统治阶级和富裕阶层消磨闲暇的一种活动，而并非大众生活的组成部分（Towner，1996）。

大众化的休闲度假出现于 20 世纪初，欧洲国家带薪休假制度的确立，为大众度假旅游提供了时间上的保障，由于接待服务设施建设的滞后和价格昂贵，早期度假者通常只能去乡间或海边的父母或朋友家，而且滞留时间较短（朗卡尔，1997：12）。第二次世界大战后，西方国家经济迅速增长，工业化和城市化快速发展，城市环境问题日益加剧，这促使人们产生逃离城市的愿望，度假旅游迅猛发展，逐渐成为富裕国家人们闲暇时间的生活方式。公路和铁路成为人们出游的大众交通方式，喷气式飞机的民用化则进一步促进了长距离特别是洲际远程度假的发展（邵棉等，2006）。20 世纪 90 年代以来，短期度假成为欧洲度假旅游的新趋势，大部分英国人倾向于每年在国外度一次主要的长假，同时在国内度第二次短假作为补充。

从国外旅游度假区的发展过程来看：18 世纪以前，旅游服务设施主要出现在交通要道沿线和旅游地（朝圣地、商业集镇和港口）内部，可供旅游者选择的设施包括小旅店、客栈、教会旅舍、房屋租赁和借宿亲朋家。19 世纪，伴随着交通的发展出现了四种主要的度假区：以保健和娱乐为目的的温泉度假区、以治疗结核病为目的的气候度假区、山地度假区、以医疗和休闲为目的的海滨度假区；20世纪早期，随着冬季奥运会的举办出现了滑雪度假区。这些传统度假区从原有的村庄和城镇发展起来，其选址取决于可达性程度，它们提供的住宿设施主要是宾馆、提供膳食的旅店或出租房屋。20世纪50年代后，随着游憩需求的变化和交通可达性的提高，出现了能够支持更多种类的游园、提供更多娱乐消遣、更有效利用基础设施的综合度假区（鲍德-博拉和劳森，2004：131-132）。

中国的度假旅游尚处于发展初期，但随着中国经济的高速增长和2008年新实施的《职工带薪年休假条例》对大众闲暇时间的保证，市场对度假产品的需求将不断扩大。不过，可以预见的是，由于金钱和时间的限制，在大城市周边、近距离短期的度假旅游仍将是国内度假旅游的主力；在未来，随着经济水平的进一步发展，越洋出境、长距离长时间的度假旅游才会逐步走向成熟。

在中国，随着旅游业的快速发展，旅游度假区由最早的山地避暑、滨海度假区（村），发展到当前环城、温泉、山地、森林、草原、水滨、滑雪等多种类型并存的局面。总体来看，目前海滨休闲度假旅游和环城休闲度假旅游占优势地位，山地型旅游度假村相对衰落，其他新类型积极涌现（刘家明，2003）。一方面城市郊区会出现大批供城市部分有产阶层周末度假的第二住宅，另一方面那些具有气候、海滨、美景等优越条件的地区会成长为名副其实的度假区。在大多数人们选择海滨、湖滨、山区度假的同时，一些城市居民则会前往乡村地区探古访幽和度假旅游。

为了满足游客的多样化需求，度假区为旅游者提供公共空间和必要的体育、康体健身设施显得越来越重要。鉴于休闲娱乐活动对旅游度假区的重要意义，张汛翰（1997）建议增加休闲体系专项规划作为目前旅游度假区规划工作内容的补充和完善。

（2）海滨度假

在西方，随着社会财富增加、中产阶级兴起，大众及家庭度假旅游的流行趋势出现，导致了滨海度假旅游的广泛开发（刘家明，2003）。刘俊等（2007）认为，世界范围内的海滨度假区发展可大致分为3个时期：以欧洲大陆海滨城镇为代表的传统海滨度假区发展时期、海滨度假区快速城市化时期和近半个世纪以来兴起的综合度假区发展时期。

早期海滨旅游度假区主要集中在大城市郊区的多阳光沿海地带，依托

"3S（阳光、沙滩和海水）"资源、多种多样的康体休闲设施（如滨海大道、舞厅、戏院、娱乐场所等）以及良好的区位条件，以服务大城市居民度假需求为目的。第二次世界大战后，海滨旅游度假区逐渐向国际化发展，依托极为丰富的康体休闲活动，如冲浪运动、划船游玩或乘船游览以及携带人造肺潜水等活动，吸引国外度假旅游者。

依托于各类港口，游轮旅游应运而生。"游轮旅游"（cruise tourism）也被称为"邮轮旅游"。20 世纪 20 年代的游轮只是社会精英人士崇尚的一种交通方式，但是随着航空业的发展，游轮的交通工具地位受到了严峻的挑战。在20 世纪后半叶，游轮公司开始转变经营方式，针对更加年轻的顾客群体，提供飞机和游轮组合套餐，增加游轮容量并改变游轮航行时间、价格和线路（Jnhnson，2002）。在此基础上出现了今天意义上的游轮，船上配备相当齐全的生活、娱乐和休闲设施。

现代的游轮不仅作为承载游客沿途观赏各个港口城市景色和风情的交通工具，游轮本身也成为游客的度假旅游地，通过提供全天候的、一应俱全的休闲娱乐设施和服务消费项目，并举办相应的主题舞会和甲板宴会，为游客营造出浪漫和激动人心的氛围以及娱乐享受的特殊体验（Weaver，2005）。因此，人们将游轮称为"浮动的度假村"，邮轮的概念开始向"游轮"转变，游轮的旅游度假功能开始成为游轮业新的经济增长点。游轮旅游消费对游轮港口城市及其若干相关产业的拉动效应极为明显。游轮的独特吸引力在于其提供的各种精致、奢华的设施和服务。

日前全球游轮旅游活动的主要区域为加勒比海区域、地中海区域、南太平洋、阿拉斯加、墨西哥西海岸、巴拿马运河和北欧地区等，其中加勒比海地区和地中海区域是最为密集的游轮旅游活动区（Dwyer 和 Forsyth，1998）。世界游船业主要为三大著名游船公司所控制，即嘉年华游船公司（Carnival Cruise Line）、皇家加勒比海游船公司（Royal Caribbean Cruise Line）与丽星/挪威游船集团公司（Star/Norwegian Cruise Line）（Gibson，2008）。

与世界发达国家相比，中国的游轮旅游刚刚起步。2004 年 5 月上海首条国际游轮航线开通；7 月，丽星游轮公司在上海设立独资旅行社，使得上海的游轮旅游发展进入热潮。随着人们消费观念的转变和可支配收入的增加，游轮旅游的市场前景十分光明。在中国国家旅游局和世界旅游组织联合举办的"2004 中国游轮高层论坛"上，国家旅游局官员指出："中国将成为世界游轮业发展的巨大市场。"

（3）温泉和医疗保健旅游

18世纪，欧洲的温泉疗养地就是当地旅游者的主要旅游地。保健旅游是传统的旅游方式之一，它通常与度假区结合形成产品组合。保健旅游作为一种旅游产品，是指"在某些旅游设施（如酒店）或目的地（如瑞士的Baden）除了以当地的优美景色吸引游客外，还向旅游者着意推销其医疗健康服务及设施"。这些保健服务包括：在旅游胜地或酒店里，有专业医护人员提供的身体检查，为旅游者配备特制的食谱、针灸、药物注射、复合维生素服用，针对各种疾病的专门医疗等。

许多早期游客的出游目的就是寻求在各种度假区宜人放松的环境中增进身心健康。19世纪人们开始到热带山地度假区享受森林的疗养功能，接着海滨度假区的发展使得海水浴成为流行的保健方式。近年来疗养旅游被赋予了若干新的内容，发展出多样化的疗养保健产品。例如罗马尼亚的疗养院内开设的项目包括泥疗、水疗、电疗、磁疗、茶疗、理疗、针灸、按摩等；法国在地中海沿岸的海滨胜地充分利用海水资源，开发出了海水游泳、海底淋浴、微泡沫澡堂、海水蒸汽按摩室、海泥或鲜藻疗等项目（迟景才，1998：420-421）。许多度假区都开设了康体中心，其设施包括水疗设施、健身房和桑拿浴室、节食咨询服务、美容护理（按摩、修脚、美甲、紫外疗法、整容等）（鲍德-博拉和劳森，2004：96）。

① 医疗旅游

近年来人们追求健康的一个新趋势是从疗养保健向专业医疗方向转变，在此背景下医疗旅游成为新型的旅游产品形式，越来越多的人在到国外度假旅行的同时接受身体检查、牙科治疗和外科手术等医疗服务。促使医疗旅游产生的主要原因是发达国家高昂的医疗费用和冗长的等待时间，国际机票的相对低廉和适宜的货币汇率以及老龄化趋势的加剧（Connell，2006）。目前最受旅游者青睐的医疗服务包括心脏手术、膝关节和筋关节置换手术，非急需外科手术和各种整形手术（鼻整形术、唇整形术、隆胸手术、LASIK激光矫视手术以及整牙手术等）。

医疗旅游的客源市场主要是发达国家的人群，而目的地大多是发展中国家。日前大力发展医疗旅游的国家主要有印度、新加坡、泰国、南非、白俄罗斯、拉脱维亚、立陶宛和哥斯达黎加等，发展医疗旅游的国家还在不断增多（Connell，2006）。在印度，医疗旅游正在以每年30%的速率增长。古巴大力发展特种疾病医疗旅游，如进行特殊体检、早期癌症检测、心脏手术、神经移植、微型眼外科技术、减肥、整容等，均取得显著成效（迟景才，1998：420）。

②温泉旅游

温泉旅游是世界上最古老的休闲度假旅游方式之一，将温泉资源开发为度假区曾经是世界常见的旅游度假区模式。温泉度假区的发展经历了两个阶段：其雏形是功能单一的早期欧洲比利时的温泉疗养地Spa（斯帕）。15世纪前后，在比利时附近叫作斯帕的小山谷有一个热喷泉，居民发现喷泉的水可以治病，温泉中含有一些对人体健康不可缺少的矿物质，水中还含有当地山上成千上万种花卉草本在水源上层浸积形成的精油成分。之后欧洲陆续在温泉四周兴起很多健康中心、度假胜地、旅馆等，温泉疗法（Spa therapy）在欧洲各地如比利时、法国、德国、英国以及黑海附近地区风行起来。久而久之，人们便称这种水疗环境和方法为"Spa"。第二个阶段是18世纪兴起的以温泉治疗为主导，配套高档住宿设施、娱乐设施和服务设施的传统温泉旅游度假区；20世纪20年代开始向以温泉治疗和休闲娱乐并重发展的现代温泉旅游度假区转变（Wightman和Wall，1985）。

温泉旅游在世界范围内得以发展，其中尤以美国和日本的温泉度假区最为闻名。温泉度假区大都选址于自然环境良好的地区，不仅建设了高档次的康体中心，配备现代化的疗养设备、诊所、疗养院和治疗设施，提供专业化的疗养医师、舒适的住宿条件、一流的饮食服务等，而且还增加了现代化的休闲娱乐旅游项目，如高尔夫球场、滑冰场、赛马场、会议中心、游乐场所和豪华沙龙等（Loverseld，1998）。温泉旅游度假区的规模不断扩大，功能日趋多样化，逐渐发展成为集温泉浴室、游泳浴池、健身房和社交活动多功能于一身的综合性大型旅游度假区。在日本，旅游地的形成与温泉资源的存在密切相关，温泉观光地成为最富有日本风格的旅游区之一。

（3）山地度假与滑雪旅游

山地地区特殊的自然旅游资源与优美的生态环境契合高节奏、高强度的现代都市人追求的"回归自然、身心放松、健康调整"的生活潮流。山地旅游涉及观光、休闲和度假等多种功能。黄静波（2007）列举了山地型景区可能开发的旅游产品。山地度假主要有冬季的滑雪旅游和夏季的避暑旅游。在欧洲，阿尔卑斯山区从18世纪就是欧洲富人和贵族的度假休养地。对现代游客来说，阿尔卑斯山是快慢动静皆宜的旅游胜地，游客在此开展的休闲娱乐活动包括滑雪、攀岩、飞行伞、溪降、独木舟漂流、山地自行车、丛林越野、自驾车穿越、山径漫步、乘登山火车或缆车等（李健、郑国全，2006）；在中国，山地旅游区正在经历从观光旅游向休闲度假旅游的功能转化和提升过程。

在具备一定的积雪、坡度条件下，主要是那些冬季具有较丰富降雪的山地地区，可以开展滑雪旅游。滑雪旅游不仅可以增加旅游者的参与性，还可以促进旅游淡季地方经济的发展。20世纪50年代人工造雪机的发明进一步推动了滑雪旅游的发展。在发达国家高山滑雪旅游非常普及，美国目前约有滑雪场490个，在2002—2003年间滑雪游客数量达5760万人，同期加拿大的滑雪旅游者为1880万人（Hudson，2003）。滑雪旅游对资源的要求较高，其影响因素包括气候、海拔、地形、季节、技术等。

滑雪旅游可以与观光旅游、度假旅游相结合，以提高旅游地的利用率。传统的滑雪度假区大多数由原先的山村发展而来，海拔高度为1200~1550米；在20世纪六七十年代发展起来的现代滑雪度假区通常规划在海拔较高的山间牧场地带（海拔1800~2000米），那里可利用的土地更多而且雪季较长，但由于处在林线以上，因此这些度假区在夏季一般没有吸引力；目前，人工造雪技术的发展使得较低海拔的滑雪度假区有复兴的趋势（鲍德-博拉和劳森，2004：81）。

发达国家的滑雪旅游产品目前已发展到了成熟阶段，游客量出现了下降的趋势，同时由于滑雪场造成的环境问题以及全球变暖的影响，滑雪旅游产品亟待更新和多样化发展（Hudson，2003）。滑雪旅游的最大缺陷就是季节性太强，为了弥补这个缺陷，许多滑雪度假区依靠现有资源设计开发更多的活动以吸引夏季游客，包括缆车、游泳池、旱冰场、网球场、定向运动、自行车租赁、攀岩、漂流、滑翔伞、独木舟、木筏漂流以及冰川上的夏季滑冰等。

（4）乡村度假

城市居民前往乡村地区探古访幽和度假旅游，成为中外游客普遍偏好的选择之一。所谓乡村旅游（rural tourism）就是农户为旅游者提供食宿，旅游者以农场、牧场等典型的乡村环境作为旅游对象的观光与体验活动。它不仅包含农场度假，还包含特殊兴趣的自然度假和生态旅游、漫步、攀岩、骑马休闲度假、冒险活动、运动和康体旅游、狩猎和垂钓、修学旅游、艺术和遗产旅游。

Clark 等（1994）认为乡村在英国的自我认知中扮演着重要的角色，人们对乡村田园风光的向往情结使得后工业时代的乡村作为休闲娱乐度假环境的价值愈发突出。

乡村旅游的优势在于：具有使游客接触大自然、领略田园风光、体验乡土气息、参观民俗风情、品尝传统风味、购买土特产品和手工艺品的机会；同时在那里可以享受价格低廉的好处。在对欧洲 12 个具有发展旅游业雄心的乡村社区进行调查研究后发现，它们都希望在乡村地区发展旅游景点以增加对旅游者的吸引力，并且有很多旅游者愿意选择乡村作为度假旅游地。统计资料显示，70%的英国人每年至少到乡村旅游一次；36%的西班牙人季节休假是在 1306 个乡村旅游点的房屋里度过（国家旅游局，1999：508）；而在美国，60%以上的州都加入了乡村旅游开发行列（Luloff 等，1994）；由于乡村地区具有良好的自然条件，因此开发过程中不必花过多精力去改变那里的资源条件，而主要在于改善其基础设施和旅游娱乐设施，如住宿、餐饮、帐篷营地、娱乐、解说等。

国外的乡村度假经历了三个发展阶段：第一阶段是周末第二住宅；第二阶段是比海滨和山地度假区更近、消费更低的社会度假村；第三阶段是由于休假制度的变化而出现的乡村度假区和假日公园（鲍德-博拉和劳森，2004：85）。Willisms（2003）认为农场旅游的成功基于以下几个方面：将乡村景观与耕作或购买农产品如食品或手工艺品等相结合，将乡村生活浓缩为旅游者的高质量体验；所有服务和设施都体现了绿色、环保、自然的理念；散步、乘坐窄轨蒸汽火车、饲养牲畜、野外生活区、出售食品和手工艺品的小集市、中心花园、小餐馆和免费停车场。

社会度假村最初出现在海滨度假区和滑雪度假区附近，其目的是为工薪阶层的带薪休假提供便宜的住宿。后来，一些社会度假村开始在靠近城镇的地方发展起来，为旅游者提供长期度假、周末娱乐、平日聚会以及教育培训等功能。社会度假村的主要类型包括青年旅馆、帐篷村、改建的村舍、农庄和其他房舍（鲍德-博拉和劳森，2004：88）。其概念类似于中国日前兴起的"农家乐"。

综合性乡村度假区是乡村度假发展的高级形式，一般位于优美的环境中，并提供积极全面的度假活动：运动、游憩、文化、自然、休闲等（鲍德-博拉和劳森，2004：89）。舒伯阳（1997）将观光农业旅游划分为依托自然型和依托城市型两种类型，并分析了各自不同的区位、目标市场和管理形式。度假区设计过程重视自然环境与人工环境的相互补充，在选址时要选择高质量、生态多样化的自然景观，如灌木林、沼泽地、草原、湖泊和溪流等，这不仅能够为各种流行的户外活动提供良好条件，还能够在乡村环境中创造出一种隔离感。在乡村度假中，典型的户外活动有两种类型：一种是传统的放松式的被动的活动，如徒步、漫步、野餐、观光、垂钓、骑马等；另一种则是时尚的积极的竞赛性质的活动，如高尔夫、山地自行车、越野赛、定向赛跑、生存竞赛、摩托艇、滑翔、帆板和蹦极等极限运动（Williams，2003）。

在靠近客源市场的乡村地区，大量度假住宅的建设使那里的土地利用方式发生变化，地价上升，相关税收也有所增加，原有的农业经济因利润下降而趋于萎缩。农民们出售土地迁入城市，或者将其中一部分土地转变为旅游开发之用。另外一种方法就是将旅游与边际农业结合起来，使自己成为所谓的旅游农场主（tourism farmer），这一称谓最早出现于德语词汇中（Stadel，1982：9）。学者们将这种旅游方式称为农场旅游（farm tourism）（Lane，1994），主要指在乡村农场进行的各种旅游活动。欧洲各国主要表现为农业观光，如农产品采摘、乡村音乐会、垂钓比赛、果品展览、宠物饲养、自制玩具、微型高尔夫等；美国和日本则还有参与各种农业劳动的旅游产品。

在中国台湾，观光休闲农业也正在迅速发展，产品形式包括五种类型（范子文，1995）：一是较大规模的休闲胜地型，这类游乐点利用优美的自然景观，辅以专门设计的旅馆、餐厅、球场等设施，商业性明显；二是可供过夜的农舍或乡村旅店之类的游憩场所，一般设施都较简单，乡土风情浓郁，能使游客充分享受农村和平宁静的夜晚；三是以观光农园为主的综合性农业观光带，在风景名胜区开发特色农园，天然美景与观光农园融为一体；四是野生动植物观赏与研究的地点，尤其是水鸟观赏区和红树林保护区观赏；五是品尝野味的休闲旅游类型，以开发游乐区内山珍、海鲜等特殊口味的新鲜食品吸引游客。

（三）商务会展节事旅游产品

基于谋取商业目的、政务需要和个人职业发展的旅游者在旅游中占有一定的数量，从供给方来讲，很多城市对商务旅行和会展节事旅游非常重视，作为当地经济发展的一个重要支柱或主要产业。正是从供需双方都存在大量商务旅行及其服务业的实际需要，学术界也逐步认识到，旅游研究和旅游规划对商务旅游需要予以更多关注。（图 3 - 2）

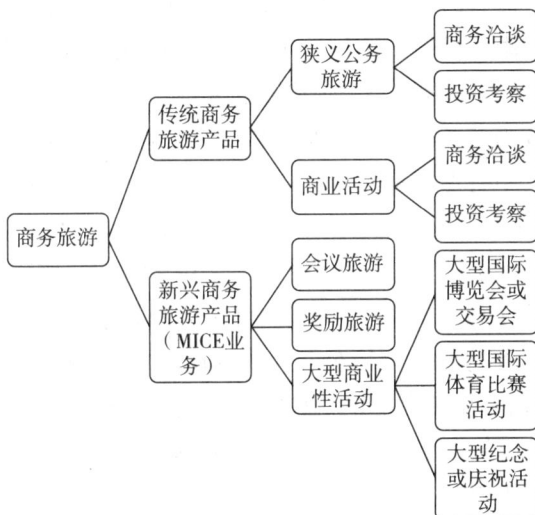

图 3 - 2　商务旅游产品的分类

1. 商务旅游

世界旅游组织将商务旅游定义为：出于商业目的，人们到达并在非居住地滞留的活动。

商务旅游已在世界范围内成长为巨大的产业。在英国，20 世纪 90 年代后期商务旅游给英国经济带来大约 120 亿英镑的收入，一个为期 3 ~ 4 日的政务会议可以给目的地城市带来超过 1000 万英镑的收入（Rogers，1998）；在美国，每年要举行不少于 100 万次的会议，参加者大约有 8500 万人，每年的会议消费超过 750 亿美元（Oppemann 和 chon，1997），1996 年会展和奖励旅游业收入约 830 亿美元（Rogers，1998）；在德国，20 世纪 90 年代中期会展收入超过了国内总收入的 1%。许多目的地城市都意识到发展商务旅游能够带来的巨大效益：商务旅游者平均旅游花费更高而且一般在旅游淡季出行；商务旅游者一般行为得体，因而对目的地社区的影响较小；商务旅游能够改善基础设施建设，促进社区休闲设施如商店和电影院等的发展；商务旅游会带来更多投资，并带给当地经济更多的商机，如摄影、印刷和花卉业的发展。因此，商务旅游已被视为工业城市和传统海滨度假区复兴的关键战略。当然，商务旅游也会给目的地带来一定的负面影响，包括交通拥堵和犯罪增加。

商务旅游与一般的观光旅游和休闲旅游不同，具有以下特点：商务旅游者往往是专业人士，旅程时间较短但频次较多；目的地选择因工作需要或由他人决定，很大程度上限于城镇；旅行费用由公司而非旅游者本人支付。Davidson（1994）比较总结了商务旅游与愉悦旅游的差别。

一个城市要成为商务旅游目的地，必须发展适应商务旅游者需求的有形和无形要素集合。其中有形要素包括：地理特征（如气候、地形和景观），城市内外交通网络（包括机场、港口和铁路），接待设施（包括酒店和大学生宿舍），人造景点（如历史建筑、主题公园、餐馆、酒吧、博物馆和电影院等）、可开展商务的场地（如会展中心和酒店会议空间），能够提供会议、交易会和奖励旅游等全套服务的专业会展公司，配套服务（如鲜花、视听设备、标识制作等），能够为潜在旅游者提供信息的目的地营销机构。无形的要素取决于旅游者对目的地的感知，包括目的地的安全性和稳定性、友好程度、氛围以及服务的效率和诚信等内容。（图3－2）

2. 政务旅行

在东方传统国家，由于上级政府对下级政府和社会运行具有较高的控制力，前往政治中心城市承办各种政府及机构间业务的出行是重要的旅游方式，它是一种特殊的商务旅游。另外，前往政治中心进行信仰崇拜活动，也是重要的旅游动机。

北京作为中国的首都，每年吸引数以千万计的国内旅游者，其中相当数量的游客是出于政务原因。除了一般的旅馆外，各地在北京设立的驻京办事处也是重要的旅游接待基地。天安门广场是世界上最大的城市广场，这里集中的各种设施和赋予政治含义的吸引物，每年吸引了大量的国内旅游者，是中国最大的爱国主义教育基地。省市一级的政治中心城市，如省会、自治区首府、中央直辖市和计划单列市，同样在相当大的范围内成为其辖区内的政务旅行中心。

但政务旅行与管理体制和行政生态具有较强的联系，随着政府机构的精简、政府职能的转变和会议制度的改变，今后若干年内单纯的政务旅行将会有所减少，其他类型的多目的商务旅行将会增加。

3. 会展奖励旅游（MICE）

作为商务旅游中比较突出的一类产品，会展奖励旅游（MICE），即会议（Meeting）、奖励旅游（Incentive）、大会（Convention）、展览（Exhibition），已经成为全球旅游业中发展最快的产品之一，并逐步成为商务旅游的支柱

（Getz，2000）。会展奖励旅游是通过举办各种会议、博览交易、文化体育、科技交流、奖励旅游等活动，以吸引游客到目的地城市洽谈业务、交流沟通和旅游参观访问，为他们提供"食、住、行、游、购、娱"等方面的良好服务，刺激他们消费，从而为当地创造经济效益、社会效益和环境效益。一般来说，会展奖励旅游市场各组分单元规模可以做如下界定：会议（M）规模在100人以下；奖励旅游（I）在200人以下；大会（C）在600人以下；展览（E）在1000人以下（许峰，2002）。

（1）会议旅游

Davidson（1994）认为会议是指"为了使人们聚集在一起讨论一个共同感兴趣的话题而组织的节事，可以是商业性也可以是非商业性的，参加的人数可能从数人到数百人不等，可能持续几个小时到几天不等"。由于会议常常要使用与旅游业相关的设施和服务，如交通、住宿、餐饮等，因而被列入商务旅游的范畴；并且通常情况下，会议参加者在会议前后会转变成普通旅游者。而展览则指"为了销售或宣传的目的向受邀请的观众展示特定的产品或服务"。由于展览促使了举办方和参观者的出行，同时产生了大量旅游服务、餐饮和住宿的需求，因而也是商务旅游的一种形式。会议和展览通常被认为是都市旅游中最重要的活动，在一些城市中，这两类客人可能占到住宿业客源的40%（Law，2002）。

会议可分为协会会议、政府会议和企业会议三类，展览可分为面向特定群体的专业展览和面向全社会的公众展览两类。当然在现实中，以上划分并不是绝对的，如会议与展览有时是并行的，专业展览与公众展览也是可以并存的（许峰，2002）。

会议旅游者一般具有团队规模较大、滞留时间较长、消费较高的特点，同时在旅游淡季同样可以举行，弥补淡旺季之间的不平衡，对提高举办地的知名度也有深远影响。会议的举办不仅能在短时间内给目的地带来住宿、餐饮、交通等方面的巨大收入，还可以为相关的专业服务部门（如视听设备公司、摄影公司和会议场馆等）创造收入。会议对环境的负面影响除了加剧交通拥堵以外，新的会议设施尤其是大型会展中心的建设也会带来一定的问题（Swarbooke 和 Horner，2001：82）。

（2）奖励旅游

国际奖励旅游协会（SITE，1998）将奖励旅游定义为："一种现代化的管理工具，目的在于协助企业达到特定的企业目标，并对达到该目标的参与人员给予一个非比寻常的旅游假期作为奖励；同时也是为各大公司安排以旅游为诱因，以开发市场作为最终目的的客户邀请团。"

美国是奖励旅游的发源地，目前，汽车业和保险业这两个竞争最为激烈的行业仍为美国主要的奖励旅游市场；在英国，企业 2/5 的奖励资金以旅游的方式支付；在法国和德国，有超过半数企业实行奖励旅游方式；在东南亚一些国家和地区如新加坡、中国香港等，奖励旅游非常流行，已成为企业奖励员工的主要方式。奖励旅游与会议旅游相结合，或与企业业务培训相结合，是国际奖励旅游市场的一种新趋势。国际奖励旅游协会的研究报告表明，一个奖励旅游团的平均规模（人数）约为 110 人，每个游客的平均旅游花费（不包括国际交通费用）约为 3000 美元，考察活动结束后，游客再访率为 15% ~ 20% ，一个中等规模奖励旅游团的平均投资回报比率为 1：47，即每投资 1 元，市场将回报 47 元。

选择奖励旅游目的地的其他考虑因素包括目的地的形象和地位，以及能否提供不同寻常的体验。奖励旅游目的地一般为综合性大都市，最近偏远原生态的区域也开始逐步成为非常规的奖励旅游目的地。奖励旅游产品是一种缺乏价格弹性的产品，如 2001 年一项调查显示，纽约是英国第一位的奖励旅游目的地，但是它同时是世界上消费最高的城市。

（3）节事旅游（event tourism）

节事旅游通常指以各种节日、盛事（事件）的庆祝和举办为核心吸引力的一种特殊旅游形式，也有学者称其为"事件旅游"，西方学界常常把节日（festival）和特殊事件（special event）合在一起作为整体进行研究，即"节事旅游" fesrival & special event ）（Getz，l991）。Ritchie（1984：2）给大型节事下的定义是："从长远或短期目的出发、一次性或重复举办的、延续时间较短、主要目的在于加强外界对于旅游地的认同、增加吸引力、提高经济收入的活动。要使其获得成功，主要依赖其独特性、地位、具有创造公众兴趣和吸引人们注意力的时代意义。"

大型旅游节事（hallmark tourist events）对承办地的旅游业具有显著影响。以美国新奥尔良举办的 1984 年世界博览会为例，通过承办活动，新奥尔良改善了当地的基础设施和旅游形象，增加了到访的旅游者人次，大大促进了城市的经济发展。

节事旅游与举办地的其他旅游吸引物具有互相促进的关系。Higham 和 Ritchie（2001）通过对新西兰南部社区 1970—1998 年期间举办的各类节事的研究，发现社区文化、娱乐、休闲、历史等要素不断被整合到旅游节事中，通过这种方式，节事组织者们不断提高节事的娱乐价值，增加节事吸引力并延长节事举办期。Jago 等（2003）指出举办地的各类旅游吸引物（如文化风俗、历史建筑、商业及娱乐活动等）若能与节事自身所倡导的价值和主题相吻合，将积极促进目的地的形象提升。

由于旅游节事以人群的密集和兴奋为主要特征，对节事旅游的管理模式必然也不同于一般的自然旅游、遗产旅游、度假旅游模式（Fisby 和 Getz，1989），这一点在进行节事规划、开发时就已引起有关人员的强烈注意。

（四）专项（主题）旅游产品

观光、休闲度假和商务会展这三类旅游产品都属于目前较主流的旅游方式，这三种旅游的参与人数较多，是旅行社及其他旅游企业的主打产品，这些产品往往是标准化和程序化的，因此可称为常规旅游产品。与常规旅游产品相对应的其他旅游形式统称为专项旅游（主题旅游产品）和特殊兴趣旅游产品，这些旅游产品具有明显的个性化和非程序化特征，参与人数较少，主要针对具有特殊兴趣的中众和小众市场。专项（主题）旅游产品与前面三类旅游产品的划分并没有严格的界限。下面所列的各种专项（主题）旅游产品有可能在将来，随着市场需求的变化而扩大市场，成为常规旅游产品，而前面的三类旅游产品中也有可能会由于市场的萎缩，而成为专项旅游产品。近年来，旅游者对旅游产品的兴趣和需求逐渐多样化，出现了许多新兴的专项旅游产品。

专项旅游和特殊兴趣旅游产品的差别并非特别显著，而且呈动态特征，其主要依据就在于参与人数的变化。当参与者仅为少数时，即为特殊兴趣旅游；而当参与者出现较明显增加，产品表现为一定的主题或界定于特定领域时，即可视为专项或主题旅游。

1. 教育旅游（修学旅游）

在中国历史上，中古时期的修学旅游是东方文化中的奇观之一。自司马迁生活的时代，到盛唐李白所生活的时期，其间经历 800 多年，"读万卷书，行万里路"的人生修养方式锻炼了许多杰出的人物。唐宋两代中国士人的书剑生涯与旅游生活，成为中国旅游史上的一代盛事（王淑良，1998）。不仅东方有这种游学传统，在英国，也有所谓的大旅游（Grand Tour）传统，即一个英国贵族在完成其高等教育时，必须经历一次到欧洲大陆的旅行。现代意义的教育旅游始于日本，至今已有 100 多年的历史（迟景才，1998：423）。

　　教育旅游指以教育和学习为主要或第二目的的旅游活动，可以分为一般教育旅游、成人学艺旅行、中小学教育旅游和大学生旅游四类（Ritchie 等，2003：18）。在过去几十年里，由于一批教育程度更高、更加渴求知识获取并更积极参与旅游活动的"新旅游者"的出现（Poon，1993），"新旅游"开始被视为户外教育的一种重要方式。传统的消极的观光游览活动开始被"真实"（REAL）的旅游活动所取代，REAL 指有益（Rewarding）、丰富（Enriching）、冒险（Adventure some）和学习（Learning）的体验（Read，1980）。在此基础上兴起的旅游产品包含教育和学习的因素，被称为一般教育旅游产品，其形式主要有依托自然旅游资源的生态旅游产品和依托文化旅游资源的遗产旅游产品（Ritchie 等，2003：29）。

　　在"自我提升"动机的驱使下（Smith 和 Jenner，1997），市场出现了主要针对成人和老年市场的学艺（修学）旅游，包括学习烹饪、品酒、绘画、赛车等。Richards（2000）将其称为"创造旅游"，包括了一系列的活动，涉及范围从艺术和手工艺到烹饪、健康和疗养、语言、宗教、自然和运动。未来这些旅游产品的市场潜力将不断增大。

　　中小学教育旅游包括中小学学生的学校课程旅行、野外考察和到外国语言学校学习语言（Ritchie 等，2003：130）。学校课程旅行一般与课堂学习直接相关，有时还是整体课程设计中的一个部分，如植物课老师带领学生参观植物园，生物课老师带领学生参观动物园等。这种类型的旅游活动能够激发学生对相关课程的学习兴趣，并使其更好地掌握在课堂上学到的知识（Hurd，1997）。野外考察的主要目的是培养学生的情感素质，如提升环境意识，发展人际交往能力，建立自信，改变对自己、他人和环境的看法等（Lai，1999：239）。语言学校旅游在英国、美国、加拿大、澳大利亚、新西兰、爱尔兰和马耳他等国家非常盛行（Batchelor，2000：24）。这些学校吸引了大量的国际学生在来学习英语的同时进行旅游活动。Grant 等（1998）认为语言学校在建设管理过程中需要注意 7 个方面的内容：选址、食宿设施、休闲活动、拥挤程度、安全性、花费以及名声。

　　根据出游时间的不同，大学生旅游可以分为假日旅游和学期期间的教育旅游。Rrichard 和 Morgan（1996）认为，大学生与全职工作的同龄青年人的出游模式有很大差别。大学生的收入较低但是空闲时间较多，喜欢自行设计旅游线路，更多地从非正式渠道（朋友、亲戚和个人经历）获得旅游信息（Sung 和 Hsu，1996）。Josiam 等（1994）发现大学生们希望在假日参与消极的、社会的和享乐的活动；其中，消极与放松相关，享乐与"舞会和饮酒"相联系，而社交活动包括与朋友和亲戚的会面。统计发现，大学生们在假日参与较多的活动包括：运动和健身。除了在假日进行旅游活动外，大学生们还有机会在学期期间到国外交流，这是他们获得学位的一个部分。参加国外交流的学生们有两种：一种是自费，另一种是公费。国外交流经历能够为大学生提供新的学习体验和更高质量的教育。有时，国外的学习费用还会低于国内的教育费用。学期期间的旅游活动还包括与课程相关的野外实习，它能够激发学生的学习兴趣，帮助他们理论联系实际，更好地掌握知识，以实现大学教育质量的提升，传统的实习科目包括地理、历史、海洋生物和旅游管理等。

2. 工业旅游

工业旅游包括工业遗产旅游和工业观光旅游。国际上工业旅游的产生首先是从工业遗产旅游开始的，19 世纪末，伴随着对工业遗物的收集和遗址的保护，工业革命的诞生地英国出现了一个特殊的研究领域——工业考古学。

工业考古学的出现促进了工业遗产保护意识的形成与发展。许多工业文物，如历史性的工业产品、生产用的各种机器、工业纪念品等，被大量挖掘出来，作为旅游吸引物，展示在各种博物馆中，如英国英格兰北部约克郡的"城堡博物馆"。

20 世纪 80 年代初，后工业化时代的到来使得发达国家的传统工厂和企业出现了衰退和逆工业化现象（Blackbaby，1979），为了推动老工业基地的复苏，工业遗产旅游得到迅速发展（Wooder，1992）。工业遗产旅游的发展又引发现代化工业企业开展工业观光旅游的兴趣（Yale，1998）。企业开发工业旅游的动机多样，包括：推广企业形象，提高产品的市场占有率；延长产业链，获取经济效益；使游客受到教育；为社区提供休闲场所设施等（颜亚玉，2005）。

工业遗产旅游是以过去的工业遗址，包括旧址、厂房建筑、空置设施和矿区景观等为基础发展的旅游活动（Edwards 和 Llurdes，1996）。李蕾蕾（2002）认为，工业遗产旅游是"在废弃的工业旧址上，通过保护和再利用原有的工业机器、生产设备、厂房建筑等，改造成一种能够吸引现代人们了解工

业文化和文明，同时具有独特的观光、休闲和旅游功能的新方式"。Edwards
等（1996）认为英国工业遗产旅游的产生基于以下 4 个原因：战后休闲产业
的发展；怀旧情结的出现及其市场潜力的发掘；保护运动的兴起；政府文物保
护政策开始考虑旅游业；国家或地区正在经历工业和制造业的衰退。

工业遗产的范围广泛，包括：能源动力产业中的水车、蒸汽机、核电站，
采矿业中的矿石场和工矿地，制造业中的农产品加工工厂，纺织、化工、陶瓷
等生产领域，谷物交易所等商业性建筑，工人的住房、工厂主的管理和办公建
筑、工业码头等相关建筑，以及整体工业区等（Yale，1998）。因此，可开发
的工业遗产旅游产品的类型也很多。Edwards 等（1996）将工业旅游产品分为
四类：生产过程产品、工艺过程产品、运输过程产品和工厂社会文化产品，其
中生产过程产品必须在原址上开发，而其他三类产品既可以在原址开发也可以
移植到他处开发。

李蕾蕾（2002）通过对德国鲁尔工业区的考察分析，总结了工业遗产旅
游的四种开发模式：博物馆模式，产品表现为露天博物馆、生态博物馆等；公
共游憩空间模式，产品表现为景观公园；购物结合开发模式，产品表现为购物
中心；区域性一体化模式，即由区域综合整治计划指导下的区域性统一开发和
区域旅游线路设计与推广。其后，她又进一步总结了工业观光旅游开发的四种
模式：

（1）名牌企业主题园：利用大型名牌企业的吸引力，兴建相应的主题旅
游园，并综合形成名牌观光地，如德国大众公司的汽车城每年吸引超过 100 万
名的游客，荷兰阿姆斯特丹的喜力啤酒公司的体验园，开业一年就吸引了 25
万名国内外游客；

（2）工业园区观光地：在国外，很多工业园区，特别是高新技术产业园
区都具有观光吸引力，如日本的筑波、英国的剑桥科技园、美国的硅谷等，不
仅对专业人士具有吸引力，对于一般游客也有潜在的吸引力；

（3）工业博览与商务旅游开发：通过建设工业博览馆或者工业博物馆，
举办有主题的工业博览会，实现招商活动、商务贸易和旅游的融合；

（4）组合开发：将工业旅游资源与其他非工业旅游资源，如农业观光、
海滨度假和温泉保健等组合形成特色旅游线路（李蕾蕾，2004）。

工业观光旅游为游客提供了到车间观看工业生产情况的机会，即以工业生
产活动为吸引物，供旅游者参观、考察、体验和学习的一种旅游方式。法国的

雷诺、标致、雪铁龙三大汽车公司，德国西门子公司，美国福特公司、波音飞机制造公司、航天基地等，都已成为极具吸引力的旅游景点。工业观光旅游的发展几乎没有产业的限制，包括能源产业、纺织业、食品和饮料产业、玻璃和制陶产业、消费品制造业、银行、保险公司、商业会所和其他经济活动中心、运输组织、公共建筑等（Wooder，1992）。

3. 美食旅游

以品尝美食为主要动机的旅游活动被称为美食旅游。一直以来，食物都是游客完整旅游体验中的一个支持要素，但是在美食旅游的过程中，食物是游客的主要旅游体验。在美食旅游中，游客希望品尝更加多样、更多选择并与日常饮食不同的地方特色饮食。美食旅游包括烹饪旅游、美食节、葡萄酒旅游及其他与食物相关的节事，如新加坡美食节的"辣椒节"、芝加哥美食节（Taste of Chicago）、欧洲葡萄酒之旅、纽约沙芬的巧克力节等。随着旅游业的发展，特殊的饮食与景区、主题公园一起，都能够成为目的地的主要吸引物。

开展美食旅游应具备下列条件：食品和菜肴具有鲜明的地方风味特色；精细的选料、精湛的烹饪技艺和制作技巧；良好的饮食环境和卫生条件；精致的餐饮服务质量。美食旅游可以为食品制造企业，尤其是农产品制造业提升产品价值的机会，对于没其他特色的农村地区，在很多情况下都可以考虑将乡土特殊饮食作为主要吸引物向游客进行宣传促销。对于具有多样化特色美食的地区，饮食文化可以转化为与食物相关的节事以吸引游客；此外，在举办其他大型节事时，可以考虑将特色饮食作为一个分节事推出。美食节和美食旅游可以提升目的地形象，并吸引更多的当地居民参与旅游业，当地居民和社区的参与是美食旅游得以持续发展的基础。

在西方，葡萄酒是传统的配餐饮料，葡萄酒一直以来都与放松、社交、求新和好客等情感联系在一起（Bruwer，2003）。在这种饮食偏好的驱使下，20世纪90年代以来，一种新兴的美食旅游产品——葡萄酒旅游（Wine Tourism）受到了重点关注并迅速发展起来。葡萄酒旅游是指以品尝葡萄酒或体验葡萄酒产区特色文化为主要旅游动机的旅游，包括参观游览葡萄园和葡萄酒厂、参加葡萄酒节和葡萄酒展示会等，葡萄酒旅游的主要吸引力在于葡萄酒景观，即大片的葡萄园、葡萄酒制作工艺、制作和存放葡萄酒的酒厂。

（五）特殊兴趣旅游产品

特殊兴趣旅游（Special Interest Tourism，SIT）是专项旅游或主题旅游产品的一个分支，其特征表现为主题领域更为狭窄、创新性比较强、参与人数比较少。可以说，特殊兴趣旅游是旅游产品的探路者、急先锋和试验田。Trauer（2006）对特殊兴趣旅游产品与大众旅游产品的关系进行了详细阐释，他认为，特殊兴趣旅游对应于一般兴趣旅游，一般兴趣旅游关注的是到哪里去度假，而特殊兴趣旅游关注的则是追求什么兴趣和活动、到哪里能实现这些兴趣。特殊兴趣旅游包括科考旅游、探险旅游和体育旅游等。当然，从参与人数来看，体育旅游的人数相对比较多，我们也可以将其视为一种专项旅游，或者是休闲旅游，在本书中，运动休闲和体育旅游被归类到休闲度假产品之中了。

1. 科考旅游

科考旅游不仅是一种高品位的生态旅游活动，也是一种特殊的教育旅游产品。科学考察旅游一般发生在受人类活动影响较小的自然地区，目前开展科考旅游较多的地区主要是自然保护区和森林公园。

人类对自然界充满了好奇心。正是受好奇心和科学探索欲望的驱使，许多旅游者对野外考察、自然观察和科学探险抱有热情。科考旅游是针对现代生活所产生的新型需求和适应需求而创造的新型产品，旨在通过旅游地的深层次开发，突出其科学文化内涵，以满足人们探索大自然奥秘的好奇心，提高科学知识水平的旅游项目（王跃华等，2000），包括专业科学考察旅游和科普旅游两个层次；王跃华等还认为，科学合理地开发、设计科考旅游项目，一方面可以满足游客对当地自然景观、生态系统及生态过程和动植物区系认识的需求，在公众欣赏人与自然和谐美的过程中，增强公众保护环境的意识；另一方面可以增强旅游景区的吸引力，增加收入，为保护环境提供资金来源。

科考旅游产品的开发过程需要特别注意两个方面：一是解说系统的设计和建设，这是实现科考旅游的科学普及和环境教育功能的关键，具体内容包括：指示牌、科普读物、电子出版物和导游培训；二是环境管理，在开发前要进行环境评价，并定期进行监测，分析科考旅游对环境的影响，进行游客容量管理，以确保生态环境的良性发展（马丹炜等，2001）。

地质旅游是科考旅游的一种较成熟产品。1989年通过的《国际地质大会章程》指出，地质旅行是历届国际地质大会的重要特征和主要内容，也是举办国提供与会者考察本国或本区域地质构造、地质环境和矿产资源的重要途径。吴昭谦（1990）认为中国可以开发的地质旅游产品包括典型地质剖面、著名古生物化石产地、重要地质构造形迹、冰川与冰川遗迹、火山遗迹、地震遗迹、古人类遗址、古采矿遗址、现代矿山与典型矿床、其他特异地质现象等类型。作为科学旅游的一种形式，震迹旅游受到重视，并被纳入震区重建工作的总体规划，设计富有吸引力的旅游线路（李飞桥，1996）。实际上地震遗迹仅仅是灾害旅游的一种吸引物，适当保留各种自然灾害和人为灾害的现场遗迹，可以开发为具有一定研究意义和教育意义的旅游产品。

2. 探险旅游

探险旅游在国外又称冒险旅游（Adventure Tourism），是指由旅游企业组织设计的，依赖特殊自然地形和特定设备而开展的户外活动，它能够带给旅游者新奇刺激的特殊体验（Buckley，2007）；加拿大旅游局认为，探险旅游是"在一个不同寻常的、新奇的、偏远的野外目的地进行的低层次或高层次的户外休闲活动，常常涉及非传统的交通方式"（Fennell，1999：51）。Page（1997）指出，探险旅游不仅包括自然考察和野生生物观赏等低危险的生态旅游活动，还包括空中、陆上和水中的各种高危险活动。

探险旅游者在追求风险的同时，非常关注安全性，体现在对装备的仔细检查、对环境的仔细考察以及选择有口碑的旅游产品供应商等方面（Ewert，1994）。探险旅游的风险来自于游客、设施和环境三个方面，为了减小探险旅游的风险、意外伤亡，应对探险旅游进行严格的风险管理。

另外一类高危探险旅游包括前往人迹罕至地区或参加有人身安全威胁的旅游活动。它可分为两类，一是组织游客前往或参加富有冒险性的旅游活动，如南极旅游、北极旅游等；二是组织游客参观非常惊险的表演活动，如走钢丝横跨三峡、骑摩托车飞越黄河等。产品内容常常涉及挑战自然、接触大自然等。高危探险旅游主要吸引 Plog（1974）所称的异向型和中间型旅游者（France，1997：16）。

3. 摄影旅游

摄影旅游是指旅游者前往自然景观独特、民族风情浓厚的地区旅行，并拍摄自己作品的旅游方式。随着技术的进步、照相机和摄像机的普及，摄影这种曾经只属于少数艺术家的高雅活动，已成为普通大众的日常休闲娱乐活动。在此基础上，旅游越来越多地与摄影联系在一起。多数旅游者认为，旅行时随心所欲地拍摄照片是他们的最大乐趣之一，Chalfen（1979）发现，一些旅行者总是随身携带充足电的照相机，并拍下一切可能拍到的景物。Brandin（2003）认为旅游者拍摄照片的主要目的是"自我叙事"（self-narrative）和"自我认同"（self-identity）。通过旅游时拍摄照片以及旅游后观看照片等一系列活功，游客不仅可以确定自己的社会身份和角色扮演，还可以确定自己和他人（如家人、朋友、一起游玩的同伴以及旅游地当地人等）之间的关系。家庭出游度假时，拍照是最好的凝聚剂。

对许多旅游者而言，拍摄照片这一过程能够使他们获得满足感，因而远比照片本身更重要（Suonpaa，2003）。在以自然环境为主体的生态旅游过程中，旅游者对拍摄自然景观充满期望，并将自然旅游与摄影旅游视为一举两得的体验方式。一些旅行社将摄影旅游作为自己的专门经营业务，一般与狩猎旅游、探险旅游结合进行。摄影旅游接待地的概念十分简单，在风景如画的小河边修建两三座自备餐饮的圆形茅屋、一座帐篷，从这里可以走进附近的丛林，在河滨垂钓，或者走访当地的村落。这种产品经济效益并不高，但是它却为旅游者提供了很好的学习机会，并使附近的城市居民增加对家乡的自豪感。

摄影旅游并非总是以优美的自然风光和特色的风俗文化为对象，有些游客具有一种主动追寻那些反映人性丑陋一面的情景进行拍摄的倾向（Piekarz，2003），这种需求导致了"黑色旅游"的产生：黑色旅游是一个与现代电影和摄影相关联的概念，是指以纪念人类历史上各种悲剧甚至恐怖事件为目的，将这些事件转变为商品（旅游景点）满足游客需求，如监狱旅游、著名暗杀事件发生地、纳粹集中营、大屠杀现场等（Lennon 和 Foley，2000）。Rojek（1993：170）认为黑色旅游的游客在追求休闲和娱乐体验的同时，还具有对悲剧感兴趣的特征，而且两者以一种特殊的方式融合在一起。

三、体验导向的产品设计

20 世纪 90 年代末，Pine 和 Gilmore（1998）宣称，体验经济时代已经来临，成为继服务经济之后的第四个经济发展阶段。所谓体验，就是企业以服务为舞台，以商品为道具，环绕着消费者，创造出值得消费者回忆的活动。体验是个人的心境与事件的互动，随着体验经济时代的来临，MeeLhan（1998）认为旅游者的品位将发生变化，高收入的旅游者开始追求特殊体验，越来越多的新旅游场所的涌现使得旅游地竞争日益激烈，旅游供应商不得不开发更多的新产品以适应市场的需要，传统旅游地和大众旅游面临多方面的挑战。

（一）体验式旅游概述

体验式旅游是在体验经济大背景下快速发展起来的一种新型旅游模式。

2001 年 6 月澳大利亚旅游业发展报告中首次提出了"体验式旅游"这个概念。该报告指出，1980—1990 年的 10 年间，随着自驾车旅游、自发式旅游团队的不断增多，追求个性化、差异化体验的旅游得到了快速发展（ATSCS, 2001）。Stamboulis 和 Skaynnnis（2003）把体验式旅游定义为一种预先设计并组织的，有一定程序的，游客需要主动投入时间和精力参与的，追求舒畅而独特感受的旅游方式，它能给旅游者带来一种新的附加价值；他们还进一步提出体验式旅游开发必须注重旅游项目的独特性、旅游者的参与性、旅游活动的适度挑战性等。随着体验旅游的出现，学者们开始认识到旅游活动在根本上是旅游体验（李经龙等，2005），创造具有丰富而独特体验的旅游产品成了旅游规划的核心内容。旅游者常常会对单一的旅游体验感到乏味，因此有必要开发体验类型多样化的旅游产品。

梁彦明（2005）将旅游体验分解为四要素（People, EnviONment, Activity, Reaction），游客与其他参与者（People）相互作用，在由旅游吸引物、有形环境和设计构成的旅游环境（EnviONment）中参与各种游憩活动（Activity），并通过这一过程产生各种内在的反应（Reaction）获得完整的旅游体验。

（二）活化旅游

活化旅游（Animation Tourism）产品是体验旅游产品的一种表现形式。随着旅游产品竞争的日趋激烈，人们对产品的品牌的要求越来越高。能否过上一个有目的的假日，越来越成为旅游者所重视的问题。他们现在已经不再满足于在假期里被动地晒太阳，而是希望从中得到更多的东西。但同时他们又无法依靠自己的力量和能力来实现这样的度假要求。旅游者在假期里的一个普遍愿望，就是需要"改变围绕着他们的墙纸"、逃离日常的生活环境和工作程序，寻求与他们日常生活相异的经历。这些要求的实质是，一方面旅游者希望在有限的时间内能够愉快地体验一次现成的"全新"世界，而另一方面旅游者自身有限的旅行经历、不充分的语言交际能力、在外国环境里产生的焦虑和不安全感、缺乏个人创新勇气和接触陌生人的勇气，使得他们实际上又难以在一次假日里达成这样的一种场景改变。

为了帮助游客克服上述各种与旅游经历有关的"现实障碍"，出现了称为活化旅游的服务形式，其定义为"对于人体、对于心灵，或者对于参与社会活动的一种刺激，这种刺激可以来自他人（人为活化）、媒体（媒体活化）或物质（物质活化）"。通过活化服务，旅游者可以增加接触机会、增加人际交流，使节日活动的内容更加多样化、假期生活更加深刻，增加假日的乐趣、快乐和愉悦，开发个人创造力，实现个体的需求，并使个人经历更加丰富。有专家认为，虽然个体的活化活动涉及行为与经历的许多方面可能同时发生，但为了分析的方便，仍然可以从以下几个方面将活化旅游分为不同的"活化区"：

1. 运动

作为一种活化旅游方式，体育远不仅是一种教育经历或仅是某种项目的训练，而是一种"游戏"，通过这种游戏，参与者可以得到运动的乐趣、可从玩耍中获得愉快，使原来的竞赛方式转变为交流的方式。这类产品形式包括：沙滩操、大众排球、水中游戏等。

2. 业余爱好

游客已有或将要产生的家庭内爱好可以开发为活化产品。但这里要防止形成书生气十足的指导游客"自己动手做"式的爱好活动，而要将其转变为一种"没有压力"的娱乐活动，使游客充分发挥个人的创造能力。这方面的例子包括：镶嵌工艺、蜡染、木刻、陶艺等。

3. 娱乐活动

作为娱乐的文娱活动可以视为交友聚会和娱乐的方式，并起到鼓励游客参与和融洽相处的作用。例如：化装舞会、推圆盘游戏锦标赛、博彩游戏、民俗表演等。

4. 制造经历

对于普通的旅游者来说，不宜提倡极限游戏或冒险历程，如将自己的身体置于极限状态、蹦极、只身横越干热的沙漠等，而是积极提倡他们参与一些略微带有刺激性、也容易带给旅游者难忘印象的活动，其中会包括一些"小意外"，使假期变得难以忘怀。如野外露天过夜、自己组织的营火晚会、攀山徒步旅行、在投宿的宾馆以外的地方品尝地方风味、参加当地教堂的一次宗教仪式等。

5. 郊游

摆脱常规的旅游活动中的"观赏风景"、被动地消费指定的内容等的限制，而使郊游活动围绕着当时的情景，使游客随意接触当地风土人情，如在宾馆附近的植物园听当地人介绍植物、参与信息交流会、夜晚散步、参观当地的一个生产单位（而不是参观农业博物馆）。

6. 指导游客享受特殊时间

这种活化活动主要是提醒游客不要错过宁静的时间的珍贵体验，这些时间往往是两种旅游活动之间的一小段平静的时间，如在海滩上的活动与晚餐之间的时间。从字面上看，欣赏"宁静"似乎与游客的"活化"自相矛盾，其实不然，对于旅途中的纷杂而言，为游客提供一种安静的房间或场所、静悄悄的时段、沉思的体验，恰恰就是一种特定的"刺激"。例如：火堆旁的讲故事，烛光下的古典音乐欣赏、瑜伽，傍晚时分在迪斯科舞厅内的沉思等。

7. 促进交流

这种活化活动实际上存在于上述所有类型中，因此可以说它是一种目标。另一方面，它本身也可以变为一项活化产品，可以起到让新结识的旅游者增加接触机会、加快游客之间的相互了解。

第七节　旅游项目创意

一、旅游项目的概念

谈到旅游项目，在旅游者的心中一般都会有一个常识性的心理感知，即那些实际存在的可以接触和感觉到的仪器和设施，如游乐场里的各种吸引人的新颖娱乐设施等。但是，这只是旅游项目中的一个很小的部分。

旅游开发与规划中的旅游项目是一个外延十分广泛的概念。简单地说，旅游项目就是各种现实化资源，即由各种现实和潜在的旅游资源转化而来的，能真正创造价值和财富的旅游吸引物。因此，旅游项目并不是简单的旅游资源，而是要将已经存在的旅游资源经过人为的改造和设计，以使其独特魅力更加充分地展示出来。旅游项目是连接旅游者和旅游资源的一座名副其实的桥梁。世界上许多国家和机构对旅游项目的概念进行了界定，比较常见的有以下几种：

苏格兰旅游委员会在1991年将旅游项目表述为：所谓旅游项目应该是一个长久性的旅游吸引物，旅游项目的主要目的是让公众和旅游者得到消遣的机会，做他们感兴趣的事情，或者是受到一定教育，而不应该仅仅是一个娱乐场、一场歌舞剧或者电影、一场体育赛事等。旅游项目不仅仅应该吸引严格意义上的旅游者、一日游客，而且还应对当地居民具有一定的吸引力。

华尔士和史蒂文斯于1990年将旅游项目描述成具有如下特征的旅游吸引物：

（1）吸引旅游者和当地居民来访，并为达到此目的而经营。

（2）为到来的游客提供获得轻松愉快经历的机会和消遣方式，使他们度过闲暇时间。

（3）将发展的潜力发挥到最大。

（4）按照不同的项目特点来进行针对性的管理，使游客的满意度最大。

（5）按照游客的不同兴趣、爱好和需要提供相应水准的设施和服务。

从上面两个对旅游项目的表述中，我们不难发现，其中有一些特点是共同的。第一，旅游项目应该为旅游者提供消遣以度过闲暇时间；第二，旅游项目的吸引力应该长久，并且其吸引的对象不能仅仅是旅游者，一日游游客和当地居民也应该是旅游项目的吸引对象；第三，旅游项目需要一定的管理，并通过经营创造一定的经济效益。

综上所述，可以将旅游项目定义为：以旅游资源为基础，以旅游者和旅游地居民为吸引对象，提供休闲服务，具有持续吸引力，以实现经济、社会、环境效益为目标的旅游吸引物。

这里所指的旅游吸引物是一个广义的概念，它既包括了传统意义上的旅游线路、旅游景点，也包括了旅游地的节庆活动、文化背景以及旅游地的旅游商品。可见，广义的旅游项目是一个非常繁杂的体系，它涉及旅游业的食住行游购娱等各个方面，既包括了旅游吸引物的本身，还包括了为旅游活动的开展提供服务的外围辅助项目。

二、旅游项目创意的理论基础

旅游项目创意是一门科学，也是一门艺术。是科学，就要有基础理论作为指导；是艺术，就应体现个体风格与特色。综合相关领域的知识，旅游项目创意的理论基础可以概括为：旅游资源-需求整合论、旅游体验-符号经济论、文化创意-科技创新论。

（一）旅游资源-需求整合论

如前所述，旅游项目是旅游资源向旅游产品转化的中间形态，而旅游产品又是供旅游者消费的服务与设施的总和。因此，旅游项目创意应以资源为基础、以需求为导向。从某种程度上讲，旅游项目创意就是发现旅游资源、开发旅游需求，并实现两者有效对接的过程。

1. 旅游资源的发现与创新

旅游资源具有可拓性，其类型与范畴处于发展和变化之中，旅游资源的价值与功能在不断拓展，旅游资源的结构与联系也是可以变换和转化的。潜在的旅游资源和旅游资源的潜在功能有赖于人们去发现和挖掘，这就需要具备发现的眼光，树立拓展的理念。只有这样，旅游项目创意人员才能跳出现有的旅游资源及其既有功能的框框，发现新的旅游资源，挖掘旅游资源的新功能和价值，拓展旅游资源的利用方式和项目形态。

2. 旅游需求的开发与引导

旅游项目创意应以现实的旅游需求为依据，并充分考虑旅游需求的发展变化趋势。研究游客心理、决策过程、行为规律，发现旅游需求，是旅游项目创意的基础性工作之一。旅游需求的层次性、多样性和变动性，一方面，要求旅游项目创意人员把握旅游需求的特点与发展趋势；另一方面，也为旅游项目创意提供了无限的空间。顺应需求、满足需求是旅游项目创意的基本层次，激发需求、引导需求是中级层次，创造需求、开发需求属于高级层次。

3. 旅游资源与需求的对接

从需求的角度评价旅游资源，并寻求旅游资源与旅游需求之间的最佳对接点，以使创意出来的项目对应的产品符合心理学规律和市场需求。创意人员应认真考虑旅游产品能够带给旅游者什么样的利益和价值，这种利益和价值是否符合旅游者需要。在此基础上，挖掘产品的潜在价值，创造新价值，建立价值链。可以说，旅游项目创意成败的关键在于是否实现了旅游资源与需求的有效对接。

（二）旅游体验-符号经济论

在新经济时代，旅游活动被重新界定为游客在异地非惯常环境中短暂的特殊生活体验，这种非惯常消费属于典型的符号消费。旅游项目创意必须向游客提供丰富而独特的体验、尽量高的符号价值。

1. 旅游产品价值的创造

旅游产品的价值可以区分为功能价值、体验价值、符号价值 3 个层次。功能价值是旅游产品的基本价值，不需要过多思考；但是，体验价值、符号价值则在很大程度上依赖于旅游创意。同样的风味餐，加入餐饮文化解说、民族歌舞表演、献歌敬酒，就会产生较高的体验价值；如果再融入游客参与加工环节、置于特殊场所，则会产生更高的符号价值。旅游项目创意应深入挖掘旅游地文化特质，进行体验展示和创意编码，创造体验价值和符号价值。

2. 旅游体验价值的塑造

体验是一种新的价值源泉，提供了开启未来经济增长的钥匙。旅游是体验经济的典型，体验剧场模型对旅游活动进行了重构。体验可以分为审美、逃避、娱乐、教育四类，常用的设计方法包括：构思有良好意义的主题，为参与性的故事撰写剧本；以正面线索使印象达到和谐，通常涉及时间、空间、技术、真实性、质地、规格；淘汰负面因素，消除分散主题的东西；提供纪念品，使体验社会化；重视对顾客的感官刺激。这实质上为旅游项目体验化创意和设计提供了一个基本框架。

3. 旅游符号价值的培植

在消费社会中，消费者在选择产品时，所追求的并不仅仅是商品物理意义上的使用价值，还有商品所包含的附加性的、能够为消费者提供声望和表现其个性、特征、社会地位以及权力等带有一定象征性的概念和意义，即旅游符号价值。

旅游符号经济是一种创新型的经济形态，是一个以体验为价值实现方式的拟像世界，标志着从消费结果到消费过程、从产品消费到意义消费的转变。旅游的符号消费性质，客观上要求旅游项目创意重视对符号价值的挖掘、传递和消费。

（三）文化创意-科技创新论

文化是地域特色的集中体现，是旅游活动的灵魂，是项目创意的素材。中国历史悠久，文化灿烂，遗产众多，是重要的旅游资源。文化资源的开发和利用应充分利用现代科技手段、结合旅游需求来进行。

1. 文化内涵展示的创意

文化反映着特定历史时期的社会、经济、科技发展状况，具有特定的历史、美学、艺术、科学和教育价值。但是，多数文化资源都属于隐性旅游资源，不能够被大众旅游者所直接感知和体验。因此，文化型旅游地的项目创意中应注重结合文化产业发展和遗产保护，考虑运用恢复重建法、复原陈列法、有机更新法来塑造体验场景，通过静态与动态有机结合来使文化内涵物化、活化，通过设计参与性活动强化游客体验。

2. 科技表现形式的创新

科学技术是旅游产业发展的重要动力和支撑，对于旅游项目创意而言，科技最重要的贡献在于提供了崭新的表现形式，创造了独特的体验方式，消减了潜在的环境影响。在产品开发方面，可以通过运用虚拟现实、幻影成像丰富产品内涵，使隐性内涵显性化；在资源利用方面，可以通过运用现代地理信息、环保等技术改进资源利用方式，发现和创造新资源，催生新业态；在旅游服务方面，通过引进智能服务、虚拟旅游、数字导游、电子客票，提高服务便捷性和精细化；在旅游营销方面，通过网络技术、电子商务等技术提升营销效果。

3. 文化创意与科技创新的结合

文化创意与科技创新是现代旅游业发展的两翼，是旅游项目创意的重要思路，对于历史文化遗产、民族文化风情旅游项目创意具有重要启示，《印象·刘三姐》就是典型。

此外，在被称为旅游开发难点的博物馆领域，文化创意与科技创新相结合，谱写了博物馆旅游的新篇章。在这方面，广东省博物馆走在全国前列。广东省博物馆新馆采用了世界最先进的悬吊式框架结构，展厅悬挂于半空中，通体透亮、古朴含蓄，被称为"月光宝盒"；同时还增添了许多游客体验的项目，如历史走廊、3D 自然景观展厅等。此外，西汉南越王博物馆"南越玩国"儿童乐园、海上丝绸之路博物馆"互动航海体验厅"也是文化创意与科技创新有机结合的典范。

三、旅游项目创意设计的影响因素

旅游项目是旅游开发与规划的设计者在当地旅游资源的基础上设计出来的现实旅游吸引物。旅游项目凝结了旅游规划工作者辛勤的劳动，是对旅游资源的再创造。由于人与人之间是存在一定差别的，对同一事物的认识也会因为人们看问题的角度不同而不同，或对问题认识深浅不一而相去甚远。在旅游项目创意设计时，面对同样的一个旅游地，每一位旅游项目创意者都会有自己的独到的见解和设计思路。因此，在进行旅游项目的创意设计时，需厘清有哪些因素对其产生影响。

（一）旅游规划设计者与开发商

旅游规划设计者和旅游开发商是旅游项目创意设计中一个最主动的要素，只有充分调动旅游规划设计者的科研积极性和热情，才能保证其工作效率和创新精神发挥到极点。旅游规划设计者在进行旅游项目创意时最为重要的素质就是旅游项目设计的经验和信息的处理。

1. 旅游规划设计者的经验

一般来说，一个优秀的旅游项目创意需要一支优秀的旅游规划队伍作为保证，有经验的旅游规划队伍应该包括具备各方面知识的技术人才，这些规划组成员应该有充足的规划经验，能够在市场分析的前提下进行科学的判断，明白什么样的旅游项目适应什么样的旅游市场环境。从某一方面来说，旅游规划工作是一种对经验要求较高的工作，较为丰富的规划经验可以为旅游规划设计提供更多的思路。因此，要善于在实践中学习，见多识广才能够胸有成竹。但是，旅游项目的创新性要素是不能缺少的一个重要方面，而这种创新性的工作对于年轻人来说是比较合适的。因此，在旅游规划组的成员构成中要注意年龄的合理配合。

综上所述，旅游项目的创意设计是一项需要丰富经验和创新性的工作，要保证开发令人满意的旅游项目，旅游规划组应该是由经验丰富的各方面专家组成，并注重队伍中年龄层次结构的合理性，将经验性开发和创新型设计完美地结合起来。

2. 旅游规划工作的信息度

所谓旅游规划工作的信息度是指在进行旅游项目设计时，设计人员对各方面的信息敏感度和处理效率的高低。旅游项目的创意设计实际上是一种信息导向型的设计过程，一方面要了解旅游市场上需求方面的信息，另一方面要了解旅游市场上供给方面的信息，只有充分掌握这两方面的信息，才能设计出新颖、别致、具有独特魅力、满足旅游者需求的旅游项目。

旅游规划工作的信息度要从其硬件和软件两方面来考察。首先，信息处理的硬件，包括的内容主要是对各种信息数据的收集整理时所用的仪器、设备等。如果这些硬件设施条件优良，则在旅游项目设计时可以大大提高信息收集和整理的效率。其次，信息处理的软件环境，包括与信息处理硬件相配套的软件、高素质的信息管理人员和信息收集的网络，这些方面都对旅游项目设计产生一定程度的影响。

3. 开发商的实力

从国际和国内的旅游开发实践来看，旅游项目的设计是一个耗费资金和时间的过程，旅游项目的设计、建设以及经营管理的各个过程中都需要大量的资金作为支撑。因而，旅游开发商的实力也对旅游项目的创意设计产生一定的影响。这一点不仅影响旅游项目设计的质量高低，还会对旅游项目的经营产生长远影响。因此，在一些国家，大型的旅游项目都是由大型公司或者政府出面主持开发的。

（二）　旅游资源的赋存状况

旅游项目的设计是以旅游资源为基础的。旅游资源为旅游项目提供文化氛围、背景，或者其自身经过开发成为旅游项目的一个组成部分。缺少了旅游资源的支撑，旅游项目的创意设计将变得十分空洞和苍白。一般在旅游项目的创意设计之前，要先对旅游地进行详细的旅游资源调查和市场调查，这就从设计程序上表明了旅游资源对旅游项目设计的基础性影响。

因此，旅游地的旅游资源赋存状况将从素材上限制旅游项目的设计，这就导致了世界上许多旅游资源丰富而且集中的旅游地或者景区发展速度越来越快，经济效益越来越好；而旅游资源匮乏的地区试图发展旅游业却难以获得成功。

（三）　旅游市场状况

一个旅游项目设计出来以后并付诸实施后，成功与否最终还是要到市场上去检验。因此，在众多的旅游项目创意设计的影响因素中，旅游市场状况是最为重要的外部影响因素之一。

首先，在市场经济时代，任何商品都要到市场中去体现其价值，旅游项目同样要到旅游市场中去实现其自身价值，只有在旅游市场上受到旅游者青睐的旅游项目才能说的上是一个成功的创意。

其次，旅游项目的开发设计和旅游规划开发的市场定位息息相关，旅游地在规划和开发时应该有自己的旅游市场营销战略，其中市场定位就确定了该旅游地的目标市场范围。那么在进行旅游项目创意设计时，旅游项目创意人员应该分析旅游目标市场消费者的消费心理和消费习惯，并进行有针对性的设计，只有这样才能保证旅游项目定位与旅游地的发展目标保持一致。

总之，旅游项目创意设计是一项十分复杂的工作，涉及的方面比较多，只有将各个方面都尽可能地考虑到并予以完善，才有可能使得设计出的旅游项目获得政府、企业、旅游者的广泛认可。

四、项目创意设计的原则

旅游开发与规划的最终结果是要让旅游地通过旅游项目的创意设计和开发，达到吸引旅游者到本地旅游，并获得巨大的社会、经济、生态环境效益的目的。而旅游项目的创意设计并不是一项简单的工作，它需要旅游规划设计者在充分分析旅游地的资源优势和社会经济文化背景的前提下，根据实际情况进行创意设计。创意设计时必须遵循一定的原则，要用这些原则来指导旅游开发与规划中的项目创意设计。

（一）总体原则

旅游项目的创意设计的重点就落脚于"创意"二字。所谓的创意也就是说要有所创新，即在赋存的旅游资源条件下，在现有的旅游市场形势下，如何通过表现形式或者旅游项目内容的变化与更新，来使新的旅游项目更合适该旅游地的发展。但是，在以市场经济为主导的社会中，旅游项目无论怎样更新、怎样创新，都要遵循一个最基本的原则，这个原则可以用一句话概括为："人无我有、人有我新、人新我转。"这句话应该是每一个旅游规划人员在进行旅游项目创意设计的时候都要牢记在心的。它从旅游项目的开发上对创意的含义做了进一步的具体解释，是指导旅游项目创意设计成功进行的根本原则。

（二）其他原则

1. 因地制宜的原则

旅游的本质是追求奇异，追求与原来自己的生活环境、生活习俗不同的感受和观感。因此，旅游项目必须创造与多数旅游者不同的生活环境以及生活习俗。同时，旅游地由于地理环境、历史发展、生产基础、资源、人口、民族等构成条件的不同，必然会存在显著的地区差异，即使是同一资源，在不同的旅游地也会呈现出不同的特征。

因此，进行旅游项目的创意设计时，离不开旅游资源条件的支持，只有在充分研究了解旅游地各种资源条件的基础上，才能因地制宜地开发设计出具有鲜明地域特色的旅游项目。

2. 整体优势原则

旅游项目的设计要服从全国的、区域性的旅游、经济发展的需要，不能盲目地不切实际地超前发展，应从整体利益最大化出发来进行设计。在旅游项目的设计上要充分调动旅游地的旅游资源以及食、住、行、游、购、娱等行业来实现旅游地以及更大区域内的旅游经济的大发展。

3. 综合设计原则

旅游地内部的各项资源不是相互孤立地、无联系地排列在旅游地内部的，而是相互影响、相互关联的一个整体系统。因此，在旅游项目创意设计中，旅游地的各种资源的不同配置、不同组合，都会对旅游项目系统的整体功能产生影响。尤其在创意设计的旅游项目是以自然资源为基础时，旅游项目与环境有着密切的关系。

　　经过了漫长岁月的自然发展和系统的自我组织作用，自然旅游资源与环境已经处在一种相对稳定的、循环发展的动态平衡状态之中。利用自然旅游资源进行旅游项目的创意设计，其旅游项目可能会打破自然旅游资源与周边环境之间的动态平衡状态。因此，为了维持旅游地内各项资源之间的稳定联系，使旅游地的经济发展呈现出持续发展的势头，在旅游项目创意设计时要遵循的另一个原则就是要综合考虑所设计的旅游项目对周边环境和旅游资源本身的影响。

　　4. 现实性原则

　　旅游项目创意设计是一项现实性较强的工作，设计出的旅游项目要具备较强的可操作性和经济上的可行性。因此，在设计旅游项目时应立足于旅游地开发实际，从旅游资源赋存状况、投资来源、科技实力水平、旅游市场需求等方面来评价和衡量所设计的旅游项目是否具有一定的现实性。

　　5. 一致性原则

　　旅游项目的创意设计关系到旅游地未来的发展前途，是十分重要的一项工作。在设计工作中切忌短视，要想使旅游地能够实现可持续发展，必须重视旅游地发展远景目标和开发趋势，尽量避免设计出滞后的旅游项目，使得每一个旅游项目的设计和建设都处于旅游地发展的规划控制之下，与旅游地的长期发展规划保持高度的一致性。

　　6. 三大效益原则

　　三大效益原则是一个关系到旅游地可持续发展的问题，旅游项目的创意设计就其目的而言，是为了获得巨大的经济利益、促进当地的经济发展、满足人们对休闲生活的需求。但是在满足经济利益的同时，也不能忽视旅游项目所带来的社会效益和生态效益。因此，进行旅游项目创意设计时要保证将经济、社会、生态环境三大效益统一起来综合考虑。

五、旅游项目创意的内容及程序

（一）旅游项目创意的内容

　　由于旅游项目的创意设计是一项系统工程，它需要在对旅游区进行合理功能分区的基础上，综合利用各个功能分区内的各种资源，开发出能够吸引旅游者的旅游项目。因此，旅游项目设计所涉及的内容是十分繁杂的，总的来说，应该包括以下几个方面：

1. 旅游项目的名称

设计的旅游项目到底是什么名字，这是旅游项目创意设计的一个重要内容。旅游项目的名称是连接旅游项目与旅游者的桥梁，在对旅游项目命名时要仔细揣摩旅游者的心态，力争通过一个有创意的名称，来吸引广大旅游者的注意力。

2. 旅游项目的风格

在旅游开发与规划中，旅游项目创意是一项基础性的工作，它的工作重点主要是对旅游地的旅游项目进行创意设计和总体安排，而不可能设计出较为细致的建设图纸，那是需要在旅游区修建性详规中解决的问题。因此，在旅游开发与规划中，工作人员要将该旅游项目的特色或者风格描述出来，使得人们能够感受到和把握住其中所蕴含的民风民俗和文化氛围，并以此来控制和限制旅游功能分区的发展方向。具体而言，在风格限制方面，可以规定下列内容：

（1）旅游项目中主要建筑物的规模、形状、外观、颜色和材料。

（2）旅游项目中的建筑物内部装修的风格，如建筑内部的分隔、装修和装饰的材料。

（3）与旅游项目相关的旅游辅助设施和旅游服务的设计内容，如旅游项目的路标、垃圾箱、停车场、购物商店、洗手间的外观、形状、风格以及旅游餐馆所提供服务的标准和方式。

3. 旅游项目所占的土地面积及其地理位置

一般来说，旅游项目是一个有形的实体，因此它就有时间和空间的特征。在地域空间上，规划中要明确给出每一个设计出的旅游项目的占地面积及其建设的大致地理位置，这两个内容必须具体到在实际中可以在空间进行定点的程度。具体如下：

（1）旅游项目的具体地理位置。

（2）旅游项目中建筑的整体布局以及各个建筑的位置、建筑物之间的距离。

（3）旅游项目中所提供的开放空间的大小和布局。

4. 旅游项目的产品体系

旅游项目中必定会形成一个综合性的产品体系，这些产品要么是关于民风民俗的节庆活动，要么就是一些参与性较强、娱乐性较强的旅游产品，但是，不管是哪一类的产品都不可能是用单一的产品来供给旅游者，必定是有多种多样的产品给旅游者进行选择。所以，在旅游项目的创意设计中，要明确什么是主导产品或者主导品牌，什么是支撑项目和品牌等。具体可以分为：

（1）规定旅游项目所能提供的产品类型。

（2）确定主导产品或活动。

（二）旅游项目创意的程序

旅游项目创意设计是应用旅游相关知识，将预期开发的旅游资源进行包装，并将其表达为让投资商看得懂的投资方案的一个过程，最终结果是要能够吸引广大投资商积极开发旅游资源。在旅游项目创意设计的实践中，一般分为以下几个步骤或程序：

1. 环境分析

环境分析是旅游开发与规划中进行项目创意设计的一个首要步骤。当前旅游市场的竞争是十分激烈的，旅游地在设计自己旅游项目时，要想通过创新性的开发来达到胜人一筹的目标，就必须首先了解自己的竞争对手的情况以及影响竞争的各种内、外部环境因素。

内部分析主要就是对旅游地的自然资源、人力资源、物力资源和财力资源的分析，通过分析了解旅游地的人才储备情况、基础设施水平和开发的资金实力；而对旅游地的外部环境分析，主要是分析旅游市场上的需求状况、旅游地之间的竞争状况和旅游市场上的旅游需求趋势。在此分析的基础上，建立对旅游地的社会文化背景的认识以及对旅游市场的较深入了解。

2. 旅游资源特色分析

旅游项目的特色是由当地的旅游资源特色决定的，这是因为旅游项目需要与区域旅游环境和氛围保持一致。这就需要旅游项目创意者在规划前期工作即旅游资源调查过程中，对旅游地的旅游资源进行仔细的分析，并针对不同的旅游功能分区提出各个旅游分区的旅游资源特色，以此作为设计该旅游功能分区的旅游项目基调。

3. 旅游项目的初步构思

在进行旅游项目的创意设计时，首先要提出旅游项目的构思。所谓旅游项目的构思就是指人们对某一种潜在的需要和欲望用功能性的语句加以刻画和描述，是在真正掌握了该区域旅游资源特色的基础上，通过不断地刺激思维来得到。这些刺激可以是来自规划人员的自身的发散性思考，也可能是来源于旅游开发与规划中所涉及的人或者企业，如通过调查旅游者、旅游学专家学者、旅游地的竞争对手、旅行社等中间商来寻求构思的原型。

4. 旅游项目的构思评价

在经过了一番分析和思考之后，规划人员已经拥有了许多基本上成型的关于旅游项目的构思，可是这些构思不一定会全部为旅游规划采纳和吸收，即在确定旅游项目之前要对已有的项目构思进行甄别。

由于旅游项目创意设计的市场导向要求，以及随着项目设计过程的发布，市场导向作用的日益加深，对于不同项目构思要进行成本估算和营销测试，通过这种方式来对旅游项目创意构思进行甄别，淘汰那些成功概率较小的旅游项目构思，保留那些成功概会比较大的构思，以便于在建设时能将资金集中到几个项目上，提高旅游项目的服务水平和品牌知名度。

5. 旅游项目的设计

在对旅游项目构思进行了甄别之后，就是旅游项目设计的最后一步，即将旅游项目的构思落实为实实在在的旅游项目创意，最后通过招标的形式吸引投资者来投资建设。这个步骤主要工作就是将上面形成的旅游项目构思加以完善和进一步具体化，不仅要从总体上不断完善旅游项目的创意，而且对于一些细节方面，旅游项目的设计者也要从小处着眼，以人性化的设计理念为指导，将较为抽象的旅游项目的构思转变成独具地方特色的、深受旅游者欢迎的旅游项目。

第八节　旅游形象与营销

一、从企业形象到旅游地形象

（一）企业形象

CI 是英文 Corporate Identity 的缩写，有些文献中也称 CIS，是英文 Corporate Identity System 的缩写，直译为企业形象识别系统，意译为企业形象设计。

CI 是指企业有意识、有计划地将自己企业的各种特征向社会公众主动地展示与传播，使公众在市场环境中对某一个特定的企业有一个标准化、差别化的印象和认识，以便更好地识别并留下良好的印象。

CI 一般分为三个方面，即企业的理念识别——Mind Identity（MI），行为识别——Behavior Identity（BI）和视觉识别——Visual Identity（VI）。企业理念，是指企业在长期生产经营过程中所形成的企业共同认可和遵守的价值准则和文化观念，以及由企业价值准则和文化观念决定的企业经营方向、经营思想和经营战略目标。企业行为识别是企业理念的行为表现，包括在理念指导下的企业员工对内和对外的各种行为，以及企业的各种生产经营行为。企业视觉识别是企业理念的视觉化，通过企业形象广告、标识、商标、品牌、产品包装、企业内部环境布局和厂容厂貌等媒体及方式向大众表现、传达企业理念。CI 的核心目的是通过企业行为识别和企业视觉识别传达企业理念，树立企业形象。

企业形象识别起源于对不同产品包装的视觉识别，并从产品商标演变为企业识别标志。20 世纪 60 年代初的美国国际商用计算机公司，是最早成功地进行企业形象识别系统策划的企业。1956 年，美国国际商用计算机公司（IBM 公司）以公司文化和企业形象为出发点，突出表现制造尖端科技产品的精神，将公司的全称"International Business Machines"设计为蓝色的富有品质感和时代感的造型，这即使这八条纹的标准字在其后四十几年中成为"蓝色巨人"的形象代表，即"前卫、科技、智慧"的代名词；也是 CI 正式诞生的重要标志（图 3 - 3）。20 世纪 60 年代以后，欧美国家的企业 CI 导入出现了潮流般的趋势。60 年代的代表作是由无线电业扩展到情报、娱乐等 8 种领域的 RCA；70 年代的代表作是以强烈震撼的红色、独特的瓶形、律动的条纹所构成的 CocaCola 标志。总之，60 年代到 80 年代，是欧美 CI 的全盛时期。日本企业在 70 年以后，我国企业在 90 年代后也开始创造自己的 CI，从而使之发展成为一个世界性的趋势。

图 3 - 3 IBM 公司的 LOGO

（二）旅游地形象

旅游业发展到今天，市场供需发生了根本的变化，在经历了资源驱动、产品驱动、市场和营销驱动后进入了形象驱动的阶段。"形象就是实力和财富"的观点已得到业界的普遍认同。如何策划鲜明、独特、富有吸引力的旅游特色形象，已成为旅游地拥有竞争优势的重要条件。旅游形象研究对于提高旅游地的知名度、识别度、美誉度及引导旅游者的出游行为抉择，具有重要的意义。

旅游地形象是一个综合性的概念，它反映的是整个旅游地作为旅游产品的特色和综合质量等级。从旅游者的角度看，旅游地形象是他们对旅游地的总体印象和期望；从旅游地的角度来讲，旅游地形象是旅游资源优势的集中体现。概括而言，旅游地形象是公众对旅游地总体的、抽象的、概括的认识和评价，是对区域内在和外在精神价值进行提升的无形价值，是旅游地现实的一种理性再现。

（三）旅游地形象识别系统

旅游地形象是一个有机的整体，它涉及旅游业的方方面面，具有明显的综合性。旅游地形象由形象定位、形象塑造和形象标志三部分组成，这三部分恰好构成了旅游地形象识别系统（Tourism Desitation Identity System，TDIS），如图3-4所示。其中，名称、标志、标准色、标准字及经营口号是旅游目的形象的具体设计内容。

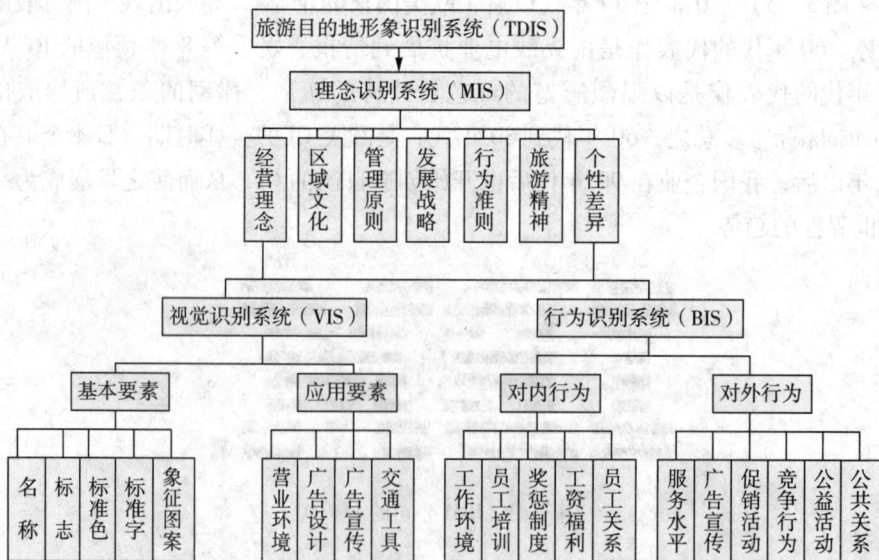

图3-4　旅游地形象的构成

旅游形象的行为识别必须在理念识别指导下进行，行为识别必须与理念识别相一致、相协调。同时，旅游形象的行为识别必须借助视觉识别来增强说服力，以得到更好的宣传。也就是说，旅游形象的行为识别必须与理念识别和视觉识别相统一、相一致，这是旅游形象行为识别的协调性特征的要求。

主要包含两个部分：

一部分是内部行为识别，主要是针对旅游地、旅游企业等的内部管理，包括建立完善的组织管理制度，做好员工的教育工作，建设良好的工作环境。

另一部分是外部行为识别，主要指旅游地对外宣传、对外促销等活动，行为对象是广大的社会公众，目的是加强旅游地、旅游企业的推销力度。

（四）旅游形象定位

旅游形象定位是指通过剖析旅游产品和旅游市场需求的特点，制定旅游地的发展方向、发展目标，明确旅游地经营理念，确定旅游产品的类别、品位和市场定位，从而形成对旅游产品准确而清晰的认识，建立、表达和传播旅游产品的主题和宣传口号。

1. 地方性研究

任何旅游地都具有其自身独特的地方特性，或称地格（placeality）。在一些区域旅游规划文本中，出现了"文脉"的分析，它在很大程度上反映的也是地方性的问题。"形象内容源自文脉"（李蕾蕾，1998）这句话体现了地方性在形象设计中的重要地位，如中国古典园林中的三境：

① 生境——创造充满生机、体现自然之力的现实环境。

② 画境——重新布局加工大自然中原有的素材，以形成一种有主次、烘托、呼形、抑扬等多样统一的犹如画面的境界。"画境"寻求的是"似与不似之间"的形神兼备境界。

③ 意境——是理念、哲理、情趣等在园林艺术中的综合表现。

地格的形成，类似于人格的养成过程，既有先天的基础，也有后天的涵育。先天的基础就是当地的自然地理环境，而后天的涵育相当于人类的历史文化作用。诺伯舒兹（1995）所谓的场所精神（Genius Loci）体现了这种地格意义。诺伯舒兹认为，场所是环境的一种具体形态，场所不只是抽象的区位，它指的是由物质的本质、形态、质感及颜色的具体的物所组成的一个整体，这些物的总和决定了一种"环境的特性"，即场所的本质。一般而言，场所都会有一种特性或"气氛"（诺伯舒兹，1995：8）。诺伯舒兹也强调，所有场所都

具有特性，这种精神由区位、空间形态和具有特性的明晰性明显地表达出来
（诺伯舒兹，1995：180）。

地方性研究是区域旅游形象设计的基础工作之一，其主要任务就是通过对
规划区域文脉的把握，对地方历史文化的"阅读"和提炼，精练地总结该地
的基本风格，即地格的提炼，包括文化特质和自然特性，为未来的旅游开发和
规划提供本土特征基础。地格往往能够反映一个区域或一个城市的总体吸引物
特征，如广州的地格就是商业文化与现代化开放气息（李立勋，1997），而北
京则以历史文化与首都风貌与众多城市相区别。地格确定包括自然地理特征、
历史文化特征和现代民族民俗文化的研究。

（1）自然地理特征

一个地方是否在地理特性方面具有与其他地区截然不同的特征或者占有特
殊地位，都有可能被强化开发为地方性，成为吸引旅游者的事物。如西藏拥有
世界上海拔最高的世界屋脊珠穆朗玛峰（海拔 8848.13 米），黄河是世界上含
沙量最大的河流等。

如果本地没有世界性的地理特征，可以考察是否具有全国性的地理优势或
自然特色，如黑龙江漠河县境内乌苏里附近的黑龙江江心是中国边界最北端之
所在；新疆吐鲁番盆地艾丁湖湖底（湖底海拔 155 米，湖面高程 154 米）是
中国陆地最低点，吐鲁番还是中国炎热日数和极端最高气温最多最高的地点，
素有"火炉"之称；四川省雅安市是年降水日数最多的城市之一，被称为
"雨城"；青海湖是我国最大的内陆湖（面积 4583 平方千米）等。

在地方旅游开发中，抓住这些地理特征，有时对潜在旅游者是一个很有引
力的号召，即使是区域内的地理之员，也可以作为宣传营销的切入点。如华东
第一高峰安徽的黄山（海拔 1864 米）、华南第一高峰广西桂林的猫儿山（海
拔 2142 米）等。

一些地理特征本身并无"之最"的属性，但因为本身在地理上具有唯一
性，同样可以用来作为地方性特征加以挖掘"炒作"。如北回归线所经地点建
立的纪念碑；新疆的亚欧大陆几何中心点纪念碑等，都被开发为具有独特地方
特性的旅游吸引物。

（2）历史过程分析

地格研究的第二个角度是对地方的历史过程进行考察分析，寻找具有一定
知名度和影响力的历史遗迹、历史人物、历史事件和古代文化背景，作为地方

性的重要因素。利用当地的历史文化影响进行地格定位不乏其例，河南旅游的整体形象"根"就是一种地线历史文化分析的结果（蔡流海，1998），历史文化名城洛阳，曾作为夏商周、汉魏、隋唐等十三朝古都，由于时代久远和天灾人祸的破坏，地面上已经很少保留过去辉煌的都城景观，但是其地下遗迹却无处不在。至今人们仍然可以明确指出当时的城墙范围、古建筑基址、人物故居或活动场所，令人沉浸在历史的回忆中。其中，汉魏洛阳故城部分城墙遗址和东汉及西晋太学（中央政府直属大学）、灵台（天文台）、永宁寺遗址、北邙山大规模古墓葬群、为纪念周武王之弟周公姬旦的文治武功而建的周公庙、中国最早的佛教寺庙白马寺、北魏至北宋四百年间修建的龙门石窟、唐代大诗人白居易终老之所龙门东山、三国名将关羽首级葬所关林、夏代首都遗址二里头等具有深厚的历史渊源和浓郁的文化背景，使洛阳的旅游产品必然紧密结合在历史文化的体验中。

通过自然地理特征和历史文化信息的研究，基本上可以对一个地区的地方性加以总体把握，并提出初步的旅游形象理念。如通过对苏州市地方性的自然和文化透视，发现苏州市原有的"古城水乡旅游"未能充分体现其地格精神，且与其他地区的形象易有替代性。古城方面苏州比不过西安、北京；水乡不能将苏州同苏北里下河地区和湖北洪湖地区区别开来，而唯有江南园林和苏州水城，在中国是独一无二且深刻体现其地格的，因此将其旅游形象理念确定为"东方园林·江南水城"是恰当的（吴必虎，1998）。

（3）民俗考察

在历史记载和考古发现并不充分的地区，同样可以通过对当地现代民族文化和民俗文化的考察分析，提炼出富有地方特色的景观特性。特别是在一些少数民族集中的西部地区，民族文化往往构成富有旅游号召力的精彩内容，为旅游形象的设计和旅游地的营销打下了坚实的基础。

云南以少数民族文化为特色，大打"民族文化旅游"的王牌，取得了相当大的成功。长期以来，这里的各族人民在与自然的相处中形成了各具特色的灿烂文化和民俗风情，对外界游客形成强烈吸引。聚居在西双版纳、德宏、耿马、新乎、元江等地的傣族是一个充满诗意的民族，傣族的植物文化和泼水节令人难忘。居住在滇西北玉龙雪山脚下的纳西族和他们那古雅淳朴的民风令人盛赞不已（段金录等，1991）。大理白族的聚落文明和较高的文化素养与他们居住地区的苍山洱海的美景相互辉映，让人流连忘返。其他居住在云南各地的苗族、彝族、傈僳族、哈尼族、独龙族、瑶族、景颇族、藏族等少数民族同样使有机会与他们接触的旅游者难以忘怀。管宁生（1996）撰文讨论了云南丽江纳西民族文化旅游资源开发问题。实际上，不仅是云南的少数民族文化具有鲜明的地方性，就连居住在云南各坝区和城市的汉族居民，也以与外省的文化有显著差异而出名，衍生出"云南十八怪"这样特殊的地域文化现象。

（4）案例研究：北京市

作为中国的首都和东方文化古都的北京，其旅游业的地位和旅游形象不仅反映旅游业在本地区的重要地位，也体现整个国家的形象。因此，北京旅游形象的确立至关重要。地方性研究是进行北京旅游形象设计的基础工作之一。

要研究北京的地方性，首先应该注意其在世界文化系统中的国际地位，其作为东方古国的首都这一点，就使它与其他国家的城市截然迥异。作为中国最重要的旅游城市之一，北京是一个具有悠久历史文化传统之国家的首都，这个文化传统在数千年中未曾中断，构成世界上一种独特的不断发展的文明。与之相比，埃及、巴比伦、印度等文明古国的文化都曾出现过中断，他们的文化都只是历史的遗迹，因而今天在那些国家的城市中已很难捕捉到原有文明古都的气息。但在北京，我们可以感受到几千年中形成的文化脉搏仍然伴随着现代城市的发展而跳动。北京是世界古都群中历史最为悠久的城市之一，北京建城距今已有3000余年，相比之下，伦敦、巴黎、莫斯科、京都等都只有2000年或不到2000年的历史，除了罗马等少数古都（罗马的建城史可追溯到公元前7世纪的7个聚落）外，其他古都的历史都无法与北京相媲美。

北京城市的空间布局本身，也因受以中国古典的农业文明为主的皇家集权政治模式的深刻影响，而显得与众不同。在城市景观上，北京从一开始就是根据中国特定的规划思想而建筑的，包含着天人相应的中国传统地理观念。它以气宇轩昂的宫殿构成城市的核心，体现的是皇权至上的精神。城市布局继承了传统的左祖右社，前朝后市的形式，具有明确而壮丽的中轴线，棋盘式的街道，宽阔的道路，低缓舒展的天际线，灰色的色调，独特的四合院民居建筑等。它是中国传统都城建设的最高成就，同时也代表了以中国文化为主体的东方都市建设的最高成就。相比之下，欧洲国家由于长期处于宗教神权统治之下，城市主要是以教堂和广场为中心，并作为城市的传统象征而继承下来。城市中除最初的核心区外，多为没有规划的自然形成的市区，呈不规则的放射状与环状结合的布局。北京与欧洲众城形成强烈对比，它的传统风貌给国际游客以强烈的文化反差，是北京作为世界旅游中心城市的基础资源。

在现代化建设方面，北京虽然以其古老闻名全球，但同样也显示出其日新月异的变化，城市大型公共建筑构成了不断变化的景观，对旅游者特别是国内旅游者具有重要吸引力。由于高强度的开发建设并处于大规模改建的阶段，同时对保护历史景观的重要性认识不足，也未能找到有效解决发展与保护之间的矛盾的办法，作为重要旅游资源的历史景观正在迅速减少，应该引起政府的高度重视。郑光中认为，北京的旅游和建筑都要体现北京的地方性、民族性和独特性，在注重现代化、国际化发展的同时，还应重视园林化。陈传康则认为北京最大的特点就在于元、明、清的古建筑，文化古都、古建筑和古典园林名列世界前茅。由于上述的历史文化地位，北京的旅游资源和主要旅游产品，仍以历史遗产类的参观访问（观光旅游）为主。自然山水的资源价值相对要低于文化价值，旅游设施建设和管理的水平仍低于世界发达国家和地区，这是北京作为旅游地的一个显著特点。

2. 市场受众调查

主题形象的构建主要目的是为了向潜在旅游者推销旅游目的地，帮助旅游者更清晰、更方便地了解目的地的特点和差异之处，促使其产生旅游动机，由潜在游客变为现实游客。因此有必要深入了解旅游者对目的地市场的需求状况及个性偏好。在这方面，国内孤芳自赏、以自我中心者不在少数，一些地方动辄打出"天下第一""世界第一""中国第一"就是比较典型的例证。实际上，目标市场并不都会对自封或找其他组织、人员加封的"第一"感兴趣，往往还会产生逆反心理。旅游目的地主题形象及其宣传展示，必须对目标市场的潜在旅游者"投其所好"，当然要符合实际和恰如其分。现在很多地区提出要建设某某地区的后花园和度假休闲基地，如江西确立的"建设成为长江三角洲地区的后花园"，就是面对目标市场的主题形象策划。有的地区提出的"拥抱长三角"也是这个意思，只不过在提法上存在一些值得讨论的问题。而贵州某个国家级自然保护区提出要建设成为贵阳乃至更小的一个城市的"后花园"，似乎就没有能够全面考虑其对应的更大的潜在目标市场，更不用说这些市场的需求偏好了。

（1）受众调查的作用

从旅游形象的设计和传播来说，区域旅游形象传播的对象即受众。受众调查和市场定位是确定目的地总体印象、选择促销口号的科学基础和技术前提。

旅游形象的构建主要目的是为了向潜在旅游者推销旅游地，帮助旅游者更清晰、更方便地了解地方的特点和特异之处，促使其产生旅游动机，由潜在游客变为现实游客。因此有必要深入了解旅游者对规划地区的意境地图的认知，这种感知研究是树立形象的第二个基础。因此，对旅游形象设计和传播的对象（受众）进行调查和分析，则显得十分必要。

受众调查的基本目的之一是了解人们对旅游地的形象的感知。李蕾蕾认为，旅游者对旅游地形象的感知，除了包括对旅游地所在地理环境实体，如风景、实体的感知外，还包括对当地人文社会的抽象感知，后者的感知是通过游客满意度（Tourism Satisfaction，TS）来实现的。有 3 种行为因素决定 TS 的大小：旅游从业人员通过提供给旅游者的服务来影响 TS；当地居民的态度与行为在与旅游者的接触中影响 TS；其他旅游者的行为通过影响旅游地的社会环境容量影响 TS（李蕾蕾，1999）。

旅游地的知名度和美誉度是旅游者关于目的地的印象的定量评价指标。所谓知名度是指真实和潜在的旅游者对旅游地识别、记忆的状况，知名度本身无好坏之分，但好、坏两方面都会提高知名度；美誉度是指真实和潜在旅游者对目的地的褒奖、赞誉、喜爱情况。李蕾蕾（1999a：101）提出其计算公式为：

$$知名度=\frac{知晓旅游地的人数}{总人数}\times100\%$$

$$美誉度=\frac{称赞旅游地的人数}{知晓旅游地的人数}\times100\%$$

（2）北京市案例

1998 年对北京市进行旅游总体规划的过程时，不仅对北京的地方性进行了探讨，还通过对海外旅游者和国内旅游者的问卷调查，分析了国内外旅游者对北京的印象认知。这些分析内容和手段，对今后区域旅游规划的编制，具有一定的借鉴作用。

北京市旅游业面对的客源市场以国际旅游者为中心，以国内旅游者为基础，其中国内旅游者还包括在城市周边度假休闲的本市居民（当地游憩者）。这些来自不同地理空间的旅游者，由于各自拥有的信息和传媒的差异，对北京旅游形象会形成认知差异。旅游形象的策划，包括形象要素的设计、形象传播和营销方式的选择，都应以受众对目的地已有的认知形象为基础相依据，才能使旅游形象的整体策划更加有效。

为了了解国内外游客对北京的形象认知，研究者组织了一次问卷调查。本次调查按照随机发放的原则，采取面访形式，当场收回问卷。其中，国际游客的调查在首都国际机场候机厅内进行，国内游客的调查在八达岭长城、故宫、北海、颐和园、天坛、香山、雍和宫以及世界公园等 8 个主要旅游景点内进行。

对调查问卷进行统计分析可以看出，北京在国际游客心目中的形象显得比较分散、零乱。如果将获选率最高的词汇进行排列，可以归纳出较集中的几组印象，即天安门 16%，故宫 16%，脏、污染 26%，长城 11%，人民 10%，大 9%，古建筑 9%，拥挤 9%，交通堵塞 8%，历史与文化 6%。从上述印象组中可以归结为两个词，一是古老，二是落后。历史悠久的古老形象，主要体现在天安门、故宫、长城、古建筑、历史与文化等印象组中；落后的第三世界城市形象，主要体现在脏、污染、拥挤、交通堵塞等印象组中。

调查结果还显示，北京在国际游客中的形象与在国内游客中的形象之间具有较强的背景替代性，两者完全一致的占 12%，部分一致的占 19%，合计共占 31%。其中，人民、长城、污染、天安门、故宫在中国与北京共有的形象中获选率最高。这说明，许多国际游客往往将北京视为中国形象的代表，或是在不了解北京的情况下，用中国的形象来想象北京。这一特点，使我们有理由将长城这类全中国的形象，应用于北京的城市形象中来。国内游客对北京的形象感知的印象组比较集中，最突出的三组形象分别是：神圣、庄严的首都形象；美丽、干净、整洁的城市面貌；宏大、雄伟的城市景观。可见，"首都形象"是人们对北京的主要认知，而且，人们所选择的正面词汇大大超过负面词汇，频率也远较后者高，体现了人们对北京的崇敬、喜爱、向往之心。国内游客对北京旅游吸引力的感知，集中地体现在故宫、天安门、长城、颐和园、圆明园、十三陵等处。

尽管国内外旅游者对北京的形象感知存在显著差异，但对北京的最重要吸引物的感知程度非常一致，感知率位列前茅的都是天安门、故宫和长城，他们都视和天安门、故宫长城为北京形象的代表。这表明，天安门、故宫、长城在国内外拥有广泛的知名度和影响力，尽管这种认知的来源和目的各有不同。不过进一步分析发现，外国游客不仅将上述景物视为北京的象征，他们还经常将其视为中国形象的象征，在他们眼里，两者可以互相替代。因此，天安门、故宫、长城在体现北京地方性，塑造北京旅游形象方面有着不可动摇的龙头地位。本次调查还设计了专门问题来了解旅游者获取关于北京形象的信息途径，这是今后进行目的地营销的重要基础数据。北京之所以能使国内游客抛开个人背景而产生较一致的形象，主要因为国内传播媒介的大众化和宣传口径的统一化。在获取信息的途径方面，国内游客和国外游客表现了高度的相似性。外国游客最常用的五种途径依次是：电视、报纸杂志、书籍、口传和电影；国内游客常用的则是电视、报纸杂志、广播、书籍和口传，两者之间只有少许的差别。

3. 形象替代分析（竞争者分析）

在区域或城市的旅游形象的研究中，应该着重分析地方性和受众的感知两个问题。这是因为在众多的目的地体系中，任何一个区域都面临着市场竞争压力。面对这种竞争，在旅游形象定位中就必须通过实施差别化战略，即产品的差异性的确定。将未来的目标市场和产品做对应分析，确定本地产品在产品谱（Product continuum）上的位置，以及与其他产品相比，有何显著差异，即产品差异性（Product differentiation）分析，或产品独特性（Product uniqueness）分析，突出一地的独特点，只有独特的东西才能被旅游者从众多相似的信息中注意和感知。

形象设计是制定旅游战略的重要基础，要制定任何战略必须将竞争分析置于重要位置。Luck Ferrell（1985：221）指出，在许多情况下，竞争问题是影响战略的最重要的环境因素。Porter（1979：139）认为有 4 种因素影响区域旅游的竞争，即来自新进入旅游业的投资商的威胁、新的替代产品的威胁、旅游者对价格的压力以及旅游供给中某些商品的价格竞争的威胁。

对于一些旅游地来说，旅游形象的塑造过程会遇到地方性及市场比较类似的其他目的地的竞争，或者是能反映本地特色的形象已经被周边地区先声夺人地抢先注册了，这时就面临着一种直接的形象挑战。根据差别定位、独特性定位、比附定位等不同形象战略，需要对旅游形象重新审视抉择。

Mill and Morrison（1985：36）提出了较系统的旅游竞争分析时需要考虑的内容，即对下列因素进行比较评价：自然旅游资源，如气候与地形；文化和历史资源，如历史纪念地、博物馆、传统节事；基础设施，如道路网络、水的供应、通信设施等；进入的方式及旅游区内的交通设施；吸引物与旅游设施，如体育设施、宾馆、餐馆等。

4. 形象定位方法

形象定位是进行旅游地形象设计的前提，它为形象设计指出方向。形象定

位是建立在地方性分析和市场分析两方面基础之上的。地方性分析揭示地方的
资源特色、文化背景；市场分析揭示公众对旅游地的认知和预期，两方面的综
合构成旅游形象定位的前提。在此基础上，通过对区域旅游发展全面的形象化
表述，提出旅游形象的核心内容，即总体形象。它是对区域旅游资源及产品特
色的高度概括，既要体现地方性，又要给游客以遐想，诱发出行的欲望，同时
要简洁凝练。理念核心的确定，既要在旅游地内部加以推广，包括对旅游管理
机构、旅游企业和社区公众的推广，也要面对目标市场和潜在游客，进行旅游
地形象的推广。

世界上许多国家和地区都十分重视其旅游形象的定位，并已在广大目标市
场树立了牢固的形象。泰国、新加坡以度假和奖励旅游王国作为其整体形象；
西班牙、加勒比地区、美国的夏威夷以阳光、海滩和民俗为其整体形象；意大
利把文艺复兴时期的绘画、雕塑、建筑杰作作为整体形象（张凌云，1993）。
前已述及，中国旅游业虽然已经开始注意旅游形象的建设，但始终未对中国整
体旅游形象进行过系统、科学的研究。

定位的重点不在于产品或企业本身，不是去发明或发现什么了不起的事
物，而是通过定位促使商品进入潜在消费者心目中。李蕾蕾指出，旅游者身处
一个被众多"景点品牌"包裹的境地，旧的形象阶梯已经很稳固，新的形象
阶梯正在形成，这是在进行旅游点个体形象定位时所要把握的有关旅游形象阶
梯的最基本特点。关于具体的形象定位方法，李蕾蕾及其他学者提出了以下几
种方法：

（1）领先定位

领先定位适用于独一无二或无法替代的旅游资源，如"天下第一瀑""五
岳归来不看山，黄山归来不看岳"等。其他案例还包括埃及的金字塔、中国
的长城等，它们都具有世界范围内不可替代的独占鳌头的地位。

（2）比附定位

比附定位并不去占据原有形象阶梯的最高阶，而情愿甘居其次，如"塞
上江南"（银川）、"东方威尼斯"（苏州）、"加勒比海中的夏威夷"（牙买
加）等。

（3）逆向定位

逆向定位强调并宣传定位对象是消费者心中第一位形象的对立面和相反
面，同时开辟了一个新的易于接受的心理形象阶梯。如野生动物园宣称是传统

的圈养动物园的对立面，而获得旅游者的青睐。

（4）空隙定位

比附定位及逆向定位都与原有形象阶梯存在关联，而空隙定位全然开辟一个新的形象阶梯，从新角度出发进行立意，创造鲜明的形象。与有形商品定位比较，旅游点的形象更适于采用空隙定位。

（5）重新定位（再定位）

从严格意义上来说，重新定位不能算是一种定位方法，而只是原旅游景点应当采取的再定位策略。面对处于衰落中的景点的整治，通常采取重新定位的方法以促使新形象替换旧形象，从而占据一个有利的心灵位置。

二、旅游形象口号设计

当"人人都是旅游者，处处都是旅游地"的时候，旅游地之间的竞争也日趋激烈。积极开展区域和城市旅游形象口号设计，关注旅游形象的策划和传播，成为我国 21 世纪以来，国家、省、市乃至区县，积极应对空间竞争时代的显著特征之一。

形象是旅游地的生命，也是形成竞争优势的最有力的工具。一个良好的、个性鲜明的形象可以形成较长时间的垄断地位。而旅游地产品与服务雷同，形象模糊混乱，很容易使游客经历平淡，自然回头率也低。在旅游地的规划中，形象的塑造是核心问题。

旅游地形象在旅游者消费决策制定过程中发挥着重要作用，常被作为旅游地市场细分、市场定位和竞争分析的参照指标。

（一）形象口号设计的要求

1. 独特性

旅游地，尤其是资源、市场都存在相似性的旅游地，产品替代性强，更要尽量反映唯我独有的特色，避免与竞争对手针锋相对。

（1）一些地方偏爱时髦、华丽的辞藻，竭力美化自身的形象，给人造成一种虚夸、浮华、肤浅的印象，被评论为"过度使用宣传工具而忽视真正的内涵"。如"高原明珠"至少被西部高原 3 个颇有名气的旅游区竞相采用；"浪漫之都"也成了抢手的招牌。明珠、浪漫都是美丽的词语，但显示不出此"浪漫"与彼"浪漫"、此"明珠"与彼"明珠"的差异，它们无法揭示"这一个"的特点。

（2）旅游资源是无限的，旅游资源的类别却是有限的，形象定位要避免走入知名度、美誉度更高的主要具有同类资源和产品的旅游地的阴影。比如贵州，喀斯特地貌形态多样，孤立地看，喀斯特确实是贵州特色，而贵州以"喀斯特王国"为形象则极易受到喀斯特景观更典型、更著名的桂林、石林的挤压。

当然，并不排除有时可以使用比附定位的方法，例如，海南的"东方夏威夷"，两地相距遥远且主体市场不同。旅游地形象最本质的构成要素是个性，通过个性来达到自立和被识别的目的，在表述上应回避流行的提法，回避处于劣势的竞争，不排除刻意的同中求异。

2. 社会性

旅游形象应是正面的，满足人们对美的追求，引导市场向健康方向发展，不能迎合低级趣味。丑陋、肮脏、单纯的落后，即使很有特色，也不会吸引游客前往。

旅游形象应不仅吸引来访者，还应能与区域经济社会发展方向协调，引导区域社会、经济、文化健康可持续发展，被当地居民认可且能受益，不能是外来游客喜欢，本地居民讨厌。要增强本地居民的自豪感，增强他们对居住地的感情。

一些人士建议将成都定位于"麻将之都"，人们也不认为"打麻将一定不高雅""不打麻将就高雅"，可谁能否认打麻将与赌钱事实上的联系呢，"麻将之都"实际上等于赌城，显然"赌"是不符合先进文化的发展方向的。

3. 吸引性

旅游形象要有吸引力，要易于传播，不是研究者用来孤芳自赏的。

首先是大众性，要美好而令人向往，为大众乐意接受。"上有天堂、下有苏杭"勾画出了苏杭人间天堂的美景；"椰风海韵醉游人"的海南热带海滨形象引人入胜；"昆明天天是春天"的春城形象也有不错的效果。

其次是领先性和新奇性，或天下独步让人景仰，或神秘而使人好奇，激发旅游者的欲望。"峨眉天下秀""华山天下险"等，是古人给我们留下的最好的形象策划；森林城市伊春市"伊春，森林里的故事……"既引导了想象的方向，又留足了想象的空间，同样又激起人的旅游欲望。

旅游形象还要富于时代感，追随旅游需求的热点主题和潮流，如承德"到承德来旅游，皇帝的选择"；深圳宝安区"农业观光第一处，都市田园新宝安"的形象和口号，便利用了现代游客、都市游客追求享乐、希望逃避城市喧嚣的心理，塑造相应的具备时代特征的旅游形象。

亲和性是传播性的应有之意。形象是推销自己的，表达针对游客，必须充分了解游客的心理需求和偏好，强调祥和、交流、欢乐等，要逗人喜爱，不能太霸气。华东某地因是《徐霞客游记》的开篇地，拟提出"没有来过……就不算真正的旅游者"，居高临下，让人由不服气而生厌。吸引性体现了市场导向，对市场没有吸引力，形象就失去了作用。

4. 认同性

旅游形象不是商标，需要外界认可，不能抢注。脱离地方文脉，找最美好的词往自己身上套，往往传为笑柄。可感性是认同性的具体要求，普通游客应能够真真切切地感受、体验到旅游形象，旅游形象要同游客的直观感受一致，而不需要专业的分析、论证、比较。

西部某大城市定位为"中国林城"，理由是环绕该市有一条林带，姑且不论这个理由充不充分，而该市环境在大城市中居后列，绿化较差，城中无林，有"尘都"之讥，游客靠自己的直观体验实在搞不清楚"林城"从何而来。

5. 整体性

旅游地形象应是主题突出的完整统一体，而不是碎片的堆积。不能分析出若干条地方特色，拼凑成旅游形象，这样的旅游形象将不是旅游地总体形象。

东部某市旅游形象新定位：中华冠世榴园、台儿庄大战故地、运河古镇风光、墨子故里。策划者期望四位一体构筑神奇风光，传达出的形象却支离破碎，缺乏内在同一性。要么在更高的层面进行归纳总结，进一步提炼；在同一平面就要舍得割爱，不能把特长逐一展示。

6. 层次性

旅游地形象是允许有层次的。

首先是整体局部、范围大小的问题，一个大的旅游区域，有一个总体形象，不排斥局部景区景点有自己的形象，"小形象"可能是"大形象"具体而微的表现，也可能同"大形象"不一致。广州全市总体形象是偏于阴柔的"南国商都"，黄埔区的"黄埔雄风"则刚健豪放。

其次是主要、次要的问题，很多旅游地都是丰富多彩的，可以把最突出的特征塑造为最迷人的形象，还可以把一般的特征塑造为次一级的形象。如澳门，博彩是主要形象，赛车等则是次要形象。

还有对内对外的问题。一个旅游地的不同侧面可以满足不同市场的需求，通常，国际和国内市场的差异是比较大的。比如北京，在国人心目中是首善之区，现代化的首都；在西方人的印象里却是东方古国的象征（吴必虎，2001）。

因此，形象也存在内外有别的现象，分别面对不同的受众，领略不同的产品。范围比较小、资源风格比较统一、主体市场需求差异不是太大的旅游区域，形象的结构也可以比较单纯。反之，则可能出现旅游形象层次性的问题，但层次是整体内部的层次，层次性与整体性并不矛盾。

7. 艺术性

主要指旅游形象口号设计的语言要求。旅游口号须用简洁、凝练、生动、优雅、新颖的语言构造一个有吸引魅力的旅游地形象，要能够打动旅游者的心，被旅游者永久而深刻地记忆。

旅游地形象是市场竞争的利器，关注形象本身的理论建设，搞清楚旅游地形象定位及形象口号设计的要求，在旅游地形象策划实践中自觉地遵守，将有助于形象的塑造和推广。

（二）形象口号设计的误区

2006年，张立建、甘巧林通过检索中国期刊网、百度搜索、公开出版的旅游学书籍和未公开出版的一些地区的旅游规划文本，共搜集到253个县级以上地区（除周庄和庐山外）的459个旅游形象口号。其中251个地区包括除广西、江苏、内蒙古、山西、河北、甘肃6省区之外的其他28个省级行政区，除海口、太原、长春、呼和浩特、乌鲁木齐、兰州和台北7市之外的其他所有省会城市、副省级城市，以及贵州花溪、广东东源、山东日照、河北保定等197个县级和地级行政区。

以旅游形象口号设计的7个要求为标准，衡量459个旅游形象口号，仅有36个符合要求，占总数的7.8%。如：

毕节——夜郎故地·溶洞王国；

岳阳——洞庭天下水·岳阳天下楼；

深圳——中华之窗·世纪之城；

西藏——千山之宗·万水之源。

特色突出，语言精练，大气磅礴，堪称定位经典之作。

其余423个定位词，占总数的92.2%，不符合定位词的要求，存在着不同程度的误区。

1. 语言夸张，名实不符

（1）气势夸张

459 个定位词中有 94 个"都"、37 个"世界"、9 个"中心"，共占总数的 30.5%。其中绝大部分的定位脱离自身条件，过度夸张。

同时定位"温泉之都"的有临潼、清远、恩平、河源、从化、和平 6 个地区，单单广东就有 5 个。其实除了河源外，其他地区综合考虑温泉数量、流量、温度、开发规模和档次，都达不到"都"的条件。

其他，如"佛山——舞啸佛山·动感陶都""柳州——山水桂林·风情柳州·浪漫之都"等都不符合实际。

（2）争夺源头

定位词中有 14 个采用"故乡"，如河源——万绿河源·恐龙之乡，恩平——温泉之乡，长兴——太湖西岸的古生态之乡；13 个"圣地"，10 个"之乡"，5 个"摇篮"，4 个"根"，3 个"之源"，占总数的 10.89%。但是大多数的定位都缺乏根据。如：

石家庄——红色摇篮·华北商都。而红色摇篮在井冈山，华北商都在北京。

北京——东方古都，长城故乡。

（3）争抢第一

定位词中有 17 个采用"第一"用语，11 个用"最"，1 个"唯一"，共占总数的 6.32%。而真正符合第一条件的定位词并不多。如：

北海——天下第一滩。

实际上北海海滩难比三亚，又怎能和世界最佳的加勒比海和地中海沿岸相比呢？

（4）随意比附

如周庄——东方威尼斯。实际上威尼斯以欧洲水都出名，而周庄则是以江南古典园林小镇著称，两者的氛围意境迥然有异。

再如临沧——中国迪士尼，云南西班牙！实际上在中国沿海地区比临沧规模大、品牌度高、刺激性强的主题公园相当之多，临沧如此定位，似乎有点滑稽搞笑。

2. 定位雷同，没有特色

（1）功能雷同

即各个地区的旅游功能、发展方向趋同。65 个定位词突出"文化"功能，如顺德——岭南文化圣地；31 个定位词突出"休闲"，如肇庆——山水名城、岭南故里、休闲胜地；14 个定位词突出"度假"，如海滨度假和宗教朝拜的胜地——陆丰。12 个定位词突出"旅游城"，5 个定位词突出"商都"，如长沙——山水商都。

以度假为例，度假旅游既需要金钱又需要时间，中国作为一个发展中国家，人均收入不高，也无较长时间的带薪假期，至少在近 10 年内难以产生庞大的度假客源，如此之多的城市主打度假牌，最终是那些根本不具备度假条件的城市为真正的休闲度假胜地做了免费广告。

（2）资源或产品相同

定位词有 36 个使用"山水"，14 个"自然"，9 个"风光"，7 个"茶"，使用"红色""青山""山海""海滨"的各有 5 个，4 个用"水乡"，3 个用"水都"。其实这些资源或产品中的大多数常常为很多地区所共有，并不是一种特色，或是特色不突出，不足以带动地区旅游业发展。

长江三角洲为数不多的城市中，同时突出"水"的有苏州、周庄、嘉兴、扬州、宁波、吴江、绍兴。其实除苏州外，长三角其他城市的"水"资源并不明显，且不是一种突出的资源。如此之多的城市突出"水"，只能永远处在苏州的形象遮蔽中，无法吸引游客。

（3）特色相同

即对于资源、产品和功能的特色描述语言相同。定位词有 33 个"生态"，27 个"绿"，13 个"神奇"，9 个"神秘"，6 个"浪漫"。如：

浪漫之旅——湖南游；

湖北——汉江两岸·神奇浪漫；

杭州——浪漫天堂。

其实这些是一个地方吸引游客应该具备的基本条件，而不是自己区别于其他地方的特色，不能成为吸引游客的卖点。

（4）氛围相同

即采用描述性语言对资源、产品、功能进行描述后所形成的整体意象。形象口号中采用"天堂""胜地"的各有 13 个，用"家园""公园""花园"的各有 10 个，如：

百色——魅力百色·神奇家园；

阳朔——自然山水精髓·绿色诗境家园。

有 4 个用"乐园"，有 3 个"乐土"，如：

双鸭山——自然神奇的乐土；

大理——多元文化与自然和谐共荣的乐土。

定位如此雷同，导致有意境的语言在此也变得索然无味了。

（5）市场相同

大多数地区，其客源市场定位，既面向市外、省外，又面向国外甚至全球，导致客源市场定位的同质竞争。

最严重的是郴州、韶关、东源、赣州，它们同时定位于"粤港澳后花园"。这就意味着游客去了其中任何一个地方就不用去其他地方了，大大缩小了各自合作的空间。

3. 面面俱到，重心难找

（1）段句堆砌，面面俱到

指罗列内容 15 个字及以上的形象口号，共有 49 个词，其中有 7 个城市达 45 个字以上。

最长的是云南："以云南省省会昆明市作为面向东盟的一个国际区域中心旅游城市，以滇西北、滇西、滇南沿边旅游区为立足点，以边境口岸为前沿，构建一个层次分明，基本功能各有特色，突出宗教、民族风情旅游的整体形象"，长达 92 个字，其内容涵盖了旅游中心、总体布局、功能分区和产品规划。也许是作者不小心把云南旅游规划的总体结论词当作了形象口号。

（2）词语堆砌，面面俱到

指罗列内容 14 个字及以内的形象口号，共有 33 个。这些口号看起来语言精练，有的甚至有机融合了七律写法，但实际上各词之间没有联系，只是地区几个产品或资源的随意堆砌。

嘉兴市"红韵·古镇·水都·绿城"，把"激情革命、古典意境、现代水城、生机盎然"四种不同的意境硬拼凑在一块，不伦不类，没有重心。

4. 庸俗平淡，令人厌烦

此类口号总计 28 个。如：

成都——麻将之都，似乎成都与赌博、懒惰天生有缘。

连云港——灵秀宝地，连云港既无中国名人，也未发生过历史大事，如此定位，平淡庸俗。

洛阳——休闲度假之都，一个与黄土、黄河紧密联系的故都怎能称为休闲度假之都？

5. 语言晦涩，表达不清

有些口号，抓住了地区的文脉或产品的主要特色，又符合客源市场需求，且语言精练，但最大的遗憾就是语言晦涩，表达不清，不知所云，共有18 个。

福州——三山两塔一条江，三坊七巷朱紫坊，14 个字高度概括了福州的历史文化与资源特色，但是未能用通俗易懂的语言表达出来，对福州历史不太了解的人无法理解其中含义，达不到形象宣传的目的。如今的福州旅游宣传口号确定为"话说福州，有福之州"，改得相当得符合形象口号设计要求了。

（三）形象口号设计的错误根源剖析

1. 误解定位

目的地旅游企业（一个行政区在进行旅游宣传时也处于企业的地位）同其他企业一样，都以追求利润最大化为最终目标。而旅游形象定位作为旅游企业运营的一个环节，从本质上看，是一种市场营销活动，根本目的是"依靠形象吸引游客前来旅游"。因而成功的定位词不一定要大气磅礴、对仗工整、语言优美、富有底蕴，但是一定要能够深入游客的心，吸引他们前来旅游。

可是现在从事此项工作的人，很多出身于规划、文学、历史、地理等专业，深受各自学科的影响，往往把旅游形象定位当作科学研究、政治宣传、社会公益或文艺创作，认为旅游形象定位目的：

为"名"，即提高旅游企业知名度，导致定位词喜争第一，好抢源头，攀龙附凤。

为"文"，即通过定位词展示旅游企业美好的形象，结果设计出来的定位词往往语言优美，内容贫乏。

或是为"问"，即希望通过形象的定位展示旅游企业深厚的文化底蕴，悠久的历史文脉，实际上语言晦涩，不知所云，如晋城——古堡阵·棋源玄。

2. 混淆目标市场与客源市场

此处的目标市场指按地理特征划分的客源市场中的核心市场。为什么要把旅游形象定位的目标市场与这个地区的客源市场区别开来呢？关键在于一个地区旅游业的快速稳定发展主要取决于核心市场，如果核心市场游客很多，就会带旺其他市场，核心市场游客日趋减少，则会对其他市场产生重大的负面影响。因而旅游定位词应该最大限度地满足核心市场即目标市场的旅游需求。

但是，旅游形象定位目的的错误导致一些人对于目标市场把握的错位，既然提高知名度是旅游形象定位的根本目的，那么目标市场规模越大越好，凡是客源输出地区皆是目标市场，不管这个地区是否有游客来此旅游，不管其游客在客源市场份额中占据多大的比重，造成很多地区甚至连一个小镇或一个小景区的定位词，既针对国内、省内、市内，又针对亚太甚至全球，恨不得把所有国家都纳入自己的客源市场范围之内。既然"能否提高知名度"是判断定位词的主要标准，那么语言就需要夸张，或者干脆用"第一""之乡""之都"一词定天下。

3. 没有细分市场

即使准确把握了旅游形象定位的目标市场，也还要作进一步的市场细分，即把目标市场细分为不同类型的更小的市场。

按照市场细分的可接近性原则，旅游企业必须与核心市场地区中主导产品的细分市场相互区别，唯有如此，旅游企业才能充分发挥自身的资源和营销优势以进入目标市场，占有一定市场份额。

按照可区别性原则，旅游企业必须与共享目标市场的其他地区的旅游企业在市场细分方面实行差异化战略，唯有如此，才会减少竞争，获取更多的机会。

然而，旅游形象定位目标市场的错位导致没有市场细分，以目标市场、客源市场代替细分市场，一方面造成旅游企业旅游形象定位与核心市场主导产品的重叠，缺乏可进入性，如陆丰——海滨度假胜地，显然与核心市场深圳、汕头形成竞争；另一方面造成与共享目标市场中其他区域细分市场的重复，不具有区别性，如郴州等 5 个地区同时定位为"粤港澳后花园"。

4. 没有把握定位载体与内容

旅游形象定位的本质与目的决定了旅游产品，而不是文脉、市场，才是旅游形象定位的载体和内容，因为游客购买的是旅游产品而不是文化、历史、市场和环境，正如外国消费者购买的是中国价廉物美的劳动密集型产品而不是中国廉价的劳动力、土地和古老的文化一样。

深圳——中华之窗·世纪之城，就高度浓缩了深圳主要的旅游资源、城市形象，同时又体现了市场导向，能够满足旅游者对于深圳的旅游需求，对于外国人来讲，它是中国的缩影，对于中国人来讲，它是了解世界的窗口。

　　那么什么时候文脉才能成为形象定位的载体与内容呢？那就是当地方政府或企业把文脉当作产品向投资商宣传的时候，或是当文脉经过加工成为主导产品带动旅游大发展的时候。

　　然而旅游形象定位本质与目的错位造成定位载体与内容的偏离，一些人仍然拘泥于文脉理论，把旅游形象定位的过程当作地方历史文化环境深入挖掘的过程，把旅游形象定位当作地方历史文化环境的宣传，而我国作为世界四大文明古国之一、世界生态多样性最丰富的国度之一，历史是那样的悠久，文化是那样的深厚，史实是那样的丰富，环境又是那样的奇妙，于是我们唯有用优美、冗长、高深的语言去总结我们的文脉，这造成形象定位词面面俱到、重心错位。

　　而另外一些人又在市场导向的方向上走得太远，把市场当作旅游形象定位的载体与内容，纷纷打休闲度假、生态旅游、文化旅游牌，不管旅游企业有没有这种产品，不管这种产品能否成为旅游企业发展的动力，不管游客来到以后受骗的感受及其产生的严重的负面影响。同时这也是造成定位雷同、没有特色的重要原因。

　　5. 误解定位原则

　　一个成功的旅游企业及其旅游产品，总是与目标市场和细分市场有着相反的或相近的或相似的情感联系，而旅游形象定位的原则便是以旅游者为中心，以吸引游客为目标，通过相反、相近、相似的情感联系，在目标市场与旅游企业、细分市场与定位载体之间产生共鸣，进而吸引目标市场的旅游者前来旅游。这就要求定位词通俗易懂、短小精悍、合乎目标市场旅游者的审美品位与时尚爱好，如河源——河源万绿湖·珠港永远的母亲湖。

　　但是，旅游形象定位本质与目的错位导致一些人对于定位原则的肤浅理解。迷信市场导向的人认为形象定位的原则就是观念超前先行、形式新颖赶潮，不管核心市场游客会不会喜欢它，结果往往造成了语言夸张、名实不符或庸俗平淡、令人厌烦。

　　拘泥文脉理论的人，往往孤芳自赏，喜爱文采斐然、用意高深、语言冗长，不管核心市场的审美品位与层次，导致面面俱到、重心难找或语言晦涩、表达不清。

（四）旅游形象口号创意设计

1. 旅游形象口号宣传中的"过滤器"衰减机理

图3-5表现的是旅游形象口号宣传中的"过滤器"衰减机理，其中柱A

表明，旅游形象口号将首先面临"接触屏障"的挑战，也就是说，由于各种各样客观原因的存在，整个目标群体可能只有75%的人能够通过宣传单、报纸、杂志、电视、电台等多种媒体接触到该口号。

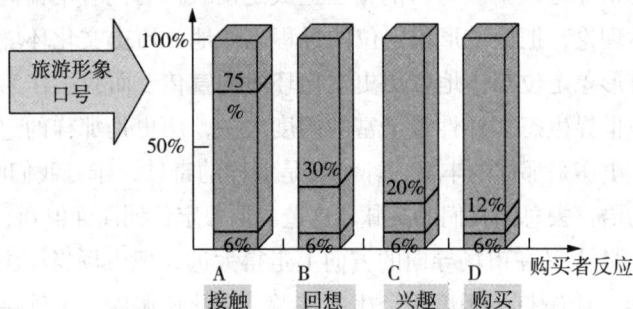

图3-5　旅游形象口号宣传中的"过滤器"衰减机理

　　但是，并非所有读者都会耐心地阅读完所有内容，并注意到这条口号，即使注意到或听到过也很可能很快就忘记了，所以柱B表明，人们识别信息时大脑中存在着"认知屏障"，经过这一层过滤，可能只剩下30%的目标旅游消费者对该形象口号产生认知，并能在一定时段内回想起该口号。

　　能回想起该口号的目标旅游消费者，也不一定都对该旅游地产生兴趣，并考虑到此地旅游，旅游消费者不同的个性使其对旅游地有着各自不同的偏爱，柱C表明，通过"个性屏障"的过滤，大约只剩下20%的目标旅游消费者，仍然对该目的地保持兴趣。

　　除上述屏障以外，现实生活中还存在着各种各样的"客观屏障"，比如时间、财力。柱D表明，由于这些"客观屏障"的作用，最终真正成行，也就是实现旅游购买行为的可能只有12%。而在这12%的购买者中，又有约一半的人属于原本就对该地感兴趣，即使未接触到该宣传口号，也准备去旅游的忠实游客，所以旅游口号宣传真正争取到的游客可能只有目标旅游消费群的6%。

　　由此可见，一条旅游形象口号只有穿过众多的过滤器，跨越众多屏障，才有可能最终刺激购买行为的发生，而被刺激的需求，还要克服种种客观存在的阻力，当潜在的游客将需求转化为行动时，旅游形象口号的作用才能真正实现。

2. 旅游口号创意模式分析

2011 年，肖敏、李山、徐秋静等，选取了全国 34 个省区（包括京津沪渝 4 个直辖市和港澳台 3 地）、39 个重点旅游城市（即列入《中国旅游统计年鉴》城镇居民出游情况统计的 39 个城市）和 66 个国家首批 5A 级景区的旅游口号作为研究对象。2008 年年底，通过谷歌（Google）检索中国期刊网和有关各省、市、景区的官方旅游网站，共收集到省区旅游口号 34 个（每个省区 1 个），城市旅游口号 36 个（南昌、西宁和兰州 3 个城市无数据），5A 级景区旅游口号 51 个（故宫等 18 个缺乏相对稳定旅游口号的景区不予统计，深圳华侨城下属 4 个景区各有 1 个旅游口号），共计 116 个旅游口号（城市中的 4 个直辖市与相应省区重复，桂林漓江景区旅游口号与桂林市旅游口号重复）。以分析全国各省区、旅游城市和 5A 级景区的旅游形象口号。

（1）文字长度

根据文字长度差异，将旅游口号创意模式划分为：长型口号、短型口号和标型口号三种类型。经统计，所有口号的文字长度平均值为 8.3 字。116 个口号中，8 字口号的比重最高（占 42%），其次是 10 字口号和 7 字口号，分别占样本的 16% 和 13%，也就是说，80% 的旅游口号在创意设计中使用 8 字、10 字或 7 字的模式。进一步统计发现，所有的 8 字口号中，"4+4" 标型口号组合占 96%；所有的 10 字口号中，"5+5" 组合占 78%。

4 字短语是一种极为常见的语言形式（溯源于《诗经》，常见于成语），早已内化到中国人的思维方式之中。口号中"感受黄山，天下无山""世界屋脊，神奇西藏"这些 4 字短语用起来显得非常有力度和韵律，庄重深沉，言简意赅，加强了语言的力量。"5+5" 组合则可能与我国五言律诗的传统有较大联系，如"拜水都江堰，问道青城山" "神奇灵秀地，天下九华山"等。

"4+4" 组合虽满足了旅游口号易于朗读、易于记忆的特点，但作为一种标型口号，过多地使用会显得语言结构单一，四平八稳而缺乏特色，不能给游客留下深刻的印象。这时如果听到一句"深圳——每天带给您新的希望"则会有耳目一新的感觉，能很快抓住游客的注意力。相比之下，"4+4" 组合的表达方式则可能会在形式上显得较为平淡而缺乏新意。

景区旅游口号文字长度平均值为 9.1 字，显著高于城市和省区 7.8 字和 7.5 字的水平。这可能由于不同尺度目的地在空间范围和旅游资源丰富方面存有较大差异，旅游口号创意内容的重点和语言组织形式会有所不同。在字数分布上，省区目的地的标型（8 字）口号集中度尤其明显，占该尺度样本总数的53%；城市尺度的口号除了标型（8 字）口号外（44%），还主要集中在 4 字（17%）与 7 字（17%）这两种短型口号和 10 字的长型口号（14%）上；景区尺度的口号则有很大不同，标型（8 字）口号和 10 字的长型口号都同样占有很大比例，分别占该尺度口号总数的 29% 和 22%，而且在字数较多的类别上也有一定分布。

总体而言，目的地尺度越大，旅游口号创意设计中使用的字数越少，越倾向于以简短的语言来传达其旅游形象；目的地尺度越小，旅游口号字数越多，更多地以具体的描述性语言来表现目的地的资源特色。

（2）短语结构

按短语结构分类，旅游口号的短语类型主要包含偏正、联合、动宾、主谓、同位等 5 种词组。由以上分析可知，8 字口号和 10 字口号中绝大部分由"4+4"组合和"5+5"组合的两个短语构成，进一步对这类口号的短语类型组合方式进行了分析，如：

"奇山秀水，多彩贵州"——联合短语；

"浪漫之城，中国珠海"——偏正短语（联合+偏正）；

"心愿之旅，南岳衡山"——偏正短语（偏正+偏正），偏正短语和同位短语（偏正+同位）。

"偏正+偏正"组合方式 38 个，占短语组合类型口号的绝大多数（69%）。如山东的"文化圣地，度假天堂"，大连的"浪漫之都，时尚大连"，雁荡山的"神奇雁荡，天下奇秀"等。

其他类型的组合方式也有一定的比例存在：

①"动宾+动宾"结构，如：

"拜水都江堰，问道青城山"（都江堰—青城山）；

"走丝绸之路，游亚心之都"（乌鲁木齐）。

②"动宾+主谓"结构，如：

"感受黄山，天下无山"（黄山）；

"享受黄果树，健康自然来"（黄果树瀑布）。

③"偏正+同位"结构，如：

"心愿之旅，南岳衡山"等。

不过，"偏正+偏正"以外的类型组合方式的总和还不足样本数据总量的1/4。

省区、城市和景区旅游口号中由两个短语构成的口号个数分别为 18 个、19 个和 21 个（其中省区中的北京和天津与相应的城市重复，城市中的桂林与相应的景区重复）。

通过不同区域尺度旅游口号的短语类型组合方式的比较发现，组合方式绝大多数属于"偏正+偏正"类型，尤其是省区和城市的口号，分别为 83% 和 68%，而景区的旅游口号较省区和城市而言更具多样性，"偏正+偏正"类型仅占 52%，"主谓+偏正""动宾+主谓"等其他短语组合方式也有一定数量存在。

我国有不少目的地的旅游口号采用某某之都、某某之城或使用"魅力""休闲"等作为主体修饰词的偏正短语结构，如"活力之都""博爱之都"等，这也是"偏正+偏正"短语组合方式在样本数据中占有绝对优势的重要原因，这类口号在短语结构上的相似性必然导致其可识别性降低。

（3）地名信息

根据旅游口号中是否包含目的地的地名信息，将旅游口号创意模式划分为：地名涵盖型和地名脱离型。

超过半数（57%）的旅游口号属于地名涵盖型的创意设计，而省区尺度地名涵盖型口号所占比例显著高于城市尺度和景区尺度。

74% 的省区口号采用了地名涵盖型的创意模式，城市和景区中地名涵盖型旅游口号占有的比例较为接近，都在 50% 左右。

一个旅游口号需要穿过众多的认知屏障，才有可能促成最终消费者购买行为的发生。因此，口号设计除了满足易于读懂的基本要求之外，还需要包括一些易于识别的目的地要素。对于一个目的地而言，地名、区位、特产、自然风光、文化遗产、民俗风情等均可以成为独特的目的地识别要素。

我国省区口号相对城市和景区而言较多地使用地名作为识别要素，其原因可能是省区名称较城市和景区对于公众来说熟悉度高。

一般而言，熟悉度高的地名已稳固地保持在人们的长时记忆之中，这样的地名很容易让人与目的地建立关联，而不熟悉的地名由于本身需要学习才能记住，更不用说对其进行有效识别。对于那些知名度（熟悉度）不是很高的目的地来说，选择自然风光、文化遗产等作为识别要素可能要比选择地名要素有更好的宣传效果。

（4）诉求倾向

将立足诉求倾向视角的创意模式区分为资源导向型、客源导向型和综合导向型。

资源导向型旅游口号主要表现目的地的资源特性，如优美的自然风光、深厚的文化底蕴、独特的名胜古迹等。

客源导向型口号重点宣传了目的地作为一种产品能够满足消费者欲望的能力，或者目的地能够带来的氛围和感觉，即消费者能够得到的切身利益和核心价值，如休闲度假、观光探险等。

综合导向型口号则综合了前两类口号的特点，既突出目的地旅游资源特色，又传达出它对于游客的某种价值利益。例如湖南的"锦绣潇湘，快乐湖南"，前半句表现了山川秀美似锦绣的湖南美景，后半句则表明旅游的目的是体验快乐、获得快乐，拥有美丽自然风光、丰富历史文化的湖南，将会让快乐驻足在每一位旅游者的心里。

综合而言，资源导向型口号适用于自然人文景观具有绝对优势的目的地，对于自然资源特征不明显，文化遗产不丰富或缺乏独特性的目的地来说，功能效用型口号则更具优势。

资源导向型口号在各目的地尺度的旅游口号中都占有相对优势，功能效用型其次，而复合型仅占很少一部分。不同尺度目的地的差异性在于，景区尺度旅游口号中资源属性型口号优势尤其显著，占该尺度样本的69%，到了省区、城市尺度这种优势性明显下降，已经与功能效用型口号所占比例相近。另外，复合型口号的数量在各个尺度中都不多，只是相对景区尺度而言，在城市和省区这两个尺度中的比重略有增加。

资源导向型口号的适用范围和时机需特别注意：

① 适用范围：适用于小尺度旅游地

小尺度的旅游地，通常具有相对稳定和独特的旅游吸引物，因此口号内容的创意设计不宜太泛化、太抽象。更多地以具体的描述性语言来表现资源特色。由于景区作为一个独立的旅游地，通常具有相对稳定和独特的旅游吸引物，因此口号内容的创意设计不宜太泛化、太抽象。例如蓬莱阁的"人间仙境，葡萄海岸"，三峡大坝的"三峡天下绝景，大坝世界奇观"直接阐述了这些景区的资源特色。

目的地尺度越大，地域比较广阔，资源相对丰富，很难用单一的旅游资源来准确传达目的地的形象。比较适宜采用抽象的旅游功能或能给游客带来的价值体验进行概括。省区和城市由于地域比较广阔，资源相对丰富，很难用单一的旅游资源来准确传达目的地的形象，因而比较适宜采用抽象的旅游功能或能给消费者带来的价值体验进行概括，通常包括归属感、爱、自尊、成就感、社会认同、有趣-享乐-刺激、安全、后代的福利等 8 种类别，如"活力广东""激情重庆""爱在此，乐在此！"（香港）等。

② 适用时机：旅游地生命周期的初创和发展期

越是知名度低的旅游地，越需要具体而清晰地表现出其资源到底能提供什么价值命题，越应避免在口号中使用已经泛化了的修饰词。

（5）模式小结

文字长度上，8 字长度（主要是"4+4"形式）的标型口号比重最高，而目的地尺度越小，越倾向于使用长型口号模式来进行创意设计；受语言习惯的影响，8 字口号中的"4+4"组合和 10 字口号中的"5+5"组合占有绝对优势。

短语结构上，无论哪种目的地尺度，绝大多数短语类型的旅游口号属于"偏正词组+偏正词组"的组合方式，在创意设计上具有显著的目的地修饰导向，省区和城市的旅游口号尤其如此，而景区的旅游口号在短语组合上相对更具多样性。

超过半数的旅游口号采取了地名涵盖型的创意模式，其中，省区目的地对地名信息的涵盖最为普遍。

无论哪种目的地尺度，立足资源属性进行旅游口号创意设计的倾向占有相对优势，景区目的地尤为突出，省区和城市则相对较多地考虑了游客的需求，注重传达目的地能给游客带来的利益和价值。

3. 旅游形象口号创意的基本要求

旅游形象口号必须识别出目的地产品与众不同的品质，打造某种主题利益。

广告学中提出的独特卖点（Unique Selling Proposition）的概念，认为旅游定位口号必须识别出目的地产品与众不同的品质，打造某种主题利益。约翰·瑞查德森和朱迪·科恩（John Richardson&Judy Cohen，1993）进一步提出了独特卖点（USP）必须符合的 4 个衡量标准，便是旅游形象口号创意的基本要求：

（1）必须有其价值命题

所谓"价值命题"就是指关于旅游地特质的信息，作用是告诉潜在的旅游者到该地旅游可以体验哪些内容。

一些口号没有包含价值命题，如大同的"让世界了解大同，让大同走向世界"，可能更适合作为当地旅游业发展或是城市发展的目标口号。但作为旅游地定位口号，其没有传递任何关于目的地特质的信息。

再如喀什的"不到喀什，就不算到新疆"，试图突出喀什资源在新疆整体资源中的独特地位，却未言明这种独特究竟体现在哪些方面，致使口号的可信度降低。

因为旅游者无法根据信息对其资源是否真正称得上"独特"做出自我的认知和评价，而理性的旅游者是不会仅仅因为一个富有劝诱性的口号就选择去某地的。

（2）价值命题不宜过多

部分城市的口号不仅价值命题过多，且命题彼此之间没有什么联系，就当地的旅游资源类型或主要产品作了简单罗列，如：

奉化——"蒋氏故里，弥勒道场，人文荟萃，人居福地"；

潍坊——"这里是享誉世界的国际风筝之都，这里是闻名遐迩的蔬菜之乡，这里是中外驰名的宝石城，欢迎您到潍坊来！"

克拉玛依——"雅丹、戈壁、绿洲、油田尽在克拉玛依"；

西藏——"千山之宗，万水之源"。

（3）价值命题应该能够反映目标市场的利益

价值命题提供的信息不能直接构成消费者的利益，如：

武威——中国旅游标志之都；

太仓——"长江第一港"。

价值命题提供的利益不充分，或者可以理解为：本来能够提供更多的利益，却没有提供那么多。

理想的口号设计，都会尽量避开那些为人熟知的信息，尽量拓宽自身产品形象的宽度和深度，创造一种新的比较全面的形象，以形成更宽广的市场吸引面。如：曲阜的"孔子故里，东方圣城"、扬州的"烟花水都，诗画扬州"。以扬州为例，千百年来的诗词传诵和名人轶事使得扬州在人们心目中的形象基本上已是"花、月、水、史、文、曲"的完美结合。喜爱扬州这种风韵的游客在没有任何宣传的情况下，也会把它作为探古寻幽的必访之地。但除了历史的光环外，新时代的扬州还有哪些格外值得游览的内容呢？从口号中，我们无从得知，这实际上会大大限制扬州所能吸引到的游客类型。如武威的"中国旅游标志之都"，太仓的"长江第一港"，二者都包含了与目的地相关的价值命题，但是旅游者仍然不清楚该地到底可以提供哪些具体的利益。

太原的"煤乡明珠，古城太原"、鞍山的"金玉之都，魅力鞍山"、铜陵的"中国生态山水铜都"。这些城市可能在一定程度上混淆了城市定位口号和旅游地定位口号的概念。

还有一些口号突出了城市的地理区位，如廊坊的"京津走廊，温馨之都"、郑州的"大河之南，文明古都"。地理区位早已是人所共知的信息，不必再刻意宣传。

（4）利益必须具有独特性

一些旅游口号落入了同一个"文化圈"或"风情圈"，如石家庄宣称自己的"燕赵古韵"，邯郸也突出"古赵文化"，徐州强调"楚风汉韵"，雅安也自诩"两汉文化宝库"；乌鲁木齐、哈密、阿克苏都主打"西域民族风情"，口号使用了相似的资源修饰语。诸如"碧水青山""青山净水""山水画廊""如画山水"之类，看上去大同小异，反映的也基本上是一个意思——山美水美，体现不出特色。可是人人都知道"桂林山水甲天下"，这些城市若不能为其山水资源寻找到一个独特的定位点，将永远处于桂林等强势品牌形象的遮蔽之下。

上海的口号"精彩每一天"能够使人联想到高大雄伟的海派建筑、繁华拥挤的街道、琳琅满目的舶来品……因为上海作为国际大都市的形象已经深入人心，其"精彩"的独到之处是可以意会的。同样声称"精彩"的平顶山和浏阳，由于人们对其精彩之处了解得太少，这样定位，就显得有点大众化了。

越是知名度低的旅游地，越需要具体而清晰地言明其资源到底能提供什么与众不同的利益，越应避免在口号中使用已经泛化了的修饰词。

4. 旅游形象口号创意的进阶要求

在旅游形象口号创意的基本要求的基础上，掌握旅游形象口号创意的进阶要求，会使提口号的作用效果更加理想。进阶要求包括：

（1）语言优美、风趣、生动、感人，富于艺术性。这种语言能产生较强的吸引力、亲和力和感染力，触动旅游者的心灵，便于"以情制胜"。

（2）巧妙运用各种修辞和句式，使口号便于朗读、记忆和宣传。

（3）设计新颖、时尚、别具一格，便于吸引旅游者的眼球。如：

承德：游承德，皇帝的选择；

无锡：无锡是个充满温情和水的地方；

深圳：每天带给你新的希望；

成都：一个你来了就不想走的地方；

大理：风花雪月，逍遥天下；

安庆：游安庆，唱黄梅——每天都是一出戏。

这些口号除了清晰地阐明自己的独特卖点外，还分别在不同程度上满足了另外3条表述要求。能够清楚地表达出自己独特卖点的口号，就是一个"符合一般标准的"口号，而成功地达到以上所有标准的口号，可称之为"理想的"口号。

三、旅游目的地营销

旅游开发的成败在于能否成功地"留人、留钱、留心"，要把游客引来并把引来的游客兜里的钱掏出来（让游客高高兴兴地消费），还要让他满意地再游、带朋友来游，提高重游率。这实际上要求旅游规划者成为市场营销的高手。

旅游目的地营销是向旅游者提供旅游目的地相关信息，突出旅游目的地的形象，打造景区吸引物；通过向潜在群体和目标群体进行营销，从而吸引其注意力，诱发其对旅游目的地的向往，进而产生旅游消费。

从澳大利亚大堡礁的"世界上最好的工作"，到新西兰的"百分百之纯净新西兰"，再到国内的"好客山东"，旅游目的地营销越来越成为人们关注的焦点。目的地营销组织，无论它是政府还是企业，都成了一个地方旅游业发展的重要引擎。

（一）旅游目的地营销的主体

1. 以政府和旅游主管部门为主体的目的地营销

在目前国内的旅游目的地营销体系中，国家及各级地方政府、旅游局（委员会）扮演着"总导演"的角色。作为一个旅游目的地的主管部门，旅游局（委员会）可以借助行政力量，将内外部的资金、信息、人力等各方面资源整合起来，形成一个功能强大的营销平台。一方面，能够根据目的地自身的特点，对外形成一个总的形象；另一方面，能够对内有效地加强与旅游企业之间的沟通。旅游局（委员会）在这一过程中，既起到组织者的作用，又起到了参与者的作用。

2. 以旅游中间商为主体的目的地营销

由于旅游营销本身的不可储存性与无形性，航空公司、旅游饭店、组团社等处于旅游行业链条最上端的供应商们从开门营业的第一天起，就不得不考虑以最快的方式拓展市场的触角。然而，受企业自身在资金、人力等方面的限制，单纯靠自己的力量发展直销渠道显得力不从心，需要有专门的旅游中间商来完成营销渠道的"最后一公里"的工作。

以旅游中间商为主体的目的地营销有两种常见的形式：一种是目的地旅游主管部门或旅游企业与中间商合作开展宣传攻势，将周边存在替代关系的旅游目的地客源吸引到本地来；另一种是中间商本身根据自己在全国或地区的战略布局，将所有目的地区别对待，有重点地对少数几个目的地进行推广。后一种形式尤其值得重视，它避开了来自于目的地本身的干扰，完全以中间商为营销主体，这与旅游主管部门的目的地营销是有本质区别的。

以旅游中间商为主体的目的地营销，其目的完全是为实现本企业的利益最大化。在不同的季节，针对不同的客源，旅游中间商会毫不犹豫地将人、财、物等资源集中在最能产生效益的目的地，客观上对这些目的地营销起到相当大的推动作用。

3. 以旅游供应商为主体的目的地营销

作为单个的旅游供应商，基本上不具备旅游目的地营销的能力，但以旅游联合体为主要形式的旅游供应商组合则有能力完成这一工作，并且有其独特的优势。

旅游联合体是一个目的地区域内的多家旅游企业以一定的形式组合而成的合作性松散型组织。常见的有"酒店+旅行社+景区""酒店+景区+航空公司+旅行社"等形式，政府主管部门可以参与进来。形成旅游联合体的初衷多半是整合旅游资源，实现产品优势互补、分工互补、客源共享，降低沟通成本，使原本单兵作战的旅游企业联合起来，增强联合体成员企业的整体市场竞争力。

华东五市旅游集散中心结成旅游联合体，是以旅游供应商为主体进行目的地营销的典型例子。华东的上海、杭州、南京、无锡、苏州五市的旅游局联合起来，统一设立直接面向游客的旅游集散中心，经营当天出发的短途旅游线路，其中上海旅游集散中心已形成相当规模，拥有多条旅游线路，涉及众多景点，每天发车400余班次，日发送游客5000余人次。

4. 多元化旅游目的地营销主体的协同机制

由政府完全负责的单一营销模式存在着许多难以避免的弊端，旅游目的地营销中的公私合作的趋势日益增强，旅游目的地营销主体多元化现象日趋明显。

从组织形式上看，多元化旅游目的地营销主体涉及三类利益相关者：目的地旅游部门、旅游企业、旅游行业协会。有两种可供选择的组织形式：一种是松散的、临时性的组织形式。这种组织形式没有形成严格意义上的实体组织，其作用效果也是短期的、临时的；另一种是各利益相关者在统一的营销目标下形成一个内部互相制约、合作和协调运行的组织系统，这种组织形式较为长期、稳定。

从角色定位和具体分工上看，政府旅游管理部门扮演"召集者"和领导者的角色；旅游企业积极配合政府部门，做好操作层面的营销工作，旅游行业协会作为联结政府与企业的桥梁，要积极发挥协调、监督职能；在营销规划编制和宣传促销活动的实施方面，可以委托专门的市场营销机构，这样的结构可以增强整个旅游目的地营销活动的专业性、客观性和公正性。

（二）旅游目的地营销的影响因素

在旅游目的地主体多元化的条件下，对营销绩效的评估显得更为迫切。作为一种营销反馈机制，它有助于旅游目的地营销主体加强对营销过程的控制，及时改进营销工作；作为一种重要的利益协调机制，它不仅可以体现政府财政支出的严谨性和效果的可评估性，而且可以满足私营部门对经济效益的关注；作为一种投入与产出衡量手段，它可以反映旅游目的地营销主体工作的效果，从而验证其存在的合理性。但是，目前国内尚未建立起一套科学合理的绩效评估指标体系及操作性强的绩效评估模型。因此，本书仅针对影响旅游目的地营销绩效的因素进行探讨，充分考虑这些因素，成为制定旅游目的地形象推广方案的必要前提。

1. 媒体宣传

媒体是信息传播的介质，它为信息的传播提供平台。旅游媒体的一个重要特征是它是旅游目的地与旅游者之外的第三方，它的主要功能是给旅游者提供信息服务，其服务有公正性与公益性的特点。旅游形象推广往往综合运用多种媒体进行宣传，既包括电视、报纸、杂志、广播、户外广告、网络广告等大众传媒，又包括旅游指南、旅游杂志、电视旅游类节目以及专业的旅游网站等旅游专业媒体。

旅游媒体是旅游者选择旅游目的的重要参考，旅游目的地在旅游媒体的广告创意、宣传频率、持续时间等因素，都会对旅游目的地的营销产生不同的影响。在当今"注意力"经济的时代背景下，各级旅游目的地纷纷进行策划，推出旅游主题形象口号、旅游形象代言人、旅游形象宣传广告、旅游形象微电影等多种宣传形式，使媒体宣传成为旅游目的地营销的前沿阵地。

2. 以流行电影为主体的流行文化

此处所指的流行文化是针对旅游目的地的很狭义的概念，包括流行电影和流行电视剧，其中最主要的是流行电影。以流行电影为代表的流行文化会对一些旅游者的认知形象与情感形象产生影响。具体而言，通过流行电影等流行文化，旅游者会对旅游目的地的形象产生更加深刻的理解，进而会对旅游目的地产生向往，从而产生旅游的需求。

在现实中，大家不难发现流行电影等流行文化对旅游目的地营销产生有利影响的例子。例如，电影《卧虎藏龙》带火了安徽宏村、安吉竹海；张家界借《阿凡达》改"南天一柱"为"哈利路亚山"。《非诚勿扰1》炒红了杭州西溪湿地、日本北海道；北京、海南又借助《非诚勿扰2》大炒了一把。

3. 节庆活动、重大事件和旅游展览

一些旅游目的地巧妙地运用节事活动的影响力进行促销，大获成功。比如，张家界1999年的"飞机穿越天门洞"，2011年的"翼装飞行表演"，2007年"法国蜘蛛人徒手攀爬"，2009年"达瓦孜传人极限坡度高空走钢丝"等，真可谓步步惊心。

受节庆活动非凡影响力启发，越来越多的旅游目的地政府开始策划、组织各类旅游节庆活动，以吸引潜在旅游者。一些成功的旅游节庆活动，成为当地的旅游活动"新地标"，如哈尔滨冰雪节、南京梅花节、九华山庙会、黄山国际旅游节等。

重大事件是指从规模和重要性来看，能够使事件主办地产生较高的旅游和媒体覆盖率、赢得良好名声或产生经济影响的事件。

　　旅游目的地重大事件主要从两个方面对旅游目的地营销造成影响，一方面，就旅游目的地而言，重要事件的举办会促使其基础设施的翻新与完善，从而大大提升旅游目的地的形象，有利于开展旅游目的地营销；另一方面，从旅游者角度来看，重大事件具有聚焦功能，能够引起众多旅游者的关注，进而演变成对旅游目的地的向往，这就对旅游目的地营销产生了有利的影响。

　　近年来，我国旅游目的地营销的重要事件主要有：2008 年北京奥运会，2010 年广州亚运会以及 2010 年上海世博会。以 2010 年上海世博会为例，一方面，大会加快了上海的经贸合作；另一方面，吸引了大量的游客参观，世博之旅成为当年旅游的热门线路。

　　各地各类的旅游展览，是旅游目的地进行营销活动的又一重要手段。通过展览期间的一系列活动，激发参观者到旅游目的地旅游的意愿。另外，旅游展览还会在举办地产生轰动效果，使参加展览会的潜在旅游者产生到旅游目的地旅游的愿望。

　　4. 产品创新

　　旅游目的地的产品创新主要是通过增加新的旅游设施或者开发新的旅游景区或项目来实现的，从旅游者的角度来看，就是给旅游者增加新的旅游体验。这不仅可以为旅游目的地带来新的游客，还有可能促使游客成为"回头客"，对同一旅游目的地进行重复旅游。所以，它是旅游目的地营销的重要影响因素。

　　5. 季节性价格优惠

　　旅游价格是影响旅游者决策的重要因素。从经济学角度来看，在旅游旺季，旅游者的旅游欲望强烈，旅游的需求大，价格弹性小，因此旅游目的地可以制定相对较高的价格。而在旅游淡季，旅游者的旅游需求减少，此时，旅游地制定相对较低的旅游价格，可以激发旅游者的旅游需求。由此可见，旅游目的地的季节性定价是旅游目的地营销的重要影响因素之一。

　　6. 旅行社营销

　　旅游目的地之所以要重视旅行社实体门店这一传统的旅游销售渠道，是因为在实际中，旅游者在选择购买旅游产品和服务时，旅行社工作人员给旅游者提供的面对面的旅游建议，其对旅游质量的承诺，在其旅游决策过程中起着非常重要的作用，会增强其购买的欲望。

因此，旅游目的地普遍重视加强与各大旅行社的合作，并通过及时向旅行社提供最新的旅游信息、给予旅行社相应的代销费用，来增强旅行社的销售积极性，以达到促进旅游目的地销售的目的。

7. 网络营销

随着科技水平的进步以及互联网的发展，网上销售渠道的作用日益突出，尤其是传统的旅行社销售渠道对于喜欢追求时尚和个性的年轻人群体缺乏吸引力。网络营销包括旅游目的地政府、旅游主管部门及景区、酒店、餐馆等各类旅游企业的官方网站、微信公众号，携程、淘宝旅游等线上旅行社，到到网、大众点评网等旅游评论类网站，拉手网、美团网、糯米网等团购类网站等，它们均是旅游目的地网络营销的前沿阵地。

8. 政府支持

无论是国外还是国内，旅游目的地政府都是旅游目的地营销的重要参与者，旅游目的地政府的支持程度，是旅游目的地营销的重要影响因素。政府在营销经费投入、营销奖励政策制定等方面发挥重要作用。

旅游目的地政府部门在营销中的功能，应该根据目的地的具体情况和类型而有所不同。尤其是有些旅游目的地企业小而散，各个企业的实力都比较弱，无力承担营销的成本，此时，政府应该成为旅游目的地营销的主体；在其他很多情况下，政府仅需发挥组织、协调、调控的功能。

9. 游客满意度

如果旅游者在旅游目的地感受到高水平的服务，那么他们就会对旅游目的地产生良好的印象，从而激发其对旅游目的地的"重游意愿"。从营销角度来看，这将有利于旅游目的地获得老客户，对旅游目的地营销产生有利的影响。同时，旅游者会将满意的旅游经历推介给自己的朋友，从而形成"口碑效应"，为旅游目的地带来新的顾客。

10. 交通便利度

旅游目的地交通便利程度是许多旅游者选择旅游目的地的重点考虑因素，特别是中老年旅游者，因此，交通便利程度这一因素会对旅游目的地营销产生重要的影响。如果旅游目的地交通很便利、很发达，就会大大提升旅游目的地形象，这会为目的地吸引来更多的游客，将有利于旅游目的地营销。青藏铁路的建成，激起了广大旅游者对西藏旅游的热情，是一个非常典型的例子。

第九节　旅游容量测算

关于旅游容量，国家旅游局 2015 年颁布实施的《景区最大承载量核定导则（LB/T 034—2014）》有明确的规定。

一、旅游容量的相关概念

（一）最大承载量
最大承载量，是指在一定时间条件下，在保障景区内每个景点旅游者人身安全和旅游资源环境安全的前提下，景区能够容纳的最大旅游者数量。

（二）空间承载量
空间承载量是指在一定时间条件下，旅游资源依存的游憩用地、游览空间等有效物理环境空间能够容纳的最大旅游者数量。

（三）设施承载量
设施承载量是指在一定时间条件下，景区内各项旅游服务设施在正常工作状态下，能够服务的最大旅游者数量。

（四）生态承载量
生态承载量是指在一定时间条件下，景区在生态环境不会恶化的前提下能够容纳的最大旅游者数量。

（五）心理承载量
心理承载量是指在一定时间条件下，旅游者在进行旅游活动时无不良心理感受的前提下，景区能够容纳的最大旅游者数量。

（六）社会承载量
社会承载量是指在一定时间条件下，景区周边公共设施能够同时满足旅游者和当地居民需要，旅游活动对旅游地人文环境的冲击在可接受范围内的前提下，景区能够容纳的最大旅游者数量。

（七）瞬时承载量
瞬时承载量是指在某一时间点，在保障景区内每个景点旅游者人身安全和旅游资源环境安全的前提下，景区能够容纳的最大旅游者数量。

（八）日承载量

日承载量是指在景区的日开放时间内，在保障景区内每个景点旅游者人身安全和旅游资源环境安全的前提下，景区能够容纳的最大旅游者数量。

二、景区最大承载量核定

（一）核定原则

景区应结合国家、地方和行业已颁布的相关法规、政策、标准，采用定量与定性、理论与经验相结合的方法核定最大承载量。

景区应测算出空间承载量和设施承载量，并根据实际情况确定景区最大承载量的基本值；在此基础上，以生态承载量、心理承载量、社会承载量等方面的指标或经验值作为参考。

（二）核定方法

1. 瞬时承载量

景区瞬时承载量一般是指瞬时空间承载量，瞬时空间承载量 C_1 由以下公式确定：

$$C_1 = \sum X_i/Y_i$$

式中：X_i——第 i 景点的有效可游览面积；

Y_i——第 i 景点的旅游者单位游览面积，即基本空间承载标准。

当景区设施承载量是景区承载量瓶颈时，或景区以设施服务为主要功能时，其瞬时承载量取决于瞬时设施承载量，瞬时设施承载量 D_1 由以下公式确定：

$$D_1 = \sum D_j$$

式中：D_j——第 j 个设施单次运行最大载客量，可以用座位数来衡量。

2. 日承载量

景区日承载量一般是指日空间承载量，日空间承载量 C_2 由以下公式确定：

$$C_2 = \sum X_i/Y_i \times \mathrm{Int}(T/t) = C_1 \times Z$$

式中：T——景区每天的有效开放时间；

　　t——每位旅游者在景区的平均游览时间；

　　Z——整个景区的日平均周转率，即 $Int(T/t)$ 为 T/t 的整数部
　　　　分值。

当景区设施承载量是景区承载量瓶颈时，或景区以设施服务为主要功能
时，其日承载量取决于日设施承载量，日设施承载量 D_2 由以下公式确定：

$$D_2 = \frac{1}{a} \sum D_j \times M_j$$

式中：D_j——第 j 个设施单次运行最大载客量；

　　　M_j——第 j 个设施日最大运行次数；

　　　a——根据景区调研和实际运营情况得出的人均使用设施的个数；
通过系数 a 去掉单一旅游者使用多个设施而被重复计算的次数。

当旅游者在景区有效开放时间内相对匀速进出，且旅游者平均游览时间是
一个相对稳定的值时，日最大承载量由以下公式确定 C：

$$C = \frac{r}{t} \times (t_2 - t_0) = \frac{r}{t_1 - t_0} \times (t_2 - t_0)$$

式中：r——景区高峰时刻旅游者人数；

　　　t——每位旅游者在景区的平均游览时间；

　　　t_0——景区开门时刻（即景区开始售票时刻）；

　　　t_1——景区高峰时刻；

　　　t_2——景区停止售票时刻。

（三）核定步骤

1. 资料采集

应收集整理景区空间承载量、设施承载量、生态承载量、心理承载量、社
会承载量等方面的相关资料，包括但不限于：

① 景区面积；

② 有效游览面积；

③ 年均客流量；

④ 停车场停车位数；

⑤ 景区周围缓冲区承载量；

⑥ 绿化面积标准；

⑦ 噪声管理标准；

⑧ 垃圾最大处理量。

2. 指标选取

应根据景区所属类型与特殊性，结合景区敏感目标，按照空间、设施、生态、心理、社会五方面指标将数据进行归类，得出景区的基本空间承载标准。

3. 测算核定

应将空间承载指标和设施承载指标代入适合的公式进行测算，确定基本值；再根据生态承载、心理承载、社会承载指标进行校核。

三、景区旅游者流量控制

宜充分考虑空间承载量、设施承载量、生态承载量、心理承载量、社会承载量等多种因素，建立旅游者流量控制联动系统，通过实时监测、疏导分流、预警上报、特殊预案等对景区流量进行控制。

表3-5至表3-11给出了不同类型景区的基本空间承载标准示例。

表3-5 文物古迹类景区示例

文物古迹类景区	空间类型	核心景区	洞窟等卡口	游步道
八达岭长城	人均空间承载指标	$1 \sim 1.1 m^2$/人	—	—
故宫博物院	人均空间承载指标	$0.8 \sim 3 m^2$/人	—	—
龙门石窟、敦煌莫高窟	人均空间承载指标	—	$0.5 \sim 1 m^2$/人	$2 \sim 5 m^2$/人

表3-6 文化遗址类景区示例

文化遗址类景区	空间类型	遗址核心区	游步道
秦始皇兵马俑博物馆	人均空间承载指标	$2.5 \sim 10 m^2$/人	$1 \sim 3 m^2$/人

表3-7 古建筑类景区示例

古建筑类景区	空间类型	核心景区	其他区域
黄鹤楼、永定土楼	人均空间承载指标	$1 \sim 3 m^2$/人	$>2.5 m^2$/人

表 3-8 古街区类景区示例

古街区类景区	空间类型	核心景区	其他区域	保护建筑	游步道
周村古商城	人均空间承载指标	2~5m²/人	1~2m²/人	0~30人/栋	2~5m²/人

表 3-9 古典园林类景区示例

古典园林类景区	空间类型	游步道	其他区域
颐和园	人均空间承载指标	0.8~2m²/人	>60m²/人

表 3-10 山岳类景区示例

山岳类景区	空间类型	核心景区	游步道
吉林长白山景区	人均空间承载指标	1~1.5m²/人	0.5~1m²/人

表 3-11 主题公园类景区示例

主题公园	空间类型	核心景区	核心游乐项目等候区
中华恐龙园	人均空间承载指标	0.5~1m²/人	0.5~1m²/人

注：表中的数据均来源于景区调研。

四、景区最大承载量提升方向

（一）空间承载量和设施承载量

（1）合理分配游憩用地、旅游接待服务设施用地和旅游管理用地等。

（2）将旅游者人均占路长度、人均占地面积等控制在合理范围内，并基于人文旅游资源或自然旅游资源不同的敏感度、旅游时段、旅游淡旺季等不同特性进行针对性控制。

（3）景区投资规模和强度与内外交通运载能力和便捷度、景区供水供电能力相匹配。

（4）景区食宿设施、游览娱乐设施、旅游购物设施满足旅游者的需求。

（5）加大景区安全卫生设施投入，提高景区垃圾处理率，保持景区的安全和卫生。

（二）生态承载量

（1）加强环境保护监管，削减污染源；完善环保措施，提高环境净化能力。

（2）旅游活动不对景区所在地的空气、土壤、水、植被、野生动物等产生不可逆转的破坏。

（3）旅游活动不对景区所在地的景观多样性、差异性和稳定性产生不可逆转的影响。

（三）心理承载量和社会承载量

（1）充分考虑旅游者的社会经济背景、人口特征等因素，有针对性地提高旅游者心理舒适度。

（2）着力提高旅游地居民对旅游社会文化、旅游经济和旅游环境的认知水平，从而提高旅游地居民在发展旅游过程中的心理开放度和舒适度。

（四）景区旅游者流量控制联动系统

1. 地方政府外部系统

地方政府组织所有相关部门，重点是交通与公安部门，构建一级指挥调度系统，对通往景区的外围道路入口和主要集散中心（地）进行流量监控，在景区外部进行引导、分流和截流。

2. 景区内部系统

景区可建立包括门票预约、实施监测、疏导分流、预警上报和特殊预案五个步骤在内的旅游者流量控制系统，并与地方政府一级总控制系统联动，通过自下而上、内外联合，对旅游者流量进行控制。

五、景区旅游者流量控制流程

（一）门票预约

景区逐步推广门票预约预售。在经上级价格主管部门与旅游行政主管部门同意后，采用预先支付享受折扣等方式引导旅游者提前订票，以有效预估旅游者流量。

（二）实时监测

1. 监测常态化

景区逐步推进旅游者流量监测常态化。采用门禁票务系统、景区一卡通联动系统、景点实时监控系统等技术手段，实现景区流量监测的点、线、面布局。

2. 信息平台化

景区通过公共媒体、景区渠道等，并结合智慧旅游新技术，利用移动多媒体、智能终端等多样化的旅游信息平台，及时公布景区旅游者流量，供旅游者参考。

3. 预案有序化

景区通过监测数据，预测景区旅游者流量趋势，对景区旅游者流量实行分级管理，为疏导分流工作预案的启动提供依据。

4. 疏导分流

景区内旅游者数量达到最大承载量80%时，启动包括交通调控、入口调控等措施控制旅游者流量。

（1）交通调控

有针对性地启动交通运力动态调整预案，通过周边道路管控、区内停车控制、公交调度控制等措施削减旅游者，错峰接待。

（2）入口调控

① 合理设计旅游者排队等候的方式和途径。通过开通快速入园通道疏导分流入口处旅游者。

② 通过折扣补偿、延长有效期、多种形式的通票等，减少景区入口或设备设施入口的旅游者数量。

③ 在景区入口大门及售票区，增设电子显示牌，给旅游者提供最及时的信息。

（3）区内调控

① 通过分时入园、高峰限时逗留，减少景区内旅游者数量。

② 在主要景点前设置电子显示屏，显示旅游者的密集分布情况，供旅游者合理选择下一个景点。

③ 必要时根据预案，派专人将旅游者疏导至广场、绿地等公共空间或应急避难场所。

（4）区外调控

通过线路优化、向周边景区景点分流等疏导措施分流旅游者。

（三）预警上报

景区内旅游者数量接近最大承载量时，当向社会公告并同时向当地人民政府报告，同时在当地人民政府的指挥、指导、协助下，配合景区主管部门和旅游行政主管部门启动应急预案。

景区内旅游者数量达到最大承载量时，立即停止售票，向旅游者发布告示，做好解释和疏导等相关工作。

（四）特殊预案

景区应针对节假日及大型活动制定相应的旅游者流量控制预案。

第十节　旅游保护规划

一、现状与形势

环境按照属性的划分，可以分为自然环境和人文环境。自然环境是指未经过人为加工改造而天然存在的环境，是客观存在的各种自然因素的综合，包括大气、水、土壤、地质、生物等。人文环境是人类创造的物质、非物质的成果的总和。物质的成果指文物古迹、绿地园林、建筑部落、器具设施等；非物质的成果指社会风俗、语言文字、文化艺术、教育法律以及各种制度等。这些成果都是人类的创造，具有文化烙印，渗透人文精神。人文环境反映了一个民族的历史积淀，也反映了社会的历史与文化，对人类的素质提高起着培育熏陶的作用。自然环境和人文环境是人类生存、繁衍和发展的摇篮。根据科学发展的要求，保护和改善环境，建设环境友好型社会，是人类维护自身生存与发展的需要。

旅游业是随着人们生活水平不断提高、精神和物质需求不断进步而相应发展的产业。近年来改革开放的政策和高速发展的经济为我国旅游业的发展创造了良好条件，我国旅游业得到了迅猛的发展，并由此产生了可观的经济效益。随着旅游业的发展和人民生活水平的提高，越来越多的人选择旅游作为一种休闲放松的方式，伴随而来的是对旅游区环境的破坏和污染。对旅游资源的盲目开发，造成不可再生资源和生态环境日益恶化，旅游区环境质量下降的问题也日益突出。

（一）旅游景区环境的现状

1. 主要环境问题

我国旅游业目前所面临的主要环境问题包括：

（1）相当一部分热点旅游区污染严重。主要表现为水体污染，空气质量下降，局部生态环境受到破坏，旅游资源受到损害。

（2）旅游区环境卫生状况较差，区内垃圾随意抛洒堆积，污水、污物随处可见。

（3）一些热点旅游区超规模接待游客，旅游区人满为患，拥挤不堪，旅游气氛丧失。

（4）旅游开发建设项目与旅游区整体环境不协调。

（5）旅游区各类资源的破坏，旅游活动造成珍稀野生动植物物种的减少甚至灭绝，动植物生存范围减少。对文物古建造成难以修复的破坏，对旅游区当地传统文化的冲击导致文化的变质。

2. 环境问题产生的原因

目前我国许多景区仍停留在被动、反应性的环境管理模式上，产生问题的原因主要有：

（1）景区经营管理者环境保护意识淡薄。传统的一些观念如认为旅游业是无烟工业，旅游资源不存在耗竭问题等的存在，从根本上导致了景区相关者的环境不友好行为。另外，景区经营管理者为获取最大旅游经济效益，毫无节制地放纵游客流量从而造成景区环境承受超负荷，资源遭到严重破坏，不利于可持续发展。

（2）污染防治与控制等措施不到位。目前从许多旅游景区来看，其环境资源均缺乏必要的基本保护设施。如景区内存在大量分散、隐蔽，难以收集、运输和处置的生活垃圾，对由人为因素造成的自然环境、历史文物古迹的污染、破坏与干扰，甚至疾病的传播等均无有效的防治与控制措施。

（3）相关法律法规与管理体制不健全。目前国家虽已颁布《环境保护法》等相关法律法规，但尚缺乏与其相配套的旅游资源开发利用与管理等方面的地方性的行政法规。同时，景区管理体制也存在一些问题，环境管理工作是零碎的、应对式的，没有很好地纳入景区管理体系，缺乏专业的景区环境管理人才。

（4）旅游者及当地社区居民环保意识不强。虽然旅游者的整体素质在提高，但其中仍不乏环保意识淡薄者，在景区内乱丢垃圾，乱涂乱画，随意破坏景区环境。对大部分社区居民来说，自己只是旅游开发的"旁观者"而非"参与者"，这对景区环境的威胁很大。

（二）旅游环境及其重要性

对于游客而言，旅游资源本身蕴含的各种美学特征及其历史、文化、科学价值是旅游行为的直接激发者，资源的破坏将直接影响旅游者的满足程度。旅游区的自然生态环境是旅游区地貌、空气、水和动植物等生态因子的总称，这些生态的有机结合形成了旅游区环境的优美与愉悦。从人类审美的心理需求来看，自然景观美是基础，在一个空气污浊、水体污染、四周嘈杂的环境中，游客是无法去领略、欣赏、体会具体游览对象的各种美学特征的。旅游气氛环境指旅游区所特有的地方特色、历史、民族风情及与之相适应的外部氛围。旅游环境美是形象与意境的双重美，而每一具体的游览对象，其对游客旅游行为的激发，很大程度上是它反映出的特殊的历史、地方、民族特点或一种异国、异地的特殊情调。所以，旅游区环境状况的好坏对旅游者旅游效果的影响是不可忽视的，游客旅游的满足程度与旅游区环境条件息息相关，直接影响旅游业持续发展。尤其是景区对游客的吸引力，和对外产生的形象品牌都与环境直接挂钩。而当拥有了较好的环境以后，也将带来更好的社会舆论。我们必须充分认识到保护旅游区环境的必要性与重要性。

二、指导思想

深入贯彻落实科学发展观，努力提高生态文明水平，切实解决影响科学发展和损害旅游区发展的突出环境问题，加强体制机制创新和能力建设，深化主要污染物总量减排，努力改善环境质量，防范环境风险，全面推进环境保护历史性转变，积极探索代价小、效益好、排放低、可持续的环境保护新道路，加快建设资源节约型、环境友好型社会。深入贯彻实施《中华人民共和国环境保护法》等其他相关法律法规，统筹旅游区保护、开发与建设。强化旅游区分类分区管理，实施旅游区保护重点工程，实现旅游区及其周边区域生态系统保护和旅游区经济社会协调发展。

三、基本原则

（一）坚持科学规划，保护优先

充分认识旅游区保护的重要性，尊重旅游区生态系统的特殊性，对维持旅游区存在的山地、森林、水域等生物群落和非生物环境实行科学规划和严格保护。在旅游区开发利用的过程中，强调因地制宜，根据各个旅游区的实际情况，采取有针对性的对策措施，科学选择开发利用模式，合理利用旅游区资源。

（二）坚持统筹兼顾，分类管理

统筹旅游区的自然、经济、社会属性，综合运用法律法规、政策规划等手段，协调旅游区环境保护与开发利用活动。根据旅游区的区位、资源与环境、保护和利用现状、基础设施条件等特征，兼顾保护与发展的实际，对旅游区保护实施分类、分区指导与管理。

（三）坚持科技支撑，创新发展

开展旅游区保护技术研究，大力发展旅游区保护关键技术，引导和支持新能源、新材料、新技术在旅游区保护与建设工作中的应用，倡导绿色、环保、低碳、节能的理念，探索旅游区生态型发展模式，通过示范和推广，以技术创新促进旅游区保护工作健康发展。

（四）坚持全面推进，突出重点

根据国家发展战略和区域经济社会发展目标的要求，加强对旅游区核心区保护和管理，充分发挥我国旅游资源优势，全面推进旅游区规划、保护、开发和建设，大力实施旅游区保护重点工程，带动全国旅游经济可持续发展。

四、保护生态环境的对策分析

（一）严格执行和遵守国家的各项法律法规，健全和完善各地方相应的管理规章制度，做到有法可依

对国家已有的《环境保护法》《森林法》《文物保护法》《城市规划法》《食品卫生法》《自然保护区条例》《城市绿化条例》《风景名胜区管理暂行条例》和《城市市容和环境卫生管理条例》等有关法律、法规，各旅游区的管理部门应该严格遵守，并根据当地的具体情况制定相应的管理细则，派专人管理。

（二）深入宣传，增强意识，努力形成全社会关心支持旅游区生态环境保护的良好氛围

充分利用宣传册、展览、说明书、门票、导游图、纪念品等多种形式宣传环境保护，在生态旅游线路和景点集中地带设立生态环境保护标语牌，提高旅游者、旅游管理者和旅游地群众的生态环境保护意识，逐步形成文明旅游、科学旅游、健康旅游的社会氛围。

从旅游业对旅游环境的依赖关系，旅游区环境对旅游活动的承载能力，旅游业发展对旅游环境的破坏等方面研究旅游环境与旅游业的关系；从确定

景观美学质量标准、自然生态质量标准、满足特种旅游活动的环境质量标准、旅游区环境质量评价方法等方面研究旅游环境保护的方法论；从美学、心理学角度出发研究旅游环境保护的工程方法；还要进行旅游环境保护政策研究，为正确的决策奠定基础。加强旅游环境保护知识的宣传，提高人们的旅游环境保护意识，向全体游人、旅游从业人员和旅游区附近居民宣传旅游环境保护知识。

（三）建立旅游区生态环境质量评价指标体系，规范和指导各类旅游区、旅游项目的建设和经营

积极引导旅游企业参与"生态环境保护示范旅游景区"的创建，加快旅游生态环境保护工作与国际接轨的步伐。不当的旅游开发活动对旅游区环境的破坏是无法弥补的，从保护的角度出发，开发前对开发活动进行环境影响评价、分析，识别建设、经营过程中可能造成的影响，提出相应的减免对策，要把可能对旅游环境造成的负面影响降到最低程度。旅游开发的环境影响评价内容包括：旅游区环境承载力分析、旅游规模分析、开发活动对环境的影响识别、旅游过程对环境的影响分析等。

（四）在旅游区发展建设中做好旅游环境规划

旅游环境问题的产生、旅游区环境质量下降的主要原因是人类不当的经济活动，因此需要制定具有科学性、严谨性和预见性的旅游环境规划。用于组织、管理经济、旅游及其他破坏旅游环境的活动，来解决发展生产、扩大旅游规模与景点环境保护之间的矛盾，使其协调一致，以保证经济发展和旅游活动持续稳定的进行、防止旅游区环境的破坏。科学计算旅游的合理容量，充分估计接待能力的饱和度和超负荷对旅游资源的破坏性影响，并采取相应措施，有效控制热点景区的客流量，避免环境超载。

（五）重视人才培养，加强海岛管理与科研队伍建设

实施和推进人才战略，加强管理人才、专业技术人才和执法人才队伍建设。落实必要的工作机构和人员编制，建立科学的考核、评价制度和激励机制，提高旅游区管理人才队伍整体素质；重视科技投入，积极引进、培养旅游专业技术人才，特别是高层次旅游科技人才，建立旅游区科技人才队伍，建设一批有特色的旅游区科技服务机构，加强重大问题与关键技术研发力度，为全面加强旅游区保护提供技术支撑。

五、具体措施

（一）旅游区防止水体污染

加强废水处理设施的管理，提高其运转率、处理率和达标率，主要旅游区逐步建设污水处理厂（站）。服务区和旅游区的生活污水处理达标后方可排放。设立景区拦污设施，完善监管与清淤制度，防止景区水体汽油、生活污水、垃圾污染。禁止向地下水体排放污染物，加强地下水的保护。

（二）旅游区地质地貌山体资源保护

对旅游风景区地质、地貌、山体等地表景观全面保护，对重要的旅游单体资源实施严格保护。保持地质地貌景观和自然植被的原始风貌和整体性，提高旅游观赏性价值，注重旅游环境文化、美学特色氛围的保护和营造。主要保护措施：

（1）禁止在旅游区内开山采石、挖沙取土，对因景区内修路和必要基础设施建设所造成的山体裸露，要通过植树造林加以掩盖和恢复。

（2）在旅游区开发建设中要严格注意原始地形地貌的保持，任何构筑物、建筑物都要尽量减少对原有地形地貌的破坏，兼顾景观、安全两方面因素。景区内修建道路和必要旅游设施等要统一规划，精心设计，尽量与周围的地文景观环境相协调。

（3）对一些十分珍贵、敏感脆弱或环境容量较小的旅游景观，要适当限制游客数量。

（三）旅游区植被与生物多样性保护

以优化旅游景区绿色景观，强化旅游生态感受为目标，大力保护旅游景区动植物资源，加强景区绿色生态建设。主要的保护与建设措施有：

（1）大力开展植树造林活动。开发、造景、生态建设与环境保护同步进行。加速旅游区的荒山造林和灌木林改造。

（2）保护旅游区内的生物资源，凡在森林（山林）内开发旅游项目，必须编制保护与开发相结合的规划，在旅游开发和接待过程中，要防止对林木资源的破坏，在环境敏感脆弱地段，对旅游活动采取定点、定线、定时、定量的控制办法。禁止滥伐乱砍森林、践踏草地，原则上旅游风景区核心区内的居民实施旅游开发移民。

（3）对珍稀植物和珍贵树木要进行特别保护。建立各类珍稀濒危动植物保护中心，珍稀、濒危生物保护基地。加强动物旅游资源的保护，杜绝猎杀珍稀动物等不良行为。严格保护动物的生存环境，维护其正常的生态系统。

（4）加强森林防火、防病虫害等工作，要有专职或兼职消防人员，配备消防器材、设施，如瞭望台、对讲机、灭火器等，对森林病虫害要加强观察、预测，采取适当措施及早控制和消除。

（5）弘扬生态文化。对古树名木要有专人保护，并登记造册。在区内设置生态环境保护展示室、宣传栏，在导游词中增加生态科学与环境保护的内容。加强对游客的宣传教育，禁止或控制野炊、吸烟，防止采折花木枝叶。

（四）旅游区大气与噪声环境保护

为游客提供良好的绿色休闲空间，同时防止旅游噪声污染，严格控制景区大气环境与噪声环境。主要控制措施：

（1）旅游景区使用低污染清洁能源，严格控制大气中的含酸量、含硫量，最大限度地使用天然气、电、太阳能等清洁能源。

（2）景区内使用对尾气排放和噪音进行严格控制的专用观光车（机动），也可配置具有地方特色的交通工具。

（3）旅游区内的饮食服务业要求使用优质能源和配置油污净化设备，减少废弃物排放，限制尾气不合排放标准的车辆通行。

（4）降低噪声污染。旅游景区为禁鸣区，禁止汽车喇叭鸣放，降低噪声污染。在河、湖、水库等水面上，采用低噪声的游览船只。对于噪音较大的旅游活动区，应注重隔音绿化带的建设。

（五）旅游区卫生环境保护

以维护旅游产业的清洁化生产为目标，对旅游景区（点）卫生环境实施保护。主要保护措施：

1. 景区厕所卫生系统建设

以中高档的节水环保型公厕、无污染的免冲生态厕所以及相应管道与粪便处理设施为主，系统化建设景区厕所卫生系统。首先，建设足够的达标旅游厕所，厕所的布局及男女厕所的厕位间比例要合理，实现粪便排放管道化与粪便的无害化处理，形成严格的管理制度。中高档厕所拥有冲水、通风设施，公厕依据人体工程学，结合接待设施、景点或休息点设置，地点隐蔽，指示明显。建筑造型、色彩及格调与环境协调，并要求及时打扫、清理。

2. 景区垃圾收集、清运、处理系统

建设垃圾箱、果皮箱要规划于合理地点，依据人体工程学，并保障足够的数量。依据废物回收资源化的循环经济理念，对景区废弃物实施分类回收。景区生活垃圾和餐饮、服务业所产生的垃圾，应设置垃圾收集仓集中临时性储存，定期专车清运。各景区应将垃圾运出景区，通过废弃物资源化与无害化处理设施，进行集中处理。加强环卫队伍建设，做到有专门机构和人员负责旅游区（点）内的环卫工作。

旅游区的环境规划是旅游区的经济发展、旅游业发展和旅游区环境保护的综合性规划，这个规划是从维护旅游区环境美学质量和合理利用旅游资源的角度出发，应用系统工程的原理与方法，遵循经济发展规律与旅游区环境美学规律，对经济活动和旅游活动的结构、规模和布局实行统筹规划，达到既发展经济、扩大旅游，又不破坏旅游区环境的目的。

第四章 旅游详细规划的关键技术

我国的旅游规划除总体规划外，其他规划的研究尚处在起步阶段。控制性详细规划、修建性详细规划的编制工作虽然有所进行，但由于理论的滞后性，我国旅游规划既无据可依，也无例可循。由于详细规划的编制涉及整个旅游区指标体系的建立，这也给旅游区管理工作给予了有效的技术支持和体系支持。

旅游区控制性详细规划是旅游区为进行近期开发所需的规划，它不仅包括资源开发的控制、资金投入的控制、主题风格的控制，还包括对诸如项目设置、游客规模、公共服务设施设置等具体内容的决定。因此，旅游区控制性详细规划对于旅游区开发的成败具有决定性意义，是开发商开发旅游区、合理配置资源、使旅游区健康发展的依据。旅游区控制性详细规划可以兼顾旅游者、政府、开发者三方的利益，提高土地利用率，使旅游产品的空间布局更为合理，达到经济效益、社会效益、环境效益三方面的统一。

第一节 旅游区控制性详细规划

从目前我国已经开展的旅游区控制性详细规划编制来看，其编制规范和编制模式大体是参照 1990 年中华人民共和国建设部下发的《城市规划法》第四部分关于城市控制性详细规划编制的内容。

一、城市控制性详细规划概述

城市控制性详细规划是以城市、镇总体规划为依据，确定建设地区的土地使用性质和使用强度的控制指标、道路和工程管线控制性位置以及空间环境控制的规划要求。

（一）城市控制性详细规划主要内容

城市控制性详细规划主要内容包括：详细确定规划地区各类用地的界线和适用范围，提出建筑高度、建筑密度、容积率的控制指标；规定各类用地内适建、不适建、有条件可建的建筑类型；规定交通出入口方位、停车泊位、建筑后退红线距离、建筑间距等要求；提出各地块的建筑体量、体型、色彩等规划引导性要求；确定各级道路的红线位置、断面、控制点坐标和标高；根据规划容量，确定工程管线的走向、管径和工程设施的用地界线；确定公共设施的位置、规模和布局；制定相应的土地使用与建筑管理规定细则。控制性详细规划是城市规划、城镇规划实施管理的最直接法律依据，是国有土地使用权出让、开发和建设管理的法定前置条件。

（二）城市控制性详细规划的作用

在城市规划中，控制性详细规划作为衔接城市总体规划和修建性详细规划的关键性编制层次，既有整体控制要求，又有局部控制要求；既能延续并深化总体规划意图，又能对城市片区及地块建设提出可直接指导修建性详细规划编制的准则。同时，控制性详细规划作为管理城市空间资源、土地资源和房地产市场的一种公共政策，适应了我国城市快速发展的需要，可以实现规划管理的最简化操作，大大缩短了决策、规划、土地批租和项目建设的周期，提高了城市建设的效率。

1. 是规划与管理、规划与实施之间衔接的重要环节

控制性详细规划将城市建设的规划控制要点，用简练、明确、适合操作的方式表达出来，作为控制土地批租、出让的基本依据，正确引导开发行为。

从规划到管理——依法行政的依据；

从规划到实施——起到控制、引导、监督的作用。

2. 是宏观与微观、整体与局部有机衔接的关键层次

控制性详细规划向上衔接总体规划，向下衔接修建性详细规划以及具体设计与开发建设行为。它以量化指标和控制要求将城市总体规划的宏观的控制转化为对城市建设的微观控制，并作为具体指导地段修建性详细规划、具体设计、土地出让的具体设计条件和控制要求。

从宏观到微观——上接总体规划（分区），下接修建性详细规划（设计）；

从定性到定量——控制要求深化、量化、具体化；

从整体到局部——控制指标细化、分解、落实。

（三）控制性详细规划是城市设计控制与管理的重要手段

控制性详细规划将宏观设计、中观设计到微观设计的内容，通过具体的设计要求、设计导则以及设计标准与准则的方式体现在规划成果之中，借助其在地方法规和行政管理方面的权威地位使城市设计要求在实施建设中得以贯彻落实。在我国目前还没有形成独立的城市设计审议制度的情况下，在城市设计的发展与实施控制要求方面，控制性详细规划责无旁贷。其控制与管理的作用体现在以下三结合上：

从二维到三维——平面控制与空间控制的结合；

从规划到设计——规划要求与设计条件的结合；

从消极到积极——控制与引导的结合。

（四）控制性详细规划是协调各利益主体的公共政策平台

控制性详细规划由于直接涉及城市建设中各个方面的利益，是城市政府意图、公众利益和个体利益平衡协调的平台，体现着在城市建设中各方角色的责、权、利关系，是实现政府规划意图、保证公共利益、保护个体权利的公共政策内容的具体化。其公共政策平台的作用体现在：

从个体到群体——利益协调的平台；

从分歧到统一——公共政策的具体化。

二、旅游区控制性详细规划的作用

（一）是旅游区总体规划的具体化

旅游区规划管理的依据在于旅游规划编制的文件，旅游总体规划作为战略性的部署，其基本作用是确定旅游区发展方向，而不是规范具体的建设活动。但是这种发展方向的实现，还必须有赖于更为具体的中短期分目标控制。而另一方面，修建性详细规划是以建设为目的的设计方案，它体现的是近期的建设目标。

控制性详细规划突出表现为对旅游总体规划的深化和细化，是体现旅游区规划构想的关键。旅游区控制性详细规划可以将旅游区总体规划的宏观的景区设计构想，以微观、具体的控制要求进行体现，并直接引导修建性详细规划及环境景观规划等的编制。如旅游总体规划中地块的划分是比较宏观的，一般按照地块的功能予以分割。但是控制性详细规划对地块的划分更为细小，每个地块规划的指标更为具体，以满足修建性详细规划对小范围用地的开发建设进行总平面规划的需要。

　总体规划中的项目建设主要是一个概念性的策划，还只是一种理念，不能直接转变为建设的指导。旅游区的控制性详细规划最重要的一个任务就是对项目的布局与设计进行深度细化，详细确定项目的建设指标与景观设计，可以成为控制的依据。在总体规划中，许多内容也只是有所涉及而没有详细阐述，旅游区控制性详细规划应该以控制性为目标，根据需要进行深化与细化，为旅游区的建设控制提供依据。

（二）是旅游区编制修建性详细规划的主要指导条件

依照建设部有关术语标准，修建性详细规划是用以指导各项建筑和工程设施的设计和施工的规划设计。修建性详细规划的重点在于"修建"，即在近期要开发建设的用地范围内，对所要建设的建筑、道路、绿地、基础设施以及其他工程项目做出具体的布置。对于控制性详细规划与修建性详细规划两者的关系，苏原、胡毅在《风景区内设施的合理利用与景观保护》一文中指出："作为落实景区总体规划的控制性详细规划，它能够提供完整项目建设的基本要求和一套控制性指标，能够处理好近远期建设关系，是旅游区建设管理必要的控制性文件。"也就是说，控制性详细规划是修建性详细规划的控制性文件，这一点从《旅游规划通则》关于规划分类中也可见一斑。由此，可以说控制性详细规划是修建性详细规划在更长远、更宏观方面的体现，它着眼于修建却不停留于修建，而是以控制为核心和灵魂的。

（三）是连接总体规划与修建性详细规划的承上启下的关键性编制层次

控制性详细规划是详细规划编制阶段的第一编制层次，它以量化指标将总体规划的平面、定性、宏观的控制分别转化为对旅游区建设三维空间、定量、微观的控制。从而具有宏观与微观、整体与局部的属性，既有集体控制，又有局部要求；既能继承、深化、落实总体规划意图，又可对旅游区分区及地块建设用地提出直接指导修建性详细规划编制的准则。因此它是完善旅游区规划编制工作，使总体规划与修建性详细规划连为有机整体的、关键性的规划编制层次。

（四）是旅游区土地和资源开发的重要技术依据

尽管目前旅游区也逐步开始实施控制性详细规划，但旅游区土地利用和资源开发的传统规划程序主要是先编制一个旅游区总体规划，接下来就是局部性的修建性详细规划，或者直接就是景点设计，这中间往往缺少了控制性详细规划。这样的规划体系，虽然现在仍然有一定的市场，但现代规划思想发展表明，由于缺乏基于总体规划指导之下的控制管理层次，资源开发中容易产生与旅游区资源特色相冲突的景观、建筑的建设现象。控制性详细规划的出现，恰恰弥补了这一层次差距。熊鲁霞等提出："控制性详细规划的出现，是规划编制方法的变革……是规划方法不断充实和完善的结果。"由于控制性详细规划确定了土地使用性质和土地使用强度等方面的规定性，因此，它也成为旅游区土地的重要依据。此外，控制性详细规划是以旅游总体规划为依据所编制的，因而它对资源功能区块的开发是以总体规划战略为方向而制定的相关的建设指标和环境指标，这就为资源的合理开发提供了技术方面的保证。

（五）是规划与管理、规划与实施衔接的重要环节，更是规划管理的依据

目前，在不少的旅游总体规划实施中，仍然存在着一定的问题，原因之一在于旅游总体规划的设计与旅游规划实施管理之间存在着一定程度的脱节。缺少了旅游区的控制性详细规划这一过渡性环节，要么在理论旅游总体规划上存在着歧义，要么旅游区土地的利用、建筑的建设、功能的设置等偏离了总体规划的要求。"三分规划，七分管理"是旅游区建设的成功经验。在旅游区土地有偿使用和市场经济体制条件下，旅游区规划管理工作的关键主要是其能否按旅游区总体规划的宏观意图，对旅游区每块土地的使用及其对旅游区总体环境景观的影响进行有效控制和引导旅游开发的健康发展。总体规划与传统的详细规划，均难以满足规划管理既要宏观又要微观，既要整体又要局部，既要对规划设计又要对开发建设的管理工作的要求。

而控制性详细规划将规划控制要点，用简练、明确的方式表达出来，它把旅游总体规划的意图落实到每一个具体旅游区块上，分解成具体区块上的开发控制。另外，它又通过规范用地原则、功能分区以指导修建性详细规划的具体实施，从而把旅游总体规划的战略方向与具体的修建实施联系在一起，强化规划实施的指导性、可操作性。这样有利于规划管理条例化、规范化、法制化，有利于规划、管理以及开发建设三者的有机衔接。因此，它是规划管理的必要手段和重要依据。

三、旅游区控制性详细规划内容

《旅游规划通则》规定，在旅游区总体规划的指导下，为了近期建设的需

・238・

旅游开发与规划

要，可编制旅游区控制性详细规划。旅游区控制性详细规划的任务是，以总体规划为依据，详细规定区内建设用地的各项控制指标和其他规划管理要求，为区内一切开发建设活动提供指导。

（一）旅游区控制性详细规划的主要内容

（1）详细划定所规划范围内各类不同性质用地的界线。规定各类用地内适建、不适建或者有条件地允许建设的建筑类型。

（2）规划分地块，规定建筑高度、建筑密度、容积率、绿地率等控制指标，并根据各类用地的性质增加其他必要的控制指标。

（3）规定交通出入口方位、停车泊位、建筑后退红线、建筑间距等要求。

（4）提出对各地块的建筑体量、尺度、色彩、风格等要求。

（5）确定各级道路的红线位置、控制点坐标和标高。

（二）旅游区控制性详细规划的成果要求

（1）规划文本。

（2）图件，包括旅游区综合现状图，各地块的控制性详细规划图，各项工程管线规划图等。

（3）附件，包括规划说明及基础资料。

（4）图纸比例一般为 1/2000 ~ 1/1000。

四、旅游风景区控制性详细规划

我国的风景区由国家城乡与住房建设部负责评定，由于住建部是城市规划的审批部门，在控制性详细规划和修建性详细规划方面，具有权威性，因此本书以我国的风景区为例，详细分析旅游控制性详细规划的关键技术。

近年来，由于社会经济的发展，风景区建设、保护与旅游开发的矛盾日益激烈，一些旅游风景区出现的"开发越快，破坏越严重"的问题，已成为旅游开发与规划中不可忽视的严峻问题。

在实践中，总体规划因为其宏观性特征，难以直接指导风景区详细规划阶段规划的编制及规划管理工作，许多地区由于开发建设的需要，开始借鉴城市控制性详细规划（以下简称"城市控规"）的方法编制风景区控制性详细规划（以下简称"风景区控规"）。由于风景区控规编制的理论与实践探索刚刚开始，各地、各风景区虽有一些尝试，并且编制出一定数量的控规成果，但是从理论上对风景区控规的必要性、任务、方法等进行研究的成果尚不多见，迫切需要进行深入的理论研究。

当前，国家法规对风景区控规编制尚无明确的规定，我国各地区风景区的控规编制直接套用城市控规的方法和指标体系，而城市控规编制的方法与程序主要是针对城市开发而制定的，难以体现风景区"严格保护""保护为先"的特征，只有开发指标，没有保护指标，对于"景观控制"也缺乏行之有效的办法，在指导实际建设中存在大量问题，严重影响了风景区的健康发展。因此，探讨风景区控规方法与自身特点，对于解决风景区当前实际开发建设和实际规划管理中的问题，对于促进风景资源的保护及风景区可持续发展，具有重要的现实意义。

（一）风景区制定控制性详细规划的必要性

我国的风景区是风景资源集中的法定地域，风景区事业建立的目的主要是为国家保留（保护）一批珍贵的风景名胜资源，这是由于"风景名胜区的各种自然资源和人文资源组成的各具特色的景观，是风景名胜区的本底"，同时也是风景名胜事业存在及发展的基石。风景名胜资源的稀缺性、脆弱性、不可再生性等特征决定了要把风景资源的保护工作放在高于一切的首要地位，所以我国风景名胜工作基本方针的第一条就是"严格保护"，这是风景区各项工作的核心，也是当前风景区工作的重中之重。

另外，我国风景区在以保护生态、生物多样性与环境为基本作用的前提下，还兼备游憩审美、科教启智、国土形象及带动地区发展等功能作用，风景区事业既是国家的社会公益事业又带有一定的经济特征。因而必须充分发挥风景名胜事业的综合管理职能，在保护风景资源的同时，还应科学地建设，合理地开发，以达到永续利用的目的。

近年来，由于社会经济的快速增长，旅游业在我国开始蓬勃发展，一方面，风景区为旅游业的发展提供了得天独厚的条件，旅游业的发展又反过来为风景区提供了相应的收益，扩大了景区维持、保护和建设的财源；另一方面，伴随着社会经济的快速发展和旅游大军的高速扩张，旅游业给风景区带来了严重的负面影响。风景区保护与旅游开发建设的矛盾日益激烈，"开发越快，破坏越严重"已成为一种普遍的现象。风景资源遭受严重破坏，其主要原因一方面是"旅游大军"挺进带来的"人满为患"和过度游览导致了景区超载；另一方面则是以"破坏性建设，建设性破坏"为主要特征的风景区"自杀"行为。

　　反思规划与管理的责任，表明作为风景区保护和开发利用主要依据的风景区总体规划，其宏观性、原则性特征导致其在实际规划日常管理中可控性较差，管理缺乏可操作的依据。强化规划与管理的衔接，深化与贯彻总规在风景区保护及合理开发上的战略意图，保证风景区的可持续发展，成为风景区规划的当务之急。

　　城市控规在这一方面树立了一个榜样，可以为风景区所借鉴，用来探索"风景区控规"自身的方法。城市控规产生于改革开放后，我国经济运行机制由计划体制向社会主义市场经济体制的迅速转轨，促使城市建设机制发生深刻变化，直接暴露出原有城市建设的矛盾及规划体系的缺陷，在总结与吸收区划法，弥补原有规划的缺陷和适应新形势的要求下，城市控规应运而生，其产生并非偶然。在认清城市控规的基本问题后，在比较两者产生、发展的背景、原因、实质、任务目标等条件的基础上，表明城市控规对风景区控规具有多方面的启示，在尊重与重视两者基本差异、突出风景区自身特点的基础上，对城市控规的表达方式、内容手段、控制层次、控制要素、管理方式等多方面进行有益的借鉴。

（二）风景区控规方法构架

1. 阶段任务

　　风景区控规是风景区总规意图在用地与空间上的具体深化与落实。它是针对风景区当前的突出问题（"人满为患""建设性破坏和破坏性建设"等），以风景区的某一地段范围为对象，以风景区总规划为依据，以规划综合性研究为基础，对规划地段从旅游容量、居民容量、景物保护、参观游览、旅游设施、基础工程、土地利用等方面进行进一步研究，将研究结果综合反映在各类用地的各项控制指标和规划管理要求中，以数据控制和图则控制为手段，将规划与管理相结合，以实施性技术法规文件的形式，对风景区用地及设施的保护与建设实施控制性的管理。

2. 控制对象

　　风景区控规控制的直接对象同城市控规一样，是与各种建设有关的活动，即使要行使保护的职能，总体上仍然要通过针对"保护对象"自身及其对周围环境的"破坏性建设"及"过度游览"的控制来完成。这里所说的"控制"在实践中既可以是"禁止"和"限制"也可以是"引导"和"鼓励"建设、游览活动按规划来进行。因此，控规编制的程度乃至是否编制的决定因素就是风景区中不同地段（区段）的建设量、游览量。例如，从风景区分级保护区划角度讲，因为特级保护区明确规定"在区内不得搞任何建筑设施"，所以特级区内若进行控规也主要是控制游人容量。但随着由一级区到三级区建设规定的不断放宽，可以说控规编制的必要性越来越大，控制层面内容越来越多。同理，从景区划分的角度讲，从所谓的纯风景培育景区到游览设施较多的景区，控规编制的必要性也越来越大，控制内容也越来越多。

3. 控制内容

风景区控规是以规划综合性研究为基础的，其研究的方面涉及组成风景区的各个子系统，包括社会经济、土地使用、资源保护、旅游设施、政策规定等方面，有些问题在总规阶段或者专项规划中已经明确，成为风景区控规的必要依据。控规阶段的主要研究内容应进一步深化相关具体控制方面，包括旅游容量控制、居民容量控制、景物保护控制、参观游览控制、旅游设施、基础工程等。

4. 指标体系

规划控制体系的内在构成是规划控制体系建立的基础。从规划管理的角度看，当前风景区控规就是要通过"控制建设、旅游容量、突出保护"来协调"保护与开发利用的矛盾"，最终解决这一规划研究的核心问题。一方面，风景区内的任何建设活动，不管是综合开发还是个体建设，其内在构成都包括土地使用、设施配套、建筑建造及行为活动等四个方面，并且都需要从这四个方面着手控制。另一方面，为了突出风景资源开发特点，强化保护要求，还应该融入风景保护、游赏控制的内容，应从七个方面建构指标体系：①保护、游赏控制；②用地使用控制；③环境容量控制；④设施配套控制；⑤建筑建造控制；⑥景观环境控制；⑦行为活动控制。建立控制指标体系的工作是风景区控规编制的核心内容之一。

5. 用地划分

控制性规划在形式上一个最显著的特征，就是"用地划分"（在国外的区划法中称土地分区，包括文本中的用地类型与图则上的地块划分），即把风景区用地划分为不同的用途区，以便有针对性地制定控制要素体系及控制指标等规范目标。建立用地划分方法也是风景区控规编制的核心内容之一。

（1）风景区用地类型及控规的选择

风景区用地类型，是按照土地使用的主导性质功能进行划分的。风景区的用地按其功能可分为四大类：第一类用地是直接为旅游者服务的，对应《风

景名胜区规划规范》"风景区用地分类表"中包括的"游览设施用地";第二类
用地是旅游媒介物,对应"交通与工程用地";第三类用地是间接为旅游服务
的,对应"居民社会用地";第四类用地对应"风景游赏用地",是风景区主要
的保护对象和游赏对象。当前适用范围较广的土地使用分类方式是《风景名胜
区规划规范》中提供的"风景区用地分类表"。风景区用地分类,应依照土地的
主导用途进行划分和归类。在规划的不同阶段,可依据工作性质、内容、深度
的要求,采用"风景区用地分类表"中的全部或部分类型。从选择用地分类体
系来讲,风景区用地分类还要具体地考虑风景区的总体情况。我国的风景区从
位置看,可以分为两种类型:一种是依附于大中城市的风景区(如西湖);另一
种是与大中城市相距较远的独立的风景区(如华山)。这两种风景区的用地结构
差异较大,因而对于前一种风景区的规划,可纳入城市总体规划中,根据不同
的规划地段既可以参照风景区用地分类表,也可以参照城市用地分类标准;后
一种风景区通常单独编制规划,一般参照风景区用地分类表。

(2)地块划分

地块划分是一种实践性很强的工作,目前风景区用地划分一般仅进行风景
区保护的分级区划(四级)或分类区划(六类),而分区布局也仅仅限于"景
区划分"的概念,主要反映风景区资源的分布情况和保护设想,与风景区控
规所要求的"小块用地"的土地利用性质和用地指标无关,在这种情况下,
对其探索更多需要借鉴城市控规的一些相关原则(如内容原则、择优原则、
目的原则、操作原则、动态原则等)及其合理性的基本判断和调整。

目前,对风景区控规的研究刚刚起步,迫切需要开展深入、细致的理论研究
与实践总结。回答风景区控规的"必要性问题"是研究的首要任务。在此基础上,
如何针对我国风景区的特点与突出问题,切实与合理地吸收、借鉴城市控规方法,
发展适合于风景区的控规方法,是需要反复探索与实践的关键性问题。

第二节　旅游区修建性详细规划

一、修建性详细规划概述

修建性详细规划主要是用以指导各项建筑和工程设施和施工的规划设计。

它一般针对的是某一具体地块，能够直接应用于指导建筑和工程施工。

（一）修建性详细规划的编制对象

修建性详细规划的编制对象是重要地块，也就是说修建性详细规划针对的不是整个城市也不是整个镇，它只对某一具体的地块提出规划设计要求。同时这一具体地块应当是重要地块，这是为了节约行政成本。如果任何地块都编制修建性详细规划，那么成本将很高，与其产生的效益也不相匹配。

（二）修建性详细规划的编制主体

修建性详细规划的编制主体是城市、县人民政府城乡规划主管部门和镇人民政府。城市、县人民政府城乡规划主管部门，针对城市总体规划及县人民政府所在地镇总体规划所划定的规划范围内的重要地块，编制修建性详细规划；而镇人民政府则针对其编制的镇总体规划所划定的规划范围内的重要地块，编制修建性详细规划。

（三）修建性详细规划的编制依据

编制修建性详细规划的依据是控制性详细规划，是对控制性详细规划的具体落实，不允许其改变或变相改变控制性详细规划对用地规模、用地布局等的规定。当然，编制修建性详细规划应当符合控制性详细规划，同时也意味着其应符合城镇体系规划、城镇总体规划。

（四）修建性详细规划的经批准或备案

没有规定修建性详细规划应经批准或备案。主要是因为修建性详细规划是用以指导某一具体（重要）地块的建筑或工程的设计和施工。已经属于控制性详细规划的具体落实，规定报经批准或备案的意义也就不大了。

（五）修建性详细规划的强制性要求

修建性详细规划不是一定要编制的。实践中应根据需要决定是否编制，只有针对那些重要地块确有必要编制修建性详细规划。

（六）修建性详细规划的主要内容

修建性详细规划一般应当包括以下内容：

① 建设条件分析及综合技术经济论证；

② 建筑、道路和绿地等的空间布局和景观规划设计、布置总平面图；

③ 对住宅建筑进行日照分析；

④ 根据交通影响分析，提出交通组织方案和设计；

⑤ 市政工程管线规划设计和管线综合；

⑥ 估算工程量、拆迁量和总造价，分析投资效益。

二、旅游区修建性详细规划概述

《旅游规划通则》中，对于旅游区修建性详细规划的规定如下：对于旅游区当前要建设的地段，应编制修建性详细规划。

（一）旅游区修建性详细规划的任务

旅游区修建性详细规划的任务是，在总体规划或控制性详细规划的基础上，进一步深化和细化，用以指导各项建筑和工程设施的设计和施工。

（二）旅游区修建性详细规划的主要内容

旅游区修建性详细规划的主要内容包括：

① 综合现状与建设条件分析；

② 用地布局；

③ 景观系统规划设计；

④ 道路交通系统规划设计；

⑤ 绿地系统规划设计；

⑥ 旅游服务设施及附属设施系统规划设计；

⑦ 工程管线系统规划设计；

⑧ 竖向规划设计；

⑨ 环境保护和环境卫生系统规划设计。

（三）旅游区修建性详细规划的成果要求

① 规划设计说明书；

② 图件，包括综合现状图、修建性详细规划总图、道路及绿地系统规划设计图、工程管网综合规划设计图、竖向规划设计图、鸟瞰或透视等效果图等。图纸比例一般为 1/500 ~ 1/2000。

三、旅游区修建性详细规划的关键技术

（一）旅游区土地利用规划

1. 旅游用地类型的划分

（1）旅游业用地的定义

旅游用地是土地利用中的一种新的利用方式，其定义目前还没有统一的提法，一般提到的旅游业用地是指县级以上人民政府批准公布确定的各级风景名

胜区的全部土地，供人们进行旅游活动，具有一定经济结构和形态的旅游对象的地域组合。毕保德在《土地经济学》中有一个关于旅游业用地的概念，其定义为：凡能为旅游者提供游览、观赏、知识、乐趣、度假、疗养、娱乐、休息、保险、猎奇和考察研究等活动的土地，均可成为旅游业用地，其实质仍然是旅游景区内部的土地利用和功能布局。随着旅游业的快速发展，尤其是旅游业用地范围在逐渐扩大，用地需求越来越强烈，而全国土地分类中旅游用地的分类已不能满足旅游业的发展要求，且分类的不明确也导致了旅游用地规划与土地利用总体规划、城市总体规划的冲突。因此，对旅游用地进行较为科学的分类，并使其与土地分类体系相衔接，是当前旅游界必须解决的重要问题。

（2）旅游业用地的分类

在 1984 年制定的《土地利用现状分类及含义》中，相关的旅游土地体现在"居民点及工矿用地"的二级分类"特殊"用地下的"名胜古迹、风景旅游、墓地、陵园等用地"。1989 年，原国家土地管理局颁布的《城镇土地分类及含义》中，"特殊用地"无端地取消了，原特殊用地中的"名胜古迹、风景旅游、陵园等"归为"市政用地"中的绿地。在这两个土地分类中都没有体现如旅行社、餐饮旅馆、娱乐场所等旅游接待用地类型。2002 年 1 月 1 日起试行的《全国土地分类》是在上述两个土地分类的基础上修改归并而成的，此分类体系将土地分为农用地、建设用地和未利用地三类，在建设用地的二级分类"公用设施用地"下形成了"瞻仰景观用地"，包括名胜古迹、革命遗址、景点、公园广场、公用绿地等；在"商业服务用地"下形成了"餐饮旅馆业用地"，包括饭店、餐厅、酒吧、宾馆、旅馆、招待所、度假村等及其相应附属设施用地；在"商服用地"中的"其他商业服务业用地"中涉及"旅行社、运动保健休闲设施、夜总会、歌舞厅、俱乐部、高尔夫球场"等相关的旅游服务接待用地。但是，"旅游用地"仍然没有作为一个整体在土地分类中出现。

2007 年全国土地第二次调查过程中，采用了 2007 年 8 月 10 日发布实施的分类标准，把土地分为耕地、园地、林地、草地、商服用地、工矿仓储用地、住宅用地、公共管理和公共服务用地、特殊用地、交通运输用地、水域及水利设施用地和其他用地共 12 类，旅游用地也没有作为一个大类出现。只是在"商服用地"中把"住宿餐饮用地"单列出来，公共管理与公共服务用地中把文体娱乐用地和风景名胜设施用地、宗教用地、公园与绿地等作为二级用地单列出来。

2. 旅游规划中土地利用类型的划分

（1）我国传统的旅游业用地的划分

我国关于旅游用地分类一般采用两个标准：一是国家建设部于 1999 年颁发的《风景名胜区规划规范》（GB 50298—1999）以下简称《规范》；二是 1991 年 3 月 1 日颁布实施的《城市用地分类与规划建设用地标准》（GB J137-90），以下简称《标准》。

《规范》中风景区用地的分类几乎包含了旅游业发展的所有的土地类型，为风景名胜区规划用地提供了标准，但是风景区用地的分类仍存在以下问题：

首先，风景区用地分类体系与土地分类体系不统一。在土地分类系统中，旅游用地的类别属于建设用地，并对相关旅游用地进行了拆分，但在风景区用地分类中没有根据用地性质进行拆分，所以造成了风景区用地分类与土地分类脱节。由于土地分类是国家标准分类结构，是一切用地分类的依据和准则，旅游用地作为推动利用的一种方式，其分类体系应尽量与土地分类体系相互衔接。

其次，风景区用地分类依据与土地分类依据不一致。风景区分类是依据土地使用的主导性质，而土地分类依据的是土地的自然属性。两者分类依据的不同，是导致两者分类体系不同的主要原因。

最后，"风景区用地分类"名称狭隘，不能涵盖整个旅游业，而且分类的类型和层次都少，略显粗略。《标准》是服务于城市的建设而设立的分类标准，比较细致，而且与土地分类已经实现无缝对接，所以在许多旅游规划中，土地利用分类均采用《标准》。但城市建设用地分类仍存在一些问题：它是按照城市建设的标准来划分的，而旅游区的建设和整个的城市建设差别很大，靠近城区的旅游区或旅游地产较多的旅游区还可以比较容易对接。而那些远离市区，或自然风光比较好的山沟、河湖周围，往往是开发旅游景区的最好选地，但其配套功能却与城市建设相差甚远。

（2）在规划中采用的旅游业用地分类体系

根据上述分析，在当前风景名胜区分类中存在问题以及《全国土地分类》中相关旅游用地分类体系欠缺的基础上，根据土地的自然属性和土地主导的用途，在充分考虑旅游用地特点的基础上，结合《城市用地分类与规划建设用地标准》，提出新的旅游用地分类体系。

表4－1　风景名胜区旅游业用地类型

一级类		二级类		含义
编码	名称	编码	名称	
12	旅游业用地	121	景观建设用地	指各个景点建设用地，包括大型旅游项目开发用地、旅游接待用地、景点景物建设以及旅游区管理办公用地等用地类型。
		122	道路广场用地	旅游区内用于外部交通和内部交通及停车场建设的用地。
		123	景观绿地	指旅游区在景观生态建设过程中，配套景点的开发，以小环境建设为主进行的人工风景植物配置形成的用地类型以及服务于旅游区的绿化用地。
		124	水域	是指为配套旅游区的建设而设置的水面及规划区内原有的水库、湖塘等用地。
		125	生态绿地	指规划区内用于水源涵养、生态建设的林地、草地。
		126	其他用地	指已开发建设的用地、特殊用地、居住用地等与旅游开发相关的用地类型，其名称可根据用地性质采用《全国土地分类》中的名称。

3. 土地利用平衡表的确定

根据以上的分析，做出土地利用规划图，然后根据图量算出各类用地的面积及所占的比例。

4. 地块划分及控制指标的确定

（1）地块划分的原则

地块划分主要参照现状用地的特点，结合用地性质及道路分块，有利于土地的合理利用与优化配置，可适应土地经营的灵活性及实施管理的可操作性，这样便于以一个完整的功能区或组团作为建设单元，保证片区建筑群具有完整统一的形体组合、统一的建筑风格、和谐的色彩、完整的外部空间序列。

① 根据自然界限和规划界限确定。在地块划分过程中应结合现状自然界限和规划界限，自然界限包括机耕道、步行道、林地边缘线、沟谷边缘线等，灵活划分、适当取值，并通过统一坐标定位来明确。

② 根据等高线的界限确定。山区开发和山地环境保护对地块划分提出了更高的要求，将开发限定在一定的高度之下，因此，等高线也是地块划分的重要依据。

③ 尊重现有用地边界。在地块划分过程中对已进行土地出让、征用的用地边界，原则上予以确认。

地块性质尽可能划分到小类，以便于开发建设实施与管理。

（二）旅游区道路规划

1. 公路网的功能

公路网主要有两大功能，交通功能和服务功能，其中，交通功能纯粹以运输为目的。以旅游服务功能为主，交通功能为辅，或以交通功能为主但担负重要旅游功能的道路均可以视为旅游道路。旅游区道路系统一般主要由旅游干支道、游步道、停车场、桥梁、索道以及配套辅助设施等构成。

2. 旅游道路系统规划的重要作用和意义

（1）旅游区对外交通规划意义和作用

① 对旅游目的地经济发展起先决作用。旅游业是一个综合性服务产业，旅游目的地除了要拥有丰富优质的旅游资源，还必须建立完善的旅游接待设施，而旅游交通与饭店业、旅行社并称为旅游业的三大支柱。在旅游活动六大要素中，旅游交通属于先决要素，对其他旅游活动能否顺利进行起着决定性的作用。

② 促进沿线区域经济的发展。旅游道路交通的建设，可以使不同的经济区域串联起来，从而引起人流、物流、信息流在该线路上的转移。同时，它也给沿线旅游资源的开发提供了良好的机遇和条件。这无疑对旅游交通沿线经济的发展起到一定的带动和促进作用。

（2）旅游目的地内部交通规划的作用和意义

旅游区内部道路作为引导旅游者游览的路线，连接着各个旅游景点，为旅游者的旅游提供指引作用。同时它又是造景的重要组成部分。

另外，纵横交错的路线可构成完整的游览道路网，把整个旅游区划分成不同功能区，从而引导游人从不同的路线、不同视角来欣赏不断变换的景观。

科学合理的旅游道路规划涉及旅游者在旅游区内涉足区域的深度和广度以及旅游的方式，这对旅游区生态环境和自然资源的影响效果具有决定性的作用。

旅游道路还可以为旅游者和驾驶员提供良好的视觉环境。驾驶员在长时间的驾驶中，视觉空间变化较小，单一枯燥的景观很容易造成视觉疲劳，从而诱发交通事故。而通过道路景观的规划设计，安排错落有致、明暗互间的景致变换，既解视觉疲劳又调节心境，从而有利于旅行安全。

旅游区内部道路还是旅游区环境容量确定的重要依据。

（三）旅游道路交通系统的规划

1. 旅游道路交通系统规划的原则

（1）市场导向原则

根据市场需求，确定旅游交通的运营能力、设施与线路布局、营运方式等，以确保供给与需求在数量和种类上的平衡。

（2）经济效益原则

旅游交通是一个资源、技术密集型产业，基础设施投资大，回收周期长，因此必须注重投入产出的科学性，促进旅游交通经济上的可持续发展和良性循环。

（3）突出重点原则

旅游交通是一个庞大的系统工程，易受环境影响。在规划时，必须抓住主要矛盾和关键环节，保证重点就是保证全局。旅游交通规划的重点，一般是指旅游交通枢纽、主导交通方式、内外旅游交通干线。

（4）综合配套原则

纵向上，保持公路、铁路、航空、水运、特种等交通方式之间的协调；横向上，保持食住行游购娱等各要素之间的协调。

（5）地方特色与国际标准统一原则

根据地理和文化特征，设计具有地方特色的旅游交通系统。同时，在服务水平上和管理方面应与国际标准保持一致，如双语路牌、国际通用路标等。

（6）适度超前原则

旅游交通是旅游业发展的前提条件和大动脉，因而必须坚持适度超前的原则，使旅游交通保持略高于旅游业的适度超前发展速度，从而为旅游业的大发展奠定坚实的交通基础。

（7）以人为本原则

旅游道路的主要服务对象是人。因此，设计时要充分体现人性化的理念，要有环保意识，加强对旅游区内自然风光和人文景观的保护。同时在旅游道路规划和设计中要充分考虑旅游者和驾驶员的心理感受，通过景观道路的设计增加旅途乐趣，缓解旅途疲劳。另外，旅游道路规划还必须遵循安全性的原则。

2. 旅游区内部道路系统规划的主要内容

（1）旅游连接道、干道与支道规划

旅游连接道是旅游区与外部非旅游道路的连接线，是旅游交通层次中依托城市至旅游区交通的部分。干道是旅游区内部连接服务区与主要景点、功能分区的通道。支道是景点（功能区）与景点（功能区）之间的连接线。一般来说，连接道至少要达到国家三级公路的标准，干道按照三级或四级公路标准设计，而支道则一般按照四级公路标准设计。在道路规划的过程中，务必注意生态环境的保护，尽量少占耕地、林地和绿地，同时要在道路的两侧种植乔木，以达到美化与绿化的效果。

（2）游步道规划

游步道仅供游人通行，路面狭窄，设计灵活，往往依据地形进行设计，路面材料要丰富多样，以增加游览的趣味性。游步道设计时要充分考虑旅游者的体验心理，将美学知识运用其中，使步道与周围景致相融合，并达到移步异景的效果。游步道宽度要根据游客数量和停留时间来确定，一般取 0.8 ~ 2.5 米为宜。

（四）竖向规划

建设场地是不可能全都处在设想的地势地段。建设用地的自然地形往往不能满足建、构筑物对场地布置的要求，在场地设计过程中必须进行场地的竖向设计，将场地地形进行竖直方向的调整，充分利用和合理改造自然地形，合理选择设计标高，使之满足建设项目的使用功能要求，成为适宜建设的建筑场地。

竖向设计是对项目平面进行高程确定的设计，形成的竖向空间。竖向设计是场地建设中的一个重要组成部分，它与总平面布置有着密不可分的联系，现状地形往往不能满足规划设计的要求，需要进行原地形竖直方向的调整，充分利用，合理改造。即在平整场地时，对土石方、排水系统、构筑物高程等进行垂直于水平方向的布置和处理，以满足场地规划设计的需要。

旅游区竖向设计就是对旅游区中各个景点、设施及地貌在高程上进行统一协调而创造既有变化又统一协调的设计。实际上，竖向设计是一项根据旅游区设计要求，对旅游区内场地地面、构筑物的高程做出的设计与安排的工程。

1. 竖向设计的意义

建设场地是不可能全都处在设想的地势地段。建设用地的自然地形往往不能满足建、构筑物对场地布置的要求，在场地设计过程中必须进行场地的竖向设计，将场地地形进行竖直方向的调整，充分利用和合理改造自然地形，合理选择设计标高，使之满足建设项目的使用功能要求，成为适宜建设的建筑场地。

竖向设计亦称竖向规划，是规划场地设计中一个重要的有机组成部分，它与规划设计、总平面布置密切联系而不可分割。当地域范围大、地形起伏较大，则在功能分区、路网及其设施位置的总体布局安排上，除须满足规划设计要求的平面布局关系外，还受到竖向高程关系的影响。所以，在考虑规划场地的地形利用和改造时，必须兼顾总体平面和竖向的使用功能要求，统一考虑和处理规划设计与实施过程中的各种矛盾与问题，才能保证场地建设与使用的合理性、经济性。做好场地的竖向设计，对于降低工程成本、加快建设进度具有重要的意义。

2. 竖向设计的任务

即从最大限度地发挥旅游区的综合功能出发，统筹安排区内各景点、设施和地貌景观之间的关系，充分利用地形减少土方量，合理处理地上设施与地下设施之间、山水之间高程上的衔接。其基本任务包括：

（1）地形设计

这是对场地骨架的塑造，合理布局山水，根据功能要求，对区内各景观要素进行设置，而它们之间的相对位置、高低、大小、比例、尺度、外观形态、坡度的控制和高程关系等都要通过地形设计来解决。地形除了是工程旅游区骨架外，还具有组织与分隔空间的作用，它可以用来阻挡游人的视线，在有一定体量时，还具有防风、阻噪等作用。因而需要选择场地竖向布置的方式，合理确定区内各部分标高，力求减少土方量，使场地内外各部分都能满足旅游区设计的要求。地形设计要因地制宜，顺应地形，尽量减少对原地形的干扰，充分利用现有排水渠、溢洪道、河汉沟峪等，融合自然风景。

（2）植物种植在高程上的要求

在旅游区建设过程中，场地上常有必须保留的古树、名木等。其周围的地面依设计如需增高或降低，应在图纸上标注出保护的范围、地面标高和适当的工程措施。

（3）道路、广场、桥涵和其他铺装场地的设计

按照快速路、主干路、次干路、支路的四等级，结合旅游区具体要求，划定道路等级。进行道路平面设计、纵横断面设计和照明设计。广场的空间与流线设计、绿化、地面铺装设计。确定桥梁结构、样式、总体布置、截面结构设计、承载力计算等。

（4）拟定场地排水方案

为有效发挥场地功能，不受雨洪侵害，避免场地积水，确保地面降水，需要确定场地自身排水方向和排水坡度，以及场地与周边建筑、道路、树木、山水等构筑物之间的高程关系。

（5）管道综合

旅游区内各种管道：供电、通信、供水、排水、供暖、供气等的布置，难免出现交叉，在规划时须按一定原则，统筹安排各种管道交汇时合理的高程关系，以及它们和地面构筑物或植物的关系。

3. 竖向设计步骤

竖向设计是一项细致而烦琐的工作，设计和调整、修改的工作量都很大。但不管是用设计等高线法或是用纵横断面设计法等进行设计，一般都要经过以下一些设计步骤。

（1）资料的收集

设计进行之前，要详细地收集各种设计技术资料，并且要进行分析、比较和研究，对地形现状及环境条件的特点要做到心中有数。需要收集的主要资料如下：

① 旅游区用地及附近地区的地形图，比例 1：500 或 1：1000，这是竖向设计最基本的设计资料，必须收集到，不能缺少。

② 当地水文地质、气象、土壤、植物等的现状和历史资料。

③ 城市规划对旅游区用地及附近地区的规划资料，市政建设及地下管线资料。

④ 旅游区总体规划及规划所依据的基础资料。

⑤ 所在地区的施工队伍状况和施工技术水平、劳动力素质与施工机械化程度等方面的参考材料。

（2）现场踏勘与调研

在掌握上述资料的基础上，应亲临现场，进行认真地踏勘、调查，并对地

形图等关键资料进行核实。如发现地形、地物现状与地形图上有不吻合处或有变动处，要搞清变动原因，进行补测或现场记录，以修正和补充地形图的不足之处。对保留利用的地形、水体、建筑、文物古迹等要特别加以注意，要记载下来。对现有的大树或古树名木的具体位置，必须重点标明。还要查明地形现状中地面水的汇集规律和集中排放方向及位置，城市给水管接入的接口位置等情况。

4. 设计图纸的表达

竖向设计应是修建性详细规划的组成部分。在修建性详细规划范围比较小时，竖向设计一般可以结合在总平面图中表达。但是，如果地形比较复杂，或者规模比较大时，在总平面图上就不易清楚地把总体规划内容和竖向设计内容同时都表达得很清楚。因此就要单独绘制竖向设计图。具体表达步骤如下：

① 在设计总平面底图上，用红线绘出自然地形。

② 在进行地形改造的地方，用设计等高线对地形作重新设计，设计等高线可暂以绿色线条绘出。

③ 标注规划区内各处场地的控制性标高，和主要建筑的坐标、室内地坪标高以及室外整平标高。

④ 注明道路的纵坡度、变坡点距离和道路交叉口中心的坐标及标高。

⑤ 注明排水明渠的沟底面起点和转折点的标高、坡度，和明渠的高宽比。

⑥ 进行土方工程量计算，根据算出的挖方量和填方量进行平衡；如不能平衡，则调整部分地方的标高，使土方量基本达到平衡。

⑦ 用排水箭头，标出地面排水方向。

⑧ 将以上设计结果汇总，绘出竖向设计图。绘制竖向设计图的要求如下：

图纸平面比例：采用 1 : 1000 ~ 1 : 200，常用 1 : 500。

等高距：设计等高线的等高距应与地形图相同。如果图纸经过放大，则应按放大后的图纸比例，选用合适的等高距。一般可用的等高距在 0.25 ~ 1.0 米之间。

图纸内容：用国家颁发的《总图制图标准》（GBJ 103-87）所规定的图例，表明各项项目平面位置的详细标高，如建筑物、绿化、园路、广场、沟渠的控制标高等；并要表示坡面排水走向。作土方施工用的图纸，则要注明进行土方施工各点的原地形标高与设计标高，表明填方区和挖方区，编制出土方调配表。

⑨ 在有明显特征的地方，如道路、广场、堆山、挖湖等土方施工项目所在地，绘出设计剖面图或施工断面图，直接反映标高变化和设计意图，以方便施工。

⑩ 编制出正式的土方量估算表和土方工程预算表。将图、表不能表达出的设计要求、设计目的及施工注意事项等需要说明的内容，编写成竖向设计说明书，以供施工参考。

在竖向设计中，如何减少土方的工程量，节约投资和缩短工期，这对整个项目具有很重要的意义。因此，对土方施工工程量应该进行必要的计算，同时还须提高工作的效率，保证工程质量。

第五章 旅游专项规划

近年来，随着旅游规划实践的深入，很多地区在编制综合性的旅游总体规划的基础上，根据自身的地域特点或是旅游发展的重点，编制城市、乡村、历史街区、度假区等专项规划，以更有针对性地指导旅游地的旅游发展。由于在各类旅游专项规划中，其旅游发展中遇到的矛盾、需注意的问题、旅游发展模式等有所不同，因此本书具体阐述。

第一节 城市旅游规划

在中国，城市旅游规划研究具有不一般的意义。西方的城市往往与周边的乡村行政体制相对独立，城市政府主要考虑城市建成区内部及其周边发展问题，与州、省、县的行政体制相对独立；但在中国，城市往往同时还具有领导和带动周边若干以乡村为主的区县的功能，一个城市往往相当于西方的一个省。因此，中国的城市旅游规划，实际上是一种区域旅游规划，是一种以城市为核心和领导者的区域发展规划。

另外，中国的许多城市，特别是历史悠久的城市，拥有丰富的历史文化遗产，在城市化的发展过程中，其面临着旧城改造、历史遗产和历史环境保护、延续城市记忆等与历史文化有关的诸多问题，受到城市管理者、学者、业界、旅游者、居民等群体的普遍关注。

基于城市旅游的复杂性，以及历史文化街区、乡村旅游地规划的重要性，本章另辟两节内容进行专门的探讨。本节的内容，主要关注在现代化建设中，中国城市旅游出现的新现象和新模式，不包括城市历史文化街区、城市范围内的乡村旅游地的旅游规划问题。

一、城市旅游产生的背景

从城市被赋予了"旅游"这一功能之后，城市与旅游之间的关系就难以隔断了。"城市旅游""旅游城市"等概念说明了城市和旅游不可割舍的统一存在。

旅游产业与城市发展具有天然的内在紧密联系。据不完全统计，70%的游客选择旅游目的地往往考虑经济较为发达的城市或者其周边旅游景区。城市是旅游发展的重要载体，旅游同时为城市发展注入了动力和活力，可以形象地称之为"城市-旅游辩证法"。城市深厚的文化底蕴和完善的服务体系，使得城市最有条件成为旅游活动的目的地和集散中心。通过实践，已达成发展旅游能够提升城市综合实力、能够打造城市文化品牌、能够改善城市环境的共识。以美国迈阿密城市发展为例，它拥有丰富的海岸旅游资源，其城市的旅游发展已经进入成熟阶段，从城市用地上来看，与旅游休闲相关的用地比例高达69%，可以说迈阿密城市即旅游，旅游即城市，城市发展与旅游发展高度融合，互为促进，这就是典型的旅游主导的城市发展方式。2008年，迈阿密因旅游业的发展和城市环境的突出成绩被《福布斯》评为"美国最干净的城市"。

20世纪90年代，城市旅游在全球各地蓬勃发展起来，这一现象是多种外部因素作用的结果。首先，20世纪80年代，欧洲国家普遍处于由制造业经济向服务业经济转变的阶段，由于传统工业的衰退，城市由原来的生产场所转变为消费场所，旅游作为城市经济复兴的重要产业部门，得到重视。其次，随着世界的城市进程，越来越多的城市成为旅游目的地，旅游开始城市化（Mullins，1991）。最后，世界经济的全球化趋势，不仅使得城市之间的联系更加紧密，也导致了城市之间的竞争加剧，而旅游被视作营销城市的方法和提高城市竞争力的手段。

随着城市的集聚与辐射功能日趋增强，越来越多的城市在城市建设的过程中，将旅游作为统筹城市与产业发展的重要平台。注重将城市作为旅游目的地推向国内外市场，将建设国际一流旅游城市、世界著名旅游城市等作为提升城市综合素质和国际竞争力的发展定位，甚至将旅游作为城市与新农村建设衔接、城乡统筹一体化的核心要素。

二、城市旅游与城市旅游规划

城市旅游是以城市为载体的观光游憩体验活动，城市旅游的范围是建成区和市域，主体是国际游客、国内游客和本市居民，客体是组成城市的各类物质和非物质要素，包括自然、文化、产业、建筑、居民、事件等各类景观。

规划是城市旅游发展的核心。保继刚等（2005）认为城市旅游规划是一种针对特定场所的区域性旅游规划，是关于特定城市区域内旅游产品开发、生产与经营的整体发展谋划，其内容包括发展目标与实施策略制订，其对象包括城市旅游吸引体系、城市服务体系、城市旅游产业体系和城市旅游环境体系。

城乡和住房建设部报告指出，到 2050 年之前中国的城市化率要提高到70% 以上。因此，未来 10 ~ 15 年中国仍将处于城镇化快速发展阶段，对旅游城市化问题的研究与关注，是进行城市旅游规划必要的前提。本节内容将进一步探讨旅游城市化、城市旅游发展、旅游城市化背景下的城市旅游规划问题。

三、旅游城市化与城市旅游发展

当前，中国正处于快速的城市化（或城镇化）时期。进行城市旅游规划，旅游城市化是必须面对的问题，也是与城市旅游规划休戚相关的问题。旅游城市化起源于福特制时期的高工资和大众消费，成熟于 20 世纪 70 年代，即后福特制时期的大众享乐消费的兴起（Mullins，1991）。Mullins（1991）早将旅游和城市化关系概念化，提出"旅游城市化"这一概念。

旅游城市化 20 世纪后期在西方发达国家出现，基于后现代主义消费观（注重享乐）和城市观的一种城市形态，是一种建立在享乐的销售与消费基础上的城市化模式。

旅游城市化是涵盖了城市的旅游化与旅游区的城市化两层含义。旅游化和城市化本质上是指旅游活动越来越趋向于发生于城市区域。旅游化和城市化是两个不同的概念，世界各国产业的融合与相互促进的趋势也决定了单纯靠某一产业推动城市化过程是不可能的。因此，针对可能产生的歧义，这里提出"旅游型城市化"一词，全称应是"旅游驱动型城市化"或"旅游导向型城市化"。强调旅游是城市化推进城市发展、城市复兴的出发点和重要影响因素，避免了"旅游城市化"一词可能产生的"唯一因素"的错误理解。

旅游型城市化的本质则是指通过旅游业发展带动城市第三产业发展转型，

促进第一、第二、第三产业的融合，推动城市化整体的发展。

十九大之后，一系列全面深化改革的政策和社会经济发展格局的可预期的改变，同样会给中国未来十年乃至更长时期的城镇化发展、城市旅游发展等带来一系列的深刻影响。其中，最突出的一个变化就是，城市化再也不能继续过去那种忽视产业培育和就业机会创造，一味单纯追求 GDP 增长的模式了。过去的 GDP 增长主要靠两样东西：一是大办工厂，这类工厂要分布于城市新区，大办工厂的后果就是环境恶化，PM2.5 纷纷爆表，引起全体人民的声讨和反思；二是圈地卖地，地方政府严重依赖土地财政支持单一的经济增长目标。今后这两样东西都会被抑制，城镇化必需更多地依赖服务业的发展，而城市旅游显然是其中最为重要、最为活跃的领域之一。

过去一个阶段，中国的城市化进程由于历史、体制等多种原因，出现了众多亟待解决的问题。说到底，城市化的关键要素是人而非城，城市化的结构是产业结构而非物质结构，而城市化的根本目的是提高人民的生活品质而非改变生活场所。在大力提倡低碳经济的今天，旅游业发展空间巨大，并且作为推动城市化发展的一种动力，变得越来越明显，旅游型城市化是未来城市化发展的一条新路，是城乡两种生活方式并举、城乡同时现代化的城市化。旅游型城市化与其他类型城市化兼容性强，可优势互补，它是未来城市经济实现可持续发展的重要途径之一。旅游型城市化在多途径城市化发展中有特有的优势，我国城市化进程有力地推动了我国旅游业的发展，而旅游业又显著提升了城市综合实力，加快了城市现代化建设步伐，城市化与旅游业呈互推发展之势。总之，旅游型城市化对城市或当地的经济、环境、社会和文化等均有着重要的影响，旅游型城市化途径有着巨大的现实意义。

（一）旅游导向型城市化的主要特征

1. 推进旅游产业融合

旅游型城市化从产业角度来看，最突出的特征即表现在旅游业与第一、第二、第三产业融合的现象出现，趋势在加强，泛旅游产业在传统城市产业结构中凸显。

泛旅游产业被广泛用作为提升城市功能，推动城市经营的有效手段。从经济运行的角度也将泛旅游产业看作为"出游型消费经济"。

2. 创新城市空间格局

旅游型城市化的城市空间布局相比传统城市具有一些新的特点。旅游产业发展在影响城市空间布局方面的作用越来越显著。

四、旅游城市化背景下的城市旅游规划

进入 21 世纪以来，中国经济社会的快速发展，旅游在城市中的作用日益增强，旅游在推进城市化进程中的作用日益突起，学界和业界出现了"旅游城市化""旅游城镇化""旅游引导的城市化""旅游引导的新型城镇化"等与旅游、城市相关的新名词。城镇化是中国特色的城市化。在旅游城市化背景下进行城市旅游规划，应充分考虑旅游在推动城市发展中的作用和影响，探索适应不同城市旅游需要的发展模式。本节内容以杭州、北京、西安的城市旅游规划为例，分析旅游城市化背景下的城市旅游发展模式。

（一）杭州旅游"免门票"模式

"上有天堂，下有苏杭"是古来人们对杭州和苏州最真实的赞美。杭州历史悠久，曾是五代吴越国和南宋王朝两代建都地，是我国七大古都之一，首批中国历史文化名城，2006 年首批最佳旅游城市。众多优秀的旅游资源使杭州成为我国起步较早的旅游城市，现在已经进入向国际化发展和产品结构升级调整的阶段。

旅游业发展到今天，杭州市走过从"以风景休假疗养为主的城市"到"全国重点风景旅游城市"，再到国务院《长三角区域规划》中定位的"国际重要的旅游休闲中心"，经历了接待事业期、稳步发展期、调整巩固期、国际化与转型期，如今已在国内外旅游界具有了重要影响力。

为促进杭州市旅游产业素质与产业地位的全面提升，提高杭州旅游产业集群的综合竞争力，构筑杭州个性国际化旅游目的地城市，为杭州旅游业可持续发展提供"预见问题、解决问题和谋求发展"的主要思路，杭州市旅游委员会于 2003 年 11 月 19 日正式启动杭州市旅游发展总体规划（2004—2025）编制工作，分别组织国内专家团队和国际专家团队进行实地考察和调研。规划期限为 2004—2025 年，其中 2004—2010 年为规划近期，2011—2015 年为规划中期，2016—2025 年为规划远期。规划力求制定科学合理，具有创新性、前瞻性和可操作性的一整套战略、策略与技术保障的全面解决方案，并着重提供国际旅游目的地城市的营销与管理对策。

在规划的引领下，杭州市以体制改革为牵引，以机制创新为推力，探索出了一条"中国特色、杭州特征"的旅游产业转型升级之路。目前，整个杭州

的旅游产业发展已形成良性运作方式，推动着整个城市的可持续发展，形成了独特的杭州旅游发展模式。

中国旅游研究院学术委员会主任魏小安曾在"2012《旅游学刊》中国旅游研究年会"上作了《我们的城市、我们的家园——杭州旅游发展模式的再思考》主题演讲报告，他提出的"杭州模式"主要表现在五个方面：杭州旅游的管理摆脱企业管理、行业管理、属地发展；城市发展可以做到有机更新，与粗放增长、粗暴扩张形成了鲜明对比；人民生活品质不断提高，市民生活成为城市发展基础；城市发展走新型生产模式，追求现实城市生活，使得城市真正成为人类的家园；城市在发展的同时，尊重历史、尊重文化、敬畏自然、尊重前人。这五个方面打破了中国快速城市化过程中政府对 GDP 增长、政绩的追求，真正做到了惠民、利民，实现了发展与让生活更美好的协调统一。其中，最让人称道的是以世界遗产西湖为例的"一免六不（一免：西湖景区坚持"免费开放"政策不动摇；六不："还湖于民"目标不改变、门票不涨价、博物馆不收费、土地不出让、文物不破坏、公共资源不侵占）管理内容为核心的杭州旅游发展模式。杭州旅游的转型、快速发展并得到人们的好评，与杭州政府对旅游重视、敢于对旅游体制进行创新改革是分不开的。

这种旅游和城市的一体化发展，实际就是让城市和旅游水乳交融，实现"你中有我，我中有你"的境界，以旅游为驱动力带动城市发展，让城市更好地满足游客和居民的游憩需求，这与旅游型城市化理念不谋而合，即指加强城市以旅游为主的现代服务功能的完善。要求从城市规划、建设与管理等角度充分考虑城市旅游功能的完善和设施的配套，特别是在城市景观（包括公共绿地、步行街、商业广场等）和标志物建设、遗产保护、景点建设、住宿接待、餐饮服务、购物、信息等公共设施，以及道路交通等基础设施的发展与布局方面以适应国际风景旅游城市和东方休闲之都发展目标为基本原则，以城市规划和景观控制等为措施，从城市功能空间供给的源头，促进城市作为目的地的建设和发展。

杭州成功的最重要的两个因素是政府意识和民营资本。2001 年，杭州市委市政府决定，组建杭州市旅游委员会，强化职能，增加机构和编制，经费也大幅增加。在杭州，看不到那种全国普遍存在的领导对旅游重视在口头上，落实在口号上的情况，杭州旅游得到了政府的高度关注，大项目亲自操作，大问题积极解决（魏小安，2012）。杭州市旅游委员会作为杭州市旅游行政管理体制改革之后的最高管理机构，有利于进一步发挥旅游的综合功能。改革后的杭州市旅游行政管理体制在全国具有创新意义。政府创新如旅游行政管理体制改革，风景和旅游一体的管理机制较好地解决了旅游业发展中的部门分割问题；2002 年，杭州市推倒西湖沿线七大公园围墙；实行环西湖免费开放。2003 年，杭州市向社会全面开放各类市属博物馆，杭州市向社会全面开放各类市属博物馆，杭州成为全国最早也是唯一的免费开放 AAAAA 级景区的城市。国外很多城市的博物馆、艺术馆、科技馆及世界遗产地的参观游玩是不收费的，杭州主动采用了这一作法，为市民的休闲娱乐带来了便利。鉴于杭州市旅游产业出现的新形势、新格局，旅游及其相关产业形势的发展以及法制化建设的推进，今后杭州旅游的管理体系尚需健全和优化。

民营资本从物质层面上保证了杭州旅游资源开发的有效性，解决了旅游发展的资金问题。杭州市政府及相关人员正确处理了政府、企业、市场三者关系，发挥了政府主导力、企业主体力、市场化配置力，真正建立起了适应市场化要求的产业统筹管理机制。作为旅游发展的牵头人，杭州市政府以"有形的手"推动各种旅游资源的有效整合。制定产业政策和战略规划，实施市场规制，进行基础设施建设和环境营造，实施目的地营销，推进区域合作和科技发展等。"十一五"期间，杭州全市共吸引内资、外资达 600 个，涌现出一批像宋城集团、开元集团这样的名牌民营旅游企业。近几十年来，杭州成为民营经济、民营资本和民营企业最活跃的沃土；在旅游投资方面，民营资本也逐渐进入。可以预见，在未来全国的旅游业发展过程中，投资的市场化和多元化将会成为一种趋势。

（二）北京国际旅游目的地建设

《北京城市旅游总体规划（2004—2010）》指出，到 2010 年，将北京建设成为具有首都风貌的国内首位旅游中心城市和具有东方特色的一流国际旅游城市。北京作为首都，是全国政治、文化中心，具有崇高、神圣的地位。北京是一个拥有悠久历史的古都，文化沉淀深厚。规划将北京市的形象定位为"初具现代化规模的世界名城"，提出北京市的旅游形象宣传口号为"东方古都，长城故乡"。

进入"十二五"以后，北京又制定了新的旅游业发展规划《北京市"十二五"时期旅游业发展规划》，以指导旅游业不断发展的需求。该规划是《北京市国民经济和社会发展第十二个五年规划纲要》的重要组成部分，是指导北京市旅游业发展的纲领性文件和编制相关规划的重要依据，规划期为2011—2015年。这次规划围绕建设中国特色世界城市的目标要求，将北京建设成为我国入境旅游者首选目的地、亚洲商务会展旅游之都、国际一流旅游城市。通过"十二五"期间的奋斗，努力实现北京旅游业三大领先目标，即旅游综合效益努力达到国内领先、旅游综合服务能力步入亚洲城市领先行列、城市旅游吸引力率先跨入世界一流行列。

北京市政府在《关于贯彻落实国务院加快发展旅游业文件的意见》中明确提出要大力发展首都高端旅游，努力把北京建设成为国际会展之都和高端旅游目的地。北京市旅游发展委员会也十分重视高端旅游产品的开发，在高端旅游产业发展方面给予了大力政策支持。

（三）西安曲江新区文化创意旅游

西安是我国中西部的重要旅游城市和历史文化名城。为了巩固西安在世界旅游业中的独特地位，提升西安旅游的产业竞争力，解决发展中的瓶颈问题，促进旅游业持续、快速、健康的发展，西安市政府及旅游主管部门十分重视城市旅游规划的组织与实施，并分别于2004年和2010年两次向全国招标相关单位进行全市旅游规划的编制。

2004年编制的《西安市旅游发展总体规划（2005—2020）》将西安总体定位为最具东方神韵的世界古都旅游目的地城市。发挥西安作为"世界古都，华夏之根"的资源优势，以政府主导、市场驱动为主推力，着力打造以"扬秦·兴唐"遗产旅游为主题的多元化产品体系，巩固旅游业作为西安市国民经济支柱产业的地位，提升其在国家和世界范围内的旅游城市地位。到规划期末（2020年），将西安建设成为最具东方神韵的世界古都旅游目的地城市，实现"西方罗马、东方西安"的宏伟战略目标。2010年进行的《西安市旅游业发展总体规划修编（2005—2020）》，提出将西安建成国际一流旅游目的地的发展指向。

在西安城市旅游业发展过程中，最成功的经验便是由西安的文化遗产、文化价值、文化创意带动城市土地开发，引起城市土地增值的模式。因此，不得不提及曲江新区，这里是文化创意产业发展的典范区。曲江模式应成为今后部分城市旅游开发的重要借鉴。在文化创意发展的大背景下，西安曲江新区积极借鉴经验，成为发展现代文化旅游的典范。西安目前已形成七大文化产业板块，其中曲江新区的文化创意产业成长之路最具代表性。

西安曲江曾是中国历史上久负盛名的皇家园林，兴起于秦汉，繁盛于隋唐。这里是中国古典园林中盛唐文化和盛唐气象的典型代表，也是历史留给西安最为宝贵的一份文化遗产和旅游资源。曲江新区是以文化、旅游为主导产业的城市发展新区，以闻名中外的大雁塔和曲江皇家园林遗址为中心。2003 年 7 月"曲江新区"正式成立。在 2004 年编制的《西安市旅游发展总体规划（2005—2020）》中，曲江新区设定为曲江故址游憩商务区，面积 47 平方千米，定位为集观光、游憩、会展、商务、度假、接待和购物于一体的唐风色彩浓郁的城市现代化商务游憩区。

2003 年开始，曲江文化产业集团策划并实施了一系列独具盛唐文化魅力、极富产业竞争力的文化旅游大项目，不仅改变了曲江新区的旅游环境和旅游品位，而且促进了曲江新区旅游产业及相关商贸服务业的大发展，形成了独特的"文化+旅游+人居+商业"的发展运营模式。通过企业的聚集做大产业集群，做长产业链。挖掘土地的文化资源，通过市场化运作，把这种资源通过文化演绎、文化创意的方式转化为文化产品。

2006 年 5 月，西安曲江文化产业投资有限公司被文化部授予国家文化产业示范基地，同时，曲江新区成为陕西省和西安市文化产业发展的核心区，2007 年 8 月，西安曲江新区被国家文化部命名为国家级文化产业示范园区。2010 年 5 月，西安市政府通过了《西安曲江国家级文化产业示范区总体规划（2009—2020）》，提出以打造世界级旅游目的地、构建国际文化产业高地、建设生态科技示范城区为发展内涵，全面提升曲江的发展模式，创新发展理念，将曲江定位为"国家级文化产业示范区、西部文化资源整合中心、西安旅游生态度假区和绿色文化新城"。

曲江形成了文化旅游、会展创意、影视演艺、出版传媒四大主导产业体系。其中，曲江新区重点组建了曲江影视集团、曲江会展集团、曲江演出集团、曲江文化旅游集团、大唐不夜城等 10 多个文化企业，并对陕西本地的文化事业单位进行了改制或整合。新区管委会旗下的曲江文化产业投资集团作为重要融资平台，还跨地区参与运作了陕西法门寺文化景区、大明宫国家遗址公园等板块的开发。

西安曲江新区是全国文化产业区域化开发模式的一个成功探索的案例，概括地说就是以"文化立区、旅游兴区"为宗旨，设计基本战略思路；以盛唐文化为品牌定位，对城市新区进行整体开发；以"文化+旅游+商贸"为战略，以大项目为带动，集城市运营、产业运营和项目运营为一体，实现城市基础设施建设、区域基础产业开发、文化产业发展三个体系的并行发展和跨越式发展。

西安市坚持把城市当景区打造的理念，探索出城市发展的曲江模式。成立曲江新区管委会，下设文化旅游企业集团，企业总经理由管委会主任兼任，副总经理以下均向社会公开招聘；园区建设采取政府给政策、划拨土地的办法，按照征地、举债、市政配套、招标拍卖挂牌、卖地、项目规划、招商、项目管理的流程，充分挖掘土地的文化资源，实现土地的迅速增值和利用，使土地及房地产价格较开发前有极大升值。同时，还促进文化旅游资源、城市资源和资本的对接，融通大资金，投资重大项目建设；通过土地资源和旅游配套设施的开发建设来回收投资，进行城市基础设施投资；在实现新区总体投资回收平衡的基础上，融通大资金进行文化产业的再投资。其中把文化资源、旅游资源作为提升城市价值的核心要素，促进隐性资源显性化，提升区域文化品位，实现城市资产较大化，这是曲江新区成功开发的关键。

总之，文化产业和遗产旅游成为曲江的双重驱动力，其以构建文化产业社区和文化企业孵化器为手段，积极培育和提升在文化产业圆圈层中处于核心层的创意、策划、信息等环节，延伸文化产业链，形成文化与科技新的合力。以盛唐文化为特色，走"文化+旅游+城市"的曲江发展道路。依托历史文化资源，打造旅游景区，发展文化旅游产业，促进城市价值的兑现和提升，反哺文化产业发展。这种城市的发展模式将成为今后更多城市的借鉴。

第二节　历史文化街区旅游规划

我国许多城市都有历史悠久、文化氛围浓郁、特色鲜明的历史文化街区，它们是某一历史时代地域性或民族性文化的载体，集中体现了所在地城市的文化特质。新世纪是文化的世纪，在普遍认为文化不仅是一种精神力也是一种生产力的今天，历史文化街区蕴含的美学景观价值、历史文化与意象价值尤其是商业经济价值与可塑造地方文化精神和品牌形象的重要价值，越来越受到相关地方政府和居民的重视，成为其实现文化复兴、社会经济可持续发展和提高生活质量的源头活水、立业之本。

一、概念

按照目前我国通行的定义，"历史文化街区"是指经省、自治区、直辖市人民政府定公布的，保存文物特别丰富、历史建筑集中成片、能够较完整和真实地体现传统格局和历史风貌，并有一定规模的区域。《文物保护法》中对历史文化街区的界定是：法定保护的区域，学术上也称作"历史地段"。

历史地段是指那些能反映社会生活和文化的多样性，在自然环境、人工环境和人文环境诸方面，包含城市历史特色和景观意象的地区，是城市历史活的见证。国内与之相关的概念还有"历史街区""历史风貌区""历史建筑群""风貌地区""传统风貌地区"及"历史文化保护区"等。"风貌"一词往往让人只注重建筑的外观、外貌，"传统"常常代表古老的中华文化，"建筑群"则难以反映出环境特色和关联性。比较而言，"历史地段""历史街区"能更全面、灵活地表达历史环境的整体意义。

此处所指的历史文化街区，是从广义角度出发，包含所有以"街"的形式出现，保留着地域特色建筑风貌、积淀着城镇悠久历史文化、延续着地区传统风土民俗、具有一定旅游开发价值的地段或片区，既包括城市中具有历史文化保护价值的线性街道，也包括空间尺度适中的古城区、古镇区。

二、基本类型

从概念界定来看，本节中所涵盖的历史文化街区，按照街区规模划分，可分为由单一街道构成的线性区域和由若干条街道构成的连片区域两类；按照街区的主导功能划分，则可分为以下五种类型：

(一) 传统商业街区

主要是指城镇中传统的商贸业较为集中的街区，这类街区一般具有商贸历史悠久、商业地位突出、老字号集中、商业遗产丰富的特点，典型代表如北京大栅栏街区、黄山市屯溪老街等。

(二) 传统居住街区

主要指城镇中以居住功能为主，保存着大量具有地域特色的民居建筑群落，保留着当地传统生活文化和生活气息的街。这类街区在历史文化街区中所占比重最高，典型的代表如苏州的平江路、福州的三坊七巷等。

（三）特色产业街区

这类街区又分为传统特色产业集聚区和现代特色产业集聚区两种类型，以文化艺术和时尚创意产业的集中连片为主要特色，并由产业内化出了街区独特的风貌景观和文化气质，形成街区旅游吸引力，典型代表如：北京 798 街区、上海田子坊街区。

（四）特色文化街区

主要指包含重要的历史文化景点、名人故居、城市公共设施，或者与重要历史事件、历史典故紧密相关的街区。这类街区一般在城市中的文化地位较高，街区内的文化景点和特殊的文化事件构成了旅游吸引力，典型代表有北京国子监街、上海多伦多路名人街等。

（五）工业遗产街区

主要指近现代工业遗产集中分布、沉淀城市工业发展记忆的特色街区，与现代工业相关联的厂房建筑、工业景观成为街区的核心特色，典型代表有上海苏州河沿岸街区、洛阳市涧西工业遗产街区等。

三、一般特征

2009 年开始，经中华人民共和国文化部、国家文物局批准，中国文化报社联合中国文物报社启动了中国历史文化名街评选活动，目前已经评出了 4 批 40 条街区。这些街区是我国历史文化街区当中的杰出代表。纵观国内外旅游开发较为成功的知名历史文化街区，一般具有以下特征：

（一）独特的街区物质景观

知名的文化街区，一般整体风貌与空间肌理保存较好，建筑保护的对象不局限于文物节点，传统民居与传统商业建筑同样是保护与修复的重要内容；独具地域特色的传统建筑群落，形成风格统一的街区物质景观空间，为街区旅游的开发奠定了良好的基础条件。

（二）适宜的街区游赏空间

知名的历史文化街区，一般街区内空间以中小尺度为主，街道肌理曲折多变，适宜步行游赏或非机动车游览；街区内的各类历史景点、文化遗存、名人故居、民俗景观、生态资源，构成了丰富的街区游览体系，能够为游客提供独具地方特色的游赏体验；街区内民风淳朴、居民素质较高、社会治安良好、商家经营诚信，构成了安全舒适的旅游大环境。

（三）浓厚的文化休闲氛围

街区内的旅游服务具有浓郁的当地生活气息，依托当地美食的风格独特的餐饮服务、由传统民居改造的家庭旅馆、由社区居民参与的向导服务、由传统交通设施演变而成的游览方式等，形成了街区内独具特色的优质旅游服务，旅游服务因此成为街区旅游体验的组成部分，为游客带来体验丰富的舒适旅程。

（四）良好的旅游商业环境

知名的历史文化街区，一般拥有良好的旅游商业环境。一方面，注重对传统商业文化的传承，街区内的老字号店铺以及商业景观遗产，得到充分的保护和复兴；另一方面在商业业态设计上，更加关注外来游客群体的需求，注重传统与时尚的混搭，注重文化品位与消费层次的挂钩，商业消费与文化消费结合紧密，街区商业整体呈现特色化、精致化、精品化的特征。与此同时，街区的商业服务优良，独具地方特色的礼节、仪式和习俗与街区的商业服务相结合，衍生出具有高识别度的商业服务品牌。

四、相关理论

历史文化街区的旅游开发，在强调建筑风貌和街区格局等保存的同时，也重点关注街区文化脉络延续、非物质文化保护、生活功能完善、社区利益共赢以及外来游客需求满足等多方面的问题。

本节从街区的物质空间保护、非物质文化传承、社区生活条件改善、特色旅游产品开发等多个层面出发，推动以下四个重要理论在街区旅游开发中的应用，探索现代与旅游语境下街区保护与开发的新理念。

（一）文化沉积理论

沉积学原属自然地理范畴，是研究形成沉积地层的沉积作用、沉积过程和地质学分支的学科。文化沉积理论，正是在沉积学的基本理论思想基础上演化形成的。

文化沉积理论认为，文化和地质一样是有层次的。任何一种文化自出现之时起，就开始经历不断发展、不断变化、不断沉积过程，形成了丰富的文化沉积层。因此，很多我们现在看到的文化现象，都是在或长或短的历史阶段中积淀的结果。我们在研究某一种文化时，应从文化形成和发展的时空纵深着眼，通过时空分层，梳理出文化的沉积层，从而发现文化的本质，保护文化的真实性。

在文化沉积理论框架下历史文化街区是有着自身独特的发展轨迹和发展节奏的，历史文化街区中的空间现状和文化现象，都是由不同历史时期发展成果不断叠加形成的。因此，历史街区的保护与开发，不应只重视和保护某一个历史时段或历史节点的遗存，而应从街区的整体发展历程出发，发掘不同时期的文化因子，尊重和保护街区的文化真实性。

（二）遗产活化理论

"遗产活化"一词起源于中国台湾地区，是台湾地区为了应对产业转型带来的民生问题，而提出的近现代产业遗产保存和利用的核心策略。大陆旅游研究学者喻学才引入了这一概念，并将其延伸至遗产旅游开发领域，为遗产类旅游资源转化为旅游产品提供了全新的理论支持。

吴必虎教授认为，遗产活化，是"把遗产资源转化成现代产品而又不影响遗产传承的护用并举的治理过程"。遗产"活化"目的是对遗产价值的全面评估和充分利用，使原本湮没于荒野和时间长河的遗产价值能被更多人所认识、了解并吸收，使遗产与人们的生活联系更加紧密，让人们在日常生活中熟悉并吸纳遗产所携带的丰富历史信息，既发挥遗产价值的教育功用，也利于遗产价值的延续。这种方式可以有效弥补传统文物保护立法与保护方式的不足。并在此基础上总结了遗产活化的三种模式，即：活态博物馆、实景舞台式和城市客厅式。

历史文化街区，一般是一个城市中物质遗产和非物质遗产较为集中的区域，其旅游开发应该全面树立遗产活化的理念，将遗产保护与街区的持续发展结合起来，使得街区的遗产成为满足游客观光休闲需求、改善街区生活条件、解决街区居民就业、增加街区居民文化认同感的重要资源依托，充分发挥文化遗产的生态价值、文化价值、研学价值、审美价值和经济价值。

（三）新古典主义理论

古典主义兴起于18世纪的艺术复古运动，起源于罗马，之后迅速在欧美地区扩展，对装饰艺术、建筑、绘画、文学、戏剧和音乐等众多领域产生了深刻影响。新古典主义，一方面质疑巴洛克和洛可可艺术；另一方面则致力于重振古希腊、古罗马的艺术（即反对华丽的装饰，以俭朴的风格为主的艺术）。崇尚新古典主义的艺术家，热衷于在题材和风格上模仿古代艺术，同时注重时代特征与功能的表达。

近年来，随着国内旧城改造热潮的到来，为解决城市遗产保护和城市发展之间的矛盾，城市规划界开始关注新古典主义在城市规划与设计中的应用，着重致力于城市历史景观与文化遗产的保存与现代表达，并在景观设计、街区规划等方面进行了大量的探索和实践，为国内城市规划与设计带来了一股文化复古气息。

　　在新古典主义城市规划的背景下，吴必虎教授又对新古典主义进一步延伸，引入现代旅游规划设计领域，并将新古典主义旅游规划的核心精髓概括如下：

　　① 强调历史地段的景观再现与文化体验；

　　② 中国传统文化与中式建筑为核，而非西方文化、欧洲古典文化与建筑符号；

　　③ 强调城市记忆、地方感与响应现代生活方式；

　　④ 遗产活化理论指导下的旅游环境设计与功能设计；

　　⑤ 多部门协调与多利益主体共享。

　　新古典主义旅游规划设计响应了历史遗产保护与活化，有效满足了现代城市居民，特别是 80 后与 90 后主流市场的文化消费需求。近年来涌现出的成都宽窄巷子、上海新天地等众多的成功案例也表明，新古典主义旅游规划设计理论适用于中国城市历史地段活化与文化旅游小镇的规划设计与运营管理。

　　（四）共生思想

　　共生思想是由日本著名建筑师黑川纪章在 20 世纪 80 年代提出来的，其核心内容包括：异质文化的共生，人类与技术的调和，部分与整体的统一，内与外的交融，历史与现代的共存，自然与建筑的连续等。

　　共生思想，着眼于地域文化的保护与环境多样性的维护。黑川纪章重点将其应用于城市设计和建筑设计之中，强调在城市设计与建筑设计中，应将城市、自然、建筑与生命原理联系起来，从而实现城市—建筑与人、城市—建筑与自然、城市—建筑与发展、传统与现代、文化与经济、人与自然的共生共存，为世界建筑界、城市规划界树立了现代杰出建筑家和规划师的典范。

　　历史文化街区作为城市文化集中区和重要组成部分，其旅游开发同样适应共生思想。因此，在本书中我们将着重强调街区历史与现实的共生、游客与居民的共生、舞台表演与后台生活的共生、文化展示与文化传承的共生，以期基于共生思想，实现历史文化街区多元价值。

五、矛盾与困境

在现代城市建设快速发展的今天，旅游功能的介入，无疑为历史文化街区的保护与发展提供了重要推动力。但是，不恰当的旅游开发也会对街区的保护产生一定消极影响。有学者认为旅游业的全球化竞争对城市空间（包括历史街区）的发展产生了普遍影响，例如标准化、商品化、历史扭曲化和现代化。事实上，这些问题和矛盾，各个街区旅游地都不同程度地存在，并造成了街区发展的困境，应该在未来的街区旅游开发中予以关注并尽量规避。

（一）老旧建筑的"拆"与"留"，街区风貌提升与历史文脉保存的矛盾

街区旅游的开发，首先是街区风貌的整治，只有整洁有序且独具特色的景观风貌，方能产生较大的旅游吸引力。但这种整治改造过程，不可避免地须拆除街区原有建筑，而粗线条的拆迁，则会直接造成街区历史底蕴的破坏；另一方面，新建的仿古建筑也会使街区文化的真实性大打折扣。如何控制街区内新建建筑的比例？如何在不破坏原有建筑结构的基础上，实现街区风貌的提升？这些都是众多街区面临的共性难题。

1. 商业的"振兴"和"管控"，街区发展与过度商业化的矛盾

旅游是一种与商业行为密切相关的活动。发展餐饮、住宿、购物、休闲、娱乐等旅游特色商业，引入或振兴街区的商业功能，是每条街区在旅游开发过程中的必然选择。但商业的无序发展，过度商业化和文化失真的问题也随之而来，诸如文化商品化、恶性竞争、街区环境恶化等。如何合理控制街区的商业业态和商业规模，科学评估街区商业化程度，促使现代商业融入街区传统商业文化和商业精神，在商业发展的背景下，保护文化的原真性，也是各街区旅游地要解决的重要问题之一。

2. 居住空间的"开放"与"封闭"，生活功能与游客体验功能的矛盾

历史街区内文化体验，除了名人故居、历史景观之外，大都与街区居民的生活息息相关，如民居院落、风俗人情等。如果为游客提供深度的文化体验产品，必然需要开放一定的居民居住空间，建立游客与原住民直接交流的渠道。然而从另一方面看，游客的进入，必定对居民正常的生活秩序造成一定的干扰，带来诸如交通拥堵、噪声嘈杂、垃圾增多等诸多问题，使得街区居民生活品质下降。如何处理好游客与居民的关系，合理划分生活"后台"与旅游"前台"的空间关系，应引起街区规划者和管理者的关注。

六、诉求

历史街区旅游开发的四大诉求包括：

（一）保护城市历史

保护是街区旅游开发的第一诉求。通过旅游功能的介入，赋予街区新的存在价值和意义，并拉动街区经济发展与产业发展，为文物保护和文化传承提供支持资金，从而形成开发与保护利用的良性循环。最终达到维护城市特色、延续历史文脉的目的。

（二）再现街区盛景

商业价值是历史文化街区的重要价值之一。但在城市快速发展和扩张的大背景下，大部分传统街区的商业价值逐渐衰落。旅游的介入，拉动餐饮、住宿、购物、休闲、娱乐等相关消费，重新激发街区内的商业活力，重现街区繁华时期的盛景，以此实现街区的升级发展。

（三）缔造文化品牌

历史街区是城市传统文化的重要载体，是彰显城市文化品位的特色窗口。通过旅游开发，缔造街区的文化品牌，吸引外来资金和人才，带动街区周边城区的发展，发挥街区文化的衍生价值，并对于城市品牌和城市吸引力的升级产生积极影响。

（四）适于持续经营

历史文化街区是城市的重要组成部分，是具有居住、商业等多种城市功能区。街区旅游的开发，不仅关注街区文化的现在，也应致力于注重街区的未来。将街区的开发与城市未来的土地利用、交通系统、地区人口及社会结构等问题，进行综合考虑，从而使街区的发展更具有可持续性。

七、规律

针对知名历史文化街区的一般特征，从历史文化街区旅游开发共同关注的问题着眼，总结出街区开发的一般性规律，主要表现在以下五个方面：

（一）风貌营造规律

体现"生态保护+街巷整治+民居建筑修复"的规律。

生态为基：注重街区生态环境的保护，街区内部及周边的河道、泉、古树、林地、山体等生态资源均被纳入街区生态保护与开发范畴。

街巷为脉：依托线性的街巷，营造精致、舒适的街区步行空间，成为游赏活动的主要空间载体。

民居群落为体：通过违章建筑拆除、外立面改造、房屋翻新等措施，形成规模宏大、风格统一、特色突出的传统民居群落。

（二）遗产活化规律

体现"博物馆群+民俗精品培育+非遗产业化"的规律。

古建博物馆化：街区内的重要公共建筑，一般采取博物馆式的活化方式，形成街区内承载历史文化的博物馆群落。

民俗精品化：通过传统民俗文化与时尚休闲文化的复合、民俗体验活动的设计，推动民俗文化的精品化、精致化和品牌化。

非遗产业化：将街区内的非物质文化遗产融入文化产业，以此实现非物质文化遗产的传承、创新与发展。

（三）业态控制规律

体现"空间集聚+准入调控+时尚业态引入"的规律。

空间集聚：一般将街区内的商业集中布设在几条重点街巷内，并对各街巷的业态类型提出控制原则。

准入制度：通过设定准入门槛和清退机制，控制不符合街区发展理念的业态进入，并通过年度考核，对于部分违反街区规定的业态进行及时清退。

时尚休闲经济：注重时尚休闲业态的引入，并通过时尚文化的注入，置换街区空间功能，实现传统街区的文化复兴。

夜间经济：出台相关激励政策，鼓励夜间游赏、夜间休闲娱乐业态发展，作为延长游客停留时间的主要手段。

（四）居民调控规律

体现"原住民调控+新居民引入+社区参与"的规律。

原住民调控：对于街区原著居民，一般采取部分搬迁、部分保留的方式，在降低居住密度的同时，保留街区生活氛围；开发商主导的街区，则倾向于原著居民整体搬迁，部分回迁的方式。

新居民引入：通过文化产业的发展和旅游商业的振兴，鼓励艺术家、时尚群体、旅游从业者进入，形成街区的新居民群体。

社区参与：设计多元化的社区参与旅游渠道，通过旅游发展，带动社区居民就业与社区经济振兴。

（五）开发运营规律

体现"政府引导+企业参与+社会资本介入"的规律。

政府引导：历史文化街区的开发一般以政府引导为前提，政府通过制定科学有效的规划方案，提供相关政策支持，进行街区土地资源运作等多种渠道，实现对街区旅游发展方向的引导和调控。

企业参与：在政府引导的前提下，主要通过成立政府层面的专业运营公司或者吸引外来开发商进驻两种方式，实现街区旅游开发的市场化运作。

社会资本介入：在政府主导的前提下，通过产权拍卖、企业入股等多种方式，设计不同的资金筹措渠道，吸引社会资金介入街区旅游发展。

八、模式

（一）传统商业型街区以旅游商业为导向的业态转型模式

以服务于街区内的居民为主要功能的城市传统商业街区，呈现出商住混合的空间形态和前店后舍（宅）的建筑格局，历经千百年的发展，积淀了丰富多彩的商业文化遗产。反映出城市商业文化性格与传统经济特征，体现了小农经济背景下的城市社会空间特征，具有较强的历史文化保护价值。

随着大型购物中心、时尚购物街区等现代商业模式的出现，传统商业街区的吸引力、影响力和服务能力逐渐缩小，商业文化遗产与街区传统风貌保护堪忧。以旅游发展为导向，重新激发传统商业文化魅力，启动传统商业业态升级，转变街区商业功能，成为当下传统商业街区实现振兴的重要契机。

1. 街区特征

传统商业型街区主要指以商业功能为主，并具有重要景观价值和历史积淀的区域。该类街区一般为城市的传统商业区，在城市商业发展历程中占据重要地位。街区特征可概括为以下三个方面：

（1）商业发展历史悠久

该类街区一般地处码头、寺庙周边或城市物资集散地周边，历史上就是城市重要的传统商业区，承担着重要的商业贸易和物资交流功能。街区商业历史悠久，商业文化积淀深厚，是所在城市传统商业文化的重要源头。

（2）商业文化遗产主导

街区以销售最具城市代表性的传统商品为特色，作为城市传统商业文化的保存典范，街区内"老字号"店铺汇集，城市传统商业品牌荟萃，以"老字号"、历史商业景观、传统商品制作工艺等为代表的商业文化遗产得以保留和传承，对于外地游客具有天然的旅游吸引力。

（3）街区风貌相对传统

相比于普通的现代商业街，该类街区仍然保存着较为传统的街区风貌，街区肌理和沿街建筑没有受到严重破坏，虽然部分街区的单体建筑保护等级不高，但街区本身风貌具有较强的地方特色，具有一定的开发与保存价值。

2. 模式操作要点

（1）街区商业文化价值研究

主要包括街区商业发展历史追溯、商业文化遗产梳理、特色商业景观整理三部分内容。

商业发展历史追溯：系统研究街区商业发展历史——总结评估街的商业价值、历史价值和文化价值。

商业文化遗产梳理：主要对街区内保存的老字号店铺、传统商品制作工艺以及独特的商业景观等商业遗产现状进行现场调查，确定重点保护与开发的商业文化遗产。

特色商业景观整理：主要对街区商业发展的物质空间进行系统整理，包括街区肌理分析，街区内具有保护价值的建筑物及构筑物以及与街区商业发展相关的商埠码头、集市、街碑、牌坊、牌匾等历史风物梳理，确定旅游化的保护及利用方式。

（2）街区商业发展现状评价

对街区目前商业发展现状进行系统评估，主要包括街区商业业态构成、商业文化保护与旅游利用现状、主要消费群体构成及消费偏好、街区商业发展环境与氛围，并最终明确提出街区目前面临的主要问题与发展困境，找到推动街区商业升级与旅游发展的切入点。

（3）街区商业业态升级策略

基于旅游开发前提下的传统商业街区升级，不仅包括商业品质的提升，同时也包括街区保护与旅游产业发展。因此规划方案应从业态选择、旅游发展、街区保护等多个方面，制定全方位的街区发展升级策略。

商业业态筛选策略：制定商业业态筛选原则与标准，量化街区商业业态容量，明确街区商业业态调控方向；明确提出重点发展业态、限制发展业态和应剔除的业态，形成较为合理的业态构成比例。

商业文化保护策略：明确街区风貌保护与改造原则及思路，明确街区历史文化资源利用方式。提出主题化的街景设计原则，以景观化的方式，重塑或提升街区空间的历史感、文化感。

旅游产业发展策略：明确旅游产业定位，制定旅游产业发展战略；明确各阶段的旅游产业发展重点。

（4）街区旅游商业升级规划

在升级策略的指导下，制定全方位的街区旅游利用方案，细致策划街区商业遗产和商业活动的旅游转化方式，依托特色空间设计重点旅游项目，构建旅游吸引物体系：

商业遗产转化：老字号保护、传统手工技艺传承与振兴、土特产品牌化经营、基础传统商业活动的旅游节庆策划。

新型商业策划：依托街区的环境氛围与特色空间，策划新型旅游商业业态，除商业遗产之外，为游客提供文化体验、时尚休闲类旅游产品。

游赏空间构建：通过主题景观设计和街区历史风物恢复，优化街区游赏环境，打造以观光为核心的历史文化游赏空间。

（5）旅游配套设施发展规划

为迎合旅游业发展，规划方案还应关注游客中心、旅游住宿设施、餐饮娱乐、解说系统等其他配套设施与活动的策划与设计，以此增强街区旅游服务功能，形成较为完善的旅游服务体系。

（6）街区管理运营与品牌营销

在旅游利用大命题下，传统商业街区的发展方式将面临重大转变。首先在消费群体上，从以本地人为主逐步转向以面向外地游客为主；在商业功能上，从提供日常生活服务到提供旅游服务为主。构建合理的运营管理体系，塑造独特街区品牌，保持街区持续吸引力，也将成为该类街区成功开发的关键。

运营管理模式：可分为开发商管理模式、社区管委会管理模式和商户协会管理模式三种类型，根据街区具体情况，选择适当的运营管理方式。

品牌营销模式：基于旅游开发的传统商业街区品牌营销模式，可分为依托传统商业活动的节庆式营销模式；借势老字号商业品牌的捆绑营销模式；依托新型旅游项目的街区品牌重塑模式。

3. 屯溪老街——徽商精神传承下的传统商业街升级模式

（1）屯溪老街简介

屯溪老街，徽商之埠。屯溪老街位于屯溪旧城区中心，北面背倚华山，南边濒临新安江，正所谓位于山之阳，水之阴的风水宝地。街区全长832米，宽为5～8米，是目前中国保存最完整的，具有宋、明、清时代建筑风格的步行商业街。屯溪老街历史悠久，历史的屯溪是由新安江、横江、率水三江汇流之地的一个水埠码头发展起来的，这也就是今天屯溪老街所在的位置。老街的西端即老大桥在桥头紧连的一段曲尺形街道原名八家栈，这里就是老街的发祥地。老街的形成和发展与宋徽宗移都临安有着密不可分的联系。当时，宋都大兴土木，大量的徽州木材和工匠沿新安江被运输和征调到杭州。后来，这些工匠归返家乡后，便模拟宋城的建筑风格建造店铺，所以这些沿袭宋代风格的建筑被称为"今日宋城"。伴随着徽商和水运交通的发展，屯溪老街不断趋向综合型的商业街。元末明初，一位名叫程维宗的徽商在屯溪老街开了47所店铺，除部分自营外，其余作为客栈，招徕客商，存放货物，促进了山区与外界的物资交流。清朝初期，老街发展到"镇长四里"；清末，屯溪茶商崛起，屯溪绿茶，外销兴盛，茶号林立，茶工云集，各类商号相继开放，街道从八家栈逐年延伸，形成老街。在民国初年，屯溪老街已有沪杭大商埠会。

近年来，老街又被誉为"天然的摄影棚"，从电影《小花》开始已有近百次被搬上银幕，连世界著名电影大师伊文思也从荷兰赶来"抢"镜采风。

老街的名气吸引了许多游客，旅行社组织到老街来的团队也较多，他们漫步在狭窄的巷道中，体会着这些建筑所形成的徽文化的氛围。但目前行业内对老街定位仅仅只是丰富旅游内容的一道免费大餐，而且是以国内游客为主，只有很少量的海外旅游经销商和潜在旅游者知道这一区域。为了使屯溪老街成为独具特色的旅游目的地，吸引更多的游客，对其进行必要的开发以及产品营销、品牌形成和产品定位是至关重要的。从徽州古村落游客人数的快速增长中可以看出，屯溪老街具有巨大的国际市场潜力，可以预测，在适当的市场定位和营销措施下，屯溪老街将吸引大量的国际游客。

（2）项目目标

从依附性的商业服务区到独立品牌的徽商文化体验地。从发展现状来看，屯溪老街只是黄山和西递宏村的补充产品，游客在老街上的停留时间和花费都很少，许多游客只游览老街以及老街上260余家商铺的一部分。因此，可以说屯溪老街的发展潜力没有被充分利用，屯溪老街规划项目的总体目标就在于改变这种现状，尽可能地利用现有资源去开发新项目，使投资者获得尽可能多的回报。

通过房屋整修、创造就业机会以及商业机会为老街上的居民提供更好的生活居住环境。

保护开发老街能够使其可持续发展。

在黄山市开发新的旅游品牌——屯溪老街，这一品牌着重于徽商贸易以及徽文化方面。这一品牌应该成为一个独立的、能和黄山匹配的吸引物。屯溪老街应成为整个区域的旅游集散地。

增加黄山市消费较高的游客群的数量，延长停留时间，减少淡旺季之间的差距，由此增加城市的经济活动和收入，使增加对旅游业的投资成为可能。

开发一个可以推广到国际上的新的文化旅游吸引物，使得中国在将来成为更多重要客源国的目的地。

规划致力于打造一个充满活力的、了解徽文化的窗口，而不是要开发一个购物街，也不是一个没有活力的博物馆。

（3）规划方案——以徽文化及徽商文化的演绎，推动街区业态升级

徽文化（hui-culture）博大精深、内容广泛。徽商有徽文化的"酵母"之称，历史上明清徽商盛极一时，被列为十大商帮之首，有"儒商"美名。徽州商业文化是徽文化的重要组成部分。90 年代以来，随着徽州旅游人文景点开发的深入，特别是西递、宏村被联合国教科文组织列入世界文化遗产名录后，徽州文化的内蕴悠远、独具匠心逐渐被外人所了解、向往。西递、宏村反映出来的主要是徽州村落文化、宗族文化、建筑文化，而屯溪老街集中反映的是徽州的商业文化，它的开发必将引起世人的关注。

（4）深入挖掘街区文化，凸显老街核心价值

① 追溯街区商业发展历史

屯溪老街最早在明万历元年刊本《休宁率东程氏宗禧》中就有记录：休宁县率东人程维宗在屯溪"造店房四所、共屋四十七间，居商贾之货"，明万历三十五年（1607）《休宁县志》"舆地志·街巷"又记载："屯溪街，东二别里，镇长四里。"明、清随徽商的发迹，大批商铺商号在此落地生根，屯溪老街也随之兴盛起来。从 1491 年程敏政主编的《休宁县志》有"屯溪街"条目记载以来，随徽州商品经济的兴起，屯溪老街逐步形成。清康熙二十二年

(1693 年)《休宁县志》中有"屯溪街，……镇长四里"的记载；清咸丰、同治年间，各类商号相继开设，街道从四镇街、八家栈、新市街逐年向东蜿蜒下伸，形成了老街。民国十八年朱老五火烧屯溪，河街、老街毁于一旦。新中国成立前夕，国民党军队溃逃时抢劫、纵火，老街损失惨重。新中国成立后特别是改革开放以来，老街获得新生，重新获得繁荣。

② 梳理街区商业文化遗产

"老字号"商铺：屯溪老街上拥有众多的老字号店铺，也是老街最重要的商业遗产。据记载，老街上先后创办了"胡开文"墨店（1782 年），钟聚、李祥记茶号（1840 年），程德馨酱园（1861 年），同德仁药店（1863 年），大昌南北货店、鸿泰布店（1870 年），广隆、鼎兴、同裕、恒升 4 家当铺和万康、震和、德立、益和、广茂 5 家钱庄（1884 年），以及"福和昌"茶号（1896 年），"茹古堂"印刷社（1901 年），"同益"南北杂货（1910 年），"刘紫记"皖、浙、赣边区英美烟草公司总经销（1911 年）等商号，至民国初年又新开了"王瑞庭"古玩寓（1912—1915），"中西大药房"（1925 年）等商铺。

商住两用建筑景观：老街的建筑群继承了徽州民居的建筑传统风格，规划布局，建筑形式具有鲜明的徽派建筑特色。建筑体量不大，色彩淡雅、古朴，即白粉墙、小青瓦、鳞次栉比的马头墙，构成了徽派建筑群体美。整条街道，蜿蜒伸展，首尾不相望，街深莫测，是我国古代街衢的典型走向。为了使街道与山水及后街等生活环境相沟通，老街有一些宽窄不一、与街道交叉的巷弄。老街店屋多为单开门，一般为两层，少数三层，且都是砖木结构，以梁柱为骨架，外实砌扁砖到顶，每座楼两旁都有高封火墙，墙上盖瓦；店面门楣上布满徽派木雕，戏剧人物栩栩如生，新安山水淡淡隐现；楼上有临街木栏与裙板，并安置有各种花窗，十分典雅；建筑平面有沿街开敞式和内开天井式，即临街为可灵活装卸的排门，卸去排门，店堂全部展开，便于营业；内开天井即用天井采光，天井四周房顶的雨雪水均归落天井中，谓"四水归堂"，是经商人图聚财之义而产生的。老街街面的房屋均为前店后坊，前店后仓，前膳后居或楼下店楼上居。由于老街保留了江南城镇古老的风姿，有诗这样写道："三江萦绕小蓬壶，宋式崇楼风格殊。水洗长街街畔水，人称活动上河图。"所以老街又被誉为"活动着的清明上河图"。

③ 分析商业发展现状，寻求项目开发突破点

根据实地调查统计：老街店铺现在经营的有 239 家，经营项目中最多的是

综合经营店，有 79 家，占 33.1%，其中茶叶、土特产综合经营店最多，有 29 家，占全部经营的 12.1%，其次是工艺品店、文房四宝店、日用百货店、古玩店、烟酒批发店、饮食店等；从旅游购物发展现状来看，门前老街经营的商品主要有歙砚、徽墨、四雕（石雕、木雕、砖雕、根雕）、竹画、山珍以及其他一些手工艺品，品种较少，多家店铺经营的商品相似，价格偏高，远远不能满足游客的购物需求；从商品来源来看，老街所经营商品来自黄山市只有 52%，其他地区占 38%（未填占 10%），其中来自屯溪的只有 15 家，仅占 7.5%。这些商品的供给地方特色变化少，土特产品包装大路化，不具吸引力，旅游者购物份额偏小，并与黄山风景区汤口镇、歙县徽园、棠樾牌坊群、西递、宏村等购物街经营的产品类别雷同。许多到过其他景点的游客再到老街就失去了购物的兴趣，且老街的租金较高，而牌坊群、西递、宏村等购物街店铺一般都是私家店，无租金，成本低，竞争力较强。从商业发展环境来看，在老街上有许多销售背包、钟表、眼镜等商品的店铺，这与老街的文化氛围也是格格不入的。另外，有些店门上方标有老字号的店铺，现在所销售的商品与名称不相符合，给游客造成误解，譬如老字号"怡凤"本来应该是卖妇女用品的商店，现在变成了卖手工艺品的商店，但招牌却没变；以前的"齐云庄"现在也变成了卖烟酒的商店。从店铺的空间布局来讲，老街也显得比较凌乱。销售相似商品的店铺比较分散，这不仅给游客购物造成不便，而且也不能将徽文化的内涵从宏观上传递给游客，从而不能给游客留下深刻的印象。

④ 植入徽文化及徽商文化，升级街区商业业态

A. 普通商业零售型业态

目前屯溪老街上有约 260 家商铺，这些商铺大多销售类似的产品，没有与他们所在的建筑充分融合，因此也无法体现徽文化。因此要通过以下商业业态的升级，向游客充分展现徽商文化。

产品群一：食品市场

各种茶叶的品尝和销售，同时还应该为批量购买的游客提供邮寄服务，茶叶市场还应该提供茶屋来进行茶道的表演。各种地方小吃的市场，包括小点心、豆制品、干蘑菇、火腿及其他类似食品。调味品市场提供中国各地的调味品，如酱豆腐等。

产品群二：古董和艺术品

古董市场应提供真正的古董及仿制品。老街上出售的古董的质量应该有所

保证，商家对于赝品要进行说明，并对正品进行一定的介绍。赝品也要有较高的质量。要提供对古董出口的建议服务。古董市场上还应提供传统特色工艺如烟斗、罗盘、算盘等的正品和仿制品。艺术品市场销售木雕、画、徽州音乐等艺术品，要展示京剧与徽文化的联系并销售其衍生产品。

产品群三：中药、徽州雕塑、文房四宝

中药市场提供各种中药及其使用功效的说明，中药老字号应保留并继续经营。文房四宝市场，歙砚是中国四大名砚之一，许多名人都在这里购买砚台，因此应该设置专门的解说系统介绍歙砚的历史及特点。在这种情况下，规划建议恢复评书这一传统表演方式，在文房四宝市场附近利用评书的形式向游客介绍歙砚。徽州雕塑市场提供木雕、砖雕、竹雕以及石雕产品。这些产品目前没有很明确地表现出来，也缺乏一定的解说。因此，应该加强对徽州雕塑工艺品的展示和介绍，使游客充分明白这种特殊技巧及其悠久的历史。

产品群四：与黄山保留并继续扩大有关的销售产品

传统的手工艺品，如牛角制作的梳子、传统的烟斗、算盘以及罗盘；黄山及中国其他地区的旅游纪念品如木制品等。黄山及屯溪老街特有的纪念品应被标明；蜡染和扎染布（蓝色的看上去更受欢迎）、丝绸以及用这些原料制作的产品。

B. 具有文化体验功能的手工作坊

传统的徽式民居是前店后坊，在这种前提下，规划建议在老街上尽可能多地恢复这种模式的建筑，可以与上一部分提到的产品相匹配；这些作坊可以像过去一样放在房子的后部，也可以放在市场附近的小巷子里。游客可以观摩产品的制作过程，也可以参与其中，老街中可以设置很多种的作坊如徽墨的制作，砚台制作，传统的纸制作，毛笔制作，石板的制作，茶叶制作，木雕，砖雕竹制手工艺品，豆腐制造，制作农具的铁匠铺，火腿制作，调味品的制作，烟斗、算盘以及罗盘的制作，小点心的制作。制作出来的产品可以用来销售，游客也可以购买他们自己制作的产品。

C. 以旅游接待服务为主要功能的新型业态

a. 住宿设施

屯溪老街内应包括下列住宿设施：较小的可以提供早餐的徽式旅馆（包含 80～100 个房间），这些旅馆的质量应该和"屯溪老街"（Hui Ancient Trade）这一品牌相匹配，HAT 应该和当地居民共同建立徽式旅馆的各项标准，并对旅馆的床位以及早餐的操作提出一些建议。在游客中心应提供不同地段具体旅馆的价格表。

所有的接待设施在建筑风格和内部装修上都应该符合徽文化特征，其服务以及干净程度都应达到较高的标准，这样才能符合 HAT 这一品牌。规划建议 TASA 项目投资修建 4～6 个徽式旅馆作为实验项目，这些实验项目可以作为一种徽式旅馆范例，以鼓励老街上的参与者修建与之相似的徽式旅馆，同时可以增加收入。

徽式旅馆应该建在规划中的驻足点以及老街两边的巷子里，但是在老街上有一些古代建筑也可以用作徽式旅馆。同德仁药店就是一个很好的例子，药店所在的建筑是一个典型的前店后坊的徽式建筑，目前有大量空间未被利用，可以用来设置中医保健徽式旅馆。除上述各种接待设施外，还应修建一个国际化的五星级宾馆以适应未来发展的需求。

b. 特色餐厅

在老街上的一些停留点可以设置一些餐厅，但是考虑到可能出现的大的游客量，大部分主要的餐厅要修建在滨江路上。餐厅的外形及内部装修应符合徽文化的特色及"屯溪老街"（HAT）这一品牌的理念，菜单应同时有中英文版本。餐厅应该可以提供各种风味的菜肴，还应该有专营徽菜的餐馆。

c. 酒吧、咖啡厅等休闲娱乐设施

在滨水区，除了餐厅外还应有各类小型酒吧、咖啡屋以及销售冰激凌、小吃的柜台，给游客提供一种轻松的度假氛围。游客可以根据自己的喜好坐在外面或是里面。在餐厅、餐饮柜台之间，可以设置两种形式的柜台来展示啤酒和米酒的生产过程并进行销售，第一种是前店后坊式的经营，包括展示传统的制酒工艺、品酒以及在其附近的设施或酒吧里进行销售；另一种是建啤酒花园或是啤酒屋，对于这种设施来说，啤酒应该事先做好。目前在欧洲许多酒吧或是啤酒屋吧都有小型啤酒作坊，这种技术是可行的，同时啤酒的酿造过程也是吸引之一。这两种形式的柜台都应该销售徽酒，同时应该设计专门的酒杯作为给游客的纪念品。

d. 文化娱乐与节庆活动等软性业态

日常文化演出

文化是徽州传统中很重要的一个部分，因此很有必要在屯溪老街旅游区进行文化展示，可以在滨水区以及老街上的传统建筑中设置一些文化表演场所。在白天提供一些轻娱乐活动，晚上进行一些高品质的表演，不同的季节有不同的表演内容。表演内容应包括京剧、徽州音乐舞蹈以及其他一些传统的中国表演。娱乐活动可以根据每一年的节事活动、特殊展览等主要活动展示给游客；此外，还应在游客中心提供每周的娱乐节目单，包括每天娱乐活动的时间安排以及本周主要的特殊活动等。此外，老街上还可以每周定期在天黑后放烟火（如周三和周六）。

驻足点——街头表演

屯溪老街全长832米，作为商业街，长度较长，因此有必要选择一些可以用来停留休息的点将其分割，这些点包括茶屋等设施，提供小吃（light meals）、冰激凌或是饮料，此外还应设置一些长椅供游客休息，在休息场所附近可以安排一些街头艺人的演出，就像在国际城市中看到的一样，这些街头表演属于轻娱乐，可以使游客放松，一般观看演出的游客都会付钱给那些艺人。休息点应建于"广场"区域内，即上马路、中马路、下马路与老街相交的地方，这些地方的景观应该很宜人，使游客可以在很舒适的环境中休息，在中马路与老街相交的地方设置一个较大的休息场所。

节事活动

为吸引大量回头客并把老街充分展示给大众，应在老街旅游区举行一些节事活动，节事活动的安排应该是基于一种长远的考虑，充分吸纳当地居民直接参与，并和老街上的接待设施、商店以及餐厅相联系，也就是说，节事活动是一个综合性的活动，需要老街旅游区上所有人和设施的参与。规划建议节事活动可开展徽州贸易节、徽州艺术节（可以包括一些艺术比赛）、戏剧节、音乐节、徽州饮食节等，节事活动的内容应该经过精心的设计，包括老街旅游区内的大部分活动，节事活动应长达1周，节事活动的形式和质量决定其被媒体关注的程度。

⑤ 在徽商意境主导下，进行老街景观整治

A. 建筑景观保护与整治——分层保护模式

根据街区保存现状及文化价值，分别进行重点保护、一般保护、改建、重建、拆除和搬迁等保护和整治措施。如对文物保护单位和现状保存完好的典型民居，应精心维护、管理，建筑外貌和内部应尽力维持现状，对严重损坏需修复的，按文物修复要求，做到修旧如旧。

B. 没有视觉污染的老街

这是景观整治最基本的要求，也是最容易达到的一点。对游客而言，没有视觉污染不但能使他们在游览时视野开阔、心情舒畅，更有利于他们获得完整良好的体验，加深他们对徽文化的理解和认识，加强他们对徽文化的认同。

C. 合理布局的老街

目前老街的店铺布局显得杂乱无章，销售不同商品、从事不同经营形式的店铺掺杂在一起，游客在老街游览时往往觉得很混乱，没有头绪，不能抓到老街代表的徽商文化的精髓。因此，应对老街的店铺进行合理地布局和安排，在由上、中、下三条马路划分出的老街的四个路段，分别安排不同特点的店铺，布局不同的功能。老街自西向东划分如下：

第一段：老街牌坊入口—下马路。主要为经营手工艺品的店铺，包括歙砚、徽雕、水晶等工艺品。

第二段：下马路—中马路。主要为老字号店铺，如同德十二药店、程德馨酱园、日升昌票号、钱庄、民信局、茶庄等。

第三段：中马路—上马路。主要为展现徽文化的特色工艺品，如秤、算盘、徽雕等。

第四段：上马路—老大桥。主要为展现经营徽州土特产品的店铺，如茶叶、山珍、特色饮食等。

D. 与徽文化相协调，充分展现徽文化意境的老街

老街说到底是徽文化的老街。没有文化底蕴的地区是没有生命力的，不可能长久存在和发展。徽文化在老街上已经生根、发芽，而能否健康顺利地成长，就要看对其进行怎样的引导。

E. 老街商业景观整治

空间布局：按照景观整治要求里的合理布局一项，将老街由三条马路分割成四区段，每一区段经营品种各有侧重。禁止沿街摆摊抢占游客空间。

商品：多样化经营，突出特色，并逐步将现代化的店铺改为与老街传统风格相一致的、为旅游服务的商铺，将单纯的商业街改为旅游街。

老字号：逐步恢复"怡凤""成龙""程德馨""同和""日升昌"等原有老字号及其经营的品种，实现店铺招牌与实际经营内容的统一。

招牌、幌子：改为传统的木质或石质的招牌，并统一样式。店铺幌子的设计也不能统一成一样的，可以由各店铺自己设计，但最重要的是要经过一定的管理机构如老街景观管理机构审核。

店门：逐步将铝合金卷帘门替换为传统的可拆式木板门或石门，过渡期可

以采取将铝合金卷帘染成与门框一致的颜色或将铝合金门包起来等措施。

柜台：将现有玻璃、铝合金柜台换掉，设计制作有徽文化特色的木质框架柜台。

地面：一些店铺内部被商家进行了现代化的装修，地面被铺上瓷砖、地板革等，应改为石砖或仿古地板砖。

F. 交通景观整治

严格将老街作为步行街，禁止机动车进入；自行车、三轮车可以缓慢推行。

G. 解说系统整治

解说系统旨在对老街主要景观等进行解说，故解说系统在内容上应清晰明了，并能充分反映 HAT 的地方性，位置应该醒目。

每个主要的建筑物或者老字号商铺应配以解说牌，解说牌不宜太大，采用木质或石质，配以徽雕，使用中英文两种语言。其中老街入口处解说牌可以较大，较系统地介绍老街及徽文化，语言种类可以增加韩语等。

⑥ 迎合旅游功能，构建完善的旅游配套设施

A. 游客中心

游客中心应该热烈欢迎到访的游客，同时应该免费提供老街的地图，地图上要显示老街上的主要设施、服务以及景点的位置，使得游客可以很方便地在老街中游览。地图上还应该对不同的旅游线路进行简单的解说，以方便游客选择自己所喜欢的项目。老街上还应有一些特殊的点并在地图上标明，使走散的游客可以和她/他的同伴重逢。地图应该有中文版、英文版、日文版以及韩文版（都是简单、传统的格式）。游客中心应该同时有收费合理的英语、日语、韩语以及中文导游，为了避免大的旅游团队在老街聚集，游客中心应该设置专门的区域让导游对老街进行介绍，通过这样一个简单的程序游客可以更加自由地在老街漫步而不会被迫成为大团队的一分子，同时也不会在小巷子和狭窄的街道里造成瓶颈现象。在游客中心还应该提供黄山市、安徽省及邻省的其他景点的信息（如浙江的千岛湖）以及旅游产品组合、交通信息。这样，游客中心就有双重作用，即游客信息服务中心以及屯溪老街游客中心。停车场和老街的规划应该在整体上给游客一种愉快的感觉，徽式建筑以及树木会加强这种正面的印象。

B. 解说中心

解说中心应就徽文化的各个方面给游客以详细、精美的展示，使得游客可

以了解这些解说和老街规划中实际活动之间的联系。文化解说始于解说中心，但是将在整个老街得以延续，解说中心应该能够协助这种感觉的传递和延伸，并对重点处进行解说。徽商和徽贸易应该是解说中心的焦点，即对徽贸易的商品流、从制作到销售的环节（盐、丝绸、调味品等）、徽商在古代中国商业系统以及出口贸易中的作用进行解说。

C. 交通系统

游客将根据特定的线路步行游览老街，或者很随意地在老街上的休闲点喝茶、吃东西、欣赏风景。为了提高老街的容量，将游客分散在尽可能大的范围内（整个区域大概 1.3 千米长，500 米宽），应该在沿江的步行街上提供免费的电动车，在沿江步行街上设置固定的车站，使得游客可以很容易地上下车。对停车场进行规划设计，使之容易进入，同时修建一个卫星停车场以解决旺季的停车问题。规划的电动车可以以东边的停车场和西边的老大桥为终点站。

D. 其他配套设施

除上述设施外，老街上还应该为游客以及当地居民提供银行、邮局（应发行特殊的徽式邮票）、旅行社、理发店、超市等一些常用的商店和服务设施。邮局和银行应该在老街的特定区域，并将其设计成徽式的。最后，在整个老街区域应该定点设置公厕，这些公厕应该有较高的标准。

⑦ 基于老街形象特征的街区品牌设计与营销

屯溪老街（HAT），被定义为一种综合旅游产品，它包括多种多样的旅游产品及提供给目标市场的各种服务。HAT 市场营销的目的是使这些旅游产品和服务成为一种整体的度假体验。HAT 在本质上是一个迷你旅游目的地，因此也应当作为这样的目的地来进行营销。为此，必须从游客的角度进行识别，购买（或做出这种决定）产品和服务组合的 HAT 本身具有不确定性，同时也是非常昂贵的，它包含了很大的风险，依赖于游客的"什么样的旅游产品是满足他们的需求的"这样一个心理状况。因此，HAT 的形象是促使游客出游的重要刺激因素。通常在不考虑形象是否与现实情况相符的情况下，它也是目的地选择的一个重要因素。HAT 的市场营销必须为 HAT 建立强烈的正面形象。但是，只有当旅游形象建立在品牌的基础上，这个形象才能在较大的程度上使 HAT 获益。目的地或吸引物的品牌是在潜在游客心中突出起它们独一无二形象的有力工具。当成功地把一个地方作为独特的目的地或吸引物进行营销时，对吸引物或目的地的品牌设计就成为对这个地方或景点进行营销的代名词。为了使 HAT 成为它的目标市场心中独具特色的综合旅游产品，为其设计一个独特的品牌就非常重要。

作为屯溪老街品牌设计的核心，形象建设应该考虑下面四个因素：总体定位与目标市场确立；屯溪老街的大小和位置；对屯溪老街现在的组织结构的理解；对屯溪老街现有的延伸形象的理解。最终，规划方案将屯溪老街的品牌形象定位为：

历史上的徽商贸易商业街，现代人的徽文化旅游活动中心
Ancient HUi Trading Port，Modern HUi Tourism Hub

这一品牌形象的设计，应和了屯溪老街形象三要素——ATTRIBUTES（特征），即 AFFECTIVES（感觉），ATTITUDES（态度）。

HAT 形象的特征：表现屯溪老街（HAT）特色的可触摸的和不可触摸的特征：传统的徽派建筑，活的徽文化，河滨位置，夜生活。

HAT 形象的感觉：个人价值和从品牌中得到的利益，即教育价值、商业机会、盛情的居民。

HAT 形象的态度：综合评估与行动的基础，即度假导向、一切从游客出发。

（二）传统居住型街区以度假空间营造为导向的旅游开发模式

随着旅游业转型升级，城市历史街区的旅游产品由观光怀旧走向文化休闲和深度多元体验的格局。由街区老建筑改造而成的度假设施，或者位于极富历史文化韵味的城市街区之中，与保留的历史建筑在格调上保持协调统一的新建度假设施，正日益受到高端度假市场的青睐。历史街区文化底蕴厚重、空间环境闲适、建筑品质较高并与周边自然生态高度和谐，其休闲度假价值的挖掘正成为旅游开发的热点。

1. 街区一般特征

（1）传统格调的居住空间

该类街区一般处于城市老城区内，街区居民以本地居民为主，内部保留较为传统的街区肌理和街区风貌。由于街区居住功能的不间断性，独具本地特色的居住文化与生活方式得以传承和延续，街区既是特色居住空间，也具有一定的文化保存价值。

（2）品质突出的民居建筑

该类街区一般拥有大量品质较好的民居建筑，建筑风貌传统、体量适中、细节精致，堪称代表区域民居建筑的精品，较适宜改造为高品位的旅游度假设施。

（3）闲适宜居的环境氛围

该类街区一般依山傍水，附近拥有温泉、森林、湖泊等具有养生度假价值的生态资源，街区生态环境良好；街区内部空间尺度适宜，街区氛围闲适宜居，具有较高的居住价值和休闲价值，较为适合开发度假类旅游产品。

2. 模式操作要点

（1）街区空间多元价值分析

系统梳理街区的各类旅游资源，从文化、生态、居住、度假等多个层面，系统评估街区价值，分析街区度假旅游开发潜力。

文化价值：主要包括传统生活文化、特色民俗文化以及民居建筑文化等。

生态价值：重点分析街区内部及周边的主要生态资源以及所具有的游憩、休闲、养生等多种价值。

居住价值：街区的居住条件、生活便利设施及相关生活服务等。

（2）街区定位及发展策略制定

挖掘街区的价值，明确街区发展定位，并根据街区现实情况，确定街区旅游开发的总体策略和开发模式。

总体定位：明确街区旅游总体定位，按照开发目标和开发方向，可分为传统文化度假地、时尚度假地、养生度假地、高端商务度假地等几种类型。

市场定位：分析街区度假产品，重点面向消费群体构成以及消费偏好，为街区项目策划提供市场研究支持。

发展策略：根据街区旅游启动模式，可分为旅游地产撬动策略、街区整体改造策略、主题文化引领策略等。

（3）核心度假产品体系策划

根据街区主要资源特色，策划街区重点度假项目及主推度假产品，构建街区度假旅游开发的核心载体。

重点度假项目：选择产权式酒店、院落式民居酒店、生态养生度假区、商务私人会所、会议度假区等不同的模式，构建街区最大的核心度假项目。

主推度假产品：依据街区主要开发的度假项目类型和目标市场需求偏好，

策划街区的主要度假产品体系，主要分为文化度假产品、养生度假产品、商务度假产品、会议度假产品等，构建适合街区特色的度假产品谱系。

（4）配套设施及辅助产品策划

除了度假空间的打造之外，结合街区其他旅游资源，设计辅助型的旅游产品及旅游设施。其中辅助性产品重点包括：街区观光产品、民俗体验产品、时尚休闲产品、生态休闲产品等类型。旅游设施则包括游客中心、解说系统、大众餐饮与住宿设施、特色商业设施等，从而形成较为完善的街区旅游服务体系。

（5）并发管理及运营模式选择

此类街区的旅游开发，重点要协调好本地居民日常生活与外来游客度假活动的关系，其中政府、开发商、居民是核心利益相关方。

在街区开发运营过程中，构建兼顾多方利益主体的运营管理模式，设计街区旅游收益构成及收益分配方式，策划街区品牌塑造及营销方式，也是街区旅游开发成功的关键环节。

3. 乌镇——多元共生思想指引下的高品质文化复合型休闲度假开发模式

乌镇地处浙江省嘉兴桐乡市北端，京杭大运河西侧，西临湖州市南浔区，北接江苏苏州吴江区，为二省（浙江、江苏）三市（嘉兴、湖州、苏州）交界之处。乌镇距桐乡市区13千米，距周围嘉兴、湖州、吴江三地分别为27千米、45千米和60千米，距杭州、苏州均为60千米，距上海140千米。镇域面积71.19平方千米，建城区面积2.5平方千米。

（1）街区空间多元价值分析——共生思想下乌镇多元价值分析

"共生思想"是建筑师黑川纪章提出的21世纪新理论，他认为共生思想（Symbiosis Thought）是：经济体之间在全球范围内的协作、异质文化的共生、人类与技术的调和、部分与整体的统一、内与外的交融、历史与现代的共存、自然与建筑的连续。"共生思想"是"乌镇模式"的核心思想。

乌镇，是一座拥有1300年历史的江南水乡古镇，十字形的内河水系将全镇划分为东南西北四个区块——东栅、南栅、西栅、北栅。获得中国首批历史文化名镇、"CCTV中国十大魅力名镇"、欧洲游客最喜爱的中国旅游景区等荣誉。乌镇虽历经沧桑岁月，仍完整地保存着原有的水乡古镇的风貌和格局。乌镇的美恰恰也体现在自然、建筑、文化的和谐共生之上。乌镇东栅景区和西栅景区，目前各自独立，以河成街，桥街相连，依河筑屋；深宅大院，重脊高檐，河埠廊坊，过街骑楼，穿竹石栏，临河水阁，古色古香。水镇浑然一体，组织起水阁、桥梁、石板巷、茅盾故居、白莲塔寺、古戏台、老邮局、逢源双桥、汇源当铺、水上戏台等独具江南韵味的建筑，建筑的格局体现了中国古典民居"以和为美"的人文思想，呈现一派古朴、明洁的幽静，是江南典型的"小桥、流水、人家"枕河而居的风格，被誉为"中国最后的枕水人家"。不管是谁，只要走进乌镇的街巷，只要踏响每一块发亮的青石板，就会唤醒许多尘封的故事，内心就会生出许多深长的遐想，就会不由自主地披满一身古色古香。

（2）街区定位及发展策略制定——从传统式古镇保护模式到创新式街区再利用模式

乌镇一期东栅景区采取"老街+博物馆"的传统古镇开发模式，是与其他古镇类似的"观光型"景区。1998年乌镇委托上海同济大学城市规划设计院编制《乌镇古镇保护规划》，规划明确了乌镇古镇保护和旅游开发的整体发展方向，1999年，乌镇东栅区块保护开发工程经过周密调查，制订了《乌镇古镇首期整治保护总体规划》和详细的修复与整治方案，开始实施乌镇古镇保护与开发的东栅工程，简称"东栅景区"。乌镇古镇保护一期工程的成功，保护了乌镇宝贵的历史风貌和遗产，同时也给乌镇的地方经济带来了蓬勃生机。但由于其面积只占乌镇总面积的四分之一不到，乌镇还有大量的经典明清建筑群尚待保护修复，加上受地理环境的限制，存在着无法为游客提供更完善的服务的问题。基于此，2003年，乌镇开始启动省级重点项目——乌镇古镇保护二期工程（西栅景区），投入十亿元巨资对乌镇西栅实施保护开发。二期西栅景区的开发，则以历史街区再利用为思路，以休闲度假古镇旅游目的地为功能，打造一个中国首创的"观光加休闲体验型"古镇景区，古镇不再仅仅是一个"活化石""博物馆"，而是完美地融合了观光与度假功能，成为一块远离尘器的安谧绿洲。

（3）街区核心度假产品及配套——从"质朴的东栅观光"到"诗意的西栅度假"

乌镇·西栅景区度假空间营造主要采取整治、改造、注入、配套四大途径。相对于东栅质朴风格，乌镇西栅街区真正呈现了原汁原味的江南水乡古镇历史风貌。二期西栅景区的保护开发更加完善彻底，人和环境、自然、建筑更为和谐。景区内保存有精美的明清建筑25万平方米，横贯景区东西的西栅老街长度达 1.8 千米，两岸临河水阁绵延 1.8 千米余。内有纵横交叉的河道近万米，形态各异的古石桥 72 座，河流密度和石桥数量均在全国古镇罕见。景区北部区域则是五万多平方米的天然湿地。

街区内的名胜古迹、手工作坊、经典展馆、宗教建筑、民俗风情、休闲场所让人流连忘返，自然风光美不胜收，泛光夜景气势磅礴。乌镇西栅景区向游客提供不同的住宿场所，星级度假酒店、高档会所、独具江南人家风情的民宿等，可同时供一千余人入住。强调历史建筑的多样化利用，利用原有厅堂，改造成小型旅馆和特色酒店及多家设施齐全的会议中心和商务会馆。在乌镇西栅，可以喝茶，听戏，看电影，逛图书馆，购物，泡吧，可以参与当地居民活动，参观老店、创意区，购买 DIY 纪念品，实现真正的完美假日。此外，游客服务中心、观光车、观光船、水上巴士、直饮水、天然气、宽带网络、卫星电视、电子巡更、泛光照明、星级厕所和智能化旅游停车场等配套设施一应俱全。

历史、文化、自然、环境、人文有机融合，先进完善的服务设施配套，使乌镇真正成了观光、休闲、度假、商务活动的最佳旅游目的地。

（4）街区开发管理及运营模式选择

乌镇以"整体产权开发、复合多元运营、度假商务并重、资产全面增值"为核心，观光与休闲度假并重，门票与经营复合，实现了高品质文化型综合旅游目的地建设与运营。在乌镇的模式中，门票收入占 1/3，酒店的收入也占到公司总收入的 1/3 左右，是重要的收入和利润来源。

（三）城市特色产业集中区的旅游化利用模式

城市中的众多历史文化街区，由于其优美的建筑空间、深厚的文化积淀、别致的环境氛围，符合现代人关于怀旧、艺术、个性的审美情趣，往往为艺术家、文化青年所青睐。随着艺术群体、创业青年的聚集，具有艺术、创意特色的文化产业便逐渐在这类街区兴盛。街区成为城市特色产业集聚区，演变成为城市标志性的文化元素。

特色产业的集聚发展，不仅为街区的发展注入了新的动力，同时也增加了历史街区的时尚气息，赋予了街区新的文化价值和产业价值，并形成了大的旅游吸引力。目前，这类街区的旅游开发，逐步受到地方政府的重视，并纷纷通过规划的手段，平衡产业发展与旅游开发的关系，构建产业与旅游的良性互动机制，在推进产业升级的同时，构建城市特色的产业旅游片区。

1. 街区一般特征

该类街区，由于时尚、创意、艺术、传统手工艺等特色产业集聚，从而被赋予了独特吸引力。根据街区产业发展模式及发展历程，又可将该类街区分为三种类型：传统产业集聚街区、时尚产业自发集聚街区、特色产业规划发展街区。

（1）街区空间适宜特色产业发展

该类街区一般拥有独具特色的街区建筑，与特色产业发展相契合的街区文化性格以及充足的产业发展空间。街区建筑经过适当改造，便可以为文化创意、艺术、娱乐等时尚产业提供适宜生长的环境。

（2）产业集聚塑造街区文化气质

由于兼具时尚创意个性的特色产业集聚该类街区内，独特的艺术景观荟萃其中，街区景观得以重塑，街区文化艺术魅力增强；特色产业本身成为街区旅游核心吸引载体，赋予了街区独特的游赏与体验价值。

（3）产业效应提升街区文化价值

该类街区，通常会有知名度较高的产业品牌进驻，或者行业内著名艺术家、名人在此成立工作室，形成了一定的产业品牌效应。与此同时，产业品牌效应的形成，又间接提升了街区文化价值，使得街区旅游吸引力进一步增强。

2. 模式操作要点

该类街区的核心旅游吸引物，在于街区内的特色产业。因此，借势产业品牌与产业文化，推进特色产业资源的旅游化利用，实现特色产业与旅游的互动共兴，是该类街区旅游开发的关键所在。

（1）街区产业现状及发展潜力评估

系统梳理街区特色产业的发展历程，分析产业现状、产业基础与产业构成。在此基础上，整合街区主要旅游吸引要素：包括产业类资源及建筑、民俗等街区其他旅游资源，明确资源开发等级及利用方式。

评估街区产业和旅游的发展潜力，包括产品潜力、市场潜力、效益潜力、品牌潜力等，明确街区产业发展与旅游发展的契机及存在的问题。

（2）街区产业定位及发展模式选择

以旅游功能的介入为契机，确定街区产业发展定位，明确街区特色产业与旅游业的关系，提出重点发展的新产业类型和应剔除的产业类型，重构街区产业体系。

根据街区特征，选择适当的街区旅游启动模式和发展策略，如：节庆活动带动模式、名人效应驱动模式、文化事件推动模式、龙头项目拉动模式等。

（3）基于特色产业的旅游体系策划

包括主题产品与项目策划、主题设施策划以及主题景观设计三个方面。

在街区特色产业发展基础之上，策划与特色产业相关的主题旅游产品及重点旅游项目，推动产业资源的旅游化利用。

整合产业之外的其他旅游资源与旅游利用空间，构建街区旅游服务设施体系，包括主题餐饮、主题住宿、休闲娱乐等；主要设施应延续产业特色，融合特色产业符号，主题化和个性化。

围绕街区文化性格，设计街区主题景观体系，包括街景雕塑、绿地空间、艺术墙绘等，增强街区环境品质，优化街区氛围，构建景观游赏体系。

（4）产业—旅游一体化的运营方案设计

以产业——旅游的一体化发展为基础，明确街区品牌塑造方案，设计街区产业收益式和日常管理模式，理顺产业从业者、街区居民和外来游客的关系，实现产业与旅游的共兴。

3. 798 艺术区——艺术产业集聚形成的北京城市文化新空间

2005 年底北京正式提出发展文化创意产业，2006 年 12 月北京提出的首批文化创意产业区中，798 艺术区名列其中。"798" 曾经只是一个废弃厂房的名字，而今却是北京的文化新地标，中国当代艺术的圣地，与美国苏荷和巴黎左岸齐名的世界城市艺术中心。

798 艺术区位于北京市朝阳区东北部酒仙桥 718 大院内，是 21 世纪初在原有工业建筑闲置空间的基础上逐渐发展起来，以当代艺术为特色的艺术区。美国《时代周刊》将其评选为最有文化标志性的 22 个城市艺术中心之一；法国《问题》周刊认为 798 的出现是中国正在苏醒的标志之一；据 2007 年 CNN 调查显示，798 艺术区已经成为仅次于长城的外国人来京第二目的地，外国游客把 798 与长城和故宫共同看作北京旅游的三大景观。

如今，798 是世界上炙手可热的艺术区，成为中国文化艺术的展览展示中心、国内外具有影响力的文化创意产业集聚区。798 艺术区内拥有近 400 家机构和个人租户，其中有艺术创作者、艺术相关产业机构以及商业性质的零售业、餐饮业等，分别来自各个国家和地区。各大国际品牌如索尼公司、摩托罗拉公司、意大利 Dior、欧米茄、宝马汽车等都曾在这里举行过宣传推广活动。

借势 2008 年北京奥运会，798 艺术区完成了旅游导向的升级改造，将园区分为 A、B、C、D、E、F 6 个区域，新增的 6 个供游客休闲之用的艺术广场分布其中。

798 艺术区的中心区被改造成特色步行街区，覆盖园区的电子监控系统、语音系统以及被安装在主要道路两侧的人性化标识系统，使艺术区实现了分级导向，798 艺术区成为北京重要的旅游接待区域。

（1）798 艺术区形成始末

21 世纪初，随着北京城区工业外迁，街区内原有的工业建筑逐渐闲置，吸引了一群职业化自由艺术家聚集，随后越来越多的艺术家和文化机构进驻，成规模地租用和改造空置厂房，逐渐发展成为画廊、艺术中心、艺术家工作室、设计公司、餐饮酒吧等各种空间的聚合，形成了具有国际化色彩的"SOHO 式艺术聚落"和"LOFT 生活方式"，798 艺术街区由此得以形成和兴盛。

① 包豪斯工业建筑遗产的利用

北京 798 艺术区所在的地方，是新中国"一五"期间建设的"国营华北无线电联合器材厂"，即 718 联合厂。1952 年，718 联合厂开始筹建，由前民主德国援建。1954 年，联合厂开始土建施工，前东德副总理厄斯纳亲自挂帅，组织东德 44 个院所与工厂的权威专家成立了 718 联合厂工程后援小组，集全东德的技术、专家和设备生产线，完成了这项盛大工程。1957 年，国务院副总理薄一波和前东德副总理厄斯纳出席了开工典礼并宣布开工生产。718 联合厂在建筑设计和建造上，注重满足实用，发挥新材料和新结构的技术性能和美学性能，造型简洁，构图灵活多样，具备着典型的包豪斯风格。

1997 年，中央美术学院雕塑系制作卢沟桥抗日战争纪念群雕，租用原 798 厂的一个 3000 多平方米的仓库作为雕塑车间，此举开创了此区域内利用现有空间进行艺术创作的先河。2000 年 12 月，原 700 厂、706 厂、707 厂、718 厂、797 厂、798 厂等六家单位整合重组为七星集团。2001 年，由于电子城对 718 大院进行重新规划，拟进行改造，七星集团部分产业迁出大院，为有效利用空置厂房资源，七星集团将部分空置厂房进行了短期出租。受包豪斯建筑风格及厂区环境幽静，交通便利等特点的吸引，很多艺术家前来租用闲置厂房，他们将其加以改造，使 718 大院逐渐形成了集画廊、艺术工作室、文化公司、时尚店铺于一体的多元文化空间,当然也成了当代艺术的一个窗口,并发挥了巨大的传播效应,这成了当代中国美术史上的一个重要事件。由于最早进入此片区域的艺术家及艺术机构集中在原 798 厂范围内,因此此片区域被命名为北京 798 艺术区。

798 能够成功地从一个电子工业老厂区,蜕变为涌动着文化创意的艺术区,优势在于:其一,厂区具有典型生产性规划布局的特点,路网清晰,厂、院空间清晰;其二,一部分厂区建筑作为工业遗产完整地保留下来,并因其内部的大尺度空间,具有了作为艺术展示空间的天然优势。此外,天然的采光、完善的热力和水电供应,为艺术家的绘画、雕塑等创作工作提供了良好的物理条件。更有吸引力的是老厂的历史、人文情结以及相对低廉的租金,这些因素都为 798 艺术区成为文化创意产业园区提供了良好的条件。

② 文化创意产业集聚区的形成

从 2001 年起,随着艺术家和文化机构陆续进驻,798 逐渐发展成为集画廊、艺术中心、艺术家工作室、设计公司等各种艺术空间的聚合,形成一个具有代表性的文化创意产业集聚区。798 十余年的发展历程大致可以分为以下两个阶段。

第一个阶段自 2001 年到 2006 年是产业自发形成阶段。二厂向外出租空置的厂房,一些艺术家先后看中了这里宽敞的空间和低廉的租金,入驻开办工作室或各类展示空间,画室、摄影棚、展厅等艺术场所出现在厂区,798 艺术家群体和艺术产业逐渐发展壮大起来。798 艺术区的产生和发展过程,与当年美国纽约苏荷区的情况几乎如出一辙。2004 年,北京市"两会"期间,人大代表李象群递交的"关于 718 联合厂区的保护与开发的提案"提出了 798 艺术区的五大价值——建筑价值、历史价值、艺术价值、经济价值以及奥运价值,并把以 798 厂为代表的大山子艺术区与城市规划及产权方的矛盾提出到公众的面前,798 开始引发了大众的认知和关注。

第二个阶段从 2006 年北京 798 艺术区领导小组及下设的建设管理办公室成立起始,进入到规范化的建设管理阶段。2006 年,北京 798 艺术区分别被朝阳区、北京市政府列为首批文化创意产业集聚区之一;被中关村管委会评为中关村电子城文化创意产业基地,798 作为"创意地区、文化名园"的氛围日渐浓烈。为了加快推动艺术区繁荣和发展,朝阳区政府与七星集团共同成立了北京 798 艺术区建设管理办公室,以"协调、服务、引导、管理"为宗旨,推进艺术区当代艺术与文化创意产业的发展。北京798艺术区建设管理办公室通过对园区的服务中心、展览展示中心和公共服务平台等项目的建设，进一步为园区提供完善的服务，按照"保护、开发、稳定、发展"的指导方针对798艺术区的核心区域、原创艺术进行有效保护，加强对艺术区的宣传与推广，进一步吸引国内外众多知名的艺术家及艺术机构为园区内艺术品打造展览展示、交易拍卖的平台，推进园区产业升级，从而展示艺术区的魅力，打造798艺术区品牌，把798艺术区建设成为北京最具特色和影响力的文化创意产业基地和世界著名的文化创意产业园区。

艺术家和文化机构进驻后，成规模地租用和改造空置厂房，逐渐将798艺术区发展成为集画廊、艺术中心、艺术家工作室、设计公司、餐饮酒吧等各种空间的聚合，形成了具有国际化色彩的"SOHO式艺术聚落"和"LOFT生活方式"，引起了相当程度的关注。经由当代艺术、建筑空间、文化产业与历史文脉及城市生活环境的有机结合，798已经演化为一个文化概念，对各类专业人士及普通大众产生了强烈的吸引力，并对城市文化和生存空间的观念产生了不小的影响。作为艺术家自发的聚集地，798艺术区被界定为原创艺术的孵化器、当代艺术的实验场、当代艺术成果的展示区和中国当代艺术的风向标。随着798艺术园区的发展和影响力不断扩大，798艺术区举办了大量展览。每年在这里举办的高端活动达到2000多场，参观的外国政要包括高端代表团超过2000多批次，2011年的入境接待量高达300万。

③ 北京城市文化新空间的锻造

798艺术区的旧工业区的历史背景、包豪斯风格的厂房建筑与现代艺术中心的现状，使其具备了不可替代性，是城市中不可复制的文化空间。从政府的规划中可以知晓，798新的发展方向是：以当代艺术为主打特色，进一步吸引国内外知名的艺术家及艺术机构，为园区内艺术品打造展览展示、交易拍卖的平台。798将成为一个艺术区品牌，一个成功的商业区，一个时尚品牌聚集地，一个新锐的旅游景点。

从艺术家的聚集到艺术机构的聚集，798将融汇众多的艺术产业和文化创意产业，在保持原有工厂的面貌基础上，进一步建设拍卖中心、艺术博物馆、交易中心等综合设施，为艺术展览和交易搭建更适宜的平台，从而推动和促进艺术产业及文化创意产业的发展。

此外，为了服务于更广泛的大众需求，798艺术区力图营造艺术空间与生产空间相结合、景观营造与工业遗存相结合、艺术空间与旅游功能相结合、现代时尚与艺术氛围相结合的新环境。具体的策略如下：其一，确立 798 艺术区作为全球重要文化创意产业中心的定位目标，运用画布的设计理念，强化基底、廊道及空间关系，强调综合解决场地问题，为艺术家的创作提供背景，而不是喧宾夺主；其二，改善 798 艺术区的可进入性，疏通路网、规范停车、完善地面人行步道系统、增加空中廊道，满足参观者进入和游览艺术区需求；其三，强化包括标示、照明系统和服务设施等公共设施的完善；其四，倡导循环经济和多样化的艺术产业，积极将场地材料和工业产品和机器循环利用，强化场地工业氛围。

（2）798 艺术区产业现状

随着北京都市化进程和城市面积的扩张，798 所在的原来属于城郊的大山子地区已经成为城区的一部分，原有的工业外迁，原址上必然兴起更适合城市定位和发展趋势的、无污染、低能耗、高科技含量的新型产业。大批艺术家文化人的入驻，带来文化艺术产业的蓬勃兴盛。

① 艺术区厂房租用情况

截至 2008 年 1 月，入驻北京 798 艺术区的画廊、艺术家个人工作室以及动漫、影视传媒、出版、设计咨询等各类文化机构约 400 家，分别来自法国、意大利、英国、荷兰、比利时、德国、日本、澳大利亚、韩国、中国等国家。到目前为止，在原有 718 联合厂区，大约有 10 万平方米的厂房已出租给中外各类艺术文化机构，约占整个厂房的 50%。艺术家及其公司租用 798 艺术区的面积，从几千平方米到几十平方米不等。其中，租用面积前两位的是世界知名的、全球最大艺术品收藏与展览公司之一的比利时尤伦斯艺术品公司（租用面积 4500 平方米）和美国南加州建筑学院（租用面积 4000 多平方米），其次是李霞租用的从事画廊和展览的空间（2000 平方米），洪晃、杨小平为出版《SEVENTEEN》《LE》等杂志而租用的空间（1610 平方米），史金松画廊（1350 平方米），徐勇租用的《时态空间》（1000 平方米），李莫维租用的艺术工作室（1000 平方米）。最近，世界知名的古根海姆艺术品公司拟在 798 艺术区租用 5000～10000 平方米的场地，但 798 艺术区已经没有这么大面积的地方可以出租。

③ 艺术区业态构成情况

整个 798 艺术区内除 798 艺术中心外，主要由艺术空间、画廊、时尚店铺、酒吧饭店、个人工作室和公司六类形态组成，聚集着包括从事绘画、雕塑、环境设计、摄影、精品家居设计、服装设计、装饰艺术、手工艺术、展示室、表演、精品餐饮等众多行业的艺术机构。

798艺术中心（原706大厂房）是目前园区内最大的锯齿形厂房，高空间、大柱距的建筑架构完整保留了兴建之初的德国包豪斯式艺术风格，传达出注重实际、简约大气的设计理念。798艺术中心既能够举办各类艺术展览，又可为商业活动提供场地，还兼具798艺术区信息集散地的功能。

大大小小的艺术空间是798内重要的艺术展示和艺术活动场所，其中有代表性的包括尤伦斯当代艺术中心、佩斯北京、798剧场等。798内著名的画廊包括德国柏林Alexander Ochs画廊分部"空白空间画廊"、长征空间画廊等。时尚店铺则大多以中国原创设计类作品、艺术授权类产品的展示、销售为经营特色，结合活动和商业礼品定制、销售。园区内的酒吧饭店将艺术体验和美食体验相结合，营造出具有别样格调的餐饮空间，如生活家的院子、天下盐、Café Seven等。此外，798园区内还吸引了众多以设计和艺术为主业的个人工作室和公司。

据粗略统计，798艺术区内的艺术家，大约30%是国外艺术家，30%是持有外国护照的中国艺术家，30%是国内知名艺术家。798艺术区艺术品的主要买主是国外买家。上述因素，使得798艺术区的绘画、雕塑、摄影、服装设计、广告设计、家具设计等，都鲜明地体现出新潮、独创和前卫的特点，艺术水准较高，艺术表现内容和风格多样。

（3）艺术区产业集聚优势

798艺术产业集聚区能够在十余年间快速地形成和发展，原因在于有如下无法比拟的优势。

① 独特建筑与低廉租金，构成推进街区复兴的核心动力

798街区之所以能发展成为现代艺术产业集聚区，主要得益于其独特的建筑群落和发展之初采取的低廉租金策略。

798艺术街区内的建筑具有典型的包豪斯风格，建筑风格简练朴实，讲求功能，巨大的现浇架构和明亮的天窗为其他建筑所少见，是实用和简洁完美结合的典范，极为符合当代艺术的后现代审美风格，同时宽敞的内部空间，也适合灵活进行艺术空间重构。

在发展之初，时尚艺术家除了看上这里的特色老厂房外，低廉的租金也是

他们进入这一区域的主要因素，从整体上看，时尚、先锋、前卫的艺术工作者往往是没有多少钱的穷艺术家，因此低廉的租金对这一群体具有强大的吸引力。

②　景观品质的艺术再造与空间开放，塑造街区个性与吸引力

工业是 798 街区的前世，艺术则成就了 798 街区的今生。在 798 艺术街区，艺术被作为一种主题符号，被融入 798 街区的每个角落，使原本为工业服务的街区性格和街区景观得以重塑，在这一过程中，艺术又超越了产业和专业的范畴，转化成为一种独特的旅游吸引力，成为街区旅游业得以发展的核心动因。

在街区建筑方面，艺术家们充分利用原有厂房的风格（德国包豪斯建筑风格），稍作装修，一变而成为富有特色的艺术展示和创作空间；在街区景观方面，随着艺术产业的进入，在街区的很多墙面和角落，出现的各种涂鸦与个性雕塑，已经成为艺术区的一道风景，吸引了众多参观者在此拍照、留影。建筑与景观的艺术化，直接推动了街区品质的整体提升。

此外，798 街区采取了开放式的空间经营方式，让更多的普通人有了接触艺术、感受艺术的机会。798 艺术街区既可以满足人们的视觉需求，同时这里优雅的、弥漫着艺术气息的空气，可以让人们暂时从都市生活的紧张节奏中得以解脱。在这个区域，生活因艺术而变得更加有味道，即使是这里的一间普通商铺也因为艺术的氛围变得不同。在创意实验的氛围中，进入园区的商铺和餐饮也最大限度地表现出了对艺术的接受和介入。一件服装、一盘菜肴、一杯咖啡、一个小的工艺品，都最大限度地打上了艺术的印记，这些成为 798 艺术街区吸引游客的重要因素。

③　延展艺术产业内涵与外延，实现多种产业业态共兴

现在，798 艺术街区作为当代艺术的一个集中展示空间，已经不仅仅是一个画廊的聚集区，而是兼具时尚高档消费、旅游观光以及公共艺术教育等多种功能的综合性区域。798 街区围绕当代艺术主题形成了丰富的艺术生态，即以画廊、艺术家工作室、艺术机构、经营当代艺术书籍的书店、经营时尚品和工艺品的商铺、咖啡厅、有特色的餐饮等共存的艺术区。在所有的这些业态中，其经营上也开始呈现混业经营的趋势，越来越多的机构开始交叉经营：比如画廊兼营咖啡店、艺术书店兼营咖啡厅、餐饮类的机构同时经营时尚的工艺品等。但所有这些业态，都围绕着当代艺术作品展开。

④　特色艺术节庆打造，助推街区专属品牌的形成

从 2004 年开始，798 艺术街区就着手打造具有专属性的"798 艺术节"，

一方面是通过展览、论坛等活动的举办，集结中外美术界、艺评界、文化界的学术力量，提升798艺术街区的艺术品位和学术地位；另一方面通过各种艺术主题的公众活动，提高中外游客和市民参与当代艺术的文化兴趣，让更多的人了解当代艺术特别是中国当代艺术的创作成果，为798艺术区的可持续发展带来人气和影响力。每年一次的节庆活动，作为具有北京代表性的现代艺术盛事，不仅吸引了世界众多知名的艺术家和艺术团体，同时也吸引了大批的媒体参与报道，已经成为798街区展示形象、塑造品牌、营销宣传的重要渠道。

（4）798艺术区发展矛盾

① 商业与艺术的争锋

798的艺术家陈宁在博客中写道："如果798日益失去有关艺术的一切，充满了商业的一切，那么有一天，这里将不再吸引那些热爱艺术的人们，那么798将何去何从？"

作为中国当代艺术前沿阵地的798艺术区，经过10年的发展，已经不仅仅是服务于艺术家群体的一个世外桃源，而是一个旅游景点、一个艺术公园、一个时尚中心、一块充满着商业机会的热土。

798在商业上已经取得了巨大的成功。据798管委会统计，艺术区每年举办的各类展览、演出、时尚发布以及文化艺术活动的总数超过2000场次，游人以及当代艺术爱好者纷至沓来。2011年国庆期间恰逢雕塑艺术节，园区游客接待承载力超过极限。艺术节开幕当天，园区内来了将近10万游客。

798游客越来越多，艺术区也变得热闹起来，商业化倾向使得艺术家们不太适应。已经入驻的一些艺术家认为："整个艺术区正往与他的意愿相反的方向发展。"他们来到798，看中的是宽敞的空间、低廉的价格和新中国工业遗迹的"原始情趣"，而这一切正在消退。对此，清华大学美术学院副教授许正龙表示担忧："真正的艺术离不开艺术家，如何能吸引艺术家，这是一个值得思考的问题。"798目前的商业化倾向会对艺术家的聚拢产生一定影响，这将给798艺术区未来发展带来新的思考。

事实上，国外的艺术区也在不断变迁当中。"商业社会总很容易把艺术的果实吸收过去，只是在国外这个过程往往是自然发生的，而我们是由政府加速了这个过程。"有关专家如此分析。

② 改造与使用的矛盾

2008年，施行"798艺术区基础设施改造和环境整治工程"，主要是对园区进行基础设施的修整完善。这项 2007 年确定了规划方案的工程内容主要包括：对园区内道路两侧及闲置区域进行平整、拓展和清理工作；针对园区内部分支路路况较差的状况，结合排污线路铺设及路灯治理计划，改造园区内 11 条道路；增加消防方面的硬件设施；完善公共设施，如增设座椅、垃圾箱、公共厕所等。

然而这项工程令已经入驻 798 的艺术家们感到焦虑。他们在 798 曾有着自由自在的创作环境和便利的交流氛围。但是，798 改造工程中管理者征收了大量额外费用，基础设施维护中的混乱管理又给园区住户带来很多不便。由于工程的实施，路面时时挖有各种埋管线的沟道，给一些画廊和店铺的经营带来困扰。更重要的是，部分景观改造抹去了大量 20 世纪五六十年代的工业遗迹。

③ 谁拥有 798 的掌控权

谁是 798 的主人？这一问题长久地引发争论。在 798 生活和工作的艺术家们嫌弃厂区的管理者们，说他们是"文盲加艺盲"，且他们又在政府拨款和租户收费方面两头得利；而管理者们却觉得这些搞艺术的人不过是厂区的外来客。两边从一开始就暗自较劲，焦点是对 798 的掌控权。

持续角力的一个重要原因在于，艺术家和管理者难以对话。管理者们刚刚从国有企业走出不久，走出亏损的企业，迎来新的商机，无可厚非地希望通过出租房产达到利益最大化。而艺术家们期待的则是一个房租低廉、管理自由的创作区域，对于一年比一年更高的房租价格和物业费用，以及一年比一年更严格繁杂的管理制度，显然难以接受。

事实上，美国的 SOHO 区也发生过类似的故事：艺术家租赁、拆迁、艺术家保护、商业、租金飙高、艺术家出走、蜕变。

无论艺术区的掌控权最终属于谁，终究艺术家才是艺术区的核心。"如果艺术家的利益能够得到尊重，798 还能走得更远。"艺术家们如是说。

4. 田子坊——时尚艺术产业聚集推动的工业居住混合区有机更新

田子坊街区位于上海市卢湾区中西部，泰康路 210 弄，与徐家汇区毗邻，处于原法租界和华人居住区，是上海市商业居住街区和工业区的过渡地带，总占地面积约 7 公顷。街区内曾有上海食品工业机械厂、上海钟塑配件厂等 6 家工厂办公楼、厂房、民居混杂其中，属于典型的工业、居住功能混合的城市街坊。

田子坊街区形态基本形成于 20 世纪 20 年代，街区内集中了上海从乡村到租界、再到现代城市发展的各个时期各种类型的历史建筑，保留了包括折中主义、英国新文艺复兴风格、现代主义风格、中国传统砖木结构风格，还有西班牙建筑风格、英国城堡建筑风格和巴洛克风格等多元化的建筑风格，是上海保存历史文化遗存类型最丰富的街区之一。

田子坊街区的改造曾一度受到广泛关注，相对于新天地的全盘商业化改造方式，田子坊最终选择了"在保留部分居住功能的同时，通过时尚创意产业集聚来推动街区有机更新"的模式。从 1998 年开始，在卢湾区委、区政府的主导下，秉承"外观古旧、内观新颖"的改造理念，街区内的众多老厂房逐渐得到改造及改建，变成了画廊、饰品店、酒吧等时尚创意场所。从 2002 年开始，在 3 个弄堂工厂内创建了上海第一个创意产业集聚区，吸引了 18 个国家和地区的 102 个中外创意企业入驻。田子坊街区的成功，不仅掀起了老上海怀旧风潮，同时也为上海传统街区的改造提供了新的模式与思路。

（1）田子坊街区的发展模式

① 艺术名人效应，赋予街区新的价值与吸引力

20 世纪 90 年代以来，由于企业效益下滑和城市产业结构性调整，田子坊街区的厂房开始出现大面积的闲置。然而，工业的衰落却为现代艺术的发展提供了空间，独具特色的街区风貌和具有后现代感的工业厂房吸引了一些艺术名人。1998 年，上海艺术家陈逸飞、尔东强等人将街区内废弃的小仓库、小面厂、澡堂等打造成自己的艺术工作室；2001 年，画家黄永玉探访陈逸飞工作室后，为这里取名田子坊。这个名字来源于《史记》，其中记载我国古代最长寿的画家叫田子方，田子坊用此谐音，并在"方"，字旁加个"土"，意喻此处为文人、画家、设计师集聚的土壤。

在艺术名人效应的推动下，田子坊名声渐起，其历史文化保存价值也逐步受到了广泛关注，越来越多的艺术家、创意工作者、时尚商业品牌进驻其中，产生了巨大的集聚效应，这也直接影响了后来政府对于田子坊街区的定位和改造方式的选择。

田子坊虽然并不是作为一个旅游区出现的，但是街区文化创意的影响使得其本身超越了简单的艺术吸引，构建了街区新的旅游吸引力。众多国内外游客都喜欢来这里看看上海旧有的生活方式，探寻艺术家的创意工作，满足一种猎奇心理。如今，田子坊已经聚集了来自 18 个国家的 160 家企业，已被视为上海的"SOHO"，视觉艺术的"硅谷"、上海创意产业的发源地。

② 基于街区传统性格的创意，以新产业实现街区精神延续

田子坊街区内不同风格建筑的混杂、租界文化与老上海传统文化的碰撞、居住功能的复合，都彰显了街区混搭与包容的性格特质。在田子坊街区改造中保留和延续了街区的这种精神气质，注重现代创意产业与街区性格的和谐统一。

在街区内，艺术家们通过自己的创意，将现代艺术与街区建筑风格完美融起，使街区的传统风貌和性格气质得到了升华。以田子坊居民、企业、艺术家商等组成的"投资群体"看中了这里的文化氛围，不断有人到这里投资，渐渐形成了"小规模、多元化、渐进式、动态性"的城市更新模式，使得这个老街区的发展始终具有一种鲜活的"原创性与原生态性"，在原来的上海里弄文化基础上出现了许多新的创意，形成了一个创意产业群。田子坊老街区也由此完成了传统文化融合创意新产业的转身：而现今散落街区的工艺作坊和创意工作室，如同里弄中原有的绿盆鲜栽，点缀在日常生活起居之中，延续着的工业基因早已融入街区的生活轨迹和城市肌理中，早已化身为风土生活的元素因子。人们在这里看到的不仅是过去的上海；更是鲜活的上海，不仅是被保护的历史，更多的是街区本身被延续的生活。

③ 多主体参与的管理机制，构建合理的产业生态关系

田子坊的成功，主要得益于商、旅、文多种产业的有效联动。通过调节文化创意企业与非文化创意企业之间的配比关系，从而达到文化产业型业态与购物、观光、休闲等消费型业态的理想比例，构建街区内合理的产业生态关系。

为了维持文化与经济融合的"度"，田子坊街区积极探索多主体参与的有效管理机制，形成以田子坊管理委员会、田子坊发展促进会和永业田子坊物业管理公司为主体的多层次管理体系。田子坊管理委员会，由区政府相关职能部门和单位人员组成，职责是落实文化创意产业、加强公共管理、提高公共服务质量，在共建共享中不断拓展功能，扩大品牌效应；田子坊发展促进会是由政府、社区、入驻者和原住居民代表等田子坊内相关利益者组成的自律性组织，接受政府委托，履行专项管理、服务和协调的职能；永业田子坊物业管理公司是由永业集团负责组建，其职责是加强建筑物的修缮管理、改革公房租赁管理，着力提升管理能级及公共设施配套和社会资源整合等水平。

田子坊居民可以按照自己的意愿，通过统一的租赁中介，将房屋出租给进驻企业，由企业按照自己的风格装修经营。在这种机制下，入驻者可以用合理

的租金获得民居使用权，居民则拿着租金去附近公寓租房子，既提高了居住水平，又有额外收益，由此实现了多利益主体的共赢。

（四）景区服务延展主导的街区旅游开发

在国内旅游业发展的现阶段，成熟的景区（点）仍然是城市旅游产业的重要组成部分，也是构成旅游目的地核心吸引力的关键元素。众多历史文化街区由于紧邻著名的景区或者在街区内保存有重量级的历史文化景点，而获得了良好的开发契机。

该类街区不仅是天然的旅游服务基地，为景区（点）到访游客提供具有历史文化特色的旅游服务。同时，景区封闭式管理与街区开放式空间，景区的静态观光与街区的文化活化体验构成了鲜明对比。街区因此成为景区的重要延展部分，在丰富景区（点）文化内涵、深化景（点）旅游体验、增强景区（点）旅游吸引力等方面发挥出重要作用。依托核心景区展开旅游综合服务的街区旅游开发模式解读如下：

1. 街区一般特征

（1）区位优越，临近热点景区（点）

该类街区一般紧邻开发较为成熟的旅游景区（点），地处城市重要的旅游发展片区范围之内，地理区位和交通区位较为优越，拥有良好的旅游开发条件。

（2）景街一体，延续景区（点）特色

该类街区在文化脉络、生态肌理、乡土记忆等方面，与所依托的景区（点）有密切联系，且自身具有一定的旅游吸引力，能为游客提供与景区（点）有差异性的旅游体验，可以作为景区资源补充和范围延伸，丰富景区（点）旅游产品谱系。

（3）客流集聚，天然的旅游服务基地

随着所依托景区（点）的发展，游客接待量的增加，该类街区内一般自发发展了众多旅游接待设施，承担着旅游景区（点）的部分接待服务功能，因此成为天然的游客集聚地，拥有一定的市场客群基础，为街区旅游开发提供了良好的前提条件。

2. 模式操作要点

该类街区因周边景区（点）而兴。因此，着眼于所依托景区（点）的发展，为到访游客提供高品质旅游服务，最终实现"景街共兴"，成为该类街区旅游开发的关键所在。

(1) 基于景区的街区开发契机解析

景区(点)的发展,一般会给街区在资源开发、产业发展、土地开发等方面提供重要的契机。着眼于街区与景区的关系,从景区的发展现状与发展前景中,寻找街区开发契机,明确街区发展方向,是该类街区成功开发的第一步。

资源开发契机:重点分析街区与景区的资源互补关系,将街区独有的、与景区互补关系强的资源进行系统筛选,作为街区旅游开发的核心载体。

产业发展契机:分析街区产业现状与产业构成现状,在现代旅游服务业发展导向下,明确街区产业升级与转型契机。

土地开发契机:由于街区地处景区周边,随着人气集聚,街区内土地资源面临潜在的增值契机。分析街区可利用土地规模,明确街区土地开发潜力。

(2) 到访客流构成及主要需求分析

系统分析景区(点)到访客流构成及主要需求,重点进行游客规模预测、游客偏好分析、游客停留时间分析、主要消费需求分析等,以此为街区旅游服务设施的类型、规模、档次等的规划与设计提供市场依据。

(3) 街区战略定位及产品机会分析

根据分析结论,明确街区发展定位与发展策略。

对比游客需求与景区(点)提供的产品现状,寻求街区产品机会,规划和设计街区核心产品体系,以体验性与娱乐性的产品为主,与景区(点)静态游赏型产品形成互补。

(4) 旅游服务体系与产业业态规划

针对游客需求,策划相应的旅游项目及服务设施,并提出街区产业业态的筛选原则,控制规模,并进一步明确街区重点发展业态、限制发展业态和禁止发展业态,形成科学合理的业态体系。

(5) 街区开发及运营管理体系构建

结合景区与街区的关系,选择适合的旅游运营管理模式,形成景街互动、景街共兴的良好发展机制。目前,主要有街区一体式、街区分离式和街区合作式三种模式。

3. 锦里——从弥补景区服务功能到独具吸引力的休闲街区

锦里古街位于四川省成都市武侯祠大街中段,北邻锦江,东望彩虹桥,与三国圣地成都武侯祠博物馆文物区东侧一墙之隔。锦里在秦汉三国时期就以织锦、售锦而闻名全国，曾是天府成都最著名的蜀锦产业集聚区，也是西蜀历史上最古老、最具有商业气息的街道之一。

今天的锦里古街则依托成都武侯祠而建，作为武侯祠（三国历史遗迹区、锦里民俗区、西区）的一部分，由成都武侯祠博物馆出资修复，整个街区占地30000余平方米，建筑面积14000余平方米，街道全长350米。街区内整体恢复了清末民初建筑群落和景观风貌，以三国文化和四川传统民俗文化为主题，集中布设有茶楼、客栈、酒楼、酒吧、戏台、风味小吃、工艺品、土特产，充分展现了四川民风民俗的独特魅力，现已发展成为成都市最著名的步行商业街之一。

在物质层面上，锦里街道两侧的客栈、茶坊、商铺全属新建，几乎不具备作为遗产的历史价值；但在精神层面上，通过对街巷尺度、建筑风格的准确把握和民俗活动的积极强调，与相邻的武侯祠相辅相成，复兴、发扬了三国时期遗留下来的古蜀文化，使武侯祠遗产的内涵得以传承、延续。

锦里古街的复建之初，就被定位为武侯祠景区的重要组成部分，在品牌形象、功能设计、文化主题等方面，均具有典型的景区依附特点。然而，在经过十多年的发展之后，锦里古街创造除了独立的街区品牌和独有的旅游吸引力外，还以独立于武侯祠景区之外的街区形象而出现，实现了从依附性景区到品牌型街区的成功蜕变。

（1）品牌蜕变——从依附景区品牌到自主品牌创建

锦里古街作为武侯祠景区的组成部分，其街区建成运营之初，主要依托于武侯祠品牌的影响力与号召力。在街区随后的发展过程中，锦里更加注重自身特色牌的打造，与武侯祠的祭祀、怀古体验相比，锦里更突出草根的、本土的、家常的文化特色，使其文化形象与武侯祠形成鲜明差异，并以此为切入点，完成了街区的品牌升级。

2005年锦里被评选为"全国十大城市商业步行街"之一，与北京王府井、武汉江汉路、重庆解放碑、天津和平路等老牌知名街市齐名，号称"西蜀第一街"，被誉为"成都版清明上河图"。2006年，锦里又被国家文化部授予"国家文化产业示范基地"称号。

如今，锦里古街已经成为成都文化名片之一，成都版清明上河图——锦里，是感受浪漫休闲的精神驿站，是体验三国文化与成都民俗的魅力街区。

"拜武侯，泡锦里"也已成为成都旅游最具号召力的响亮口号之一，锦里成功创立了自己专属性的品牌，全面实现了街区的品牌蜕变。

（2）文化蜕变——从传统文化展示区到时尚创意文化高地

武侯祠是蜀汉皇帝刘备和丞相诸葛亮君臣合祀的祀宇，在海内外拥有相当高的知名度。锦里古街在开发之初，由于原有建筑和街巷已荡然无存，因此改造重建后的锦里，在文化主题定位上，主要是依托相邻的武侯祠所承载的三国蜀文化，借助有力的区位条件和文化氛围，打造与武侯祠相呼应的特色民俗体验区。

锦里一期于2004年10月31日建成开放，其主要卖点正是三国民俗文化，街区内主要开发了包括民间工艺展示、民间艺术欣赏、民间特色餐饮等多种民俗旅游项目，并借助武侯祠的盛名，将客源市场迅速从市内扩大到全国甚至海外，使其成为在成都体验三国文化的必到之地。

在一期获得巨大成功的基础上，锦里开始寻求文化提升之路，将时尚创意的理念引入街区。2009年，锦里延伸段"水岸锦里"正式开肆迎客，二期的锦里更加强调现代创意文化的特征，以创意人才的引入和具有时尚感的创意商业作为重点，形成了基于民俗又高于民俗的街区文化气质，而这些现代的创意与历史的时光交汇，是锦里源源不断的魅力源泉。

（3）功能蜕变——从弥补景区服务功能到独具吸引力的休闲街区

从功能定位上来看，锦里古街开发建设的初衷，主要是弥补武侯祠文化体验不足的缺陷，并为到访游客提供餐饮、住宿、购物等基本服务。因此街区一期的商业业态，主要以手工作坊、工艺品摊点、美食小铺等为主。同时古街定期举行传统婚礼、民乐、戏剧、民间服装秀等民俗表演，并按照中国传统节日举办特色主题活动，如端午节吃粽子大赛，七夕情人节主题活动，中秋赏月会等，打造以民俗体验为特色的旅游服务接待区。为了让游客更加深刻体验老成都民俗，锦里古街组建了"民俗演艺团"，整合了锦里民俗艺术和民间艺人团队优势，不定期为游客进行免费演出。锦里二期，则注重高端文化型商业业态的引入，重点发展主题会所、主题餐饮、主题商店、茶馆、戏楼、酒吧等项目，在旅游服务功能之外，街区的休闲度假功能逐步凸显，进一步增强了街区自身的旅游吸引力。

4. 北京国子监街——兼顾居民生活与文物保护需要

北京国子监街地处北京市东城区安定门内，是一条东西向的胡同。清代时名为"成贤街"，因孔庙和国子监在此而得名，又称国子监胡同。国子监街自元代形成，历经元、明、清、民国，在700多年的发展历程中，国子监、孔庙历经多次修建，逐渐形成了现在的规模。1949年之后，各级政府对国子监街给予了极大的关注，对于国子监街的保护和修缮工作贯穿了新中国近70年的发展历程。1990年11月23日，国子监街被列入北京市第一批历史文化保护街区，1999年颁布的《北京旧城历史文化保护区保护和控制范围规划》和2002年颁布的《北京历史文化名城保护规划》，更对国子监街周边的整体环境提出了极为严格的保护和控制措施。近年来，随着国学热潮渐起，孔庙和国子监作为国学神圣殿堂的地位和价值，日益受到关注。2005年恰值中国废除科举制度100周年，国子监和孔庙迎来了新中国成立以来最大规模的修缮工程。

在孔庙、国子监古建筑群大规模修缮的同时，2007年，北京市东城区也将国子监街环境整治工作提上了日程。本次整治，重点从"景街合一"的角度出发，强调街区风貌、街区产业、街区环境等多个方面与国子监、文庙两大文物保护单位的协调统一，同时关注社区参与和日常生活需求，开辟了历史街区保护的新模式。

（1）街区风貌，延续国子监和文庙的庄重气质

"在原有基础上从整治环境入手，保留历代建筑的叠加，不搞大拆大建，逐步恢复该街道独具特色的传统风貌，形成以简朴民居为主，衬托两组古建筑群的历史环境"，是国子监街环境整治工程的重点。

整个整治工程本着"最少扰动"原则，在市政施工中较好地保护了清代方沟和历史地平；在环境整治中尽可能保护、恢复历史建筑，修缮了火神庙及沿街建筑的外立面；在街景治理时规范了经营单位招牌广告，增添了夜景照明；在绿化改造中努力营造静谧深邃的氛围，使得街区环境氛围整体延续国子监和孔庙两组建筑群落的庄重、儒雅气质，从视觉景观上实现街景一体。

（2）街区商业，重点发展国学主题的文化型业态

为避免过度商业化对街区品质的消极影响，国子监街实施了较为严格的街区商业业态控制措施，重点发展国学主题的文化型商业，强调商业与国学文化的复合与叠加。国学文化实现了从国子监、孔庙到街区的延伸和扩展。

"叙香斋"素食馆里的服务员会背诵《弟子规》；国子监中学开设了国学部，每周举行国学大讲堂；老外开的咖啡馆挂上了《论语》等国学著作；沿街的民居大院挂起"圣人邻里"的牌匾；一些与国学无关的商铺，受长时间

文化氛围的影响，也纷纷增设国学角。街区的国学氛围正逐步形成和浓郁，在文化主题上实现了街景合一。

（3）街区发展，兼顾居民生活与文物保护需要

国子监在整治改造过程中，保留了街区居住生活功能，由此使得街区的生活气息和历史真实性得以延续。

在此基础上，街区改造注重适应现代居民生活需要，通过环境整治、绿化美化、管线改造等措施，大大提升了街区居民的生活便利性；同时，注重社区参与理念的实践，不仅街区改造获得驻地单位和居民的大力支持，还开展了绿地认养、国学文化宣传等社区居民参与的活动。在此过程中，强化了居民文物保护意识，培养了居民文化自豪感以此实现了街区发展与景点文物保护的一体化。

（五）城市文化性格主导的街区旅游开发模式

1. 街区一般特征

（1）荟萃城市典型文化符号

该类街区文化特色鲜明，荟萃所在城市独特的文化符号；在街区格局、建筑风格、建筑细节、街区风貌等方面，具有典型的区域代表性，是所在城市民居建筑和传统街区保护的典范，集中反映了城市的文化性格与生活理念。

（2）具有较高商业改造价值

该类街区一般空间尺度适中，既非狭窄小巷，亦非宽阔大街，适宜开发步行街区；街区内的建筑品质较好，部分建筑适宜进行商业化改造，形成沿街商铺，具有较高的商业开发价值。

（3）适宜发展城市休闲产业

该类街区一般地处城市繁华地段，街区环境闲适，闹中取静，街区建筑格调雅致，且拥有一定的传统休闲文化积淀，符合高端时尚人群的休闲消费需求，较为适宜发展时尚休闲产业。

2. 模式操作要点

该类街区一般具有代表性城市特色，以发展时尚休闲产业为主导思路。如何挖掘街区商业价值，传承当地传统休闲理念，发展传统与时尚结合的现代休闲产业，在休闲中彰显城市文化性格，是该类街区旅游开发的核心要点。

（1）城市性格定位分析

街区所在城市的文化性格，梳理城市代表性的文化符号；研究城市传统休

闲文化，凝练出代表城市文化休闲性格的关键词，明确街区休闲产业的核心线索。

（2）街区文化剖析

深度解读街区文化脉络，剖析其在城市文化格局中的地位，提炼出与城市文化性格相符的街区文化要素，作为街区旅游开发的核心依托；研究街区休闲商业价值，明确街区休闲产业发展方向。

（3）消费群体界定分析

分析街区所在城市的休闲产业发展现状，界定城市休闲产业的主要消费群体，对不同层次的市场客群的消费水平、消费偏好等进行深入研究，并系统分析外来游客群体与本地居民的消费需求异同，以此为街区休闲产业的发展定位提供市场数据支撑。

（4）休闲产品策划

针对目标消费群体的消费需求，策划街区重点休闲项目，规划街区休闲产业类型，将城市性格融入其中，以此构建体现城市性格的休闲产品体系，打造城市个性时尚休闲高地。

（5）业态模式构建

依托街区休闲产品定位，选择适当的街区业态模式，规划街区经营方案。街区业态模式，根据开发与经营主体的不同，可分为统一经营式、租赁经营式、产权式转让式三种类型。

（6）模式难点与关键点

城市文化性格主导的街区旅游开发，其操作关键点和难点，在于如何将区内的、能够代表城市文化性格的元素和资源，通过活化展示，转变成为具体的产品，并且将这一个过程，转变成为街区文化保护的主要手段。

① 如何处理街区改造与传统文化保护之间的关系

这类街区的保护与开发，一般与旧城区的改造相关联。如何处理虽有特色但看似老旧且功能不适用的传统建筑？如何保留街区内的传统文化符号和文化景观？如何留住居民从而使街区内的文化脉络得以传承？在这一情况下，拆除重建还是局部改造就成为诸多街区面临的两难选择。

② 如何推进传统文化与时尚业态的融合共生

为了增强街区的吸引力，完善街区的旅游服务功能，新型的商业业态和休闲业态的引入将成为必然。将街区内传统文化的表达和展示融入时尚业态之中，如何在旅游服务业之中延续城市传统的休闲娱乐精神，从而不至于文化失真，这也是该类街区开发需要重点考虑的问题。

③ 如何处理居民生活空间与文化展示场景的叠加关系

该类街区的旅游价值重点在于融入街区居民生活中的城市传统文化。目前众多该类街区的开发采取整体搬迁的措施，直接导致街区内文化空间的破坏，缺少了街区应有的生活气息。但如果保留居民生活于此，随着游客介入，又将出现街区生活便利性与生活私密性不足等诸多问题。因此，兼顾居民生活空间的保护与文化展示空间的真实，形成文化生态的内部平衡，也将是该类街区旅游开发成功与否的标准之一。

3. 世界城市背景下的京味文化与胡同开发

2010 年，北京市正式提出打造"世界城市"的新时代发展目标，以此全面提升北京在全球经济、政治、文化格局中的地位与影响力。而就世界城市的内涵来讲，不仅要具有世界级的知名度、世界级的影响力和雄厚的经济实力，同时也应该具备高度识别的民族化、个性化，同时又是国际化的城市文化。而北京的胡同以及散落在胡同中的京味文化，作为北京独特文化性格的重要组成，必将是北京展示给世界的一道亮丽风景。在世界城市建设背景之下，探讨以胡同为代表的京味文化街区的保护与开发，对于塑造北京城市文化特色，展示北京城市文化性格，塑造北京城市文化品牌等方面，都具有重要而深远的意义。

（1）京味文化的典型元素

北京城近现代的发展历程，不仅导演了一场王朝兴衰、家国天下的宏大历史剧，同时也孕育了地道醇厚的京味文化，这其中记载着北京城的沧桑变化，蕴藏着老北京人的生活智慧。所谓"京味"，既是北京作为都城的那种帝王气象和官绅云集、鸿儒骈阗的大家风范，更是是指散落在乡间里坊里的风物风韵。人们一提起京味文化就会想到高耸的城门楼，金黄的琉璃瓦，笔直的街道胡同，恬静的四合院落，五方杂处的商业区，货真价实的老字号，地道可口的风味小吃，独具特色的民情风俗，"俚而不俗"的方言土语，京腔京韵的戏曲艺术，还有悦耳的叫卖声……而归结起来，则离不开下面几个关键词。

① 京话

京话属于北京官话，流传于北京城区。有人把北京话、北京话口音浓重的普通话称为"京片子"。其中，有很多地方性词汇和民间俚语，在胡同里的下层居民中保留更多，常被上层北京人贬称为"胡同儿的话"。近年来，随着旧城区的拆迁移民，外来人口的不断增加，纯正的京话逐渐被普通话所同化，生存空间不断缩小。然而，另一方面，随着网络时代的到来，通过网络文化的发酵和包装，诸如"上赶着、敢情、落忍、邪乎、屁颠儿屁颠儿、摺挑子、哎哟喂"等众多原汁原味的北京土话，都被贴上了时尚流行的标签，获得了新生，学说北京话，成为众多外国友人和外地游客热衷的活动之一。

② 京菜

京菜是老北京人饮食智慧的结晶。京菜的形成，可谓集全国烹饪技术之大成，不断地吸收各地饮食精华，在演变过程中，其人才的广集、原料的丰富、内涵的复杂程度远非其他菜系可比，恰恰印证了"包容创新"的北京精神。其中最具代表的包括烤鸭、涮羊肉以及灌肠、艾窝窝、豆汁儿、焦圈等众多老北京小吃。品尝北京烤鸭和北京小吃，目前也已经成为外地游客到北京必体验的项目之一。

③ 京剧

中国京剧是中国的"国粹"，已有200多年的历史。京剧，也称"皮黄"，它的音乐素材由"西皮"和"二黄"两种基本腔调组成，也兼唱一些地方小曲调（如柳子腔、吹腔等）和昆曲曲牌。它形成于北京，时间是在1840年前后，盛行于20世纪三四十年代，时有"国剧"之称。现在它仍是具有全国影响力的大剧种，它的行当全面、表演成熟、气势宏美，是近代中国戏曲的代表。

④ 四合院

胡同四合院是老北京人世代居住的主要建筑形式。北京四合院，即合院建筑之一种，自元代正式建都北京，大规模规划建设都城时起，四合院就与北京的宫殿、衙署、街区、坊巷同时出现了。由民居四合院集聚形成的完整街巷，即为胡同。北京的胡同不仅是城市的脉络，交通的衢道，更是北京普通老百姓生活的场所，京城历史文化发展演化的重要舞台。它记载了历史的变迁，时代的风貌，并蕴含着浓郁的文化气息。现在，北京胡同文化发展已经开发出了一项旅游新项目——串胡同。乘坐北京古老的交通工具人力三轮车，穿梭在大大小小的胡同中，寻访老北京人家，是外地游客感受和体验纯正北京文化的重要途径。

（2）京味文化街区保护与开发概述

正如前面所述，胡同以及胡同四合院里的老北京人的生活场景，是最能代表北京城市文化性格、最能体现老北京文化风情的元素之一。这些胡同的保护与开发，不仅为北京平民文化提供了展示窗口，与皇家园林和宫廷府第形成鲜明对比，同时也是世界城市凸显自身文化特色的重要途径，对于北京城市文化品牌的塑造有着重要意义。近年来，随着北京旅游业的迅速发展，胡同及胡同中的独特文化，成为吸引游客的重要资源。旅游业的介入，逐渐成为北京各个胡同保护与开发的重要抓手，目前已经形成了"地安门——南锣鼓巷——烟袋斜街——国子监街——什刹海胡同"这一经典"串胡同"路线，分布其中的大大小小的胡同，有的以某个景点闻名，有的以创意文化著称，各具特色、各有风韵，成为诠释和演绎京味文化的重要平台，也是北京城市文化性格的独特展现。2008年，北京奥运会盛大开幕，为了向世界展示北京城的文化魅力，北京依托胡同里的四合院，设计了598户"奥运人家"，可提供726间客房，能一次接待1000多名中外游客，并为游客提供品京菜、唱京剧、学京腔等特色体验，成为外来游客深度了解北京文化的重要窗口。然而，随着城市建设的快速推进和现代时尚文化的渗透，北京的胡同在保护与开发方面也面临着诸多问题。

一方面，城市建设加速胡同数量减少，胡同整体保护格局堪忧。北京城市建设的快速扩展，直接导致众多胡同在旧城区改造进程中消亡。一份由北京城市科学研究会分工、北京市测绘院、清华大学等单位对北京胡同进行的调查显示，北京老城区胡同的数量，1949年约为3250条，到1990年剩下约2257条；而进入20世纪80年代末以来，随着老城区的几轮大拆大改，老北京胡同到2003年仅剩1571条；到2007年剩了1243条。不仅数量上迅速减少，北京胡同的传统格局也在发生着改变。据某网站公布的调查显示，2005年9月北京旧城内确定的1320条胡同中，完全保留传统格局与风貌的仅430条，占总数的33%；而有占总数15%的205条胡同，早已"名存实亡"。虽然北京市城市总体规划，确定了30片保留的历史文化保护区，但被划在保护范围内的仅有660多条胡同，在30个保护区之外尚有900多条胡同处于无保护规划状态，这些胡同都将面临消失的危险。

另一方面，不恰当的修整与开发，导致胡同内的传统文化消失和变味。首先，在街区改造方式方面。正如中国旧城改造习惯把历史街区和古建筑夷为平地，或按原样重建，北京的胡同改造与保护，也都存在着大规模拆除的问题。在这种情况下，街区居民被整体搬迁，众多文物古迹和文化符号毁于一旦，胡同文化失去了赖以生存的根基，文化保护在过度商业化的趋势下，往往成了政绩工程或是赚钱的途径。其次，在街区业态更新方面。对于那些被保留下来的胡同，要么被当作文物保留下来，胡同内的环境和配套设施无法满足当代生活的需要，胡同内的居民普遍存在着生活不便的问题，旅游吸引力也无从提起；要么，大量引入低端商业业态，过度和不合理的商业化，掩盖了胡同本身的文化魅力，居民为了避免生活不便或者贪图日渐增加的房租，将自有房屋或卖或租，外地人口和外来文化逐步变成胡同内的主旋律，胡同文化保护的初衷因此被扭曲。

（3）北京什刹海街区——居游共事的城市传统休闲精神传承模式

① 什刹海街区概述

什刹海街区位于北京西城区东北部，街区范围东起旧鼓楼大街，地安门内大街、地安门外大街，与东城区相邻；西至新街口南大街、新街口北大街、西四北大街，与新街口街道相连；南起景山前街、文津街、西安门大街，与西长安街街道相接；北至德胜门东大街、德胜门西大街，与德胜街道接壤。包括前海、后海、西海三片水域，街道面积5.80平方千米，水域面积34公顷，下辖25个社区居委会，共有居民四万余户，常住人口十万余人。什刹海历史悠久，有着"先有什刹海，后有北京城"的盛名。著名的《帝京景物略》中则以"西湖春，秦淮夏，洞庭秋"来赞美什刹海的神韵。历经数百年的发展，什刹海积淀了上至皇亲国戚、士大夫，下至普通百姓的深厚的各阶层文化。沿着什刹海迤逦的河沿四周，形成了不规则但密如织网的胡同格局。这些胡同依势而建，自然天成，展现着老北京的乡土风俗；而宋庆龄故居、郭沫若故居、恭王府花园、广化寺、火神庙、钟鼓楼和银锭桥等遗址遗迹，则又反映了老北京悠久深厚的文化底蕴。

什刹海是京城雅俗文化共存的特色街区，蕴藏着老北京典型的京味文化内涵。宫廷文化和缙绅文化以传统伦理道德及渊博知识为基础，属于"雅文化"，庶民文化则通俗有趣，为下层民众所喜，属于"俗文化"。一般来说，雅、俗文化相互对立，但是在什刹海区域内却融合在一起，社会上层、知识分子及市井百姓共享这一片区域，什刹海的这种地位即便在现代社会也仍然有很强烈的意义。费孝通先生和侯仁之先生都认为什刹海不同于其他历史保护区的最大特色就是它的"人民性"。

② 什刹海街区开发现状

得益于优越的水资源条件和传统的休闲文化，什刹海街区的旅游业伴随着新中国旅游业的起步而发展，并形成了一定的知名度和影响力。2012年国庆节黄金周期间，非收费景区的什刹海，日均接待游客人数已超过 10 万人，由此可见什刹海现在已经成为最能代表"北京传统民俗文化"的城市名片。

在旅游产品供给方面，目前什刹海街区主要提供以下几类旅游产品：什刹海水上观光；宋庆龄、郭沫若等名人故居参观；恭王府等王公府邸游；护国寺、广化寺等宗教寺庙朝圣体验；烟袋斜街商业文化体验与特色购物；荷花市场购物休闲；三轮车和观光自行车胡同游；亲水酒吧休闲娱乐等。产品类型丰富，但以浅层次的观光和时尚化的休闲娱乐为主。

在街区产业业态方面，以旅游服务和商业贸易为主的第三产业，在整个街区产业结构中占据绝对优势（约占 96.23%），而其中又以批发和零售贸易业（占第三产业总数的 31.79%）、租赁和商务服务业（20.47%）及住宿和餐饮业（10.10%）为主。其他的产业还包括房地产业、文体娱乐业、居民服务业等，但数量都较少。在文化形态方面，什刹海街区的文化构成由较为单一的本土京味儿文化发展成为传统文化、异域文化、新兴时尚文化并存的局面。文化的变迁集中体现为什刹海街区经济版图的改变，酒吧、咖啡厅、水上游、西餐厅等商业形式兴盛，民俗店面数量却越来越少，这表明什刹海传统文化的保护正面临着较大压力。

③ 什刹海开发模式的经验

A. 居游共事，城市传统休闲娱乐精神的传承与复兴

什刹海街区的成功，首先得益于其悠久的休闲娱乐传统。早在明清时期，依托景色优美的水域风光和发达的商业贸易，什刹海地区就已经是市民雅集、游览、购物等休闲活动进行的场所，既聚集了众多贵族园囿，又作为市民游览地。从荷花市场到火神庙，再到汇通祠，都是附近居民喜游乐见的地方。什刹海街区在保护与开发中，紧紧抓住传统文化优势，将京城的休闲娱乐精神进行传承与发扬。在维护街区传统风貌的基础上，秉承居游共享的开发理念，注重本地居民休闲空间的保护、保留及场景化，将什刹海集中体现的京味休闲文化，在旅游语境下得以演绎和延续。至今，一些有生命力的民俗活动仍然在什刹海地区大量存在，如钓鱼、游泳、划船、赛艇、下棋、弹唱、消夏舞会等，什刹海不仅是游客乐于前往的游赏地，更是老北京居民热衷的日常休闲区，形成游客与居民共享的街区功能特点。

B. 尽量减少原住居民的流失

除此之外，什刹海街区在旧城更新和房地产开发中应尽量减少原住居民的

流失，控制外来居民进入的数量，并且从空间上对居住功能和旅游及商业功能的区域进行区分，控制旅游业及商业渗入的程度，尽量降低外来文化对居民生活方式的破坏，同时充分考虑原住民的意愿，提倡居民参与到商业经营开发中。根据一项市场调查显示，在什刹海的商户中，35%的企业法人或者个体老板是西城区居民，其中有47.6%为什刹海居民。当地居民通过参与经营得到了部分经济收益。

④ 什刹海开发模式的问题与不足

A. 有场景，无体验，京味文化展示仍停留在肤浅层面

什刹海在街区肌理与整体格局保护方面做得较为出色，但对于融入老北京人生活中的京味文化的展示，目前仍停留在10分钟、20分钟的胡同观光游层次上，对于散落在胡同内的京菜、京腔、京剧等文化资源的挖掘和利用不足。而造成这一问题的根本原因，是什刹海街区目前存在的资源分配与社会公平之间的矛盾，这直接导致什刹海地区民居的开放程度较低，居民参与旅游热情度不高，从而割断了游客深入体验京味文化的渠道。根据一份调查显示，什刹海当地被访居民中，坚持面向游客开放自家住宅的仅占4%；曾经开放过但最终放弃的占8%；表示从未开放过自家住宅的占38%，其中，还有33%的当地居民明确反对向旅游者开放自家住宅。如何调动居民参与的积极性，将与居民生活相关的老北京文化深度展示出来，是什刹海街区旅游开发面临的主要问题。

B. 时尚与传统的碰撞，没有形成对街区业态的有效监控

和众多其他历史文化街区的开发一样，什刹海街区也重点引入了以酒吧为主体的时尚休闲业态，此外，按照规划，凭借文化艺术积淀和现存艺术组织机构发展文化创意产业也成为什刹海营造文化氛围的重要措施。在新型业态引入初期，传统的京味文化与时尚文化碰撞融合，曾产生出新的生命力，并转化为街区的新的文化性格，形成了新的旅游特色。然而近年来，由于缺乏有效的监管和评估，除酒吧之外，低品位的小吃店、商铺、水上游船等产业大量进入，传统文化在被挤压之下，失去了大部分生存空间，街区内的部分店面风格变得非中非西，不伦不类，毫无文化特色的零售市场使什刹海的魅力大打折扣，过量的酒吧会使什刹海的传统特色扭曲。什刹海的开发历程直接证明，建立有效的业态结构监督和评估机制，设计业态准入门槛制度，处理好传统文化与时尚业态的空间关系，对于传统文化街区的开发是非常必要的。

C. 环湖而兴，产业布局主要关注生态优势而非文化底蕴

什刹海的核心价值在于文化，按照这一逻辑，街区中古典的四合院以及名人故居和文物遗址的周边，才是最值得开发的区域。然而，从什刹海发展现状来看，目前重点产业区域主要是环绕水域的堤岸一线，而街区内部的纵深空间却无人问津。现状显示，什刹海街区沿西海、后海、前海一圈的环水带上发展过快。超过85%的产业分布在占街区总面积不足35%的环水带上，这是非常不平衡的。同时，每一次的改造也集中在沿海一带上。这造成了什刹海街区产业发展外表"华丽"，内部却明显欠缺的现状，文化魅力的展示也受到很大程度的限制。这也间接造成了什刹海街区产业后劲不足、游客消费额低、停留时间短的现状。

（4）南锣鼓巷——先锋艺术引领下的街区业态置换模式

① 南锣鼓巷街区概述

南锣鼓巷位于北京市东城区，与元大都同期而建，到目前已有740多年的历史，是北京最古老的街区之一。南锣鼓巷整体呈南北走向，北起鼓楼东大街，南至地安门东大街，全长786米，宽8米，东西各有八条胡同整齐排列，是我国唯一完整保存着元代胡同院落肌理，规模最大、品级最高、资源最丰富的棋盘式传统民居聚落区。明清以来，南锣鼓巷里居住过许多达官贵人、社会名流，从明朝将军到清朝王爷，从文学大师到画坛巨匠，南锣鼓巷的每一条胡同都留下了北京城历史的痕迹，向人们诉说着老北京的传说和故事，南锣鼓巷也因此成为京味文化的集中展示区，是北京市划定的25个历史保护区之一。20世纪90年代初，在文化体制改革不断深入和文化艺术大繁荣大发展的背景下，南锣鼓巷依托周边中央戏剧学院、北京美术家协会、中国话剧院、北京七色光、逸夫剧院等中国艺术机构和演出场所，在国家艺术机构的溢出作用和地方历史文化空间的促进作用下，成为孕育第一代艺术创意者的摇篮，并伴随着酒吧、咖啡厅等时尚业态的出现，开创了艺术商业化的全新运作模式。

② 南锣鼓巷保护与开发现状

由政府介入的南锣鼓巷的正式保护与开发，起步于2005年。主要依托政府力量，对南锣鼓巷进行了全面的更新改造，围绕古都风貌保护、居民生活环境改善和街区产业发展，确定了南锣鼓巷"大都之心、原生胡同、民居风情、创意空间"的发展定位，将文物和非物质文化遗产保护、文化产业繁荣发展与民生改善有机地结合起来，为南锣鼓巷输入了新的发展动力。据统计，从2006年至2009年的三年间，政府在南锣鼓巷更新改造方面累计投资4亿多

元，利用"微循环"渐进式改造，实现了街区内重点院落的有效保护，并改善了街区居住生活条件。独特的街区风貌，良好的文化与社会环境，大大提升了南锣鼓巷街区的吸引力。根据 2009 年 3 月 31 日的调研数据显示，南锣鼓巷主街共有商户 153 家。其中，个体工商户 125 户（包括港澳台居民个体工商户 2 户），占 80% 以上；企业型商户 28 户（其中外资企业 4 户）。2009 年，南锣鼓巷累计客流量达到 160 万人次，街区商业销售总收入首次突破亿元大关，税收 2000 万元，带动就业 1000 余人。

③ 南锣鼓巷开发的核心经验

政府力量与民间力量联动，艺术产业与旅游产业共兴通

通过对南锣鼓巷发展历程的梳理与研究可以发现：南锣鼓巷的成功，主要得益于政府力量与民间力量的联合，以艺术产业与旅游产业为核心，实现街区的空间更新与业态置换。

A. 政府的力量+民间的力量，街区改造与发展需要两种推力

政府力量的介入，一个是政府的资金，一个是政府的管理，另外一个就是政府的政策。在南锣鼓巷街区改造中，上到北京市政府、东城区政府，下到街道办事处，形成了一个目标一致的协作体，市政府和区政府的资金，主要用于街区内市政基础设施的改造与文化遗产的保护，同时设立专项资金和政策，扶持相关产业发展，如：北京市于 2009 年支持资金 1000 万元，用于建立业态补偿机制，扶持文化创意产业项目；而街道办事处作为基层政府机构，主要专注于院落改造和工程的具体实施，并组建了南锣鼓巷建设管理办公室，负责南锣鼓巷的日常管理工作，常态化管理。民间的力量，一个是民间资金，一个是民间组织的管理。随着南锣鼓巷创意产业的发展，为了维护经营氛围，保护创意产业赖以生存的商业土壤，2005 年，南锣鼓巷内的创意经营者组织成了南锣鼓巷商会，作为一个民间组织，主要在地方政府的支持下，在品质和经营行为监督、集体行动组织、私人利益管理、共同利益表达等方面发挥着一定的作用，旨在促进会员互惠互利、避免短视行为，以此在经营层面上，与政府的宏观管理形成呼应与配合。

B. 艺术产业+"泛艺术"产业，基于艺术创意而生的旅游产业是基础

由于周边分布众多艺术机构，南锣鼓巷拥有发展艺术产业的先天优势和文化土壤，但在产业定位上，南锣鼓巷对艺术产业的界定，并非专注于面向专项市场。艺术不是曲高和寡的阳春白雪，而是更有群众基础的商务休闲、文化旅

游、艺术品交易、文化创意等产业的综合体。在南锣鼓巷，艺术不再是仅仅局限在专业圈子内的"小众文化"，而是一种扩散到街区角落的可亲近的"泛艺术"文化，胡同内的院落、胡同内的古树、胡同内的京腔京韵、胡同内的生活，都转化为艺术创作的空间和素材，并成为吸引游客到来的动力。文化旅游的发展，成为塑造街区品牌与影响力、吸纳街区居民就业、维护艺术产业发展环境、为街区持续提供改造和保护经费的重要支撑。

④ 南锣鼓巷开发的问题与不足

随着南锣鼓巷在国内外知名度和影响力的逐渐提升，游客接待量的逐年增加，街区发展与文化保护的矛盾也逐渐凸显出来，并引发了各界学者专家关于"文化同质化现象""过度商业化"以及"房租迅速高涨，生活环境恶化"等方面的争议与批评，从侧面也表露了南锣鼓巷街区开发的一些问题与不足，主要表现在以下几个方面：

A. 文化让位于商业，商业的发展脱离京味文化

商业，无疑是南锣鼓巷获得新生的重要动力。但随着街区开发的深入，商业却呈现出过度发展的趋势，并逐渐超出了历史文化街区开发的阈值。一方面，文化保护让位于商业发展。街区中的商业建筑与四合院建筑在空间上形成争夺态势，以利益为目的的商业开发，在地位上超出了文化保护，对于已经被定位为文化遗产保护区的南锣鼓巷，这种开发无疑违背了"保护"的宗旨，并已经对街区内文化遗产带来了消极影响。另一方面商业的发展脱离了街区的京味文化基底，借助"创意"之名越来越多庸俗、低廉、毫无特色的商业涌入街区，掩盖了街区发展艺术创意产业的初衷，商业的内涵浮于街区文化内涵之上，不利于街区文化特质的发挥。

B. 商业利益外溢，商业没有成为文化保护的资金来源

从可持续方面来看，南锣鼓巷在开发和商业服务中获得利益，并没有较好地作用到文化遗产保护中，致使街区发展的利益获得者与街区文化保护者不一致，文化遗产的主体——四合院建筑无法从开发中获得经济的支持；文化遗产只是吸引游客的噱头，在长期被过度利用的同时，却无法获得、实现经常性的、必要的维护和保养，这是一种破坏式的不可持续开发，长此以往，将无益于文化遗产的保护。

C. 空间格局失衡，主街的商业发展掩盖了周边胡同的文化魅力

在南锣鼓巷的旅游开发中，由于主街区位条件优越、商业氛围较好，开发

基础成熟，因此是整个街区发展的核心区，也是商业和服务业的集聚区。但在主街的发展过程中，功能与空间的辐射带动作用没有有效发挥，且周边的八条胡同也处于较低层次的开发状态；在这种情况下，大多数游客仅在主街进行购物和停留，无法深入到胡同，深入到胡同人家，积淀在胡同中的京味文化也因此被湮没，这直接导致了南锣鼓巷文化的肤浅化和平庸化。

（5）胡同在旅游中获得新生——什刹海与南锣鼓巷的启示

通过对什刹海和南锣鼓巷两个街区发展模式的分析和研究可见，在建设世界城市的大背景下，以胡同为特色的具有老北京文化代表性的历史文化街区，其保护和开发价值逐步凸显。但在保护和开发过程中，往往又面临着街区改造模式、街区文化保存、街区业态调整、商业氛围控制等多方面的问题，稍有不慎，便会将开发变成对文化的一种破坏。南锣鼓巷和什刹海，作为京味文化街区的两个典型案例，其在实践过程中，有得有失，有成功也有教训，对于其他胡同街区的开发，具有较大的借鉴价值。

① 街区应从单体的保护与利用，走向整体格局保护与深度的展示

京城的历史街区，一般由主街与胡同组合而成，拥有独特的街区肌理，虽然反映了北京老城区的建设生活文化，但从目前的开发情况来看，普遍存在着"过分关注主街保护与商业发展，忽视周边胡同保护与文化开发"的问题，不仅割裂了街区的整体格局，同时也使得文化的开发浮于表面，缺乏深度文化内涵。未来，北京旧城区的历史文化街区的开发与保护，应从主街延伸到周边的胡同内，从街区的整体格局保护与文化的深度挖掘着手，全面提升街区旅游开发与保护的品位。

② 街区不排斥新业态的进入，但商业化的方式与程度应该有效控制

在旅游业发展的背景下，商业的进入已经是不可避免的趋势，因此京味文化街区的开发，不可能也不应该排除商业的发展和新业态的进入，但在商业业态选择和商业氛围控制方面，应设立一定的门槛和原则。首先，街区内的商业应是体现京味文化的特色商业，避免在"创意"的噱头下，同质化、低俗化的商业大量涌入；其次，对于街区商业化的程度也应该有所控制，过度的商业化，不仅会破坏街区文化氛围，也不利于文化的传承与延续。

③ 居游共事的发展态度，是保留和传承街区内京味文化的重要前提

胡同内的人家生活，是体现京味文化的核心资源，因此，在京味文化街区开发过程中，应保留一定的街区居民，保留街区内传统文化生活场景，从而使

街区内的旅游开发不至于完全丧失"真实性"。当然，要留住居民的一个重要前提条件，就是要恰当处理居民生活和外来游客的关系，如实行旅游交通与生活交通分流，控制进入居民生活区的游客数量等，尽量将旅游对居民生活带来的负面影响降至最低。

④ 京味文化的展示深度，可以面向不同游客人群形成不同的产品

京味文化街区，既是老百姓生活的空间，也有着皇城贵族基因，既适合观光游客快速地参观游览，也适于休闲度假游客停下来细细品味。因此，京味文化的开发，也应该根据游客的需要，划分出不同的层次，开发出不同的产品，而非目标一刀切式的"三轮车胡同游"。对于大众游客，做好观光服务，提供适宜快速游览的线路即可；对于高端的休闲度假游客，则需要精品化、精致化的开发与展示，构建独具北京地域特色的休闲方式和度假方式，并据此实现街区空间的划分，形成面向不同游客的不同功能片区，将京味文化的不同层面展示给游客，未来也应成为京味文化街区旅游开发的一种思路和方式。

4. 上海新天地——城市记忆空间的时尚重构

上海新天地坐落于上海市中心，淮海中路南侧，黄陂南路和马当路之间，毗邻黄陂南路地铁站和南北、东西高架路的交会点。上海新天地是以上海独特的石库门建筑群落为基础，通过整体改造而形成的集餐饮、商业、娱乐、文化等多种功能于一体的休闲步行街。整个街区的开发，以海派文化的主题，以中西融合、新旧结合为基调，将上海传统的石库门里弄与充满现代感的新建筑融为一体，立体展现了上海这座国际大都市从历史到现在的发展历程，具有浓郁的地域文化特色，是城市文化与休闲性格主导的街区开发典型代表。

（1）城市记忆空间的时尚重构，传承和延续海派休闲文化

上海新天地是结合历史原型探索历史文化表现新形式的典型代表，整个街区开发以保留街区历史房子原貌为原则，但对建筑内部空间进行了全面改造，并赋予了新的功能，以此成就了传统的石库门建筑和现代化的时尚功能的完美结合，创造了一个游走于过去、现在和未来的异度空间。在街区建筑风貌控制方面，新天地街区不仅强调保持历史建筑传统风貌，同时也在原有建筑的外部肌体中穿插了大量极富创新意识的新建筑。这些新建筑由具有强烈现代感的玻璃和金属材料构成，其呈现出来的强烈的当代建筑艺术特征，展示了现代材料、技术与建筑艺术的时代风采，衬托出了老建筑的历史特色与美学特征，使朴素的材料及现代的思想与传统的形式进行了完美的融合。

在街区主导功能更新方面，新天地采用了整体改造策略，通过原住民统一搬迁，彻底改变了街区的居住功能，并在此基础上创新地赋予其商业经营功能。中央空调、自动电梯、宽带互联网、大面积的玻璃幕墙、五彩缤纷的霓虹灯、精彩纷呈的艺术表演，以及国际画廊、时装店、主题餐馆、咖啡馆、酒吧等现代休闲业态，使新天地从老上海传统居住区，转变成了适合现代都市生活方式的休闲娱乐中心。如今的新天地，门外是风情万种的石库门弄堂，门里是完全的现代化生活方式，这种充满时空跨度和文化差异的组合，体现了新天地"昨天、明天，相会在今天"的独特理念，延续着海派休闲理念，成了"上海时尚潮人的聚集地"和中外游客领略上海传统文化和新纪元生活的最佳地点。

（2）开发商主导的商业地产开发，塑造街区整体品牌

上海新天地街区的开发，采用了商业地产的整体打造模式，由政府出面招商，引入了街区整体投资方——香港瑞安集团，由此奠定了新天地成功的基础。

新天地街区从规划论证到引进商户，都是由投资方来操作，政府只是提供服务，而不是规划建设的主体，这种方式不仅减轻了政府在历史街区改造方面的资金、人才压力，同时也开创了全新的历史文化街区商业模式。

从新天地的成功可以看出，历史街区的改造项目可以推向市场，吸引信誉好、有实力、致力于人文环境发展和城市文化挖掘的企业、财团和社会资本，实施整体改造建设，这要求投资商必须具备五个条件，即具备经济方案、经营质量、设计方案、管理人员经验、银行咨询证明等；其次，历史街区的商业运作，需要现代化的经营理念、丰富的企业文化和深远的名牌效应，从而实现整个街区的整体实力提升。

5. 成都宽窄巷子——生活精神的保留与延伸

位于成都市青羊区，由宽巷子、窄巷子和井巷子三条平行排列的城市老式街道以及沿街的四合院群落组成，是老成都"千年少城"城市格局的最后遗存，也是北方胡同文化与建筑风格在南方地区保留下的"孤本"。

20世纪80年代，宽窄巷子被列入《成都历史文化名城保护规划》，成为成都市三大历史文化保护区之一。2003年，成都市宽窄巷子历史文化街区主体改造工程确立，提出了明确的改造目标，即以"成都生活精神"为线索，在保护老成都原真建筑风貌的基础上，形成汇集民俗生活体验、公益博览、高

档餐饮、宅院酒店、娱乐休闲、特色策展、情景再现等业态的"院落式情景消费街区"和"成都城市怀旧旅游的人文游憩中心"。

（1）只迁不拆，最大限度地保留街区建筑风貌

宽窄巷子的改造工程，本着"只迁不拆"的实施原则，即采用产权买断、调换等方式，获取该区域内所有房屋产权，并外迁街区内的原住民和原有商户。在此基础上，确定核心区，保留约40%的建筑，采取修缮的方式，按照原有的特征进行修复，并完善内部设施；剩下近60%的建筑在保持原有建筑风貌的基础上进行改建，做到"整旧如旧"。而对于环境协调区内原有的大部分建筑予以拆除，纳入到重新开发建设范围内，新开发的建筑将为成都市内顶级的产品——独立仿古宅院式别墅，其风格、尺度与材料将与核心保护区保持一致，做到"整新如旧"。

（2）多主题多业态组合，延续城市休闲精神

宽窄巷子打造，在厘清宽窄巷子的历史文化脉络和文化精神的基础上，挖掘宽窄巷子所蕴含的文化内涵，将宽窄巷子的核心文化内涵定位为体现成都生活精神传承和延续的"成都生活标本"，响亮地提出了"宽窄巷子，最成都"的形象描述。

按照多主题的原则，将三条巷子定位为"宽巷子老生活""窄巷子慢生活""井巷子新生活"。将中餐、茶文化、传统文化和民俗展示布局在宽巷子，将西餐，特色餐饮、现代艺术布局在窄巷子，将酒吧、夜店、小吃城等布局在井巷子。三条巷子承载了不同产业，并与相应的文化形态紧密结合，形成了丰富的具有文化特色的业态组团。

第三节　乡村旅游规划

一、概念

（一）乡村

乡村是与城市相对而言的地域单元，其与城市具有诸多不同的地域特征。但随着当今社会的快速发展，在城市化进程不断加快的浪潮下，乡村的概念、特征、功能、类型等都在不断发生变化。

乡村的概念可以由乡村性的强弱程度来确定。自然度、乡村性和城市化是衡量自然景观、乡村景观和都市景观发展程度的三个指标，也是衡定景观三个阶段演化程度与状态的指标。乡村景观是一种半自然状态下的景观生态系统，是介于自然景观（旷野景观空间）与都市景观（人工景观空间）之间的景观空间。乡村性一直是乡村景观规划设计的核心概念，是衡量乡村景观规划在景观地方性与现代化、真实性与商业化、保护与发展之间均衡程度和规划成果科学性的重要指标。很多发达国家对乡村发展水平与景观特征的研究多采用乡村性指数来衡量，它是通过对诸如就业结构、人口结构、人口密度、人口迁移、居住条件、土地利用和偏远性等不同指标进行统计分析，利用主成分分析方法，将乡村划分为绝对乡村、中等乡村、中等非乡村和绝对非乡村四种不同的形态特征，这也是乡村景观形态演变的四个阶段。一般而言，随着聚落规模的扩大，聚落职能的非农化程度越高，乡村性也就越弱。乡村性的地区就是乡村地域，城市性强的地区就是城市地域，两者之间不存在断裂点，城乡之间是连续的（冯年华，2011）。

（二）乡村旅游

国外乡村旅游起步较早，国外一些专家学者对乡村旅游的定义有着深入的研究，但由于各个国家的国情不同，学者们对乡村旅游概念的界定不完全一致，但基本上都认同乡村区别于城市的、根植于乡村世界的乡村性是吸引旅游的基础，因而乡村性应当成为界定乡村旅游概念的最重要的标志（冯年华，2011）。

国内学者曾一度将农业旅游、农家乐与乡村旅游的概念混淆。近年来的研究中，学者们经比较深刻地认识到概念混淆对理论体系的构建和实践操作带来的诸多影响，并总结出更准确的定义。乡村旅游是指以农村社区为活动场所，以乡村田园风光、森林景观、农林生产经营活动、乡村自然生态环境和社会文化风俗为吸引物，以都市居民为目标市场，以领略农村乡野风光、体验农事生产劳作，了解风土民俗和回归自然为旅游目的的一种旅游形式（郭焕成）。

（三）乡村旅游规划的概念

乡村旅游规划是根据某一乡村地区的旅游发展规律和具体市场特点而制定目标，以及为实现这一目标而进行的各项旅游要素的统筹部署和具体安排（唐代剑）。

乡村旅游作为一种特殊的旅游形势，其规划应该顺其自然、顺应潮流，做到既能持续地吸引游客，又能使乡村地区在保持原来的生活方式的基础上逐步发展，并能使当地居民从该项目活动中获得效益。

在理解乡村旅游规划的含义时，应该注意以下几点：

（1）乡村旅游规划不仅是一项技术过程，也是一项决策过程；它不仅是一种科学规划，也是一种实用可行的规划，二者必须同时兼顾，才能规避"规划失灵"。

（2）乡村旅游规划不仅是一种政府行为，也是一种社会行为，还是一种经济行为，不仅要求政府参与，而且规划工作还一定要有未来经营管理人员参与，并与当地群众、投资方相结合，避免规划的"技术失灵"。为此，应建立"开放式"规划体系，允许多重决策权威（专家、官方、企业、群众）的协调参与，避免规划师单纯根据领导的意图编制蓝图；此外，为了更好地服务社会，还应建立一种机制，使规划师有能力在各部门的决策者之间进行协调，最终产生一个好规划。

（3）乡村旅游规划不是静态的和物质形态的蓝图式描述，而是一个过程，一个不断反馈、调整的动态过程，规划文本仅仅是这个过程的一个初始阶段，即目标明确和指导性意见。面对未来的种种不确定性，乡村旅游规划必须采取弹性的思想和方法，它同时也应该是一个"全程规划"的概念，应包含"一条龙"服务的思想在内。

二、特点

（一）战略化

乡村旅游规划的编制关系到乡村旅游区未来的发展方向，是乡村地区经济发展中的一个重要文件，因此乡村旅游规划都会立足于战略的高度，协调好旅游规划区长远利益与眼前利益的关系，注重长期内乡村旅游区产业竞争力的培植与提升。从总体上看，乡村旅游规划以乡村地方特色为战略灵魂、以质量为战略根本、以利益为战略目标、以产业为战略水准，在宏观层面上重视政府主导战略、产品开发战略、形象建设战略、产业融合战略、市场开拓战略、科技支撑战略的综合运用。

（二）多元化

乡村旅游规划的多元化特征是由旅游规划的学科特征所决定的，其多元化特征表现在旅游规划编制组成员、旅游规划的技术方法和手段的多元化上。旅游规划所涉及的内容的综合性决定了编制组成员的多元化。如果仅仅靠一个方面的专家是无法完成一项系统化的规划研究的。旅游活动的社会性又决定了新兴的科学技术必然会被不断地引入到乡村旅游规划过程中。所以，乡村旅游规划中所使用的技术方法和手段也随着时间的延续而呈现多元化特征。

（三）系统化

乡村旅游规划不是一项独立的工作，它与乡村旅游地经济发展的各个方面有着千丝万缕的联系，如旅游规划专家组与本地旅游业界和学术界的关系、乡村旅游区各利益相关者之间的关系等。任何一个方面的关系处理不当都不利于乡村旅游规划的制定和实施。因此，乡村旅游规划是以系统化的观点进行编制，规划编制的每个过程和各个部分都进行了有机的协调和控制，以便共同完成乡村旅游规划的总体目标。

三、基础理论

（一）逆城市化理论

城市化是随着工业化的发展而产生的一种在空间地域上人口由农村向城市迁移的过程。我国学者高佩义认为，城市化是一个传统落后的乡村社会转变为现代先进的城市社会的自然历史过程，具体来说包含两种含义：第一种含义是经济意义的变动，主要指非农产业在国民收入中的比例、非农产业劳动力占总劳动力的比例等；第二种含义是社会性质的变迁，主要指乡村社会向城市社会的过渡。城市化应是农民变成市民、农业经济走向工业经济、乡村社会走向城市社会的历史演变过程。

在世界城市化的进程中，还出现一种逆城市化现象。逆城市化又叫反城市化，是美国著名的城市规划设计师贝利在 1976 年首先提出来的。这里的"逆"，并不是指城市人口的农村化，而是指大城市中心人口过度聚集，开始逐步向城市周边迁移；同时城市中心的部分工业、商业等经济活动也向周围蔓延扩散的过程。随着逆城市化现象的发展，城市周围的农村地区发展迅速，而城市中心出现了衰退趋势。

随逆城市化现象的发展，城市周围农村地区发展迅速，而城市中心出现了衰退趋势。随着世界城市化的发展，逆城市化现象是城市化发展到一定阶段的必然产物，是城市化发展过程中的一个高级阶段，逆城市化使城市在地域上得到延伸，使城市调整优化产业结构，使中心城市的政治、经济、文化、娱乐休闲等功能转移分散，使市区和郊区变成相互连接的城市带，最终促进城市化向城乡一体化、可持续化发展。

广大的乡村地区为逆城市化发展提供了发展空间，而逆城市化的出现，也为乡村旅游的进一步发展起到了有力的推动作用。

（二）城乡一体化理论

从地域类型来看，区域是由城市与农村组成的。我国在改革开放以前，城乡差距明显，两极分化，从而形成了区域的城乡二元结构。乡村地区往往占据很大的地理空间，但其经济基础却较为薄弱，因此，消除城乡二元结构，关键在农村。

城乡一体化，指"以城带乡、以乡促城、城乡结合、优势互补、共同发展"，关键是要做到城乡统筹发展。通过统筹城乡发展，大力推动城乡一体化，逐步建立起良性互动、优势互补、互惠共赢、协调发展的新型城乡关系。

乡村旅游是推动城乡一体化发展的有效途径。首先，乡村旅游的可持续发展要求将其纳入到区域旅游发展的总体规划和布局，从而使乡村旅游活动的开展"有章可循"，有条件与城市旅游形成互补；其次，农村为城市居民提供了可达性较高的休闲度假空间，使得客流、资金流、信息流不断涌向农村地区，既促进了当地经济总量的增长和人民生活水平的提高，又向农村输入了开放、创新、锐意进取等城市先进的思想文化，促进了农民、农村的全面进步；最后，乡村旅游的发展带来城乡居民交往的不断深入，也使得农村地区世代延续、积久而成的传统优秀文化和民间工艺得以传承、扩散和发扬光大，也进一步加强了城市地区的文化多元化。

总之，随着乡村旅游的不断发展，农业很可能从传统农业向"观光农业"转变，农村很可能从传统的聚落向新型"旅游目的地"转变，农民很可能从传统的农事农民向"旅游从业人员"转变，从而使乡村地区在诸多方面都向着城市的方向不断转化，最终实现城乡一体化。

（三）乡村地理学理论

乡村地理学又称乡村聚落地理。它把乡村作为一个系统进行分析，研究乡村的形成和演变、发展变化的基本趋势，探索不同的农村发展模式，对乡村土地利用和经济结构的空间变化、乡村聚落的合理布局和乡村城镇化、乡村地域类型和功能分区、乡村人口职业构成、劳动力转移规律、乡村生态环境等方面进行探索。

乡村地区是乡村旅游发展所依托的主要场所，乡村旅游活动与乡村地理学的研究在乡村的资源、社会、经济、文化、生态环境等许多方面重合，特别是乡村地理学中对乡村空间的研究，对优化乡村旅游区空间结构的合理布置、基础设施和乡村公共服务设施的合理布局，都有较为重要的作用。因此，乡村地理学的研究对于开展乡村旅游规划具有很强的指导作用。

（四）生态美学理论

生态美学理论将生态学和美学有机结合，从生态学的方向研究美学，将生态学的重要观点吸收到美学之中，从而形成美学理论形态。

美丽的原生态的田园风光是乡村旅游提供的最重要的旅游产品，因此，生态美学理论在乡村旅游发展中扮演着重要的角色。乡村旅游发展规划也应该融入生态美学的理论，以建设美丽的、生态环境良好的乡村旅游地为目标，确保乡村旅游地开发过程中尽量不破坏当地生态环境。

（五）反规划理论

"反规划"不是反对规划，而是逆向分析传统的规划流程，是一种逆向的规划思路。反规划思想是由国内著名的景观规划师俞孔坚教授首次提出的，他针对近年来城市建设和开发过程中对自然系统缺乏认识和尊重，以牺牲自然过程和生态格局安全化过程，提倡尊重自然的过程，以自然系统的生态服务功能作为城市规划的前提。反规划思想要求城市规划和设计应该首先从规划和设计非建设用地入手，而非传统的建设用地规划。

传统的旅游规划思路过分追求经济效益，忽视了乡村的生态环境，而且没有突出各地乡村旅游应有的特色，带来的是千篇一律的乡村旅游模式，不利于乡村旅游的可持续发展。在乡村旅游规划过程中引入反规划思想，优先考虑乡村的景观过程、自然过程、人文过程、生态过程，建立安全生态的乡村景观格局，尽可能减少旅游建设用地量，保护农村耕地和农民生活用地，实现乡村旅游健康、持续的发展。

（六）新农村建设理论

十六届五中全会对新农村建设提出了"生产发展、生活宽裕、乡风文明、村容整洁、管理民主"的 20 字指导方针。针对这 20 字指导方针的内涵和特征，学者们从不同角度给出了不同的解释。这 20 个字基本涵盖了农村的所有领域，既是指导方针也是发展目标，从不同的角度理解就会产生不同的新农村建设模式。下面从四个角度进行考察，通过比较指导方针内部的逻辑性来阐述当前新农村建设的特征和建设路径特点。

从农村发展的根本动力来看：生产发展必然构成了新农村建设的核心内容；生活宽裕则是新农村建设的终极目标；乡风文明是建立在经济基础之上的文明，也是新农村建设的第二条腿；村容整洁是新农村建设的应有之义，是新农村建设的重要组成部分；管理民主则是农民基本权益的根本保障。因此从系统学角度来看，生产发展与管理民主两方面内容构成了新农村建设的主要驱动力。

从新农村建设实施内容的难易程度来看：由于各地经济、文化等差异，生产发展的概念相对笼统，也不可能具有明确的指标；生活宽裕是生产发展的延伸和结果，因此也难以定义和量化指标；乡风文明是与物质文明相辅相成的，具有一定的独立性，对物质文明也会起到阻碍或者促进作用；村容整洁作为具体明确的内容和指标，除了最容易见政绩以外，通过投资也最容易实现，因此地方上的"新村建设"层出不穷；管理民主构成了国家民主法治重要的一环，是我国农村民主选举以及民主自治的重要内容，也是农村经济社会发展的重要保障，但如果推行城乡二元的民主管理制度，对我国国家的民主进程则是百害而无一利。从这个角度来看，乡风文明和村容整洁必然构成了地方政府进行我国社会主义新农村建设的最优选择。

从系统理论来看：传统的结构-功能学说认为结构决定功能。由于我国各地情况复杂，作为纲领性蓝图具体化的措施不能明确地统一执行，因此除了"管理民主"涉及对农村的民主政治进行改革外，指导方针中无法涉及制度结构的变化。这就要求各地政府和农民进行制度创新，因地制宜地推进"两个反哺"工作，统筹城乡社会经济发展。

从参与新农村建设的对象来看：生产发展本质上仍旧是产品的产出极大增加，生活宽裕则是农民最终要达到的结果，所以农民必然是生产的主体，乡风文明包含城镇之外的地区所特有的风俗，也包含了原有乡村文化的移风易俗，而乡村文化的形成是当地习惯与社会风俗的交叉集合，并非凭空创造出来。因此不仅需要政府的引导和制度规范，还需要当地居民对乡村文化的挖掘和提倡。农村常住居民责无旁贷地对村容整洁有责任和义务，但是他们对村容以及整洁内涵的理解差异较大。因此，因地制宜往往变成依照城镇模式进行建设，所以必须对我国社会主义新农村中的规划和建设给予科学指导。民主管理则是村民自治的主要内容和目标，只有农民自己选举出来的干部才能全心全意为人民服务。

"新农村"突出的是"新"，是破旧立新，主要突出在基础设施的新配套、房屋的新建设、制度的新完善、生活的新享受，这些都为乡村旅游的发展打下了良好的物质基础和环境基础。社会主义新农村的建设要求改变传统农村产业结构单一的现状，乡村旅游业在这方面具有明显优势。村民通过参与乡村旅游，可以推进农村剩余劳动力向非农领域转移，在不用离乡背井的情况下实现有效就业，实现收入多样化。乡村旅游除了自身具备较好的发展空间外，还有较好的关联带动功能。乡村旅游可以为村民营造开展多种经营方式的良好环境，在提高农副产品附加值、延长农业产业链、促进城乡统筹等方面具有重要作用。

（七）美丽乡村建设理论

美丽乡村是在党的十八大提出的美丽中国建设和生态文明建设的基础上，2013年，中共中央、国务院印发的《关于加快发展现代农业，进一步增强农村发展活力的若干意见（中央一号文件）》中第一次正式提出的概念。

美丽乡村和新农村相比，有更深层的内涵，是新农村建设的提升工程和目标工程。"美丽乡村"不仅包括新农村建设中笼统的村庄整治和单纯的环境改善，其核心是乡村产业的可持续发展、乡村文化的有效保护、乡村生活环境的有效改善、农村基层组织建设的整体进步，美丽乡村是新农村建设的充分体现和更高层次的目标。"美丽乡村"建设，要在突出产业发展和环境改善两大指标的基础上，充分体现新农村建设工作，促进农村发展综合性指标上的高水平和新农村建设的全覆盖。

乡村旅游的发展为美丽乡村建设提供了新的路径和方法，美丽乡村这一历史使命又为乡村旅游的发展带来了良好的机遇，二者统一于建设社会主义和谐社会这一伟大目标。

（八）环城游憩带发展理论

环城游憩带（ReBAM）理论的思想直接起源于英国城市规划学家霍华德（Howard）的"田园城市"。他在1898年10月出版的《明日：一条通向真正改革的和平路》中，第一次提出"田园城市"的概念。他倡导城乡一体化的新社会结构形态，强调建设"田园城市"，城市生活与乡村环境和谐地结合在一起。

吴必虎（2001）针对旅游城市化现象首先提出"环城游憩带"理论。环城游憩带环绕城市外围，与中心城市交通联系便捷，具有观光、休闲、度假、娱乐、康体、运动、教育等不同功能。分析 ReBAM 的形成原因，其最主要的因素是：市民对风起云涌游憩消费的需求、投资者的投资意愿、一些政府的区域产业政策调整。这种压力，促进了城市近郊娱乐带的形成，它往往就是该地区实现城市化的一个表征，并逐渐发展成为城市的一个特殊部分。

环城游憩带理论在乡村旅游的开发与管理中具有重要的理论意义。由于中国城市居民的出游半径主要集中在距离城市较近的环城游憩带之内，多以休闲为目的，乡村旅游在城市郊区特别是城市近郊的各种旅游中发展极为活跃。因此在乡村旅游规划时，应分析旅游地类型与空间特征之间的关系，以城市极化为中心，以山野特色来吸引众多的城市游人，结合地形地貌、历史渊源与历史遗产的风格、分布状况、旅游价值、气候等，进行详细的旅游区配置，从而使乡村旅游景区（点）的建设具有科学性和地方特色。

（九）产业协同发展理论

产业融合是指不同产业或同一产业内的不同行业相互渗透、相互交叉，最终融为一体、形成新的产业态的动态发展过程。乡村旅游业正是多种产业融合的产物，最直接的是第一产业中的农业与第三产业中的旅游业融合。乡村旅游的发展又会带动第二产业中的乡村旅游商品加工业、建筑业，第三产业中的服务行业、信息产业、房地产业、商贸服务业、文化产业、养老产业、体育产业等的发展，促进乡村旅游地的产业结构调整和升级。而乡村旅游发展规划的核心内容是对乡村旅游地的旅游产业及相关产业的发展做出安排，因此产业协同发展理论在乡村旅游发展规划中占有重要的地位。

（十）社区参与理论

乡村旅游能否可持续发展，关键在于当地人民是否能够真正认识自己文化的价值，能否成为当地文化的主动传承者和保护者。社区全面参与是乡村旅游发展的内在动力，也是衡量乡村旅游的重要标志和避免出现权力支配和利益分配不合理等现象的重要保证。因此，要遵循社区参与原则。社区居民参与旅游发展的内容必须渗透到各个层面，从个别参与到群体参与、组织参与，逐步实现社区的全面参与。一方面，居民要参与旅游经济决策和实践、旅游规划和实施、环境保护和社会文化进步；另一方面，居民不仅局限在谋求经济发展的层面，而是重视环境保护与社会传统文化的维护与继承的层面，参与森林资源的管理、参与规划和决策的制定过程。

乡村社区的参与要能在规划中反映居民的想法和对旅游的态度，以便规划实施后，减少居民对旅游的反感情绪和冲突，从而达到发展乡村社区旅游的主要目的，即：要有效地进行经济发展和资源保护；在社区内创造公平的利益分配体系；发展当地社区的服务员，增强他们保护资源的责任感，自觉地参与到旅游中来等。

（十一）利益相关者理论

利益相关者（stakeholder）概念源于"stake"一词，stake 中所包含的利益（insterests）和主张（claims），既指某种利益或份额，同时也指对某种权利的主张（法律权利和道德权利）。1963 年斯坦福研究所（Stanford Research Institute）首次使用了利益相关者理论这一术语。弗里曼（1984）把利益相关者定义为"任何可以影响组织目标的或被该目标影响的群体或个人"。

世界旅游组织 1999 年制定的《全球旅游伦理规范》采用了"利益相关者"这一概念。旅游理论研究中还衍生出"旅游利益相关者"（tourism stakeholder）术语。旅游目的地作为乡村旅游业运行和开展的载体，根据乡村旅游业发展过程中的多种关联要素，其利益相关者主要包括投资者、旅游者、当地政府、社区、竞争者等。

我国目前乡村旅游中存在着土地利用与旅游开发、旅游发展与环境保护、旅游者趣味变化与旅游产品同质化、乡村性与旅游城市化、当地居民与外来投资主体利益的矛盾冲突等。因此在乡村旅游规划中，应根据利益相关者理论，在规划的各个程序中，提高乡村旅游利益者相关的参与程度，明确其利益和主张，重视旅游项目对目的地的社会、经济、环境等诸方面的影响，协调利益主体之间的关系，减少冲突，走旅游可持续发展的道路。

特别需要指出的是，居民在乡村旅游中处于极为重要的位置。因为乡村旅游资源包括当地民居和村落的整体环境，它们是居民赖以生存的生活环境，绝大多数属于居民的私有财产；同时旅游的本质在于文化，而文化的载体是人，乡村居民及其真实生活是乡村旅游发展的原动力。因此，规划中应该制定完善的参与机制贯穿于规划的全过程，切实保障村民利益。

四、乡村旅游规划的基本原则

乡村旅游规划是一项科学性很强的技术经济活动，必须在一定的原则指导下，进行充分的论证、规划和设计。在规划中需要遵循以下基本原则：

（一）特色原则

不同类型的乡村地区，由于其历史、文化、经济和社会发展状况各异，而呈现出各种不同的特征，应该说它们都有一定的吸引力，但是，必须在研究客源市场的基础上，选择那些具有独特吸引力的乡村进行旅游规划。我国幅员辽阔，乡村自然背景、人文环境复杂，有些乡村有着非常传统的历史文化，如具有母系氏族婚姻家庭特色的云南泸沽湖畔的摩梭乡村，有些则具有现代经济特征，如社会经济发展较快的"云南第一村"——玉溪大营街，有些以自然环境为主要吸引力，如江南水乡、草原乡村、高寒山村、黄土高原乡村等，有些则以民俗风情为主，如白族乡村、佤族山寨、傣族乡村等。

总之，不同区域、不同类型的乡村，都具有各自鲜明的特色，但是越具有多种特色的乡村，就越有吸引力，应该重点寻找这样的乡村进行旅游规划。

（二）因地制宜原则

乡村地区的基础设施，如住房、道路交通系统、饮水供应系统、排水系统等，是乡村居民赖以生存的基础，而这些设施往往又具有地方独特性，在进行规划时，就要因地制宜，充分利用起这些已有的基础设施。为适应城市旅游者的特殊需要，乡村地区还要建设必备的基础设施和其他旅游设施，在建设中，必须尽量符合或效仿当地的风格，并尽量使用当地的建筑材料。在规划建设时，应该结合本地的实际情况，包括资源、区位、市场、经济基础、投资环境与投资能力等，不能盲目地贪大求洋，更不能不顾本地的实际，跟风、追时尚，盲目投资，使原本并不富裕的乡村陷于更加困难的境地。

（三）利益均衡原则

乡村旅游作为新农村建设和乡村经济发展的一种模式，目的之一就在于提高目的地社区居民的生活质量。通过发展旅游为当地居民找到一条致富之路，这也是旅游业可持续发展的重要方面。发展旅游具有多种功能，发展地方经济、提高当地居民的收入和生活质量、使开发商获得合理的利益回报、保护环境与资源等。因此，利益均衡是乡村旅游规划的重要原则之一。特别要关注当地社区居民和非人类利益相关者（资源、环境等）的利益。如果这些弱势群体的利益得不到充分的关注，既不利于规划的实施，也违背了发展旅游的初衷。只有遵循利益均衡原则，协调好社区居民与政府、投资人、旅游者之间的利益关系，才能使社区居民积极参与到当地的旅游开发与建设中；

只有充分保护和进一步培育好规划区的环境，才能够使规划区旅游得到良性的持续发展。

在利益均衡原则指导下，乡村利益是需要特别关注的一环。游客在乡村旅游中，可以参观游览乡村风景，也可以体验农民的日常生活，参与农民的田间劳动，但是这些活动都不能干扰他们的正常生活，要保证旅游规划顺应当地村民的生活方式。

五、内容

（一）基本内容

乡村旅游规划的内容是整个乡村旅游规划的核心组成部分，它是指在乡村旅游规划基础性分析的前提下，在法律法规、政府政策、技术、人才、财政的支持下，对乡村旅游规划区进行详细的旅游产业发展规划和旅游开发建设规划。

在产业发展规划方面，具体需要做四方面的工作：制定乡村旅游发展战略；制定乡村旅游发展目标；明确乡村旅游发展空间布局；确定乡村旅游优先发展项目。

在开发建设规划方面，主要包括物质规划（硬环境建设）和非物质规划（软环境建设）两方面内容：物质规划，包括乡村旅游专项规划、特色旅游项目规划、优先开发项目规划和旅游分区规划四部分，而乡村旅游专项规划是重中之重。其具体内容有旅游产品规划、旅游商品规划、旅游主题景点规划与设计、旅游服务设施规划、旅游基础设施规划、旅游活动策划、旅游资源与环境保护规划；非物质规划，主要内容有乡村景观意象与旅游形象规划、旅游市场营销规划、旅游经营与管理体制规划、旅游信息服务规划、旅游人才培养规划、旅游投融资规划等。

此外，乡村旅游规划的内容还包括支持保障方面的建设内容，诸如乡村旅游规划区的基础设施建设、服务配套设施建设，乡村旅游发展中人力资源方面的保障，乡村旅游规划区治安环境的改善，以及当地居民思想意识和文化水平的提高等（图5-1）。

（二）核心内容

由于各地区在开展乡村旅游时，所处的地理大环境相差悬殊，并且乡村旅游规划的地域范围也不同，有的规划范围可以大到一个省，有的只限定在几个

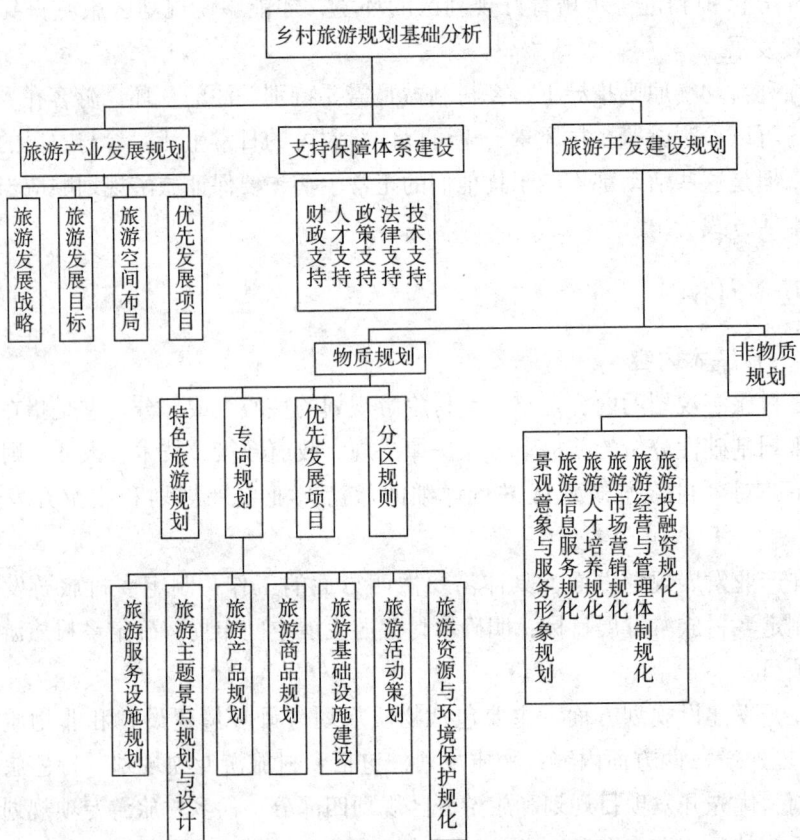

图 5-1 乡村旅游规划的内容体系

乡村地域范围内。这就使乡村旅游规划不可能千篇一律，不可能完全照搬乡村旅游规划的内容进行规划工作，而是必须根据乡村旅游规划区的实际情况，对具体的规划内容进行适时的调整，或者是增加乡村旅游规划的内容中没有涉及的方面，或者是减少其中的某些内容。总之，必须根据规划对象的具体情况来确定规划的实际内容。

　　然而，无论何种形式、何种范围的乡村旅游规划，其核心的规划内容是相似的，也是不可缺少的，在规划时必须都要有所涉及。乡村旅游规划的核心内容应该包括以下方面，这些方面的内容基本涵盖了乡村旅游产业发展规划、开发建设规划和支持保障体系建设三大方面的内容。

1. 乡村旅游总体现状分析

是指对乡村旅游规划区所处的行政区域的经济、社会、人文、历史等多方面的综合考察，以及对当地旅游产业发展状况的全面把握，诸如地理背景、自然条件、历史文脉、地方文化、经济发展、内外交通、居民生活、旅游发展，等等。通过分析这些内容，可以从宏观上了解当地发展乡村旅游的本底状况，发现那些能够促进乡村旅游发展的因素，并找出障碍性因素，以便为制定更详细的乡村旅游开发规划提供依据和支持。

在总体现状的分析中，要着重分析当地的旅游产业发展状况，包括乡村住宿与接待服务设施状况、乡村旅游景点开发状况、地方旅游交通设施、乡村旅游商品开发现状等。

2. 乡村旅游资源调查及评价

乡村旅游资源调查是指对乡村地区具有开发潜力的旅游资源进行全面的考察、分类和总结，以及搜集与乡村旅游资源有关的各种书面、图片、食品等资料，以便从总体上对当地的乡村旅游资源有总体了解。乡村旅游资源调查是乡村旅游规划的基础性工作，因为乡村旅游资源是发展乡村旅游业的基础，那些具有垄断性或鲜明独特性的乡村旅游资源是塑造乡村旅游吸引力的关键因素，直接影响着乡村旅游业发展的深度和广度。

在乡村旅游资源调查的过程中，可以按照国家标准 GB/T18972—2003《旅游资源分类、调查与评价》中的分类系统进行乡村旅游资源类型的划分，这样可以详尽地统计乡村旅游资源点，避免出现遗漏。但是，乡村旅游资源尤其特殊，诸如乡村景观、乡村物产、乡风民俗、农家生活等，都是乡村地区所特有的，需要在调查过程中重点注意这些内容。

乡村旅游资源评价是指在乡村旅游资源调查的基础上，对乡村旅游资源的特征、功能及开发潜力与品质进行综合分析，从而区分出乡村旅游资源的等级与优劣，找出资源的优势、问题与不足。乡村旅游资源评价也是乡村旅游规划的重要基础性工作，同时也是进行乡村旅游产品设计的前提。

乡村旅游资源评价一般包括定性评价和定量评价两部分。定性评价是对当地的旅游资源状况进行总体的把握，通过与其他乡村旅游地的比较分析，确定出当地的特色资源和垄断性资源，从而确定当地需要树立的资源品牌。定量评价是对当地的乡村旅游资源划分出具体的优劣等级，一般按照国家旅游局制定的旅游资源评价指标体系，通过专家打分，把旅游资源从高级到低级分为五个等级。通过定性评价，可以找出本地最具市场竞争优势和垄断性的旅游资源，而通过定量评价，可以找出本地最具开发潜力的旅游资源。两者结合起来，就可以客观、真实、全面地反映本地旅游资源的特征。

3. 乡村旅游发展 SWOT 分析

SWOT 分析法是目前国际上通行的条件综合分析法。它通过对旅游资源地内部的优势和劣势，以及外部环境的机遇和威胁的动态的综合分析，来确定该地发展旅游业的战略措施和其他原则性问题，为决策制定提供依据。

乡村旅游作为一种极具地域特征的旅游产品，必须依赖各方面的内部条件与外部环境，因此，科学地进行 SWOT 分析，将有助于制定科学的发展目标与发展规划，使乡村旅游的发展建立在科学指导的基础之上。

优势和劣势是针对乡村旅游地本身而言的，诸如区域经济条件、资源禀赋状况、地方政策环境、区位状况、产品特色、服务质量、品牌建设等，都是进行优势、劣势分析的切入点。通过分析优势，可以确定乡村旅游开发和地方旅游产业发展的正确方向，坚定发展乡村旅游的信心；在正确分析优势的同时，更要深入分析、研究自身的劣势与不足，以便在今后的发展中予以克服和避免。

机遇和威胁是针对外部环境和竞争者而言的，诸如国家的大政方针、社会总体环境、法律法规的制定、旅游产业发展趋势、旅游产业政策调整、竞争者的市场行为、旅游需求的变化、生态环境建设等，都是进行外部分析的基本内容。通过分析机遇，可以把握旅游产业发展新动向，尽早发现新的市场机会，以便在旅游市场中处于主动地位；通过分析威胁，可以规避市场风险，减少或避免资源浪费和生态破坏。

4. 乡村旅游总体发展思路分析

确定乡村旅游发展的总体思路，就是在对乡村旅游地的总体状况进行分析，对乡村旅游资源进行考察及评价，并对当地发展乡村旅游进行 SWOT 分析的基础上，对当地发展乡村旅游也进行战略定位，并确定当地发展乡村旅游的主要方向、发展目标、发展战略，以便为当地乡村旅游开发规划提供总的指导。

（1）战略定位

对乡村旅游业进行战略定位，是确定乡村旅游业在本地区经济发展和社会进步过程中的地位，是给其一个恰如其分的"名分"。战略定位是为发展本地乡村旅游提供政策性依据，它说明地方对乡村旅游业的重视程度和基本认识水平。

（2）发展方向定位

这是为了指明本地乡村旅游发展的正确道路，为了更好地进行一系列的具体开发规划，避免多走弯路。确定本地乡村旅游发展方向，需要依据以下几点：乡村旅游资源的特点和比较优势；客源市场需求的发展方向；乡村旅游产品和市场开发的可能性和必要性；旅游可持续发展的要求等。

（3）确定发展目标

目标的确定可以为乡村旅游的健康、快速发展提供明确方向，可以检验乡村旅游每一发展阶段的成果，还可以调动本地居民参与的积极性，因为目标的实现需要多方面的共同努力。

乡村旅游发展目标可以划分为战略目标、经济目标、社会与生态目标。战略目标可以细分为总体目标、近中期目标和远期目标。经济指标则为乡村旅游发展提供了更为详细的标准体系，包括乡村旅游的发展速度、增长指标等。由于乡村地区发展旅游不仅要取得经济利益，更重要的是要获得社会、生态效益的可持续发展，因此社会与生态目标也至关重要，社会与生态目标规定了发展乡村旅游所要达到的社会效益和生态效益。

（4）确定产业发展战略

乡村旅游产业发展战略，是指在制定乡村旅游发展目标的基础上，提出一系列的乡村旅游发展政策保障体系，以便与乡村旅游发展目标相适应，更好地实现预期目标。乡村旅游产业发展战略包含一般性战略、针对性战略、具体战略步骤等。

一般性战略是旅游发展战略中具有普遍意义的战略和原则，对大多数地方都适用，也是各地发展旅游业都必须坚持的战略选择，诸如政府主导战略、可持续发展战略、信息化战略、人才战略等，都是一般性战略。

针对性战略是依据不同的乡村旅游地的自身条件而提出的差异性战略选择，他是为了更好地发挥地方优势和机遇，尽可能地避免劣势和威胁，从而找到地方乡村旅游发展的新突破。诸如生态化战略、区域联合战略、多部门促进战略等，都是针对性战略的表现。

具体战略步骤是对乡村旅游进行分期发展规划，是根据当地乡村旅游发展的总体目标而确定的阶段性任务。一般以时间为界限，把具体战略步骤分为

2~3个规划期，比如可以划分为近期战略任务、中期战略任务和远期战略任务，并确定阶段性目标，这样更易于目标的把握和操作。

5. 乡村旅游分区开发规划

乡村旅游分区开发规划，是指根据规划区内不同的自然、地理、人文背景，以及乡村旅游资源的特色，将资源要素相近、组成结构类似、发展方向一致、需要采取措施类似的区域划分为一个主题性的旅游区，然后进行详细规划。

乡村旅游分区开发规划一般包括以下内容：分区的地理范围，分区的基本概况，分区的发展定位，分区内重点开发项目的选择等。其中，分区的发展定位包含了主题定位、特色定位和功能定位等内容。

6. 乡村旅游产品开发规划

乡村旅游产品开发规划是整个乡村旅游规划内容的核心组成部分，它是根据不同的乡村旅游资源特色及赋存状况，来详细设计不同的类型、不同的用途的乡村旅游产品，以便全方位地满足乡村旅游者各种层次、不同形式的旅游需求，丰富他们的旅游内容。

在设计乡村旅游产品时，可以根据资源特色和市场需求，开发成观光型、体验型、休闲度假型、运动娱乐型、节庆型、专门型等多种类型的乡村旅游产品。

在乡村旅游产品开发过程中，要注意乡村旅游产品的线路组合问题。乡村旅游产品是一种具有鲜明乡村特色的旅游产品，从旅游产品组合理论上说，观光型、休闲型、娱乐型及节庆型的乡村旅游产品，一般应与周边地区其他异质性的旅游产品进行组合，更能够形成整体化的吸引力，因此，从总体上说，乡村旅游更应该与其他种类的旅游产品如风景名胜区、自然景区、历史文化景区等组合成配套的线路组合产品。

7. 乡村旅游商品的开发规划

乡村地区蕴含着丰富的物产资源，很多地方特产经过加工、包装后，就可以成为深受游客喜爱的旅游商品。乡村旅游商品的开发设计，就是依据旅游者的兴趣、爱好，开发设计不同类型、不同功能的旅游纪念品、旅游日用品、土特产品、特色食品等，以此来丰富游客的乡村旅游经历。

乡村旅游商品种类繁多、功能各异，其开发设计的内容应包括：

① 土特产品系列，诸如各地盛产的特色水果、海鲜、农作物等。

② 旅游纪念品系列，具体包括特色工艺品、印刷出版物、乡村景点纪念

品、民族风情纪念品、生产工具纪念品等种类。

③ 乡村旅游日用品系列，如开发设计具有地方特色的餐饮用具、洗涤用具或床上用品等，使之作为旅游商品出售。

④ 特色食品。由于不同乡村地区自然环境各异，从而形成不同的饮食习惯和食品系列，这些地方特色食品对外来旅游者具有很大吸引力，可以开发设计成地方特色旅游商品进行销售。

8. 乡村旅游市场营销规划

乡村旅游市场营销规划是指在调查、分析本地乡村旅游市场现状的基础上，确定目标市场选择，从而进行乡村旅游形象设计，并安排详细的市场营销方案。通过市场营销规划，既可以稳定现实的目标市场，并开发出潜在的目标市场，使市场规模不断扩大，还可以树立起乡村旅游的总体形象，提高乡村旅游地的知名度和美誉度，形成乡村旅游地的品牌效应。

9. 乡村旅游支持保障体系建设

旅游业作为一种综合性很强的产业，需要协调各方面的关系，需要各个部门的支持和帮助，只有建立起完善的支持保障体系，实现各部门的协调、配合，才能促进旅游业的良性发展。

乡村旅游的发展也离不开各种支持保障体系的逐步完善。乡村旅游支持保障体系建设的内容包括：管理与指导机构建设、乡村旅游经营管理工作、乡村旅游标准化建设、政策支持、人力资源支持等。

六、发展模式解读

（一）企业为开发经营主体的开发模式

企业为开发经营主体的开发模式的特点是，乡村旅游地由一个旅游企业统一开发经营。这家旅游企业可以是外来投资者独资建立的，也可以是外来投资者、国家、当地社区居民和社区集体以资金、资源等入股成立的股份合作制企业。根据企业的股份构成和当地社区居民参与旅游开发经营的程度，又可以分为三种模式。

1. 企业独立开发模式

在这种旅游开发模式中，由当地政府通过招标或招租的方式引入外来投资者，建立旅游开发经营企业，对旅游地进行旅游开发经营。旅游地内没有原住村民，旅游企业与周边乡村社区居民没有直接利益关系。旅游企业开发经营的乡村旅游地属于农业主题公园，种植业和养殖业主要是为旅游活动服务的，收获的农产品主要销售给游客。旅游地有比较丰富的休闲娱乐设施和项目，住宿、餐饮设施和服务是城市化的。这种开发模式的乡村旅游地有的与周围乡村相距较远，基本上不与周围农村居民发生利益上的联系，企业工作人员也不招收当地村民。另一些与周围农村居民的生产生活有间接联系，并会形成一定的利益冲突，需要对企业给周边村民造成的负面影响给予补偿，企业通常也招收一定比例的周边社区村民进企业工作。

2. 企业独立开发经营兼社区居民参与模式

这种开发模式的旅游地社区多位于边远地区，居民为少数民族，社区内有秀美的自然风光和独特魅力的民族文化。社区经济基础差，村民收入水平低，而社区（村寨）的旅游开发需要投入巨资进行基础设施、旅游服务设施建设，以及对环境进行全面整治，当地社区无力投资于旅游开发。这时，地方政府帮助社区引入外来投资者成立旅游开发企业，由企业投入巨资对旅游地社区进行规划建设，独立开展旅游经营活动。外来投资者占有企业的全部股份，获取旅游经营利润。旅游企业在开发建设中对征用社区的土地进行经济补偿，招收社区村民进入企业工作，并根据经营获利情况给予社区居民一定的利润分红。另外，社区居民还可以经营旅游纪念品摊点、餐饮小吃。有的旅游企业还专门扶持社区农户发展家庭旅馆。

3. 股份合作制企业开发模式

股份合作制企业开发模式的特点是，设立一个由外来投资者、当地社区居民和社区集体（有时还有国家）共同拥有股份的股份制旅游企业，由企业独立进行乡村旅游的开发和经营活动。乡村社区居民进入企业工作，成为企业的员工。乡村社区集体和村民所拥有的自然和人文风光、土地等资源通过评估折算成企业的股份，还可以通过投入现金和劳动的方式占有企业股份，成为企业的股东。在这种开发模式中，乡村社区居民真正成了当地社区旅游开发的主人，他们作为企业的股东和员工，直接参与乡村旅游的开发决策、生产经营活动和利益分配。旅游地社区居民和企业具有共同的利益和目标。

（二）村集体为开发经营主体的开发模式

在这类开发模式中，旅游地社区村集体投资进行旅游开发经营活动，村民参与旅游开发经营决策和利益分配，并直接从事旅游服务和管理工作。根据村集体的经济实力和具体的开发组织情况，又可分为以下两种模式：

1. 村集体经济体开发模式

村集体经济体开发模式中，由村集体投资成立旅游公司，独立开发经营乡村社区的旅游经济活动，村民进入旅游公司工作。村民除了获得工资收入外，年终还能得到相应的分红和村集体福利。这种开发模式与以企业为主体的乡村旅游开发模式类似，所不同的是村集体占有企业的全部股份，社区的旅游开发经营活动完全由旅游地社区居民掌控。

2. 村集体组织全民参与开发模式

这种开发模式的旅游地一般是有保存较好的民族古民居建筑和民族传统文化的乡村社区，社区经济发展水平低，村集体经济不发达，而对古建筑保护任务重。因此，在旅游开发之初，村集体就制定了严格保护古建筑的村规民约；仅开发了少数不对古民居建筑和民族文化带来危害的旅游项目。在旅游开发过程中，村集体组织全体村民集资并投工建设社区旅游基础设施，参与旅游开发经营活动和收益分配。旅游收入实行按劳分配，公开透明。这种乡村旅游开发模式将保护乡村社区的民族文化置于第一位，旅游开发为保护服务，在中国的少数民族地区建立的民族村寨生态博物馆多属于这种开发模式。

3. 村民自主开发模式

在村民自主开发模式中，乡村社区居民自主开发经营家庭旅游接待服务，享受旅游利益。根据是否有社区旅游机构进行组织管理，可分为两种模式。

（1）政府推动村民自主开发模式

这种乡村旅游开发模式的特点是，政府出台优惠政策，鼓励社区居民自主发展以家庭旅游接待为主的"农家乐"旅游，甚至在乡村社区培养和树立旅游开发经营示范户，以带动当地社区乡村旅游的发展。在政府的大力推动和示范户效应的影响下，社区农户纷纷开办家庭旅馆等旅游接待服务。社区内没有成立社区旅游机构对各旅游经营户进行管理和规范。这种旅游开发模式实行"谁投资开发谁受益"的原则，开发经营家庭旅游接待的农户获得旅游利益。

（2）社区旅游机构组织农户自主参与开发模式

在这种乡村旅游开发模式中，社区旅游机构是当地乡村社区旅游的组织者和管理者，农户则经营家庭旅游接待服务。社区旅游机构制定了发展旅游的村规民约，对各家庭旅游经营户进行管理和规范，所有的家庭旅游经营户都纳入到了社区旅游机构的管理之中；有的还实行了统一接待、统一收费、统一分配旅游收益（按各接待户接待游客数量进行分配），并引入了适当的内部竞争机制，激励各家庭经营户提高旅游服务质量。社区旅游机构经常会同村委会对各家庭旅游经营户的卫生、消防、旅游服务质量进行检查和监督，及时处理出现的问题。这种乡村旅游开发模式在国外（如希腊）也普遍存在。

（四）政府主导，村民参与的开发模式

在这类开发经营模式中，乡村旅游地社区大多位于政府部门开发的大型旅游地。政府在开发旅游景区时，征用了乡村社区大量土地，建设了较为完善的旅游基础设施，并将一些旅游项目授予乡村社区居民经营。乡村社区居民通过自主经营旅游服务或在社区集体旅游企业工作，参与到旅游经营活动之中。村民自主开发经营的旅游项目只需交纳有关的税款和管理费，余下的旅游收益全部归经营者所有。如果是由村集体经营旅游企业，村民可以获得工资收入和年终利润分红，以及村集体的福利等旅游利益。在这种乡村旅游开发模式中，旅游基础设施的维护和环境卫生管理由景区统一负责，村集体和社区居民无须为此付费。

（五）混合型开发模式

混合型开发模式是指由多个开发经营主体联合或分工协作，开发经营乡村旅游经济活动的乡村旅游开发模式；多个开发主体共同开发乡村旅游地社区，分享旅游利益。根据开发主体联盟的性质和特点的不同，又分为四种模式。

1. 公司+农户开发模式

公司+农户开发模式的特点是旅游公司与农户组成乡村旅游开发经营利益共同体。公司注册乡村旅游项目商标，并制定相应的服务内容和质量标准，然后与农户签订合作合同，规定双方的责、权、利关系；旅游公司进行宣传促销和组织客源，由农户为游客提供旅游服务。农户通过为游客提供的游览、餐饮和住宿服务获取旅游收益，旅游公司通过向经营旅游服务的农户收取特许经营费和管理费获得利益。

2. 企业+村委会+农民旅游协会开发模式

该种模式中的企业实际上是股份制公司，虽然有外来投资者的投入，投资主体却是当地社区居民。社区居民中的大部分人都以数量不等的现金投入方式占有企业股份，其中的少数几个经济实力强大的社区居民占有的股份比例较大，公司的控股权掌握在当地社区居民的手中。社区居民成立了农民旅游协会，当地地方政府则投入了较多的资金于社区的基础设施建设。企业独立开发经营旅游地社区的旅游活动，与社区的村委会、农民旅游协会和外地的旅行社

在旅游开发经营中进行合作，并按一定的比率与上述这些机构分享旅游地的门票收益。社区居民从旅游中获得的收益有三个方面：一是成为公司的员工，取得工资收入；二是取得股份分红收入；三是自己经营旅游纪念品、小吃餐饮等，获得旅游收入。

3. 企业+村委+农户开发模式

在企业+村委+农户开发模式中，企业同样属于股份制企业，投资主体是外来投资者，当地村集体（村委会）以旅游资源和现金入股，与外来投资者共同组建旅游开发企业，参与社区旅游开发和收益分配。通常情况下，由企业独立开发经营社区的旅游景区，吸收社区居民进入企业工作；社区居民经营家庭旅馆、地方餐饮小吃、旅游纪念品等；村委会制定村规民约，对家庭旅馆及村民的其他旅游服务进行管理，并定期进行检查监督。在这种旅游开发模式中，尽管旅游景区收益的大部分被外来投资者拿走，当地居民从经营家庭旅馆等旅游服务所获得的旅游收益却大大高于景区的旅游收益，所以，旅游收益的主体还是留在了当地社区，当地社区村集体和居民获得了丰厚的旅游利益。由于村委会对家庭旅馆等乡村旅游服务进行了卓有成效的管理，村民得到了较多的实惠，旅游地社区的矛盾和问题相对较少。

4. 村集体组织村民自愿自主参与开发模式

在这种乡村旅游开发模式中，村集体制定涉及旅游开发的村规民约，对旅游开发经营进行规范和管理，并组织村民自愿参与村集体开发经营的旅游项目，而将家庭旅馆及其他旅游服务交由村民自主开发和经营。村集体开发经营的旅游项目以乡村社区中的农户为单位自愿参加，利益按参加农户平均分配。村民自主开发经营的旅游项目必须接受村集体的监督和管理，遵守村规民约的规定，所获得的旅游收益归开发经营者所有。

七、发展趋势

（一）中国乡村旅游发展的理念趋向

1. 加强特色性：塑造鲜明的乡村意象和浓郁的乡土气息

乡村意象是乡村在长期的历史发展过程中在人们头脑里所形成的"共同的心理图像"。乡村意象具有极为丰富的内涵，它主要表现为乡村景观意象和乡村文化意象，它应该具有"可印象性"和"可识别性"的特点，并且能够得到大多数人的普遍认可。乡村意象本身就是一幅极为优美的图画，它反映了乡村秀丽的田园风光，淳朴的浓浓乡情；它能够激发城市游客前往乡村去寻找回归原始的梦，满足他们的"归属感"。由此可见，乡村意象对于城市游客具有极大的吸引力，是促使他们去乡村进行旅游的强大动力。乡土文化的神秘性和入境旅游者对乡土文化的好奇心必将吸引更多的国际客源流向乡村。

2. 挖掘文化性：体验淳朴的乡村民俗和复古的乡村遗迹

乡村旅游是一种文化含量大的旅游。我国乡村除了美丽的自然旅游资源以外，更多的和最能吸引旅游者的则是淳朴、神秘的人文旅游资源，包括乡村民俗文化、乡村文化遗迹以及乡村各行各业的行业文化。明确这一发展方向是使之规范化、健康、高速发展的根本保证。文化因素本来就是乡村旅游得以兴起的根基，中国传统的"天人合一"的哲学思想给我们指出了一个深刻的道理，即只有贴近自然的才是永久属于人类的，文化旅游正是这一传统哲学思想在旅游业发展方向上的体现；换句话说，乡村旅游也是保护原始生态环境和传统文化的最佳方式。乡村旅游，正是在人们意识到环境的恶化将使人类失去栖息地，文化一体化将是人类最大的悲剧之后，成为城市居民青睐、追求的新方向。然而，我国的乡村旅游不能只停留在观赏、采摘的表象繁荣上，必须走与文化旅游相结合的道路，挖掘拓展民族文化中丰富的内涵，才能持久而兴旺地发展下去。

（二）中国乡村旅游发展的类型趋向

1. 农旅结合的复合性开发类型

开发我国乡村旅游资源，要注意农耕文化的灌注，以提高其文化品位；进行亦农亦旅、农旅结合的复合性开发，加强农耕文化与现代文化的和谐相融。亦农亦旅、农旅结合的复合性开发是降低投资风险的有效途径。乡村旅游资源不属稀有旅游资源，几乎所有具备地缘优势、交通便利的都市周边地区都可以搞乡村旅游，因此难以形成垄断性竞争优势。乡村旅游也不是暴利项目，不能奢望高门票收入，加之农村经济基础薄弱，乡村旅游难以避免投资的高风险性。因此，为乡村旅游探索降低投资风险的有效途径非常必要。亦农亦旅、农旅结合的复合性开发就是一种可行性较强的发展模式。以农求稳，以旅求富，一次投资双重收获，就能降低投资风险，调动起更多农民搞乡村旅游的积极性。

2. 乡村景观遗产与乡村主题博物馆类型

在传统生活方式受到工业革命的冲击下，乡村社区传统生活逐步被抛弃，这激起了人们对具有传统特色的生活方式、乡村工艺品和其他物品的关注和依恋。最为突出的是乡村人口大批流向富有吸引力的附近的工业城镇。乡村社区传统生活方式的放弃促进了人们对传统生活方式的关注和对相关遗产的渴望，推动了乡村景观遗产的市场化和商品化。而乡村主题博物馆的蓬勃发展，成为乡村景观遗产保护的重要方式，主要保护逐步消失的乡村生活。乡村景观个性的表达由于乡村旅游发展而成为一种必然的新兴经济行为。

3. 乡村民俗体验与主题文化村落发展类型

我国乡村旅游的发展，依托乡村民俗文化和人文景观的开发将具有显著的知名度和吸引力，逐渐地成为乡村旅游开发的中心。主题文化村落是在原有的古老村落的基础上进行改造，开发一系列复古怀旧产品而行成的。此类度假村的住宿环境或为古宅整修，或是以古建筑的式样为设计蓝图（如四合院、石板屋建筑等），还可以搭配古董家具或是展示古老的农具（如石磨、石臼等），古意盎然的景观环境及古朴陈旧的家居设计。其内部装修通过书法、绘画、雕塑、古董等艺术表现形式，使客人在休闲之余感受丰富的文化底蕴和深厚的历史沧桑感。它是通过信息搜集、整理、建设、再现现已消失的民俗文化，让游客了解过去的民俗文化，如向游客表演用方形的扁担挑水、用原始农具耕作、用独轮车运输等古老的传统习俗以及各种民间舞蹈。这种模式的优点是可以令时光"倒流"，满足游客原本不能实现的愿望。

4. 现代商务度假与企业庄园建设类型

企业庄园是农户租赁给企业，是企业员工商务度假基地。企业庄园是依托乡村自然景观和人文景观资源而建设的具有观光、休闲、度假功能的乡村游憩景观综合体，以乡村自然景观、乡村农事生产、乡村风俗民情为主体，是乡村景观、地方性特色景观的展示空间。它不进行特意的人工景观汇集，而是真实展示乡村景观的本来面貌。对于企业庄园的功能来讲，应强调参与性与体验性。在企业庄园中，员工们可以参加一些力所能及的简单农活，如养殖、耕作、浇灌、采花、摘果、种菜等，也可以参加同日常生活相关的体力劳动，像推磨、烹饪等，让企业员工享受到质朴悠然的田园生活。

5. 农业产业化与产业庄园类型

在传统乡村产业经济发展中，产业的纵向关联发展较弱。农业生产以农产品为最终产品，农产品深加工水平较低。农业产业化是乡村资源优势转化为市场优势、乡村工业产业升级的重要途径，将推动乡村产业经济一体化的发展，而产业庄园是集农事生产、乡村旅游为一体的现代化农庄。它不仅是进行科学化农事生产的基地，也是提供食、宿、行、娱、购、游等旅游六要素的服务性企业。因此，产业庄园的管理既要体现生产性农庄的特点，又要满足服务性企业的需要，同时，还要把生产与服务进行有机的交融和联系，达到农事生产为旅游服务，旅游服务促进农事生产之目的。

八、典型案例

（一）中国台湾民宿度假旅游的发展

在 20 世纪八九十年代，台湾风景区的旅游饭店每逢周末等假日总是一宿难求，因此很多风景区周边的农村家庭开始了民俗接待与经营，接受订不到房间的客人。台湾地区最早的民宿出现在垦丁，它是热门的风景区，一年四季都接待不少游客，特别是在旅游旺季，根本没有办法容纳下大量涌入的游客，因此，民宿最早出现在垦丁船帆石一带。当时民宿不打招牌，民宿主人自己到大饭店和车站去招揽客人，以较低的价格出售，以副业形式经营，设法增加农家收入。早期的民宿只是风景区住宿设施的有效补充，单纯提供住宿空间，没有旅游或餐饮服务；而今的民宿和风景区同样成为具有吸引力的旅游特色之一，除了提供洁净的住宿环境，还营造一种温馨家园的感觉，游人可以和民宿主人共餐和话家常，还可以参与农家生产的体验。台湾的旅游习惯正在改变，人们越来越喜欢乡村旅游和民宿度假的新形态。民宿旅游给人以平民化、平价化和大众化的印象，由民宿主人提供住宿接待自助旅游者的方式，在台湾地区逐渐流行。

自 2001 年 12 月台湾地区公布实施《民宿管理办法》后，民宿发展迅速，根据郑健雄先生的研究，近年来呈现出以下三大发展趋势：①民宿蓬勃发展，数量增长迅速。根据台湾地区观光局的统计，1992 年 2 月合法民宿仅 65 家，2001 年 12 月为 988 家，到 2004 年 8 月发展到 1466 家。②合法民宿比例正呈现逐年提高趋势。截至 2004 年 8 月全台湾仍有 841 家约 57.4% 的民宿没有取得合法经营资格。从《民宿管理办法》实施后，各县市政府开放民众申请登记合法民宿，至 2004 年 1 月，合法比例增长了 28.2%。③民宿平均房间数偏高。台湾《民宿管理办法》第五条规定，民宿经营规模客房数控制在 5 间以下，但目前的实际情况是：房间数在 5 间以下的仅占 36%，6~9 间的占 25.6%，10~14 间的占 19%，15~19 间的占 9%，20 间以上的占 10.3%。全台湾地区民宿平均间数高达9.9间，房间总数已达14466间。

台湾地区民宿的体验类型主要包括：

① 教育体验（education）。客人较为主动参与，以感观吸收的方式（例如，参观访问、户外教学、教育旅行社）达到学习新知识和新技术的体验。目前台湾教育农园提供的DIY（do it yourself）体验活动或中小学户外教学均属于教育体验。

② 娱乐体验（entertainment）。客人较为主动，以吸收的方式达到感观的体验目的，如欣赏表演、听音乐会、看电影以及在幽静恬美的草原上剪羊毛等活动体验。

③ 美学体验（esthetic）。客人参与虽比较被动，却能够融入事件情境之中。如体验乡村那如梦幻仙境的田园风光所体验到的美的感受。

④ 遁世体验（escptist）。是一种远离现实、逃离日常生活的一种另类体验，置身于一个桃源仙境，眼中所见与日常生活完全不同。在遁世体验中，客人主动参与，积极融入事件本身。台湾地区的民宿主人大部分是当地人，民宿的经营也在强调当地化，凸显地方性在民宿经营中的重要性和特色性。在制度上强调民宿经营与乡村社区的发展紧密结合，民宿主人有责任劝导和提醒游客尊重社区居民的居住权利，保护社区景观，促进社区繁荣。

（二）成都市农家乐的兴起与发展

1. 成都市农家乐发展现状及类型

2003年，成都市所辖19个区（市）县农村现有农家乐等休闲旅游点达5000家以上，年接待游客1500万人次，年创收入10亿元左右。从整体上说，成都市农家乐为游客充分展示了川西坝子特有的田园风光、民俗风情和古老的巴蜀文化，具有浓郁的农耕"川味"；就局部而言，它又依自然条件和区位的不同，形成风貌各异的特色类型，体现了中国传统的"天人合一"、顺应自然、实用理性的文化观念，因而成为成都市"都市农业"中发展得最快的类型之一。按照农家乐所依托资源的不同特点，该市的农家乐可以划分为以下几种类型：

田林休闲型。以郫县友爱乡农科村、温江区万春镇等西部川坝子农家民俗旅游为代表。这里位于"国家生态示范区"内，是享誉全国的花卉、盆景、苗木等生产基地，农家乐发端于此。它荟萃川西平原农家休闲旅游的主要特色，展现农家乐的巨大规模。

花果观赏型。以龙泉驿的书房村、桃花沟、苹果村等东郊丘陵的农家果园游乐为代表。龙泉山果品远销全国乃至海外，果品收入是龙泉驿区的经济支柱。但是，近些年来兴起的以春观桃（梨）花、夏尝鲜果的花果观光旅游，使其旅游收入大大超过了果品收入。龙泉山水果在提高其科技含量之后又着力于提高其文化内涵，在传统农业基础上发展观光农业，开启了宜林山区发家致富的新思路。

景区旅舍型。以远郊区都江堰的青城后山、蒲江县的朝阳湖、彭州市的银厂沟、大邑县的西岭雪山等自然风景区为代表。低档次农家旅舍价格低廉，游客感觉仿佛把自己的家搬到了风景区，花费居家度日的钱，享受景区的自然环境，景区"农家乐"因而受到中低收入游客的欢迎。

花园客栈型。把农业生产组织转变成为旅游企业，将农舍通过绿化美化，变成园林式建筑，以功能齐全的配套设施和客栈式的管理，使之成为在档次上高于农家乐、低于度假村的一种休闲娱乐场所，在向现代化的进程中谱写上了光彩的一笔。日前成都市的农家乐已经从最初的管理混乱中摆脱出来，先后制定了《农家乐开业基本条件》《农家乐旅游服务质量等级划分及其评定》《成都市农家乐旅游服务质量等级评定实施细则》等，通过建立健全法规和行业标准，经营走上正轨，这对农家乐的良性发展必将起到很好的规范和指导作用。

2. 典型发展区域

成都市的农家乐散布于各县市区，其中尤以离市区较近、交通便捷、农业景观资源丰富的龙泉驿区、郫县、温江等地最负盛名。

（1）园林休闲型：郫县和温江区

郫县是成都乃至全国农家乐发展最早的地区，最初"万木春"的老板只是无心插柳，建一个花卉苗木基地，却因此吸引了很多游客前来观赏。于是他及时调整了经营思路，办起了餐饮，建起了体育设施，效果很好。时至今日，郫县的农家乐早已发展成为一个帮助农民发家致富的大产业之一。据统计，到2003年年底，全县农业旅游接待点已发展到300余处，共有45位外来投资者前来开发农业旅游景点，其中投资额100万～500万元的有15家。郫县的农家乐没有停留在自给自足阶段，起步后便乘势而上，通过增加投资、扩大规模，形成特色，增强吸引力。大力吸引外资也是郫县农家乐快速发展的制胜法宝之一，利用外资已建成如"成都现代农业科技示范园""郫县安德现代智能温室大棚""托普生态园"和"川省棉麻公司高档花卉生产基地"等规模大、设备先进的新项目，提升了当地农家乐的档次和水平。郫县的农家乐巧妙融合了农耕文化与现代文明，旅游六要素齐备，从而突出了地域特色，提高了其市场竞争力。

温江位于成都市中心区正西16千米处，全区面积277平方千米。温江是全国有名的花卉生产基地，目前全区花木面积达7333公顷，花农1.2万户，花木品种达1300余个，是具有1700多年历史的我国四大盆景派之一的"川派盆景"的发源地和主产地。温江同时还是我国农家乐的发源地。该区的花卉基地除了出售花卉以外，还是开展农家乐的主战场，它们集中分布在新老温玉公路沿线及汪家湾一带，种植花卉苗木2000公顷，大小园林1000余个，农家乐有几百家之多，每年接待游人达20多万人次，形成一系列专业的花卉生产和观赏村落。

（2）花果观赏型：龙泉驿区

龙泉驿区位于成都市东郊，面积555平方千米，是成都市的风景旅游区之一，以"一碑两陵""三湖三寺""春花秋果"而闻名。龙泉驿区的农家乐发端于1986年，该区的"农家乐"主要分布在龙泉镇、龙泉乡、山泉乡、洛带镇等交通便捷、花果资源丰富的地区，其中最负盛名的龙泉镇书房村距成都市仅10千米，成渝高速、老成渝公路及一条与这两大干线相连的支线公路包围该村，现在蓬勃发展的农家乐几乎都集中分布于村内的几条公路旁。目前，龙泉驿的农家乐经营的内容由最初的单纯赏花发展到现在的春赏花、秋赏果，同时提供多种娱乐活动，包括垂钓、麻将、下棋、乘船、游园登山、篝火晚会等，最大限度地让游客享受在城里难以获得到的农家乐趣。

目前龙泉驿区农家乐的发展形成了自己比较鲜明的特点：

热情好客，主动出击。无论你走到何处，都会有很多农户上来热情地向你推荐自家的农家乐项目，为你的农家乐游提供了免费的第一手资料。

互相推荐，共同致富。农户不只是想方设法把游客拉向自己家，而是根据游客的意愿和数量向其推荐附近最适合他们的农家乐，最大限度满足游客的需求，这似乎已成了当地秘而不宣的行规。

价格低而稳定。当地的农家乐都规定了农家乐的最低消费价格是15元，而且家家户户都遵守这个价格标准而不互相杀价。

强强联手，走规模经营之路。经营规模越大越具有吸引力，但农户的经营规模毕竟有限。于是位置相邻的农户就合起来搞联营，扩大经营面积和资金投入，并共担风险，从而增强竞争能力。

这样，龙泉驿区的农家乐发展就红红火火起来。不过，龙泉驿的农家乐仍然存在资金不足、观念落后、内容单调、发展水平不一、规模效益不明显、管理不规范等问题。为此，当地也在着手进行一些改造和规范化的工作，其中重要的一条就是统一规划、整体改造和全新包装。书房村引资 6000 万，将其 400 公顷土地上的数十家农家乐进行全面的改造，房屋改造成川西民居，内装现代化，并最大限度地利用各种自然资源开发新的游乐项目，将游客从"两餐+麻将"的模式中解放出来。另一方面，为了规范农家乐的管理，全国第一部由区政府颁发的、针对农家乐管理的地方规章《龙泉驿区农家乐旅游管理暂行管理办法》在成都龙泉驿正式出台，结束了农家乐无序管理的历史。

第四节　山岳旅游规划

山，一般是指高度较大、坡度较陡的隆起地貌。至于高度多少为"高度较大"，坡度多少为"坡度较陡"，除了地貌学上按照主峰高度严格地把"山"分为丘陵（海拔高度 200～500 米）、低山（海拔高度 500～1000 米）、中山（海拔高度 1000～3500 米）、高山（海拔高度 3500～5000 米）和极高山（海拔高度大于 5000 米）外，日常生活中称谓的"山"在这方面并没有严格的区分，绵延数千米、方圆数万平方千米的山脉我们称之为山，如昆仑山（全长约 2500 千米，西起帕米尔高原东端，横贯新疆、西藏，伸延至青海境内，平均海拔 5500～6000 米，宽 130～200 千米，西窄东宽，总面积 50 多万平方千米），方圆不足 1 平方千米的孤丘我们也称之为山，如芜湖市赭山（主峰大赭山海拔 84.8 米，面积不足 1 平方千米）。

"山岳"是高大的山，词出《左传·庄公二十二年》："山岳则配天。"有学者研究认为，"山岳则配天"谈论的是山神崇拜，当时人们认为天神居住在山岳之上。究竟高度多少、方圆多大为"高大的山"，也没有界定。"岳"，古代曾专指名山"四岳"或"五岳"。就五岳的高度来说，最高的为西岳华山，主峰南峰海拔 2154.9 米，最低的为南岳衡山，主峰祝融峰海拔 1290.2 米。

山岳型旅游地是具有美感、以典型的山岳自然景观为基础、渗透着人文景观美的山地空间综合体。山岳型旅游地是我国最早的旅游地之一，从古至今很多人将"游山玩水"等同于旅游无疑就是对山岳是我国最早的旅游地之一的最好注释。山岳型旅游地是我国最重要的旅游地类型之一，我国很多列为世界遗产、世界地质公园的旅游地是山岳，很多不同等级的具有旅游功能的风景名胜区、自然保护区、森林公园、地质公园等类型的旅游地也是山岳。

与城市、乡村型旅游地相比，山岳有其特殊性，如山高路远坡度陡，景观丰富多彩，平地面积小，游人活动空间小，可用于建设的平地面积非常有限，景观修复难度大，生态系统脆弱等。这些特殊性进而导致山岳型旅游地旅游基础设施和接待服务设施建设成本高，旅游供给能力低、成本高，污染物消解能力弱、成本高，环境修复难度大、成本高等。因此，山岳旅游地旅游规划具有特殊性，需要注意以下问题。

一、山岳生态环境建设问题

山岳是河流的源泉、资源的宝库、平原的屏障。山岳型旅游地生态环境系统不稳定，敏感性和脆弱性特征明显。山岳型旅游地是生态系统最为脆弱的地区之一。山岳地区坡度大，土层薄，甚至基岩裸露，持水能力低，容易发生山洪、干旱、水土流失以及塌方、滑坡、泥石流，甚至暴雪、冻雨等自然灾害，一旦植被遭到破坏，恢复时间比较长，恢复难度比较大，尤其是在干旱半干旱地区。

由于山岳型旅游地生态系统的稳定性是在长期自然演化中逐步建立起来的，一旦某一要素发生改变，就有可能造成整个系统的改变。如在山谷中筑坝拦水修建蓄水设施，有可能造成下游河段局部地区部分时段水体及生物系统环境发生改变，水体纳污降解能力降低；长期人为践踏坡积物，或使坡积物难以形成土壤，或使坡积物上植被状况恶化，最终出现裸露的沙地或者裸岩等。

大量的外界扰动（盲目开发和建设、旅客蜂拥而至引起超载等），将会导致一系列生态环境问题的产生，保护和整治山岳旅游地的生态环境已经刻不容缓。山岳型旅游地主要生态环境问题分析如下：

1. 大气、水体等环境污染严重

山岳型旅游地大气污染主要由汽车排放尾气、生活燃煤、扬尘、游客烧香等原因所致。水体环境的污染源主要是生活污水、粪便垃圾及雨水淋溶的渗滤液，各山岳风景区大多未建污水处理设施或是不具备足够的污水处理能力，致使每年产生的成千上万吨生活污水随地排放，严重污染了水环境。此外，旅游垃圾、噪声等也构成对山岳旅游地的危害，登山道两侧谷地几乎成了登山游人丢弃杂物的垃圾桶，既污染了环境，也破坏了美感。旅游旺季超负荷客流量导致的环境嘈杂声、汽车喇叭声、燃放鞭炮声等，破坏了旅游区清静的环境。

2. 生物多样性受到威胁

由于滥砍滥伐、乱采乱捕，加上森林火灾、游客的过度践踏等人为的破坏，山岳旅游地植被遭到破坏，动植物资源锐减，生物多样性受到严重威胁。由于游人的大量涌入，而又缺乏保护，我国仅有的吉林长白山顶冻原带已遭到破坏。

3. 建设性破坏

只要有开发，都会不可避免地对自然景观产生影响。只要这种影响是有限的，可以修复的，人类可以接受的，都不能说是破坏性影响。之所以产生建设中的破坏，主要是认识上的局限性，此外还有技术因素和经济因素等。近年来，各山岳旅游地开发建规模断扩大，诸如建索道、修公路、盖宾馆、建寺庙等"建设性破坏，破坏性建设"，常常导致山体景观地貌遭到严重破坏，视觉污染，大量植被被毁，水土流失加剧和地质灾害不断发生等一系列生态环境灾难。

（1）山容地貌破坏

无论修筑线状设施（如公路、游步道、索道、地轨缆车等道路交通设施），还是修建块状设施（如酒店等接待服务设施、停车场等），都会对山容地貌产生不良影响甚至是破坏。

早期道路建设，主要是游步道。因为客流规模比较小，游步道比较窄，游步道线形和走向因山就势，对山容地貌影响非常小；后来，随着客流量的增加，游步道逐渐拓宽乃至修建新的游步道，有些路段单行线改成迂回线或者双行线，对山容地貌的破坏非常明显。

栈道的修建改善了险要地段的交通状况，又使游人在有惊无险中游览山岳，如果施工方案科学，则对山容地貌影响比较小。

山岳型旅游地景区公路建设，早期是开挖与填埋相结合，公路依山势迂回曲折而行，尽量做到挖方和填方平衡，但都不可避免地造成开挖生创面以及塌方、弃土占压山场等问题。随着技术进步和环境意识提升，目前景区公路建设逢山凿洞、遇谷建桥和因山就势相结合，对山容地貌的破坏明显降低了。

索道对山容地貌的影响，主要是塔架基坑开挖、施工便道建设和线缆铺设的影响。地轨缆车既需要直行线路，又需要坡度、坡向一致，尽管徒步地段可以架空、直行于林下，但对山容地貌的破坏还是客观存在的。

由于山岳型旅游地可作为建设用地的平地非常有限，只要游程不止半日，都有建设一定量的接待服务设施的必要，都有可能不同程度地开挖山体，都有可能破坏山容地貌。

（2）植被减少，质量下降

山岳型旅游地植被减少、质量下降，总体上主要发生在过去，主要因为砍伐薪柴、开垦山场、获取建材（如木材、石料、沙料）而致。随着薪柴先后被煤炭、柴油、电能代替，传统建筑材料为现代建筑材料所替代，植被减少、质量下降问题明显改善。

（3）溪流减少，水质下降

山岳型旅游地旅游开发导致溪流减少、水质下降主要原因有：在河溪上游修建饮用水水库、水窖，拦蓄了部分地表径流和地下径流，导致溪流减少；地表性质改变，硬化地面增多，土壤涵养水分能力降低，以致溪流暴涨暴跌，少雨期地下水补给溪流的能力降低；在没有生活污水处理系统的前提下，生活污水直接排入溪流，导致河流水质下降。

地貌、植物被破坏后，还会引发水土流失等更加恶劣的环境问题，尤其是在公路两侧、水库四周，宾馆和房屋等建筑物所在地更为突出。

4. 景区城市化

改革开放以后，尤其是 20 世纪 80 年代初期以后一段时间里，面对接待服务设施极其不足的状况，"五个一起上"拉动了接待服务设施建设的热潮。原先在山岳型旅游地有一块地皮的部门，包括气象部门、不同部门的疗养机构、政府部门、当地居民等，都会在有限的土地上大兴土木，建设简易接待设施；运输企业也"服务到位"，车站尽可能建在景区内；没有地皮的单位也想方设法弄一块地皮，兴建楼堂馆所。于是乎，有限的空间里接待设施林立，景区内游客主要集散地变成了规模大小不等的城镇，建筑密度、人口密度空前增加，既破坏了景区自然环境，也恶化了游览环境。

大约到了 20 世纪 90 年代中后期，景区城镇化问题引人关注，景区接待服务设施建设进入去城市化阶段。拆除临时性建筑和有碍观瞻、影响环境的建筑，降低建筑密度和高度，甚至将管理部门、接待服务设施搬离景区，"景区内游览，景区外住宿，景区外办公"，开通景区和游客主要集散地之间公共交通。

二、"山上游山下住"问题

"山上游山下住"是相对于"山上游山上住"而言的，表面上是旅游地功能分区问题，或者游览区和服务区分离问题，实质上是旅游环境容量问题，或者如何消除由于功能区不分给"山上"旅游环境造成的不良影响问题。

1. "山上游山下住"提法的由来和现状

有文章说，"早在 1982 年，经济学家于光远考察黄山后就指出应该'山上游，山下居'"。1991 年 10 月，在黄山旅游与环境协调发展国际研讨会上，有人提出"山上游山下住"问题。1996 年 1 月，黄山管理部门编制了《黄山风景区分区调控游览规划研究报告》，其中的分区以"一日游"为原则，实质上也是为实施黄山"山上游山下住"而作的深层次思考。后来一段时间里，不少具有一定地域规模和接待规模的山岳型旅游地都在讨论"山上游山下住"问题，希望通过"山上游山下住"这一举措，缓解景区内部接待设施不足，减少山上生活垃圾等对景区的污染，保护旅游地环境等问题。"山上""山下"如何划分，有不同的认识：一种是以票房分界，凭票旅游的区域为"山上"，票房以外的区域为"山下"；一种以风景区范围为界，区内为"山上"，区外为"山下"，于是又衍生出"区内游区外住""景区游区外住"等提法。本文对此不作界定。

目前，"山上游山下住"有几种情况：第一种情况，像黄山那样，山上本来没有居民，希望通过减少山上住宿设施，让游人在"山上游"，尽可能不住或者少住山上。

第二种情况，像九华山那样，为了避免对生态环境和旅游环境造成不可逆转的破坏，拆迁位于佛教寺庙集中的九华街区的办公用房、部分商业用房和住宅，把景区服务基地下迁到山下柯村，把山上更多的空间让给旅游者，恢复九华街区浓厚的宗教氛围，通过九华街区环境整治和柯村新区开发，实现山上山下、山里山外旅游功能平衡互动。

张家界武陵源区建筑大拆迁也属于这种情况。世界自然遗产这块金字招牌曾为武陵源每年带来上百万游客，然而由于景区过度开发，对自然环境造成了不良影响，到 1998 年，武陵源景区内的宾馆等建筑面积已超过 36 万平方米，其中违章建筑面积 3.7 万平方米。1999 年开始，武陵源景区分三期实施拆迁工程。全部工程完工后，不仅游人"山上游山下住"，山上几百户居民也要搬迁到"山下住"。

第三种情况，"山上游山下住"因地制宜地衍生出很多新的模式，如江西三清山的"山上游山下住、景区游城里住"模式，四川九寨沟的"沟内游沟外住"模式等。

2. 需要"山上住"必须"山上住"

通常都说"旅宜快，游宜慢"，这里的"旅"指的是在景区外的旅行，要求有安全便捷的交通，以便缩短途中时间，为"游"留下更多的时间；这里的"游"指的是景区内的游览活动，希望慢慢品赏、深度体验。对旅游地而言，交通是一把双刃剑，越便捷越容易集散客流，也越容易导致景区短时间内游客拥堵、供给不足。景区内外交通联系越顺畅，越容易在较大的范围内集散更多的游客；景区内部交通越便捷，对于山岳型旅游地而言，既越有可能向山上输送更多的游客，也越有可能向山下输送更多的游客。

"山上游山下住"适合游程比较短的山岳型旅游地，不适合景点多、游程长的山岳型旅游地。需要"山上住"，主要有两种情况：因为上山时间偏晚，当天无论如何不可能下山的旅游者（前提是山上有住宿设施，否则当天不会上山）；某些特殊工作者，如摄影爱好者、景观深度体验者、绘画写生者等。

有人认为，封建帝王登泰山都是"山上游山下住"，为什么今天还要"山上住"呢？怎么会有"山上游山下住"问题呢？过去帝王"山上游山下住"，可能有几种背景：一是游程短，无须"山上住"；二是山上本来就没有住宿设施，以致不可能"山上住"。这为我们思考"山上游山下住"问题提供了很多启发。

快捷的交通方式直达核心景区的旅游地，游人集散方便，是"山上游山上住"还是"山上游山下住"，取决于景区住宿设施满足程度，或者取决于通过价格杠杆调节住宿设施供给的力度；需要"山上住"的不可能"山下住"；是否"山下住"，关键是住宿设施供给状况，山上没有住宿设施，当天只能上山不能下山的游客只能"山下住"，第二天再去"山上游"。"山上游山下住"是一种理想状态，不符合所有山岳型旅游地。哪些游程长的山岳型旅游地，无论从任何角度考虑，山上必须有一定的住宿设施。这里的"一定"是多少，取决于山上平坦开阔地的面积，取决于环境承载力，取决于人们的视觉承受能力，取决于建筑物的式样、体量、分布以及与周围环境的协调性等。

由此想到一句保护野生动物的广告："没有买卖就没有伤害"。在山岳型旅游地，没有住宿供给，旅游企业不提供"买卖"，再大的需求也等于零，也不可能对旅游地环境因为住宿造成"伤害"。要想真的实现"山下住"的措施其实很简单：山上不再新建住宿设施，现有住宿设施一旦使用寿命到期一律拆除。其实问题并非这么简单。

换一个角度思考，在我国旅游企业尚不属于社会公益事业部门的前提下，从旅游企业自身发展角度和满足旅游需求角度考虑，在保护旅游环境的前提下，山上有"一定"的住宿设施，满足部分游客适度的"山上住"需求，也有其经济上的合理性。

旧时，名山上的人居建筑主要包括三类：宗教类建筑、隐世者的寒庐、近现代达官贵人的别墅。今天在名山上建设住宿设施，是经济型的好还是豪华型的好，是经济型与豪华型兼而有之，人云亦云，莫衷一是。

三、"要不要建索道"问题

差不多从 20 世纪 90 年代起一直到 21 世纪头十年，关于山岳型旅游地建设索道的利弊问题一直为学人所关注。有学者从五个方面综述了国内山地旅游景区索道建设研究进展：①索道的优点和缺点；②索道建设过程中在环境保护方面应该遵循的原则及具体技术措施；③游客索道消费行为特征及满意度调查；④索道的管理和运营；⑤景区索道整体发展情况。总体上，索道对于景区环境确实存在不良影响，但只要科学设计、严格管理，可以将索道对环境的影响程度降到最低，并将多种优点发挥到最大化。

1. 索道的功与过

（1）不赞成修索道的理由。有学者认为索道对世界遗产有威胁：①破坏地形、植被与生态；②破坏景观的自然美；③加剧了人流向山顶景区的集中；④误导游人，贬低名山；⑤不符合旅游的基本要求，不符合"旅要快，游要慢，留住人，多消费"的原则；⑥与世界遗产保护背道而驰；认为索道及其他商业性游乐设施应选择在风景区和世界遗产地以外适当地区修建。除此之外，索道建设还有可能造成以下不利影响：①破坏景观的协调性；②如果索道线路与游步道在空间上重合，还存在安全隐患等。学者们的观点不仅对我国世界遗产地而且对我国山岳型旅游地修建索道敲响了警钟，提醒人们在修建索道时尽可能把不良影响降低到最低程度。

（2）赞成修索道的理由。有索道管理人员认为，与汽车公路和游步道相比，索道建设优点很多：①对地形适应性强，爬坡能力大；②两端站点间距离最短，可以大大节省游客行程时间；③受气候条件的影响较小；④站房配置紧凑，占地面积小，支架占地更少；⑤可根据地形随坡就势架设，无须修建桥梁、涵洞，不需要开挖大量土石方，对地形地貌和自然环境永久性破坏较少；⑥一般采用电力驱动，没有"三废"排放以及噪声污染，符合风景名胜区对环保的要求；⑦运行安全可靠，维护简单，容易实现机械化、自动化操作，劳动定员少；⑧基建投资一般比汽车公路和步行盘道少，经营费用低，投资回收快；⑨能耗低，节约能源。除此之外，景区旅游索道还有下列优点：①游人游山时间缩短，加快游人周转速度，增加景区容量；②拓展游览空间，提高景观资源利用率；③解决体力不支者登山难的问题；④为应对山上突发事件（如医疗救助、火灾扑救、应急供给等）提供了便捷的交通条件；⑤新增加了一条观景通道，还有可能发现新的景观。

2. 该修索道的地方应该修索道

随着索道技术的进步和人们环境意识的提升，索道的长处得到了进一步彰显，过去索道建设中出现的与环境有关的部分问题逐步得到了解决（如研究表明，在气候、土壤等条件合适的山区，索道建设对植被的破坏是可逆的等），索道建设带来的环境影响是可以接受的路途远、坡度陡的山岳型旅游地，修索道是解决部分交通问题的理想选择之一，前提是科学设计、严格管理。

从目前情况看，索道科学设计主要包括以下方面：①合理选择线路走向和站房站址，尽量结合地貌设计站房外形，缩小站房体量，并且尽可能具有隐蔽性，以使缆车以外的游客在观景过程中基本上看不见索道的线性切割和堡垒般的站房；②注重索道形式与环境的相容性，选择最佳索道形式；③合理测算运能大小，根据索道服务区域的游客环境容量和游客流向，合理设计运能，适度留有余地，谨防运能余地太大；④努力使站房的体量、建筑风格和颜色与环境具有相容性；⑤支架的多少、高低和颜色，客厢的大小；⑥规范编制和严格评审索道建设环境影响评价报告。

从目前情况看，严格管理主要是严格执行环境保护措施，控制景区超载，主要包括以下途径：①严格执行经过评审的索道建设环境影响评价报告中所列举的所有环境保护措施；②根据索道服务区域实际游客规模和旅游环境容量，确定索道运行速度甚至停开，单向输送或者双向输送；③不到疏散应急状态，不启动最大运能。

四、山上山下协调发展问题

这里的"山上"指的是景区，"山下"指的是景区毗连区。如果把"山上"比作红花，那么"山下"就是绿叶，红花必须绿叶扶持，才能彰显出红花之美。"山上""山下"是一个有机的整体，"山上"的发展必须兼顾"山下"的利益，"山下"的发展也要为"山上"的发展"保驾护航"，二者必须协调发展，只顾一方，最终结果都是适得其反。山区是生态系统最为脆弱的地区之一，作为旅游地的山区，维护生态系统的稳定性尤为重要。

（1）"山上"的发展必须得到"山下"的支持。①防范"一把斧头"（乱砍滥伐）"一把火"（森林防火）"一条虫"（松材线虫等森林病虫害）需要"山下"支持。有些山岳型旅游地其部分或者全部山场是集体土地，因为旅游，村民采伐木材受到限制。"山下"毗连"山上"，"山下"失火殃及"山上"。如果"山上"周边属于松材线虫病疫区，通常要在"山下"建立宽几千米的无松林隔离带，"山下"的松树就会被一砍而尽。②"山上"为了保障供水，必须在山溪上筑坝储水，有可能影响"山下"少雨季节河流水量，也有可能必须承受"山上"未达标排放的污水的影响。③如果"山上"固体污染物要运到"山下"处理，"山下"又要做出必要的牺牲。

（2）"山上"不可能万事不求人，具备为"山下"共享旅游发展提供机会的可能。①"山上"部分外包服务（如"挑山工"、建设项目临时用工等）可由"山下"居民提供；②"山上"可以为"山下"发展"替代生计"、提升"造血功能"提供项目、资金和技术扶持，降低"一把斧头""一把火"和"一条虫"对"山上"的潜在威胁；③"山上"可以为"山下"居民提供职业培训，增加"山下"居民谋取职业的能力。

（3）"山上"只要在发展，始终促进"山下"发展，但"山上"与"山下"不可能均衡发展，所有"山下"也不可能均衡发展。"山上"促进"山下"发展的方式多种多样，有时是直接的，有时是间接的，贡献有大有小，有时候还要取决于外部条件。例如，黄山在发展过程中始终注重促进山下的发展，但是游客主要集散中心在南门汤口和屯溪，主要通过合屯高速、徽杭高速、皖赣铁路、黄山机场集散，因而其对汤口镇（汤口由偏僻的山乡发展成为"中国热点旅游小镇""安徽省最佳旅游乡镇"，一半以上的劳动力从事旅游服务业，农民人均年纯收入超过 1 万元）和黄山市人民政府所在地屯溪的贡献明显大于对谭家桥镇、三口镇、耿城镇、仙源镇、甘棠镇、焦村镇的贡献。

第五节　度假旅游规划

一、度假旅游概述

度假旅游是指利用假期在一地相对较少流动性进行休养和娱乐的旅游方式。

（一）度假旅游的特征

在我国发展度假旅游的呼声越来越高，许多地方政府和企业在发展度假旅游时，总是照搬观光旅游的模式。由此看来，要使度假旅游的开发不走或少走弯路，就需要充分认识度假旅游的特点，尤其要区别于观光旅游的特点，避免在发展的道路上走进误区。

1. 重游率高

观光旅游属于一次性消费，旅游者很少会多次反复的游览同一个旅游目的地。而度假旅游最大的特点就是重游率高。因为度假旅游者主要的目的就是好好休息和放松身心，因此他们很乐于去自己熟悉和喜欢的度假地进行重复消费，所以度假旅游地可不断招徕回头客。

2. 逗留时间长

度假旅游在旅游地停留的时间比观光旅游长。作为观光旅游者来说，主要是为了领略异地风光和风土人情。他们一般在一地的停留时间较短，有的甚至当天来、当天走。而度假旅游者们为了达到身心放松、消除疲劳的目的，他们不会疲于奔命，所以在一地停留的时间相对要长一些。

3. 消费水平高

度假旅游较之于观光旅游是更高一级的旅游形势，旅游者在满足了观光需求的基础上才会产生度假的需要。因此其旅游者本身的收入水平就较高，在度假中他们希望能够尽情的享受从而宣泄紧张和压力，达到放松身心、休闲娱乐的目的。这些因素都决定了度假旅游的消费水平高这一特点。

4. 对设施、服务要求高

度假旅游强调休闲和娱乐，因此游客对度假地的设施和服务水平要求高，他们希望在尽享大自然之美的同时，也尽享家庭的舒适和温馨，尽享康复、餐饮、休闲、娱乐之便利。这就是为什么一般的旅游度假区都设有高尔夫球场、高档饭店、餐厅等的原因。

5. 对导游依赖程度低

度假旅游者对旅游目的地导游的依赖程度低。观光旅游者一般要在有限的时间内游览和观赏更多的景物，尽可能多地了解异地的风土人情，因此他们在人地两生的情况下要达到上述目的，对导游的依赖程度大。而度假旅游者在某一个度假目的地停留时间相对要长，自由活动的时间较多，他们有足够的时间去自己品味景观内容，而不必专门请导游讲解。

（二）世界旅游度假地的分布与类型

目前世界上知名旅游度假地主要分布在热带和亚热带地区，集中于三大海域；东南亚及南太平洋地区、环地中海沿岸地区和加勒比海沿岸。这些度假地从其本身的环境特征、消费水平、离城市的远近、功能性质等方面可以划分出不同的类型。

根据度假地位置与环境特征可以分为海滨度假地、山地度假地、温泉度假地、森林度假地、湖滨度假地。其中：以海滨度假地最多，如东南亚以及南太平洋地区的巴厘、巴塔亚、槟榔屿、宿务、关岛、塞班、冲绳、黄金海岸、夏威夷、地中海地区的巴列阿利斯群岛、蓝色海岸、坎昆、兰莎罗特岛、南安塔利亚、波多普拉塔等；山地湖滨度假地以韩国庆州波门湖度假地为代表；温泉度假地以日本的箱根为代表。

我国首批确定的国家旅游度假地中，属于海滨度假地的有大连金石滩、青岛石老人、福建湄洲岛、北海银滩、三亚亚龙湾；属于山地度假地的有福建武夷山国家旅游度假地、上海佘山国家旅游度假地；属于滨湖度假地的有广州南湖、昆明滇池、苏州、无锡太湖、杭州之江国家旅游度假地。

根据度假地的特色功能可分为自然游憩区、温泉疗养康复区、理疗保健区。一般的海滨度假地、湖滨度假地、山地湖滨度假地都属于自然游憩区，以优美的自然环境辅以人工设施，在大自然环境中开展各种游憩活动以达到休养生息、调节身心的目的，面向大众市场。具有温泉出露的地方一般都建设为温泉度假地，用于疗养康复，具有特定的市场。法国中部的地乐飞度假地以理疗保健为特色，除了普通设施如室内室外游泳池、台球室、网球场、乒乓球室、棋牌室、高尔夫球场外，还有专门的理疗设备如负氧离子浴设备、面模设备、治疗血管脉曲张的设备、冲击法和潮湿法理疗、高压喷泉、超声波、草药、酒浴池、咖啡浴池等。

根据度假地的消费水平可分为高档、中档和低档旅游度假地。从世界主要旅游度假地发展情况来看，一般以中高档居多。接待国际国内游客，如法国的蓝色海岸、墨西哥的坎昆等宾馆大多是四星级以上。度假地以中高档为目标在理论上是合理的。度假是人的发展需要、一种高层次的精神需要，中高档的消费水平才有可能在环境质量、接待服务等方面得到优质保证，满足需求，有利于度假地的稳定持续发展。也有一些度假地主要接待低档消费水平的旅游者，如西班牙贝罗拉帐篷区，实际上是游客好奇体验生活的场所，位于西班牙北部海港城市希洪西面，北邻大西洋，每年接待国内旅游者1.3万人左右，收入约170万美元。

根据度假地离城市的远近分为城市度假地、近郊度假地和远郊度假地。城市度假地是城市用地的组成部分，有些城市是在海滨度假地基础上发展起来的。如坎昆，自70年代开发以来已发展成为拥有40万人口的现代化城市，而且还在继续扩展。在城市附近建设专门的度假地比较普遍，这里的原因是多样的，包括历史文化圣地，自然美景胜地和市场需求。韩国庆州市附近的波门湖度假地，以尼斯、夏纳、格拉斯和摩纳哥等很多国际知名的海滨旅游城市为依托的法国"蓝色海岸"旅游度假地，都属于近郊度假地，可以利用城市公共基础设施，拥有机场和综合接待服务设施，包括服务员工的住房，如西班牙加那利群岛、兰莎罗特岛、巴列阿里斯群岛度假地等。

根据度假地市场结构可分为国内度假地和国家度假地。从市场份额来看，可分为一元度假地和多元度假地。例如：日本的冲绳属于单一性的国内旅游度假地，日本本国游客占94.2%；其他如塞班、关岛、宿务岛、巴塔亚、槟榔屿、巴厘、黄金海岸、坎昆、蓝色海岸等都属于多元化国际旅游度假地，客源是由各国游客组成，年龄大多在30~40岁。

根据经营的季节性可分为夏季度假地、冬季度假地、四季度假地等。

（三）世界度假地发展规律

世界度假地有以下发展规律：

第一，选址于风景优美地域，在本国政府大力支持、世界银行等国际性金融机构积极投资、贷款情况下发展起来。

每一个度假地都具有自己独有的特征，但有一个共性，即都选址于风景优美的地域。

20 世纪 60 年代末期，印尼政府认识到巴厘是集中力量进行旅游初步开发的最佳地点，第一次制定了印尼旅游发展的总政策。1973 年巴厘旅游开发公司（政府所有制）成立，以开发和管理巴厘岛度假区项目，世界银行对度假地基础设施建设的土地的需求进行立详细的规划和核算，联合国开发计划署、世界银行、印尼政府公司、地中海俱乐部等积极投资。至 80 年代中期，世界银行贷款约 2500 万美元。

60 年代末期，墨西哥中央银行对国民经济包括旅游业进行一次综合性的调查，坎昆被确定为最佳旅游地点，成立全国旅游开发公司和全国旅游促进基金会。1971 年向美洲开发银行（IDB）申请贷款。1974 年的机场完工。1975 年基础设施完工，三家饭店开业。全国旅游促进基金会全面负责坎昆度假地基础设施和其他各项设施的建设，负责坎昆度假地的对外宣传促销，资助项目开发，中央银行、美洲开发银行、世界银行等金融机构给予援助。

多米尼加共和国政府 20 世纪 60 年代后期重视旅游发展，确定建立波多普拉塔度假地，国家银行组建全国旅游开发公司，向联合国开发署、世界银行申请援助，吸收私人投资。1980 年机场建成。

土耳其政府于 1969 年决定将西南沿海到内陆 200 公里的地区用于旅游开发，在规划完成前不许有其他开发，用两年时间编制了一套旅游综合开发计划和有关可行性研究报告，并向世界银行（国际开发银行 IBRD）和国际开发协会（IDA）提出资金与技术援助申请。国际开发协会批准 2600 万美元的贷款，用来发展基础设施。土耳其旅游银行负责工程开发，南安塔利亚旅游开发工程被列入 1976 年政府公共事业投资项目。1977 年世界银行提供了大约 2600 万美元的贷款。

第二，依托区域经济的发展，客源市场具有明显的区域性。

三大区域的旅游度假地客源市场结构具有明显的区域性。加勒比海地区的度假地以美国为主要客源市场，地中海地区的度假地以西欧各国为主要客源地，南亚太平洋地区的度假以日本、新加坡、韩国、中国台湾、中国香港为主要客源地。

二、规划原则

（一）以人为本

旅游是一种以"人"为中心的社会经济活动。因此旅游开发也必然一定要以人为本，特别是度假旅游地的开发规划。因为真正的度假者不是浮光掠影、走马观花、直奔目的地的匆匆过客，而是玩物适情、情与物游、品味全过程的体验者。这就需要我们在度假旅游的开发中，无论是在经管的设计、旅游服务的提供、度假氛围的营造等各方面都需要充分的考虑人的休闲、审美与体验的需求，精细规划设计、科学地进行度假旅游开发规划。当然以人为本也并不是说以人的全部需求为本，而是在保证游客适度旅游需求的同时，尽可能地减少对度假地原生自然环境、原生文化状态的破坏，以避免给环境造成过大的压力。因为在现实中很多地方旅游开发造成对环境的破坏，产生人地关系的失调，也主要是因为人的不合理开发规划所致。因此要着重对包括旅游者、旅游从业人员、旅游地居民乃至全体公民在内的"人"进行资源环境保护和可持续发展等方面的知识教育，提高全民族的资源意识、生态意识和环境意识，这也是以人为本进行旅游开发规划的关键。

（二）协调统一

度假旅游地的开发规划需要协调统一，其表现在三个方面：第一，度假旅游开发必须注意和城市的总体规划相统一。特别是位于市区内的度假地，其一定要与市区的旅游景点相配套，与其他的产业发展相协调，与各种旅游方式相衔接，这样才有会有助于度假旅游资源的改造、创新和再开发。第二，度假旅游地的开发规划要通盘考虑，整体开发，形成一个网络体系。在这个网络体系中各个度假地都拥有自己的特色和优势，并且相互之间补充，避免一些度假旅游项目的建设。这样也会形成一个度假旅游地的整体优势，协调统一的开发也就是为了协调统一的发展。第三，要保持旅游业与当地经济的协调发展，以达到相互促进、共同发展的目的。特别是有些地区由于本身就是传统的旅游城市，所以往往将旅游产业提到很高的高度，与此也开发了众多的度假地。而有些则根本不重视度假旅游的发展，因此，我们一定要保持旅游业和当地经济的协调统一发展。

（三）市场导向

度假旅游的发展基本是以市场为导向的。因此其开发必须以市场的需求为前提，所以，要加强市场调查，选准目标市场，开发适应度假市场客观需求的旅游资源，建设符合市场需求的度假项目。旅游业是市场性非常强的行业。由于旅游开发规划未遵循市场经济规律，导致开发失败的例子比比皆是。特别是90 年代初，许多地区盲目投资搞度假村，由于品位低，文化含量低，脱离市场需求，收益极差，建成初期就门前冷落车马稀，巨额投资无法收回。这些度假区的建设多数是缺乏规划、论证和严重脱离市场的结果。因此，我们在对度假旅游地进行开发规划时，一定要考虑三大市场：国际市场、国内市场和城市居民的休闲市场，这三大市场的度假需求上有共同的一面，也有不同的一面。因此，在进行开发前一定要进行市场调查和市场预测，准确掌握市场需求及其变化规律，结合度假地的旅游资源特色，确定开发主题、规模和层次。

（四）生态原则

良好的生态环境是旅游度假地赖以生存和发展的基础。人们在开发旅游度假地时，该区的生态系统就受到影响，必须把开发量控制在该区生态系统保持自行调节和正常循环的稳定水平上。生态原则要求在保护和培育生态稳定性的前提下进行适度开发。

（五）特色原则

各地旅游度假区应具有与众不同的特色，才能够吸引游人。这种特色反映在旅游度假区的自然环境、人文景观、民俗风情、娱乐活动等旅游度假项目的内容和形式上。各项目在突出自身个性的同时，还要形成旅游度假区整体氛围，从建筑物、标志物、环境设施和环境品质上反映出来。如：

夏威夷以海滨、火山风光、土著风情、水上运动著称。

澳大利亚的黄金海岸以各种休闲设备和"冲浪者的天堂"闻名。

海南亚龙湾在清华大学所做的规划中提出"生命的乐园"，围绕自然、生命、运动和健康做文章，使海滨度假与东方养生保健相结合。

绍兴会稽山旅游度假区以水乡文化和山水田园为特色主题。

（六）系统原则

此即规划的系统性和综合性。由于项目本身是一个系统，它由各子项目组成，另外项目系统还和其他系统发生作用，各方面都不能忽视。系统原则要求在规划中对项目系统的不同层次以及度假地与周围地区的关系进行全面周密的考虑。

（七）动态原则

每个规划都是一定的时间和条件下的产物，不可能达到尽善尽美的程度，而且市场变幻难以预料，规划应成为不断调整的动态过程。此原则要求在规划时严格控制用地和建设规模，同时在建设目标和时间等因素上有一定的伸缩性及开发时序性。

三、度假旅游规划内容和方法

总体来看，度假地规划要处理好与地区的关系，市场要进行定性、定量、定位。

（一）地区关系

度假旅游地是在地区规划的框架内选定和规划的，是地区经济发展的组成部分，起着龙头或补充的作用。世界上取得成功的旅游度假地都非常重视与周边地区规划的关系，在经济目标作为度假地发展的首要目标的同时也重视其社会、历史、文化、环境目标，使其成为统一的整体，与地区和谐发展。这主要表现在四个关系上：

1. 基础设施关系

度假地的基础设施很大一部分依赖地区性基础设施，如公路系统、给排水系统、灌溉系统（高尔夫球场）、电网系统、电讯系统、污物收集与处理系统等都分别与相应地区系统相关联，形成了一个整体，周围地区基础设施因度假地的开发而得到改善，而度假地也离不开地区有关基础设施的支持，基础设施改善涉及市区和附近村庄的双重利益。

2. 经济社会关系

经济社会关系是度假地和地区发展关注的首要问题。度假地能否给地区经济发展带来益处，直接关系到度假地发展的持续性。一般来说，度假地给地区带来的益处包括提供就业机会、提供社会开发和培训计划、刺激地方工商业发展、提高居民生活水平和生活质量、提高保护文物古迹的积极性等，也带来不利影响，如拥挤和污染、环境的破坏、社会秩序的混乱等。规划的任务就是要寻求效益最大损害最小，而不仅仅是用地规划、建设理想的物质空间。

3. 自然环境关系

度假地一般选址于风景优美地域，而度假地本身的环境是在此基础上进行改造形成的绿文化环境。度假地建设以不破坏地区生态和优美景观为原则。一些成功的度假地都确定了规划建筑标准。巴厘度假地要求楼房高度不得超过15 米，每家饭店楼层容积率不得超过 0.5，建筑密度不超过 25%，所有公用设备线都埋于地下，主要楼房距离海岸线至少 50 米，度假区整个密集度为每公顷大约 20 间客房，建筑采用传统的巴厘建筑风格和当地建筑材料。韩国庆州波门湖度假区主要饭店限高 45 米（12 至 15 层），建筑物占地面积不许超过20%，饭店离湖边最小距离为 10 米，选择建筑点必须考虑到每个点的特殊性，建筑物外部颜色以淡暖色为主调，所有照明线路埋于地下，除了玻璃和钢铁外建筑装饰禁止使用反光材料。

4. 文化生态——与地方历史文化关系

成功的旅游度假地的一大特点就是尊重地方历史文化。巴厘旅游发展目标之一就是要使度假地成为游客远足附近历史、文化和宗教圣地的大本营，度假地建筑设计要考虑传统的建筑风格，如韩式庭院布局。很多建筑物都体现传统的韩式建筑风格，以装有巨大水轮的传统水车作为度假地的标志独具魅力。

5. 市场的定位与定量

度假旅游地能否实现预期的经济效益，关键在于其能否满足市场的需要，能否适应市场的变化。很多成功的旅游度假地规划都是在建立市场分析和预测的基础上，包括：

（1）度假地是面向国际市场还是国内市场；

（2）度假地的预计客流量；

（3）游客的消费水平与接待服务设施档次；

（4）游客特征与游憩设施类型和档次。

对这些方面的分析不是停留在定性层次上，最后要通过量化指标来确定具体的规划指标，如饭店客房数及分期建设情况。对市场需求的把握主要取决于两个方面：一是度假地的市场区位特征；二是市场调查，直接了解现实或潜在市场的需求特征和游憩偏好。

度假地的基本设施包括住宿设施、餐饮设施、游憩设施和交通设施。对于一个具体的度假地选择什么样的游憩设施最适宜，朱卓任先生认为一般要考虑以下几个因素：

（1）度假地类型；

（2）所要服务的主要市场；

（3）空间竞争；

（4）所需土地面积以及土地的适宜性；

（5）投资承受能力；

（6）雇用所需管理人员好专业人员的可能性；

（7）养护用的设备零件、供应品及附属装置的供应状况。

这些因素中最基本的是度假区的自然条件和目标市场，市场需要直接影响游憩设备的选择。世界知名的饭店和休假地设计专家乔治·温伯利认为，一个休假地饭店必须完成两件事情：一是它必须令游客满意，不仅仅作为一个住处，而且作为一个给人享受的地方、一个可以实现他旅游梦想的地方；二是它必须提供优雅高效的服务，因为这是经营者和使用者唯一可达到他们共同目的的途径——赢利。

参考文献

[1] 吴必虎，俞曦. 旅游规划原理 [M]. 北京：中国旅游出版社，2010.

[2] 吴必虎，高璟，李关平，等. 谁的城市被旅游照亮：旅游型城市化理论及案例研究 [M]. 北京：化学工业出版社，2014.

[3] 李霞，朱丹丹，等. 谁的街区被旅游照亮：中国历史文化街区旅游开发八大模式 [M]. 北京：化学工业出版社，2013.

[4] 陆林. 旅游规划原理 [M]. 北京：高等教育出版社，2005.

[5] 卢松，潘立新. 旅游学概论 [M]. 合肥：安徽人民出版社，2009.

[6] 刘锋. 新时期中国旅游规划创新 [J]. 旅游学刊，2001，16（5）.

[7] 李天元. 旅游学 [M]. 北京：高等教育出版社，2010.

[8] 严国泰. 旅游规划理论与方法 [M]. 北京：旅游教育出版社，2006.

[9] 徐飞雄. 旅游规划编制方法与实践 [M]. 西安：西安地图出版社，2007.

[10] 李小建. 经济地理学 [M]. 北京：高等教育出版社，2004.

[11] 马勇. 旅游规划与开发 [M]. 北京：高等教育出版社，2010.

[12] 李庆雷. 旅游项目创意的基本原理与方法体系初步探讨 [D]. 昆明：云南师范大学，2011.

[13] 程金龙，吴国清. 旅游形象研究理论进展与前瞻 [J]. 地理与地理信息科学，2004，（2）：73-77.

[14] 刘国华，王红国. 旅游目的地形象测量——基于国外文献的研究 [J]. 旅游学刊，2010，25（6）.

[15] 金颖若. 旅游地形象定位及形象口号设计的要求 [J]. 北京第二外国语学院学报，2003，（1）.

[16] 张立建，甘巧林. 旅游形象定位词面面观及错误根源剖析 [J]. 旅游学刊，2006，21（6）.

[17] 曲颖，李天元. 基于旅游目的地品牌管理过程的定位主题口号评

价——以我国优秀旅游城市为例 [J]．旅游学刊，2008，23（1）．

[18] 刘德谦．旅游规划需要新理念——旅游规划三议 [J]．旅游学刊，2003，18（5）．

[19] 邹统钎．旅游目的地营销 [M]．北京：经济管理出版社，2012．

[20] 国家旅游局．景区最大承载量核定导则 [EB/OL]．http：//www.cnta.gov.cn/zwgk/hybz/201506/t20150625_428221.shtml，2016-10-10．

[21] 维克多·密德尔敦．旅游营销学 [M]．北京：中国旅游出版社，2001．

[22] 吴必虎．城市旅游规划研究与实施评估 [M]．北京：中国旅游出版社，2010．

[23] 张松．历史城市保护学导论——文化遗产和历史环境保护的一种整体性方法 [M]．上海：同济大学出版社．2008．

[24] 王云才．乡村景观旅游规划设计的理论与实践 [M]．北京：科学出版社，2004．

[25] 田定湘．旅游规划的发展趋势 [J]．学术界，2006（3）．

[26] 张述林，李源．刘佳瑜，等．乡村旅游发展规划研究：理论与实践 [M]．北京：科学出版社，2014．

[27] 邱美云．乡村旅游发展与"三农"问题的若干思考 [J]．农业经济，2006（9）．

[28] 黄成林，刘云霞，王娟．旅游地景观变迁研究 [M]．合肥：安徽人民出版社，2013．

[29] 克莱尔·A.冈恩，特格特·瓦尔．旅游规划：理论与案例 [M]．大连：东北财经大学出版社，2005．

[30] 贾云峰．60分钟读懂中国旅游规划 [M]．北京：中国旅游出版社，2012．

[31] 刘锋．旅游规划要讲科学有艺术 [J]．旅游学刊，2013，28（9）．

[32] 龚绍方．旅游规划与开发 [M]．郑州：郑州大学出版社，2007．

[33] 邹统钎，陈芸．旅游目的地营销 [M]．北京：经济管理出版社，2012．

[34] 唐代剑，池静．论乡村旅游项目与游览组织 [J]．旅游论坛，2005，16（3）．

[35] 方增福．乡村旅游规划的基本原则和方法 [J]．玉溪师范学院学报，2000（6）．

图书在版编目(CIP)数据

旅游开发与规划/王娟,闻飞主编.—合肥:合肥工业大学出版社,2017.1
ISBN 978－7－5650－3247－9

Ⅰ.①旅… Ⅱ.①王…②闻… Ⅲ.①旅游资源开发—研究—中国②旅游
规划—研究—中国 Ⅳ.①F592

中国版本图书馆 CIP 数据核字(2017)第 013306 号

旅游开发与规划

王 娟 闻 飞 主编			责任编辑	朱移山	

出 版	合肥工业大学出版社	版 次	2017 年 1 月第 1 版	
地 址	合肥市屯溪路 193 号	印 次	2017 年 12 月第 1 次印刷	
邮 编	230009	开 本	710 毫米×1000 毫米 1/16	
电 话	人文社科编辑部:0551－62903038	印 张	23.5	
	市 场 营 销 部:0551－62903198	字 数	397 千字	
网 址	www.hfutpress.com.cn	印 刷	安徽昶颉包装印务有限责任公司	
E-mail	hfutpress@163.com	发 行	全国新华书店	

ISBN 978－7－5650－3247－9 定价: 45.00 元

如果有影响阅读的印装质量问题,请与出版社市场营销部联系调换。